中国印刷业发展报告(2014)

CHINA PRINTING INDUSTRY DEVELOPMENT REPORT

主　编/张羽玲

副主编/刘成芳

中国书籍出版社
China Book Press

图书在版编目（CIP）数据

中国印刷业发展报告．2014 / 张羽玲主编．—北京：中国书籍出版社，2014.11
ISBN 978-7-5068-4563-2

Ⅰ．①中… Ⅱ．①张… Ⅲ．①印刷工业—工业发展—研究报告—中国—2014
Ⅳ．① F426.84

中国版本图书馆 CIP 数据核字（2014）第 257142 号

中国印刷业发展报告．2014

张羽玲 主编　刘成芳 副主编

责任编辑 / 庞　元
责任印制 / 孙马飞　马　芝
封面设计 / 刘晓薇
出版发行 / 中国书籍出版社
地　　址：北京市丰台区三路居路 97 号（邮编：100073）
电　　话：（010）52257143（总编室）　（010）52257153（发行部）
电子邮箱：chinabp@vip.sina.com
经　　销 / 全国新华书店
印　　刷 / 世纪千禧印刷（北京）有限公司
开　　本 / 787 毫米 ×1092 毫米　1/16
印　　张 / 21.75
字　　数 / 356 千字
版　　次 / 2014 年 11 月第 1 版　2014 年 11 月第 1 次印刷
书　　号 / ISBN 978-7-5068-4563-2
定　　价 / 78.00 元

《中国印刷业发展报告（2014）》
编委会

（按姓氏笔画排序）

《中国印刷业发展报告（2014）》
课 题 组

组　长：张羽玲

副组长：刘成芳

成　员：刘积英　潘晓东

前 言

《中国印刷业发展报告（2014 版）》是中国新闻出版研究院继中国出版蓝皮书、国际出版蓝皮书、中国数字出版蓝皮书的出版后，倾力打造的又一力作，是出版产业蓝皮书系列的新成员，也是其重要的组成部分，进一步完善了新闻出版编印发产业链各环节的研究工作以及蓝皮书的出版工作。

对中国印刷产业现状与发展趋势进行深入、系统的研究，出具一份客观详实的印刷业发展报告，是出版本报告的初衷。在研究方法上，主要采用了数据实证分析与文本分析、对比分析相结合的方法。研究人员在撰写主报告过程中，对近年来印刷业的发展的各项基本指标、经济指标等进行了纵向分析，并开展了分地区、分主营业务领域、分经济类型等的横向研究，且较多采用了对比分析方法，让读者对置身于其中的印刷业的整体与局部均会产生更加深入的理解，对照自身企业的发展，会有不同的收获与感悟。专题报告版块，则对绿色印刷、印刷数字化、数字印刷、网络印刷等发展趋势与热点进行了分别论述，亮点突出。而产业政策版块，则精挑细选，选取了国家层面、部委层面对印刷业发展的利好政策，以利于印刷业在政策的指导下健康发展。

本报告是中国新闻出版研究院的课题。中国新闻出版研究院印刷研究所、中国印刷及设备器材工业协会、《中国印刷》杂志、上海数字印刷行业协会、中国印刷技术协会数字印刷分会等单位的部分研究人员共同参与了撰写工作。报告全书统稿工作由张羽玲、刘成芳负责。

本报告是中国新闻出版研究院推出的第一本针对印刷业的发展研究报告，虽然集合了业内权威专家的研究力量，但难免会有疏忽之处。对于书中不足之处，也恳请专家与读者批评指正，为进一步客观、真实地反映印刷业的发展做出努力。

本报告在撰写过程中得到了业内各方的关心与支持，中国新闻出版广电总局印刷发行司为主报告的撰写提供了近年来印刷业年检的翔实数据，为主报告的撰写夯实了基础。中国印刷技术协会、中国造纸协会、北京印刷学院、芬欧汇川（中国）有限公司等，也对本报告提供了大量的指导与支持。同时，我们也参考了《中国统计年鉴》《中国新闻出版统计资料汇编》等大量相关的统计资料与论述，虽然在书中有所标注，但可能仍存在遗漏现象，在此我们一并表示感谢。

编　者

2014 年 10 月 15 日

目 录

主报告

专题报告

产业政策

主报告

中国印刷业发展现状解析

2007年，始于美国的次贷危机愈演愈烈，对美国、欧洲、日本等世界主要金融市场形成巨大冲击，并于2008年9月最终演化成席卷全球的金融危机。这场危机对全球经济产生了深远影响，迄今为止世界主要经济体尚未完全走出金融危机的影响，普遍面临市场需求不足，经济增长乏力的挑战。

我国作为世界第二大经济体，已经成为当今国际经济体系中不可或缺的重要成员。在这场席卷全球的金融危机中，我国国民经济的发展不可避免地遭受到一定的冲击和影响，增长速度有所放缓，由长达十余年的高速增长期“换挡”进入中速增长期，经济结构调整和转型升级压力加大。但从整体上看，我国国民经济仍保持了稳中有进的向上态势，显示出良好的发展潜力和增长韧性，这不仅为全球经济的复苏和增长作出了巨大贡献，也为我国各个行业的结构调整和转型升级创造了良好的外部环境。

为了分析全球金融危机爆发以来我国印刷业的发展情况及趋势，本报告对2009-2013年五年间我国印刷业发展的关键性数据指标进行了全面梳理和解读，主要数据源为国家新闻出版广电总局印刷企业年度核验数据和国家统计局每年发布的“印刷和记录媒介复制业”相关统计数据。

一、2009-2013年我国印刷业发展情况分析

（一）2009-2013年我国印刷业发展的基本情况

国家新闻出版广电总局（原国家新闻出版总署）多年前对全国印刷企业进行年度核验，并统计汇总行业发展的关键性数据指标。由于统计口径的变化，2009年前后部分统计项目略有变化，但从整体上看保持了良好的统一性

和延续性，从中可见 2009–2013 年我国印刷业发展的基本情况。

国家新闻出版广电总局年度核验数据显示，2009–2013 年间，在印刷企业数量基本保持稳定的情况下，我国印刷业的三项关键性数据指标：资产总额、工业总产值、利润总额不同年份间增长率有一定波动，利润总额指标在 2012 年甚至出现负增长，但各指标整体上均呈现稳定向上的发展态势。

2013 年，我国印刷业资产总额、工业总产值、利润总额分别为 10624.71 亿元、10398.45 亿元、796.20 亿元，均创历史新高，与 2009 年比分别增长 33.33%、63.30%、31.85%。三项指标中，工业总产值的增长率最高，表明我国印刷市场拥有可观的规模潜力；利润总额的增长率最低，表明印刷业的平均利润率在下降，在一定程度上反映了近年来我国印刷企业普遍面临的竞争加剧、成本上升压力；而 2009–2013 年间，资产总额持续增长可以说明我国印刷企业的投资热情并未受到全球金融危机的太大影响。值得注意的是，在此期间工业总产值的增长率呈逐年下降趋势，并在 2012 年首次降至两位数以下，这一方面是比较基数不断加大后的必然趋势，另一方面也符合我国国民经济由高速增长期“换挡”进入中速增长期的发展特征。（见表 1、图 1）

表 1　2009–2013 年印刷业资产总额、工业总产值和利润总额

年份	印刷企业数量（万家）	资产总额（亿元）	资产总额增长率	工业总产值（亿元）	工业总产值增长率	利润总额（亿元）	利润总额增长率
2009	10.157	7968.72	—	6367.73	—	603.87	—
2010	10.441	9102.48	14.23%	7706.50	21.02%	683.10	13.12%
2011	10.248	9257.09	1.70%	8677.13	12.59%	739.87	8.31%
2012	10.437	10461.29	13.01%	9510.13	9.60%	724.98	-2.01%
2013	10.589	10624.71	1.56%	10398.45	9.34%	796.20	9.82%

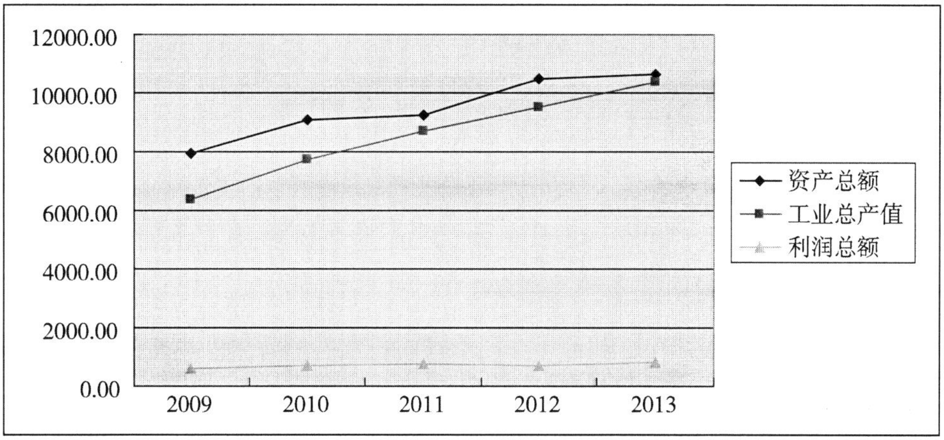

（单位：亿元）

图 1　2009–2013 年印刷业资产总额、工业总产值和利润总额变化情况

2009–2013 年间，在印刷企业数量基本稳定，工业总产值快速增长的情况下，印刷业从业人员数量却连年下降，由 2009 年的 378.31 万人降至 341.46 万人，减少约 10%。通过上述三项指标之间的交叉关系可以发现，我国印刷企业的平均规模和全员劳动生产率有了较大幅度的提升，这主要体现为印刷企业的平均产值规模由 2009 年的 626.95 万元提高至 2013 年的 982.01 万元，增长约 57%；印刷从业人员人均产值由 2009 年的 16.83 万元提高至 2013 年的 30.45 万元，增长约 81%。印刷企业平均规模的提升体现了印刷业集约化程度的逐渐提升；全员劳动生产率的提高则表明，近年来随着用工成本的上涨，印刷企业自觉转变发展方式，通过采用自动化、智能化生产 – 设备，摆脱传统的劳动密集型作业模式的努力取得了较为的明显成效。（见表 2、图 2）

表 2　2009–2013 年印刷业企业平均产值和行业人均产值

年份	印刷企业数量（万家）	工业总产值（亿元）	企业平均产值（万元）	企业平均产值增长率	行业从业人数（万人）	行业人均产值（万元）	行业人均产值增长率
2009	10.157	6367.73	626.95	—	378.31	16.83	—
2010	10.441	7706.50	738.07	17.72%	366.37	21.03	24.97%
2011	10.248	8677.13	846.68	14.72%	356.67	24.33	15.66%
2012	10.437	9510.13	911.22	7.62%	344.13	27.64	13.59%
2013	10.589	10398.45	982.01	7.77%	341.46	30.45	10.20%

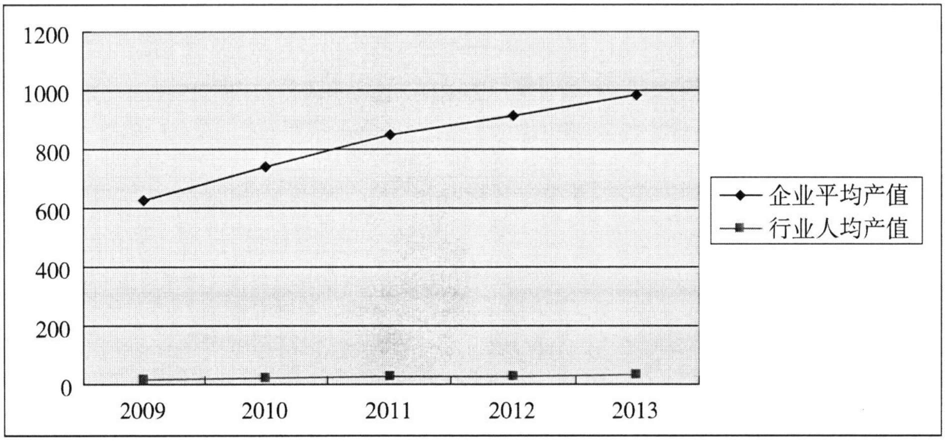

（单位：万元）

图 2　2009–2013 年印刷业企业平均产值和行业人均产值变化情况

全球金融危机导致的流动性紧缺对资本的全球流动和发达经济体的消费需求造成了负面影响，但从 2009–2013 年间外商投资总额、外商注册资金额、对外加工贸易额三项数据指标来看，在此期间金融危机对我国印刷业吸引外资能力及对外出口能力的冲击并不明显。特别是 2012 年以前，三项指标均保持连年增长，2010 年和 2011 年外商投资总额分别出现同比 31.95% 和 44.87% 的高速增长，2011 年外商注册资金额同比增速高达 60.64%，2010 年对外加工贸易额同比增长 50.67%。2012 年外商投资总额、外商注册资金额均创历史新高，绝对值与 2009 年相比均实现翻番，但 2013 年这两项指标均出现了 4% 以上的负增长，对外加工贸易额增速也有所下滑。这表明，随着后金融危机时代世界主要经济体发展模式的调整和消费习惯的变化，我国印刷业面临的国际金融和市场环境仍存在一定不确定性。（见表 3、图 3）

表 3　2009–2013 年印刷业外商投资总额、外商注册资金额、对外加工贸易额

年份	外商投资总额（亿美元）	外商投资总额增长率	外商注册资金额（亿美元）	外商注册资金额增长率	对外加工贸易额（亿元）	对外加工贸易额增长率
2009	193.43	—	127.92	—	439.13	—
2010	255.23	31.95%	152.81	19.46%	661.65	50.67%
2011	369.76	44.87%	245.48	60.64%	680.09	2.79%
2012	389.33	5.29%	277.98	13.24%	772.04	13.52%
2013	373.49	–4.07%	265.42	–4.52%	837.48	8.48%

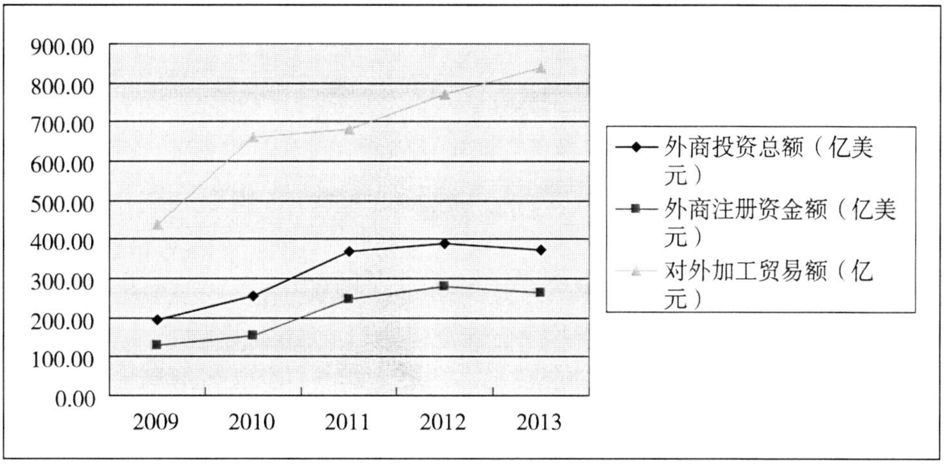

图 3　2009-2013 年印刷业外商投资总额、外商注册资金额、对外加工贸易额变化情况

自 2010 年开始，国家新闻出版广电总局在全国印刷企业年度核验中增加了对工业增加值（GDP）统计项目。数据显示，2010 年我国印刷业 GDP 为 1789.74 亿元，约占当年我国 GDP 的 0.45%。2010-2013 年在不考虑通胀因素的情况下，我国印刷业 GDP 保持持续增长，但增长率波动幅度较大，2011 年同比增长率达到 21.06%，高于同期我国 GDP 名义增长率。但 2012 年和 2013 年，印刷业 GDP 名义增长率连续两年低于同期我国 GDP 名义增长率，2012 年名义增长率只有约 2.90%，2013 年提高至 6.23%，仍比同期我国 GDP 增速低 3 个多百分点。这导致印刷业 GDP 在我国 GDP 中的占比从 2010 年的 0.45% 降至 2013 年的 0.42%。（见表 4）

表 4　2010-2013 年印刷业 GDP（工业增加值）在我国 GDP 中的占比

年份	我国 GDP（亿元）	我国 GDP 名义增长率	印刷业 GDP（亿元）	印刷业 GDP 名义增长率	印刷业 GDP 在我国 GDP 中的占比
2010	401512.80	—	1789.74	—	0.45%
2011	473104.05	17.83%	2166.65	21.06%	0.46%
2012	519470.10	9.80%	2229.48	2.90%	0.43%
2013	568845.21	9.50%	2368.36	6.23%	0.42%

2009-2013 年是美国次贷危机演化为全球金融危机后国内外经济形势起伏不定，充满挑战的五年，从整体上看，我国印刷业经受住了外在经济环境的

挑战，保持了稳中有进的发展态势，工业总产值于 2013 年首次突破一万亿元，达到 10398.45 亿元，整体规模仅次于美国，超过了日本、德国等传统印刷业强国，位居全球第二；印刷企业转变发展方式和加大技改力度的努力取得成效，产业集约化程度有所提高，行业全员劳动生产率显著提高；在全球金融体系流动性偏紧的情况下，对外资的吸引力保持在较高水平，对外加工贸易额持续增长；印刷业 GDP 在我国 GDP 中的比重基本保持稳定。但与此同时，也须认识到，在经过长达 30 余年的高速增长后，我国印刷业已经与整个国民经济一道由高速增长期“换挡”进入中速增长期，后金融危机时代的国际市场仍存在较大的不确定性，这期间印刷业部分数据指标的波动正体现了换挡期的特点和国际市场不确定性的挑战。

（二）2010–2013 年我国印刷业区域发展的特点

改革开放以来，我国印刷业的区域布局发生了很大的变化。20 世纪 80 年代以前，北京和上海作为两大印刷中心，集中了全国最优秀的印刷企业和最先进的印刷装备，印刷生产能力遥遥领先于其他地区。20 世纪 80 年代以后，广东的珠三角地区充分发挥毗邻香港的区位优势，通过吸引管理理念先进、技术优势明显的外资企业投资设厂，在短时间内拉开了与国内其他地区印刷业的发展差距，形成了珠三角一枝独秀的局面。至 2000 年前后，随着外来资本和企业的北上以及民营企业的发展，以上海为中心，涵盖浙江、江苏两个经济大省的长三角地区和以北京为中心，涵盖天津、河北、山东、辽宁的环渤海地区印刷业发展加速，逐渐形成了珠三角、长三角、环渤海三大印刷基地齐头并进的局面。近几年来，受沿海地区生产成本不断上涨等因素的影响，同时在竞争加剧的情况下印刷企业也需要在区位上更加靠近客户，印刷生产能力由东部地区向中西部地区的梯度转移渐渐成为一种趋势，中部地区（包括山西、安徽、江西、河南、湖北、湖南）印刷业发展速度明显高于全国平均水平，全国印刷业的区域布局正在向东部、中部均衡发展的态势过渡。

自 2010 年开始，国家新闻出版广电总局将通过全国印刷企业年度核验获得的各省、直辖市、自治区印刷业发展情况的关键数据指标进行了分门别类的汇总，从中可见各个地区印刷业发展的情况。如果以印刷工业总产值为排序指标，则可以发现，2010–2013 年间，共有 13 个省份进入过全国前十强，分别是广东省、浙江省、江苏省、上海市、山东省、河北省、福建省、四川省、湖南省、湖北省、北京市、安徽省、辽宁省。其中，有八个省份来自珠三角、长三角和环渤海三大印刷基地，分别是来自珠三角的广东省，来自长三角的浙江省、江苏省、上海市，属于环渤海的山东省、河北省、北京市、辽宁省。其他五个省份有三个来自中部，即湖南省、湖北省和安徽省；一个来自西南，即四川省；一个来自东部沿海地区，即福建省。（见表5）

表5 2010–2013年我国印刷业十强省份

排名	2010		2011		2012		2013	
	省份	印刷工业总产值（亿元）	省份	印刷工业总产值（亿元）	省份	印刷工业总产值（亿元）	省份	印刷工业总产值（亿元）
1	广东	1510.74	广东	1601.60	广东	1699.36	广东	1805.98
2	浙江	1243.85	浙江	1279.68	浙江	1150.69	浙江	1314.88
3	江苏	770.00	江苏	1001.27	江苏	1087.58	江苏	1175.02
4	河北	606.65	上海	689.53	上海	773.11	上海	816.61
5	上海	585.70	山东	576.61	山东	741.84	山东	753.31
6	山东	463.59	河北	480.29	河北	572.90	河北	627.40
7	福建	312.34	福建	384.09	福建	400.77	福建	472.36
8	四川	260.68	四川	262.16	四川	334.54	四川	370.96
9	辽宁	210.94	北京	260.15	湖南	314.24	湖南	339.37
10	北京	207.14	安徽	233.88	北京	271.23	湖北	318.03

通过表5可以发现，在历年印刷业十强省份的排名中，来自珠三角和长三角的省份表现最为稳定，广东省、浙江省、江苏省连续四年分别占据前三位，上海市连续三年排在第四位；来自环渤海的山东省和河北省稳定占据了第五位和第六位；福建省和四川省稳定占据了第七位和第八位。主要的变化体现在第九位和第十位上，2010年这两个位次分别被辽宁和北京占据，中部地区无一省份进入十强；2011年安徽省作为中部地区的代表首次进入十强，排名第十位；2012年湖南省作为中部地区的代表进入十强，排名第九位；2013年十强中首次出现两个中部省份同时进入十强，分别是位居第九位的湖南省和位居第十位的湖北省。

2010-2013 年我国印刷业十强省份的稳中有变在一定程度上正体现了近年来我国印刷业的区域布局的变化趋势：位于东部的珠三角、长三角、环渤海三大基地凭借先发和资源优势，在全国印刷业的区域格局中仍居于领先位置，但随着市场形势的变化，中部地区正日益呈现出后发优势，增长速度显著高于全国平均水平，东部、中部均衡发展的印刷业新态势正在形成。这一点在各地区印刷工业总产值在全国总量占比情况的变化中体现得更为明显。（见表 6、图 4）。

表 6　2010-2013 年珠三角、长三角、环渤海和中部地区印刷工业总产值在全国总量的占比

	2010		2011		2012		2013	
区域	印刷工业总产值（亿元）	在全国印刷工业总产值中的占比	印刷工业总产值（亿元）	在全国印刷工业总产值中的占比	印刷工业总产值（亿元）	在全国印刷工业总产值中的占比	印刷工业总产值（亿元）	在全国印刷工业总产值中的占比
珠三角	1510.74	19.60%	1601.60	18.46%	1699.36	17.87%	1805.98	17.37%
长三角	2599.55	33.73%	2970.49	34.23%	3011.38	31.66%	3306.51	31.80%
环渤海	1615.96	20.97%	1698.09	19.57%	2003.21	21.06%	2107.07	20.26%
中部地区	873.47	11.33%	1100.32	12.68%	1350.06	14.20%	1537.96	14.79%
其他地区	1106.79	14.36%	1306.63	15.06%	1446.12	15.21%	1640.93	15.78%

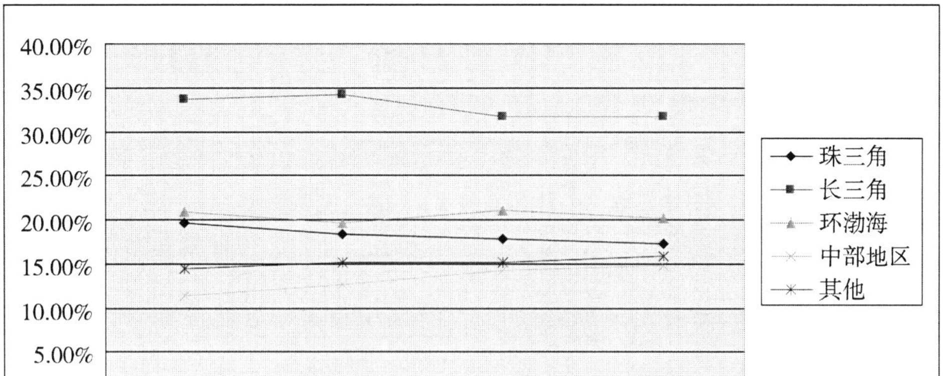

图 4　2010-2013 年珠三角、长三角、环渤海和中部地区印刷工业总产值在全国总量的占比变化

数据显示，2010年珠三角、长三角、环渤海和中部地区印刷工业总产值分别为1510.74亿元、2599.55亿元、1615.96亿元、873.47亿元，在全国总量中的占比分别为19.60%、33.73%、20.97%、11.33%；2013年这4个地区印刷工业总产值分别达到1805.98亿元、3306.51亿元、2107.07亿元、1537.96亿元，与2010年相比分别增长19.54%、27.20%、30.39%、76.08%，中部地区增速显著高于其他三个地区。这导致中部地区印刷工业总产值在全国总量中的占比比2010年提高3.46个百分点，达到14.79%；而珠三角、长三角、环渤海印刷工业总产值在全国总量中的占比与2010年相比均呈下降趋势，分别为17.37%、31.80%、20.26%，各下降了2.23个百分点、1.93个百分点、0.71个百分点。相比较而言，珠三角下降的趋势最为明显，其印刷工业总产值在全国总量中的占比连续三年持续下降；其次是长三角，其印刷工业总产值在全国总量中的占比在2011年达到阶段性高点后，连续两年均低于32%；环渤海地区印刷工业总产值在全国总量中的占比呈窄幅波动状态，下降幅度最小。这实际上反映了改革开放后我国印刷业产业增长极自珠三角渐次向长三角、环渤海、中部地区转移的特点，后发地区在一定时期内能够保持相对先发地区的增长优势。截至2013年，中部地区印刷业的产业规模已经达到珠三角的85%，长三角的47%，环渤海的73%。值得注意的是，无论是珠三角、长三角、环渤海，还是中部地区，印刷工业总产值的绝对值均呈现稳定上升趋势，这表明了我国主要印刷产业带协调发展的良好局面。

（三）2011-2013年我国印刷业产业结构的变化

按照我国印刷业的行政管理体系，印刷经营活动包括出版物印刷、包装装潢印刷品印刷、其他印刷品印刷及专项经营的排版、制版、装订等。印刷业据此被划分为四大产业类别，印刷企业也相应分为出版物印刷、包装装潢印刷品印刷、其他印刷品印刷和排版、制版、装订专项四种类型。近年来根据行业技术与产业形态的发展，专营数字印刷的企业单独作为一类出现在国家新闻出版广电总局印刷企业年度核验数据中。

根据各个类别产值规模的大小，出版物印刷、包装装潢印刷品印刷和其他印刷品印刷构成了当前我国印刷业的主体，但随着整个国民经济体系的变化与发展，各个类别在我国印刷业产业结构中的地位也经历了一个此消彼长的过程。在新中国成立后至改革开放前的计划经济时代，出版物印刷在印刷业中居于主导地位，包装装潢印刷品印刷、其他印刷品印刷发展相对滞后；改革开放后至 20 世纪 90 年代，随着我国国民经济的跨越式发展，出版物印刷、包装装潢印刷品印刷、其他印刷品印刷均迎来了高速增长的黄金时代；2000 年以后，受数字媒体崛起的影响，出版物印刷的发展受到一定影响，而包装装潢印刷品印刷得益于市场经济和商品流通的繁荣保持了较高增速，在印刷业总量中的比重不断提升，逐渐在印刷业产业结构中占据了主导地位。

1．2011–2013 年出版物印刷发展态势

作为纸质出版产业链的一环，出版物印刷的发展从根本上受制于图书、期刊、报纸等上游行业的走势。近年来，受数字媒体崛起及广告市场变化的影响，图书、期刊、报纸发展趋势出现分化。据国家新闻出版广电总局产业发展司编写的《中国新闻出版统计资料汇编》发布的统计数据显示，2011–2013 年间，作为目前纸质出版物中印量占比最大的一类，报纸出版在总印数连续两年正增长的情况下，总印张却连续出现负增长，与 2011 年相比，2013 年总印数增长 3.50%，总印张下降了 7.67%；期刊出版总印数、总印张在 2012 年达到近三年的高点后，2013 年同比均出现负增长，与 2011 年相比总印数微降 0.40%，总印张微增 1.02%；三类出版物中，只有图书出版总印数、总印张两项指标连续两年保持正增长，2013 年比 2011 年分别增长 7.85%、12.30%。从整体上看，2011–2013 年间，与出版物印刷关系最为密切的图书、期刊、报纸总印张数指标，2013 年合计为 3.01 亿千印张，比 2011 年下降 3.04%。（见图 5、表 7、图 6）

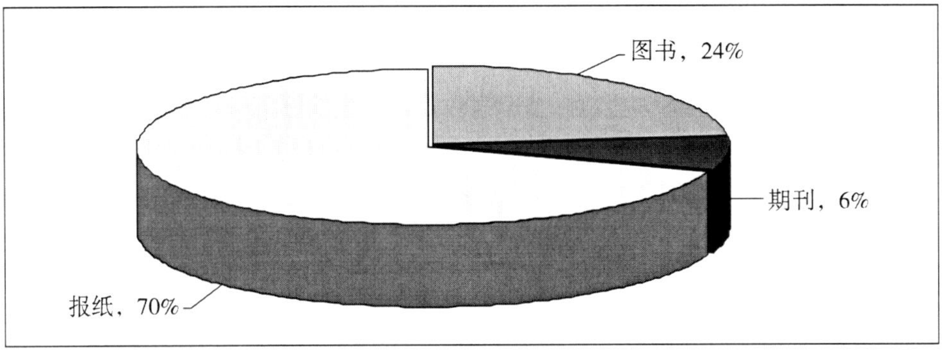

图 5　2013 年图书、期刊、报纸总印张在出版物总印张中的占比情况

表 7　2011-2013 年图书、期刊、报纸的总印数和总印张

年份	图书		期刊		报纸	
	总印数（万册、张）	总印张（千印张）	总印数（万册）	总印张（千印张）	总印数（万份）	总印张（千印张）
2011	770518	63451289	328522	19272877	4674326	227198914
2012	792464	66699442	334798	19601005	4822568	221100305
2013	831000	71258000	327200	19470000	4824100	209784000

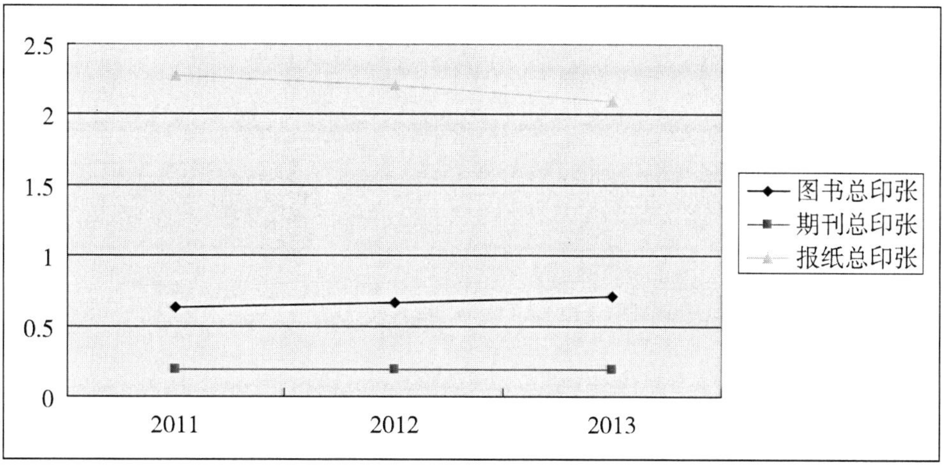

（单位：亿千印张）

图 6　2011-2013 年图书、期刊、报纸总印张变化情况

尽管数字媒体日新月异的发展和出版物总印张的下滑给出版物印刷从业者在心理上带来了巨大的紧迫感和转型升级的压力，但从关键数据指标看，2011-2013 年间我国出版物印刷并未受到出版市场波动的明显影响，仍保持了稳定向上的发展态势。

数据显示，2011-2013 年间，我国出版物印刷企业数量由 6821 家增长到 7133 家，增长率为 4.57%，高于同期印刷企业总量 3.32% 的增长率；出版物印刷产值由 1313.94 亿元增长到 1594.01 亿元，增长率为 21.31%，高于同期印刷工业总产值 19.84% 的增长率；出版物印刷实现工业增加值由 326.47 亿元增长到 412.32 亿元，增长率为 26.30%，高于同期印刷业工业增加值 9.31% 的增长率。2011-2013 年，出版物印刷产值在全国印刷工业总产值中的占比维持在 15% 左右，基本保持稳定；出版物印刷实现工业增加值在全国印刷业工业增加值中的

占比由 15.07% 提高到 17.41%。（见表 8、图 7、图 8）

表 8　2011–2013 年出版物印刷关键数据指标及增长情况

年份	企业数量（家）	企业数量增长率	产值（亿元）	产值增长率	增加值（亿元）	增加值增长率
2011	6821	—	1313.94	—	326.47	—
2012	7041	3.23%	1470.15	11.89%	372.97	14.24%
2013	7133	1.31%	1594.01	8.42%	412.32	10.55%

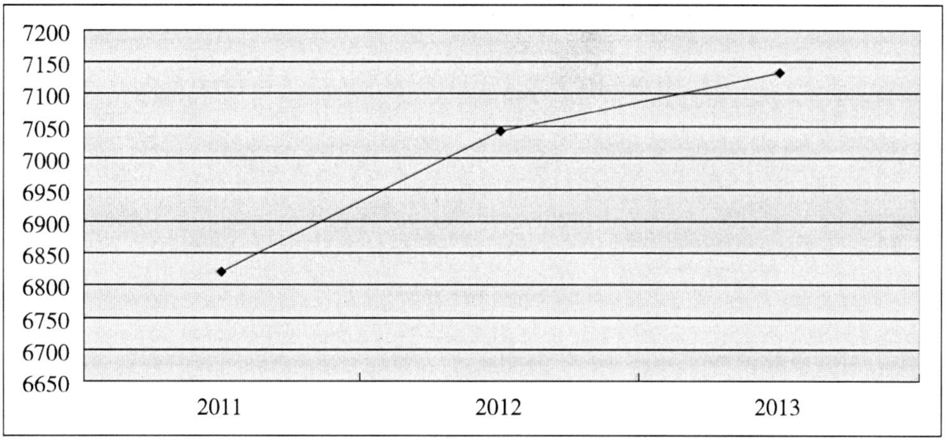

（单位：家）

图 7　2011–2013 年出版物印刷企业数量变化情况

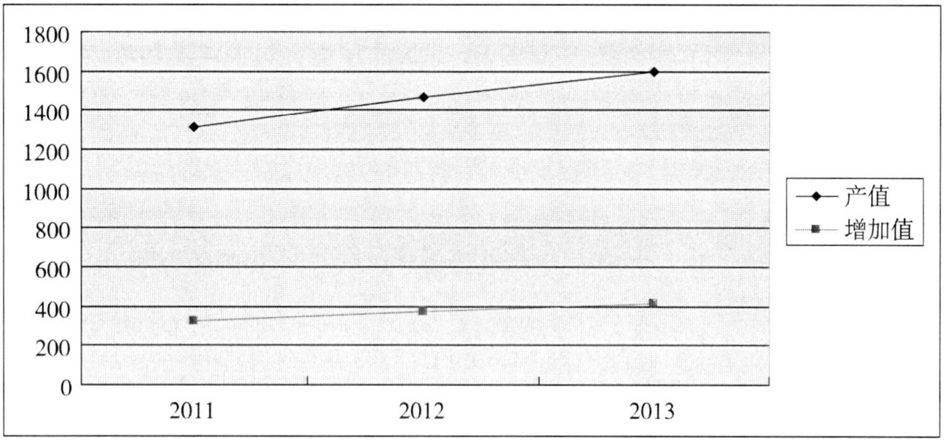

（单位：亿元）

图 8　2011–2013 年出版物印刷产值、增加值变化情况

在出版物总印张出现下滑的情况下，出版物印刷的企业数量、产值、增加值等关键数据指标仍能保持稳定向上的发展态势，表明我国出版物印刷拥有良好的增长韧性和自我调整能力，具体而言可能有以下三个方面的原因：一是对外加工贸易的增长。2011–2013 年间，我国印刷业对外加工贸易额由 680.09 亿元增长到 837.48 亿元，增长率达到 23.14%，其中有较大部分增量为出版物印刷。二是出版物产品结构的变化。自 20 世纪 90 年代以来，我国图书、期刊、报纸出版物开始由黑白为主向彩色化过渡，进入新世纪后这一进程明显加快。相对黑白印刷，彩色印刷能够带来更高的附加值，在总印张下滑的情况下保证了出版物印刷产值和增加值指标的稳定增长。三是内部资料性出版物的繁荣。随着国民经济的发展，我国有大量政府部门、企事业单位、民间社团等出版了用于内部交流的资料性出版物，这些出版物未被列入正式出版物的统计范围，却给出版物印刷企业带来了可观的业务来源。

从产业布局看，我国区域间出版物印刷实力分布与印刷业的整体格局有类似之处，也存在一定的差别。以出版物印刷产值规模为标准，珠三角、长三角、环渤海和中部地区的各个省、市在全国仍居于领先地位。以 2013 年为例，位居全国出版物印刷产值规模前十的省份共有出版物印刷企业 3954 家，实现出版物印刷产值 1152.69 亿元，工业增加值 296.35 亿元，分别占全国总量的 55.43%、72.31%、71.87%。在出版物印刷 10 强省份的排名中，来自珠三角的广东省位居第一位；来自长三角的浙江省、上海市、江苏省分别位居第三、第六和第八位；来自环渤海地区的山东省、北京市、河北省分别位居第四、第五和第七位；来自中部地区的湖南省出人意料地高居第二位，另一个来自中部地区的省份安徽省位居第十位。其中只有福建省来自珠三角、长三角、环渤海和中部地区之外。如果不考虑排序，出版物印刷十强省份的名单与全国印刷工业总产值十强省份的名单差别不大。（见表 9）

表 9　2013 年我国出版物印刷十强省份

排名	省份	企业数量（家）	印刷产值（亿元）	增加值（亿元）
1	广东	663	267.61	80.13
2	湖南	488	173.08	34.34

续表

排名	省份	企业数量（家）	印刷产值（亿元）	增加值（亿元）
3	浙江	462	126.45	29.11
4	山东	459	115.80	18.73
5	北京	665	111.28	50.04
6	上海	210	105.92	33.43
7	河北	281	77.44	18.05
8	江苏	285	73.59	15.84
9	福建	196	53.76	9.50
10	安徽	245	47.77	7.18
合计		3954	1152.69	296.35

以珠三角、长三角、环渤海和中部地区作为对比对象，四个地区出版物印刷产值的排序与其印刷工业总产值的排序出现了显著差别，特别是中部地区在出版物印刷方面表现出了较强的竞争力。2013 年，珠三角、长三角、环渤海和中部地区分别拥有出版物印刷企业 663 家、957 家、1687 家、1684 家，各占全国总量的 9.29%、13.42%、23.65%、23.61%；分别完成出版物印刷产值 267.61 亿元、305.96 亿元、359.86 亿元、378.02 亿元，各占全国总量的 16.79%、19.19%、22.58%、23.72%；分别实现出版物印刷增加值 80.13 亿元、78.37 亿元、100.68 亿元、81.93 亿元，各占全国总量的 19.43%、19.01%、24.42%、19.87%。从产值规模上看，中部地区位居第 1 位，随后依次是环渤海、长三角和珠三角；从实现增加值规模上看，环渤海位居第 1 位，随后依次是中部地区、珠三角和长三角。一个区域出版物印刷实力的强弱既取决于当地出版业的产业基础，也与当地企业获取区域外订单的能力有关。从这个意义上说，以北京为中心的环渤海地区是我国重要的出版基地，出版资源得天独厚，因而其出版物印刷的强势在意料之中，而出版产业基础并不雄厚的中部地区在出版物印刷领域的良好表现则在一定程度上体现了当地企业获取区域外订单的强大能力。（见表 10、图 9、图 10、图 11）

表 10　2013 年珠三角、长三角、环渤海和中部地区出版物印刷企业数量、产值、增加值

区域	企业数量（家）	印刷产值（亿元）	增加值（亿元）
珠三角	663	267.61	80.13
长三角	957	305.96	78.37
环渤海	1687	359.86	100.68
中部地区	1684	378.02	81.93
其他地区	2142	282.56	71.20

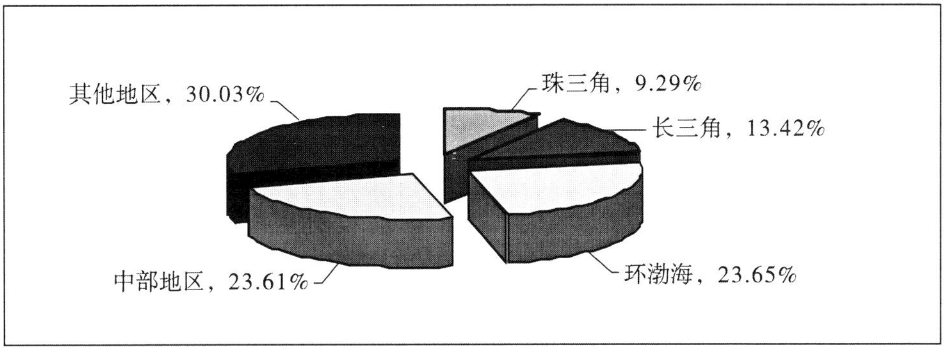

图 9　2013 年珠三角、长三角、环渤海和中部地区出版物印刷企业数量在全国总量的占比

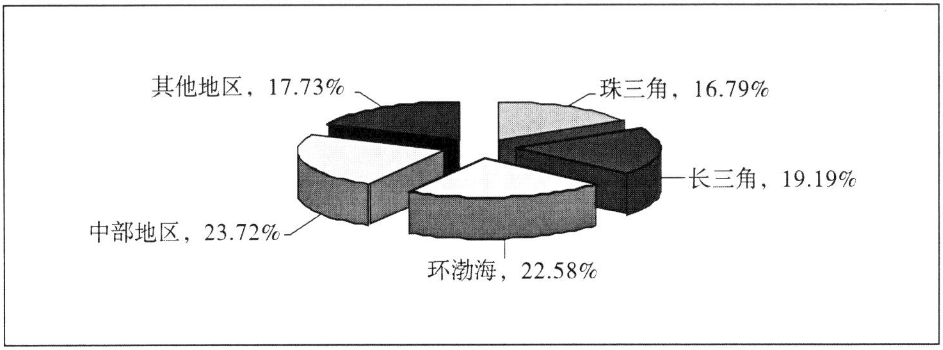

图 10　2013 年珠三角、长三角、环渤海和中部地区出版物印刷产值在全国总量的占比

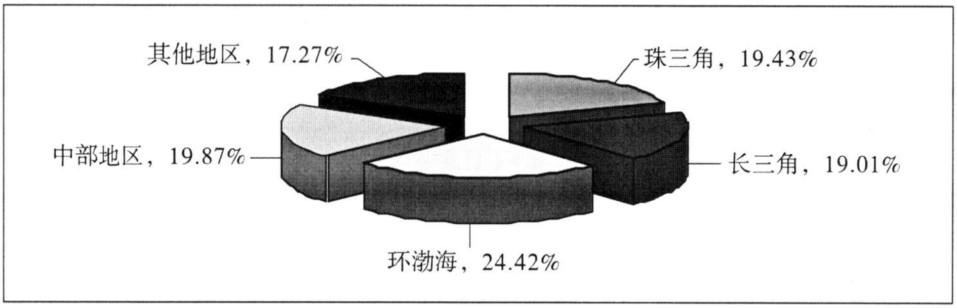

图 11　2013 年珠三角、长三角、环渤海和中部地区出版物印刷增加值在全国总量的占比

2. 2011–2013 年包装装潢印刷品印刷发展态势

与出版物印刷面临的挑战和转型压力相比，主要服务于市场经济和商品流通的包装装潢印刷品印刷普遍被认为具有更为良好的发展潜力，成为近年来印刷业投资的热点。从关键数据指标看，2011–2013 年间我国包装装潢印刷品印刷企业数量和印刷产值确实表现出远高于行业平均水平的增长性，在印刷业总量中的占比不断提高。

数据显示，2011–2013 年间，我国包装装潢印刷品印刷企业数量由 47377 家增长到 50433 家，增长率为 6.45%，高于同期印刷企业总量 3.32% 的增长率；包装装潢印刷品印刷产值由 6318.77 亿元增长到 7749.57 亿元，增长率为 22.64%，高于同期印刷工业总产值 19.84% 的增长率；包装装潢印刷品印刷实现工业增加值由 1542.52 亿元增长到 1735.22 亿元，增长率为 12.49%，高于同期印刷业工业增加值 9.31% 的增长率。这导致包装装潢印刷品印刷企业在全国印刷企业总量中的占比由 2011 年的 46.23% 提高到 47.63%；包装装潢印刷品印刷产值在全国印刷工业总产值中的占比由 2011 年的 72.82% 提高到 2013 年的 74.53%，接近四分之三；包装装潢印刷品印刷工业增加值在全国印刷业工业增加值中的占比由 71.20% 提高到 73.27%。（见表 11、图 12、图 13）

表 11　2011–2013 年包装装潢印刷品印刷关键数据指标及增长情况

年份	企业数量（家）	企业数量增长率	产值（亿元）	产值增长率	增加值（亿元）	增加值增长率
2011	47377	—	6318.77	—	1542.52	—
2012	49707	4.92%	7119.08	12.67%	1665.76	7.99%
2013	50433	1.46%	7749.57	8.86%	1735.22	4.17%

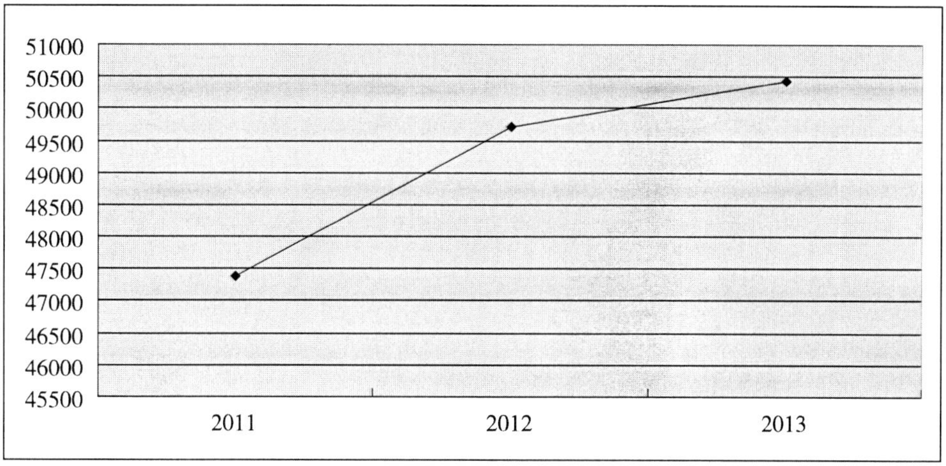

（单位：家）

图 12　2011-2013 年包装装潢印刷品印刷企业数量变化情况

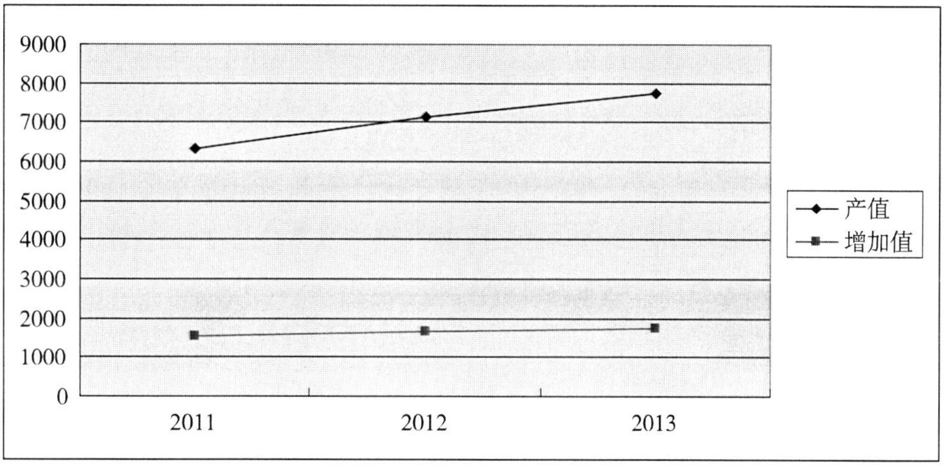

（单位：亿元）

图 13　2011-2013 年包装装潢印刷品印刷产值、增加值变化情况

从产业布局看，我国区域间包装装潢印刷品印刷实力分布与印刷业的整体格局存在着很高的相似度。以 2013 年为例，位居全国包装装潢印刷品印刷产值规模前十的省份仍主要来自珠三角、长三角、环渤海和中部地区。本年度十强省份共有包装装潢印刷品印刷企业 41932 家，实现包装装潢印刷品印刷产值 6332.85 亿元，工业增加值 1421.32 亿元，分别占全国总量的 83.14%、81.72%、81.91%。从上述数据不难发现，相对出版物印刷，包装装潢印刷品印刷具有更高的产业集中度。在包装装潢印刷品印刷十强省份的排名中，来自珠三角的广东省位居第一位；来自长三角的浙江省、江苏省、上海市分别位居第二位、第三位和第四位；来自环渤海地区的山东省、河北省分别位居第五位、第六位；来自中部地区的安徽省、湖北省位居第九位、第十位。其中只有位居第七位的福建省和位居第八位的四川省来自珠三角、长三角、环渤海和中部地区之外。将 2013 年包装装潢印刷品印刷 10 强省份与同年度我国印刷业十强省份对比可以发现，二者除了排名第九位的省份不同之外，其他省份的名单、排序完全一致。（见表 12）

表 12　2013 年我国包装装潢印刷品印刷十强省份

排名	省份	企业数量（家）	印刷产值（亿元）	增加值（亿元）
1	广东	13479	1448.36	401.37
2	浙江	9052	1154.18	222.67
3	江苏	5693	1032.00	216.67
4	上海	2574	643.89	193.71
5	山东	4176	493.30	77.51
6	河北	1744	440.08	84.95
7	福建	2025	363.66	69.88
8	四川	1164	298.64	69.49
9	安徽	1419	247.72	48.96
10	湖北	606	211.02	36.10
	合计	41932	6332.85	1421.32

以珠三角、长三角、环渤海和中部地区作为对比对象，四个地区包装装潢印刷品印刷产值的排序与其印刷工业总产值的排序基本一致。2013 年，珠三角、长三角、环渤海和中部地区分别拥有包装装潢印刷品印刷企业 13479 家、17319 家、8467 家、4680 家，各占全国总量的 26.73%、34.34%、16.79%、9.28%；分别完成包装装潢印刷品印刷产值 1448.36 亿元、2830.07 亿元、1389.77 亿元、955.41 亿元，各占全国总量的 18.69%、36.52%、17.93%、12.33%；分别实现包装装潢印刷品印刷增加值 401.37 亿元、633.05 亿元、262.08 亿元、203.83 亿元，各占全国总量的 23.13%、36.48%、15.10%、11.75%。无论产值规模，还是增

加值规模，长三角均位居第一位，随后依次是珠三角、环渤海和中部地区。这一排序与四个地区印刷工业总产值排序的差别是珠三角和环渤海的位次出现对换。（见表 13、图 14、图 15、图 16）

表 13　2013 年珠三角、长三角、环渤海和中部地区包装装潢印刷品印刷企业数量、产值、增加值

区域	企业数量（家）	印刷产值（亿元）	增加值（亿元）
珠三角	13479	1448.36	401.37
长三角	17319	2830.07	633.05
环渤海	8467	1389.77	262.08
中部地区	4680	955.41	203.83
其他	6488	1125.96	234.90

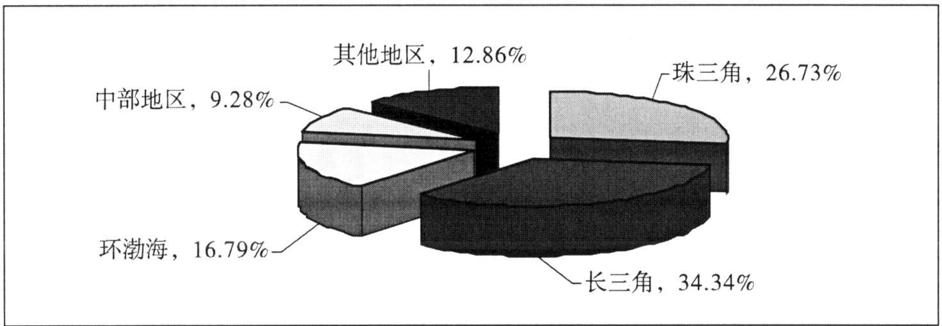

图 14　2013 年珠三角、长三角、环渤海和中部地区包装装潢印刷品印刷企业数量在全国总量的占比

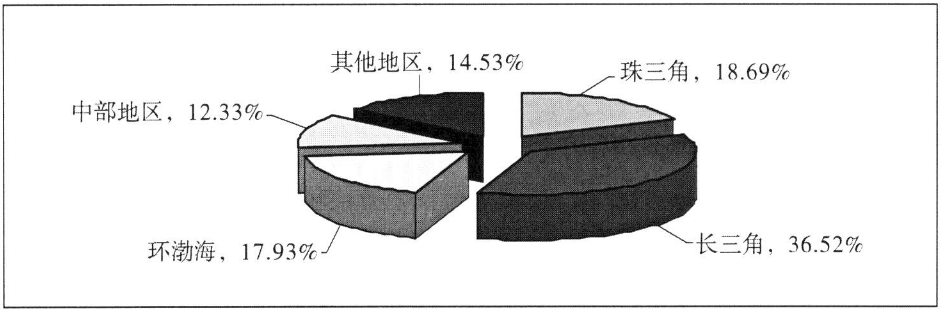

图 15　2013 年珠三角、长三角、环渤海和中部地区包装装潢印刷品印刷产值在全国总量的占比

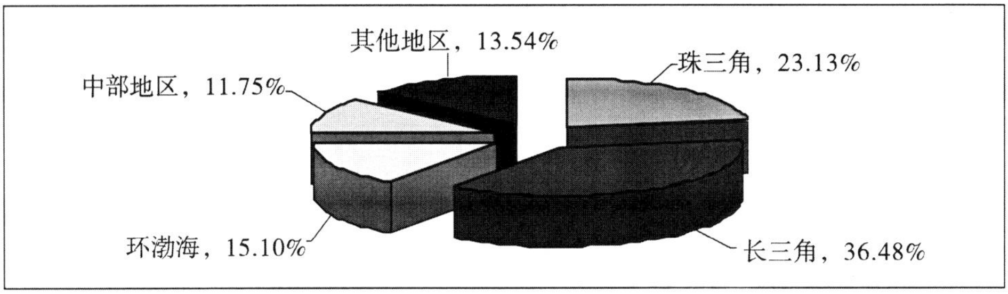

图 16　2013 年珠三角、长三角、环渤海和中部地区包装装潢印刷品印刷增加值在全国总量的占比

从产业结构看，包装装潢印刷品印刷产值约占我国印刷工业总产值的 3/4，因而一个地区印刷业规模在全国区域对比中的位置更多取决于其包装装潢印刷品印刷的实力。近年来受良好市场预期的激励，业界对包装装潢印刷品印刷的投资热情逐渐高涨。部分在这一市场类别经营多年的大中型企业通过加大技术改造和设备引进力度以获得更大的市场占有率，另外一些在出版物印刷等其他市场类别遇到成长“瓶颈”的企业则希望通过跨界涉足包装装潢印刷品印刷获得新的增长点，这一方面体现了包装装潢印刷品印刷市场的活力，另外一方面也给这一领域带来了产能过快、过度增长的风险。对新进或计划扩大在包装装潢印刷品印刷领域投资的企业而言，对以下几点需要有清晰的认识：一是随着我国国民经济由高速增长期“换挡”进入中速增长期，包装装潢印刷品印刷市场的增长率将随之有所下调，不能简单以近年来的高增长率作为投资依据；二是包装装潢印刷品印刷市场细分类别众多，产能供给情况差异较大，既有供给相对不足，少数企业相对垄断的“蓝海”，如液体食品包装市场。也有供给已然过剩，竞争激烈的“红海”，如低端的纸包装市场，企业在选择投资方向时需要慎重决策；三是包装装潢印刷品印刷在技术与工艺上与出版物印刷等其他类别具有较大差异，其他类型的企业不应低估转型进入包装装潢印刷品印刷市场的技术难度。

3．2011–2013 年其他印刷品印刷发展态势

在我国印刷业的行政管理体系中，其他印刷品印刷泛指出版物印刷、包装装潢印刷品印刷之外的各种印刷品印刷。印刷业广泛服务于国民经济的各行各业，与人民群众的生活息息相关，因而其他印刷品印刷包括的印刷业务类型十分丰富多样，例如文件、资料、图表、票证、证件、名片等。由于涉及的业务类型过于广泛，因而很难对其他印刷品印刷市场进行简单、划一的评价，但从

关键数据指标看，2011–2013 年间我国其他印刷品印刷增长性不及行业平均水平，遇到一定的挑战。

数据显示，2011–2013 年间，我国其他印刷品印刷企业数量由 44868 家增长到 45188 家，增长率为 0.71%，低于同期印刷企业总量 3.32% 的增长率；其他印刷品印刷产值由 708.51 亿元增长到 791.79 亿元，增长率为 11.75%，同样低于同期印刷工业总产值 19.84% 的增长率。特别是其他印刷品印刷实现工业增加值由 182.77 亿元下降到 175.46 亿元，增长率为负 4.00%，是印刷业四大类别中唯一出现增加值负增长的一类。由于各项指标增长率普遍低于行业平均水平，2011–2013 年间，其他印刷品印刷企业在全国印刷企业总量中的占比由 2011 年的 43.78% 下降到 42.67%；其他印刷品印刷产值在全国印刷工业总产值中的占比由 2011 年的 8.17% 下降到 2013 年的 7.61%；其他印刷品印刷工业增加值在全国印刷业工业增加值中的占比由 8.44% 下降到 7.40%。（见表 14、图 17、图 18）

表 14　2011–2013 年其他印刷品印刷印刷关键数据指标及增长情况

年份	企业数量（家）	企业数量增长率	产值（亿元）	产值增长率	增加值（亿元）	增加值增长率
2011	44868	—	708.51	—	182.77	—
2012	45431	1.25%	766.19	8.14%	196.19	7.34%
2013	45188	–0.53%	791.79	3.34%	175.46	–10.57%

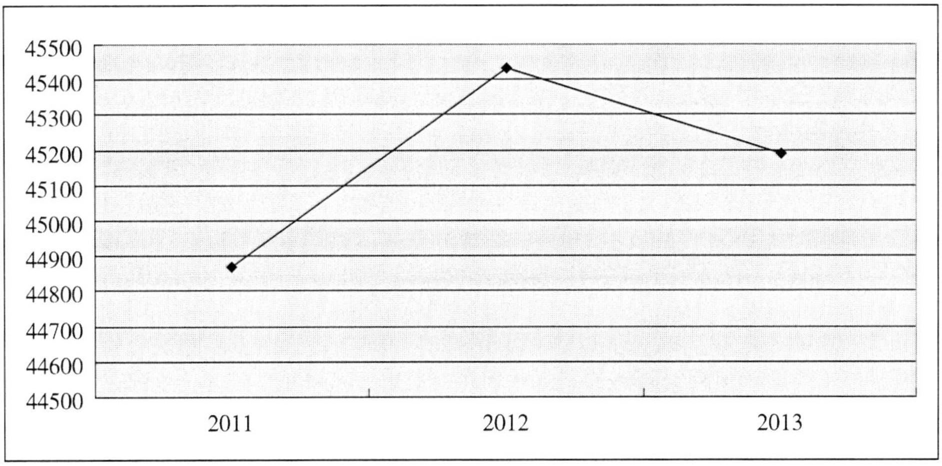

（单位：家）

图 17　2011–2013 年其他印刷品印刷企业数量变化情况

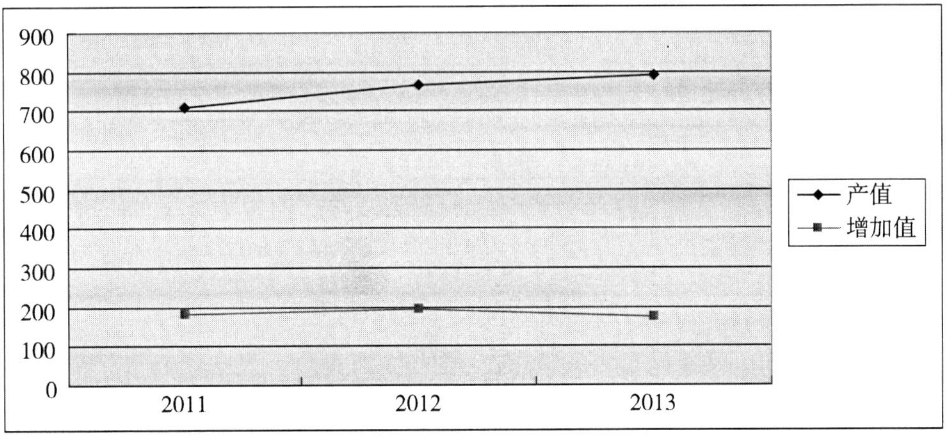

（单位：亿元）

图 18　2011-2013 年其他印刷品印刷产值、增加值变化情况

从整体上看，出版物印刷、包装装潢印刷品印刷、其他印刷品印刷三大类别构成了我国印刷业的主体，三者合计无论是企业数量、印刷产值，还是实现增加值在全国印刷业中的占比均超过 97%，但由于各类印刷企业主营业务的差异，不同类别印刷企业的平均产值规模却呈现较大差异。以 2013 年为例，当年全行业企业平均产值为 982.01 万元，其中包装装潢印刷品印刷无论企业数量，还是实现产值均在印刷业中居于主导地位，企业平均产值为 2234.70 万元，是行业平均水平的 2.28 倍；出版物印刷企业数量占印刷企业总量的 6.74%，实现产值占印刷工业总产值的 15.33%，企业平均产值为 1536.61 万元，是行业平均水平的 1.62 倍；其他印刷品印刷企业数量占印刷企业总量 42.67%，仅次于包装装潢印刷品印刷，是出版物印刷企业数量的 6.34 倍，实现产值却只占印刷工业总产值的 7.61%，企业平均产值为 175.22 万元，约为行业平均水平的 17.84%。（见图 19、图 20、图 21、表 15）

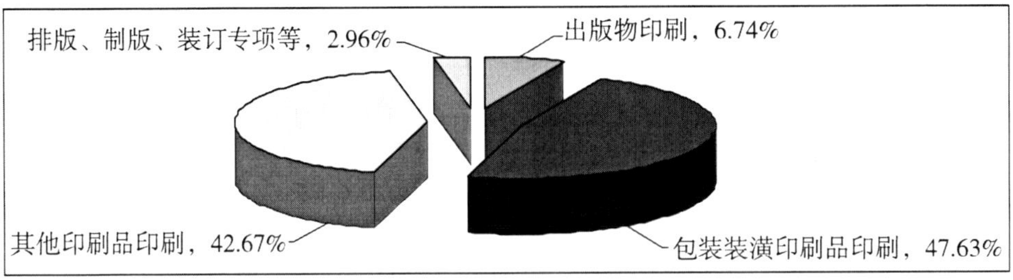

图 19　2013 年各类别印刷企业数量在印刷企业总量中的占比情况

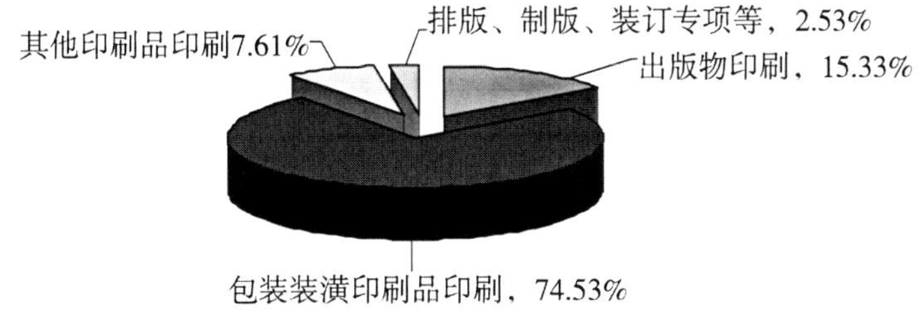

图 20　2013 年各类别印刷产值在印刷工业总产值中的占比情况

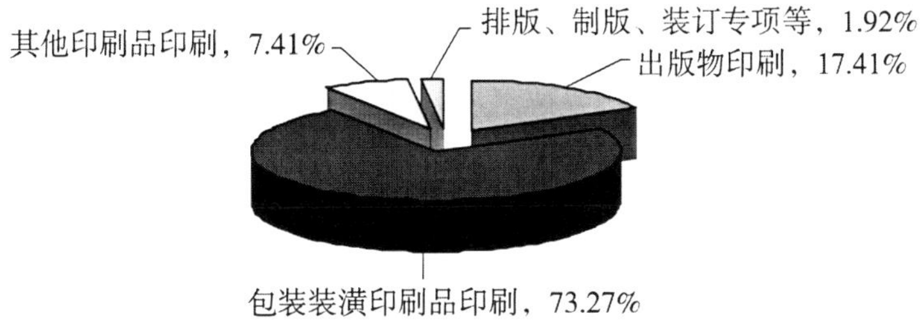

图 21　2013 年各类别印刷增加值在印刷业工业增加值中的占比情况

表 15　2013 年各类别印刷企业平均产值

类别	企业数量（家）	产值（亿元）	企业平均产值（万元）
出版物印刷	7133	1594.01	2234.70
包装装潢印刷品印刷	50433	7749.57	1536.61
其他印刷品印刷	45188	791.79	175.22

（四）2011–2013 年我国印刷业部分主营业务发展情况

作为服务型产业，印刷业广泛服务于国民经济的各个领域和各个部门，产品形态丰富多彩，出版物印刷、包装装潢印刷品印刷，以及其他印刷品印刷都可以细分为更为具体的业务和产品。为了更清晰地了解我国印刷业主要业务和产品的市场走势，国家新闻出版广电总局自 2011 年开始在印刷企业年度核验中增加了对印刷企业部分主营业务相关数据的统计，主要涉及的业务类型有书刊印刷、报纸印刷、纸包装印刷、金属罐包装印刷、塑料软包装印刷、普通票据印刷、安全印刷，基本涵盖了印刷企业的主流业务类型。尽管由于部分省份未按要求填报报表，导致与主营业务相关的统计数据不尽完整和全面，但仍为分析我国印刷业的具体业务结构提供了难得的宝贵资料。

数据显示，2011–2013 年间，我国书刊印刷、报纸印刷、纸包装印刷、金属罐包装印刷、塑料软包装印刷、普通票据印刷、安全印刷七类业务的关键指标均表现良好，向上态势明显，但各类业务的企业数量，实现产值和增加值三项关键指标差异较大，这基本反映了不同业务在印刷业中所占比重的差异。

以 2013 年为例，当年国内印刷企业中涉足纸包装印刷业务的最多，达到 23153 家，遥遥领先于涉足其他类型业务企业的数量；处于第二梯队的是塑料软包装印刷、普通票据印刷和书刊印刷，涉足上述三类业务的企业数量分别达到 6252 家、5521 家和 5443 家；处于第三梯队的是安全印刷、报纸印刷和金属罐包装印刷，涉足这三类业务的企业数量分别只有 920 家、603 家和 499 家。从各类业务实现的产值看，2013 年纸包装印刷业务实现产值 3359.23 亿元，同样遥遥领先于其他六类业务，处于第二梯队的是塑料软包装印刷和书刊印刷，二者分别实现产值 1073.90 亿元和 1044.49 亿元；处于第三梯队的是金属罐包装印刷、安全印刷、报纸印刷和普通票据印刷，四类业务分别实现产值 329.87 亿元、235.16 亿元、187.21 亿元、156.67 亿元。从各类业务实现的增加值看，处于第 1 位的仍是纸包装印刷，2013 年实现增加值 759.92 亿元；书刊印刷和塑料软包装印刷仍处于第二梯队，不过二者位次出现互换，分别实现增加值 280.81 亿元、228.50 亿元；处于第三梯队的安全印刷、金属罐包装印刷、报纸印刷、普通票据印刷实现增加值均未超过 100 亿元，分别为 96.44 亿元、86.00 亿元、61.74 亿元、45.81 亿元。（见表 16）

表 16　2013 年我国印刷业七类主流业务涉足企业数量、产值和增加值及排序

序号	业务类型	企业数量（家）	业务类型	产值（亿元）	业务类型	增加值（亿元）
1	纸包装印刷	23153	纸包装印刷	3359.23	纸包装印刷	759.92
2	塑料软包装印刷	6252	塑料软包装印刷	1073.90	书刊印刷	280.81
3	普通票据印刷	5521	书刊印刷	1044.49	塑料软包装印刷	228.50
4	书刊印刷	5443	金属罐包装印刷	329.87	安全印刷	96.44
5	安全印刷	920	安全印刷	235.16	金属罐包装印刷	86.00
6	报纸印刷	603	报纸印刷	187.21	报纸印刷	61.74
7	金属罐包装印刷	499	普通票据印刷	156.67	普通票据印刷	45.81

从上述数据不难发现，虽然涉足普通票据印刷的企业数量达到5521家，但普通票据印刷业务实现的产值和增加值却分别只有156.67亿元和45.81亿元，均位居七类主流业务末位。涉足金属罐包装印刷的企业数量最少，只有499家，但金属罐包装印刷业务实现的产值和增加值却分别达到329.87亿元和86.00亿元。这表明不同业务的市场规模、产业集中度存在较大差异，因而不同业务对相关印刷企业的平均产值和增加值贡献度也有所不同。在七类主流业务中，金属罐包装印刷对涉足该类业务企业的平均产值和增加值贡献分别达到6610.72万元和1723.35万元，均处于第一位；报纸印刷对涉足该类业务企业的平均产值和增加值贡献分别达到3104.66万元、1023.93万元，各处于第二位和第三位；安全印刷对涉足该类业务企业的平均产值和增加值贡献分别达到2556.12万元、1048.30万元，各处于第三位和第二位；书刊印刷对涉足该类业务企业的平均产值和增加值贡献分别达到1918.95万元和515.91万元，均处于第四位；塑料软包装印刷对涉足该类业务企业的平均产值和增加值贡献分别达到1717.69万元和365.48万元，均处于第五位；纸包装印刷对涉足该类业务企业的平均产值和增加值贡献分别达到1450.88万元和328.22万元，均处于第六位；普通票据印刷对涉足该类业务企业的平均产值和增加值贡献分别达到283.77万元和82.98万元，均处于第七位，排名最末。从中可见，纸包装印刷、塑料软包装印刷、书刊印刷量大且面广，普通票据印刷业务面广且量小，金属罐包装印刷、报纸印刷、安全印刷业务量小但产业集中度高。（见表17、图22、图23）

表17 2013年不同业务对涉足该类业务印刷企业平均产值和增加值贡献度及排序

序号	业务类型	平均产值（万元）	业务类型	平均增加值（万元）
1	金属罐包装印刷	6610.72	金属罐包装印刷	1723.35
2	报纸印刷	3104.66	安全印刷	1048.30
3	安全印刷	2556.12	报纸印刷	1023.93
4	书刊印刷	1918.95	书刊印刷	515.91
5	塑料软包装印刷	1717.69	塑料软包装印刷	365.48
6	纸包装印刷	1450.88	纸包装印刷	328.22
7	普通票据印刷	283.77	普通票据印刷	82.98

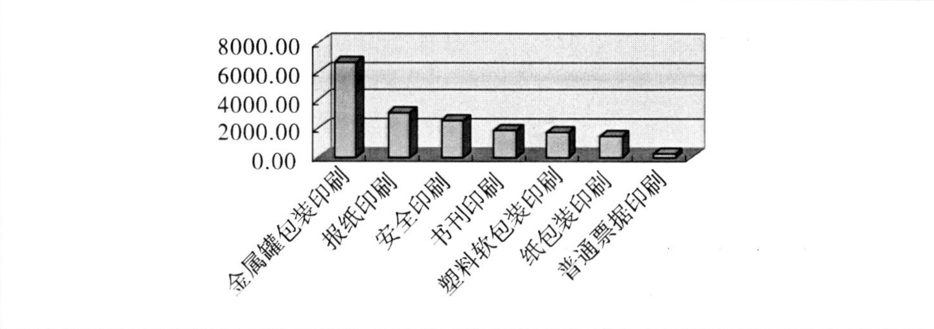

（单位：万元）

图 22　2013 年不同业务对涉足该类业务印刷企业平均产值贡献度情况

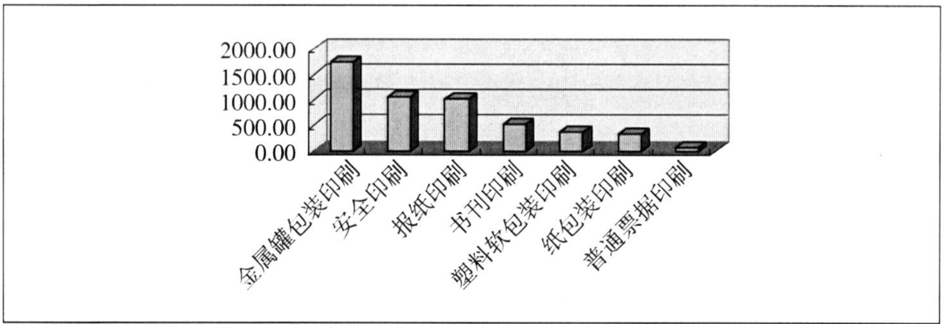

（单位：万元）

图 23　2013 年不同业务对涉足该类业务印刷企业平均增加值贡献度情况

1．2011–2013 年书刊印刷业务发展态势

书刊印刷是出版物印刷的一个细分门类，主要指面向图书、期刊的印刷业务。数据显示，2011–2013 年间，涉足书刊印刷业务的企业数量由 4778 家增长到 5443 家，增长率为 13.92%。这部分企业实现书刊印刷产值由 863.00 亿元增长到 1044.49 亿元，增长率为 21.03%，高于同期印刷工业总产值 19.84% 的增长率，与同期出版物印刷产值增长率 21.31% 基本一致；实现书刊印刷工业增加值由 209.01 亿元增长到 280.81 亿元，增长率为 34.35%，高于同期印刷业工业增加值 9.31% 和出版物印刷工业增加值 26.30% 的增长率。值得注意的是，与 2012 年相比，涉足书刊印刷业务的企业数量及实现的书刊印刷产值分别出现 2.19% 和 0.48% 的微幅下滑，在一定程度上反映出在当前媒体形态的演进与变革中，书刊印刷业务面临的调整压力。（见表 18、图 24、图 25）

表 18　2011–2013 年书刊印刷业务关键数据指标及增长情况

年份	企业数量（家）	企业数量增长率	产值（亿元）	产值增长率	增加值（亿元）	增加值增长率
2011	4778	—	863.00	—	209.01	—
2012	5565	16.47%	1049.48	21.61%	272.89	30.56%
2013	5443	–2.19%	1044.49	–0.48%	280.81	2.90%

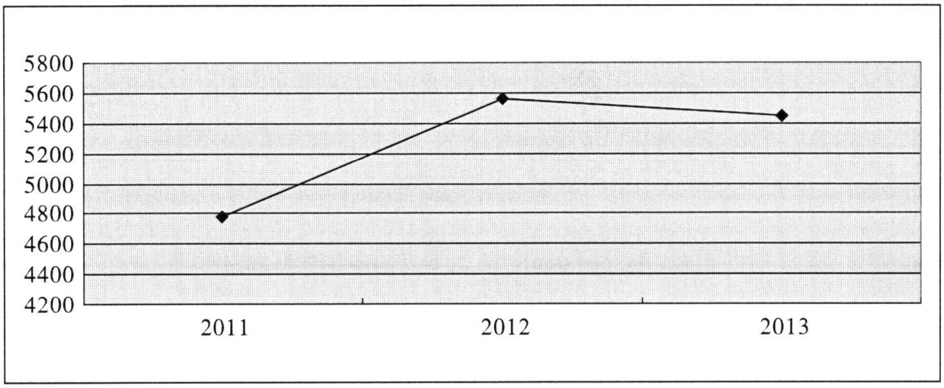

（单位：家）

图 24　2011–2013 年涉足书刊印刷业务的企业数量变化情况

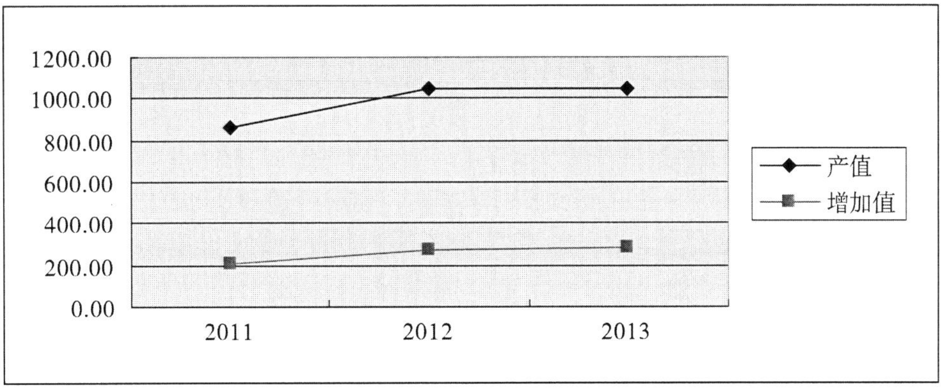

（单位：亿元）

图 25　2011–2013 年书刊印刷产值、增加值变化情况

2．2011–2013 年报纸印刷业务发展态势

报纸印刷与书刊印刷一样，属于出版物印刷的一个细分门类。相对书刊印刷，报纸印刷在过去几年中受媒体形态演进与变革的影响更大、更直接。

数据显示，2011-2013 年间，涉足报纸印刷业务的企业数量由 586 家增长到 603 家，增长率为 2.90%。这部分企业实现报纸印刷产值由 193.81 亿元下降到 187.21 亿元，增长率为负 3.41%，远低于同期印刷工业总产值、出版物印刷产值和书刊印刷产值增长率；实现报纸印刷工业增加值由 63.31 亿元下降到 61.74 亿元，增长率为负 2.48%，同样远低于同期印刷业工业增加值、出版物印刷增加值和书刊印刷增加值增长率。不过与书刊印刷市场的情况恰好相反，报纸印刷的下滑主要出现在 2012 年，2012 年报纸印刷产值、增加值与 2011 年相比分别出现了 5.66%、16.93% 的下滑；2013 年这两项指标与 2012 年相比则双双出现恢复性上涨，增长率分别达到 2.38% 和 17.40%。特别是与欧美国家部分历史悠久的知名报刊相继停刊的情况下，受报刊体制、人口结构等各种因素的影响，我国报纸出版及印刷市场尚未出现剧烈动荡与变化。（见表 19、图 26、图 27）

表 19　2011-2013 年报纸印刷业务关键数据指标及增长情况

年份	企业数量（家）	企业数量增长率	产值（亿元）	产值增长率	增加值（亿元）	增加值增长率
2011	586	—	193.81	—	63.31	—
2012	617	5.29%	182.85	-5.66%	52.59	-16.93%
2013	603	-2.27%	187.21	2.38%	61.74	17.40%

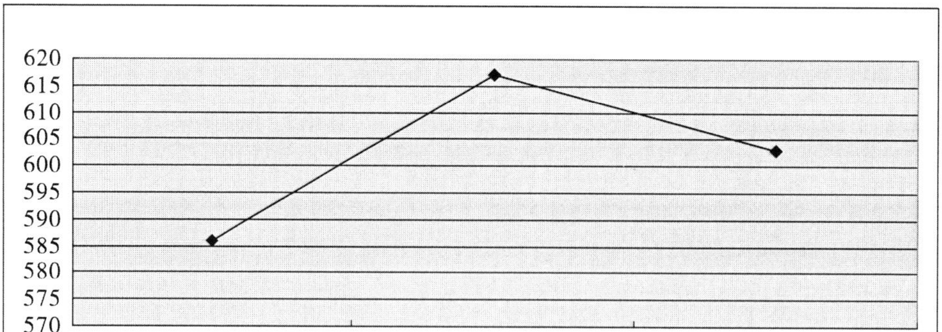

（单位：家）

图 26　2011-2013 年涉足报纸印刷业务的企业数量变化情况

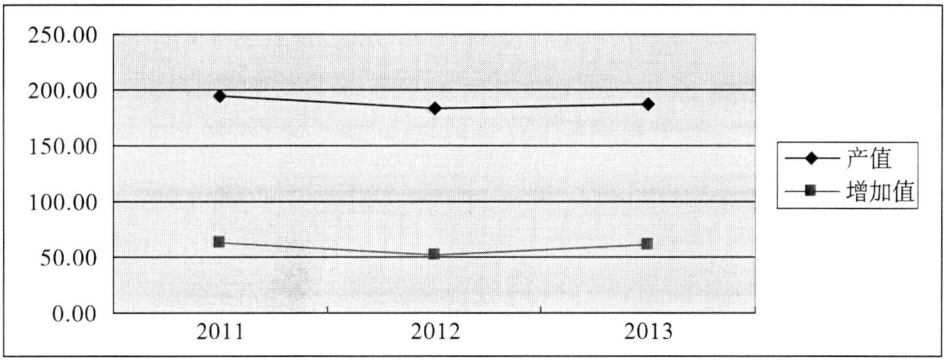

（单位：亿元）

图 27　2011-2013 年报纸印刷产值、增加值变化情况

3．2011-2013 年纸包装印刷业务发展态势

纸包装印刷是包装装潢印刷品印刷的一个细分门类。无论是企业数量，还是产值规模，纸包装印刷在包装装潢印刷品印刷中都占有较大比重，居于主导地位。与书刊印刷、报纸印刷近年来受到的冲击相比，包括纸包装印刷业务在内的包装装潢印刷品印刷市场被普遍看好。但数据显示，纸包装印刷业务虽然呈现整体向上趋势，但并没有业界预期的那么乐观。2011-2013 年间，涉足纸包装印刷业务的企业数量由 22609 家增长到 23153 家，增长率为 2.41%。这部分企业实现纸包装印刷产值由 2908.52 亿元增长到 3359.23 亿元，增长率为 15.30%，低于同期印刷工业总产值、出版物印刷产值和书刊印刷产值增长率；实现纸包装印刷工业增加值由 693.87 亿元增长到 759.92 亿元，增长率为 9.52%，略高于同期印刷业工业增加值增长率，低于出版物印刷增加值和书刊印刷增加值增长率。与 2012 年相比，2013 年涉足纸包装印刷业务的企业数量下降 5.51%，产值增长 3.16%，表明纸包装印刷业务的产业集中度在提高。不过这部分企业实现的纸包装印刷增加值意外下降 2.81%，反映了在市场环境的变化中涉足纸包装印刷业务企业的经营挑战在增加。（见表 20、图 28、图 29）

表 20　2011-2013 年纸包装印刷业务关键数据指标及增长情况

年份	企业数量（家）	企业数量增长率	产值（亿元）	产值增长率	增加值（亿元）	增加值增长率
2011	22609	—	2908.52	—	693.87	—
2012	24503	8.38%	3256.24	11.96%	781.91	12.69%
2013	23153	-5.51%	3359.23	3.16%	759.92	-2.81%

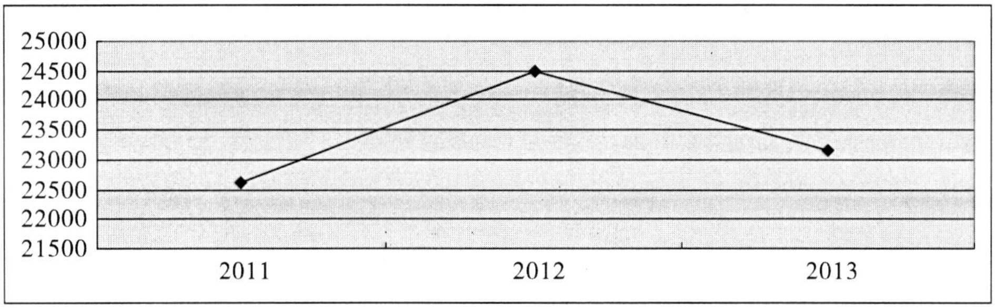

（单位：家）

图 28　2011–2013 年涉足纸包装印刷业务的企业数量变化情况

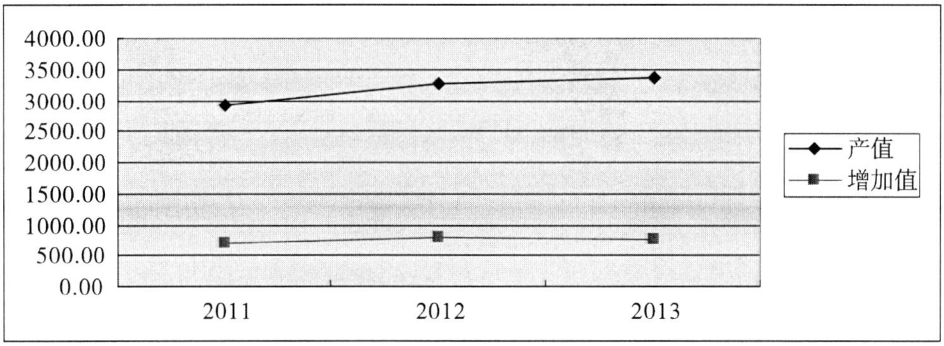

（单位：亿元）

图 29　2011–2013 年纸包装印刷产值、增加值变化情况

4．2011–2013 年金属罐包装印刷业务发展态势

金属罐包装印刷是包装装潢印刷品印刷中一个小的细分门类，企业数量、产值规模与纸包装印刷相比差距较大。然而近年来金属罐包装印刷业务却呈现高速增长态势，且集约化程度不断提高，这使涉足该业务的印刷企业平均产业规模不断扩大，表现出比其他业务类型企业更好的成长性。数据显示，2011–2013 年间涉足金属罐包装印刷业务的企业数量由 393 家增长到 499 家，增长率为 26.97%。这部分企业实现金属罐包装印刷产值由 212.19 亿元增长到 329.87 亿元，增长率高达 55.46%；实现金属罐包装印刷工业增加值由 54.00 亿元增长到 86.00 亿元，增长率为 59.26%。与 2012 年相比，2013 年涉足金属罐包装印刷业务的企业数量下降 15.28%，产值和增加值却保持了 8.49% 和 21.09% 的正增长，金属罐包装印刷业务集约化发展势头明显。2011–2013 年间，涉足金属罐印刷业务企业的平均产值规模由 5399.24 万元增长到 6610.62 万元，平均实现增加值由 1374.05 万元增长到 1723.45 万元。（见表 21、图 30、图 31）

表 21　2011-2013 年金属罐包装印刷业务关键数据指标及增长情况

年份	企业数量（家）	企业数量增长率	产值（亿元）	产值增长率	增加值（亿元）	增加值增长率
2011	393	—	212.19	—	54.00	—
2012	589	49.87%	304.05	43.29%	71.02	31.52%
2013	499	-15.28%	329.87	8.49%	86.00	21.09%

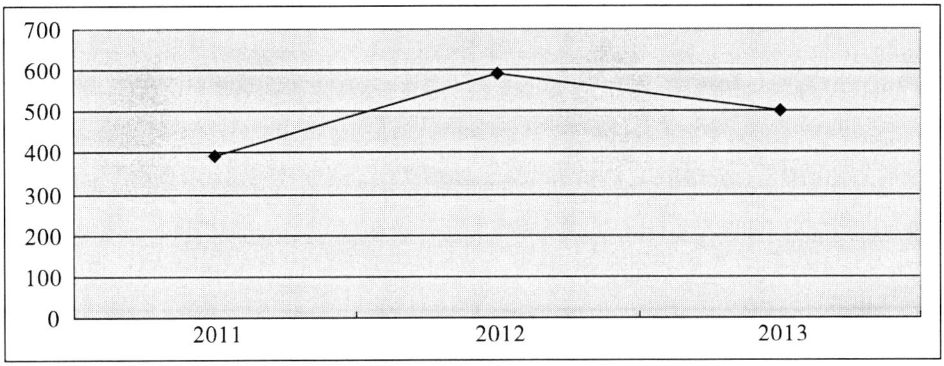

（单位：家）

图 30　2011-2013 年涉足金属罐包装印刷业务的企业数量变化情况

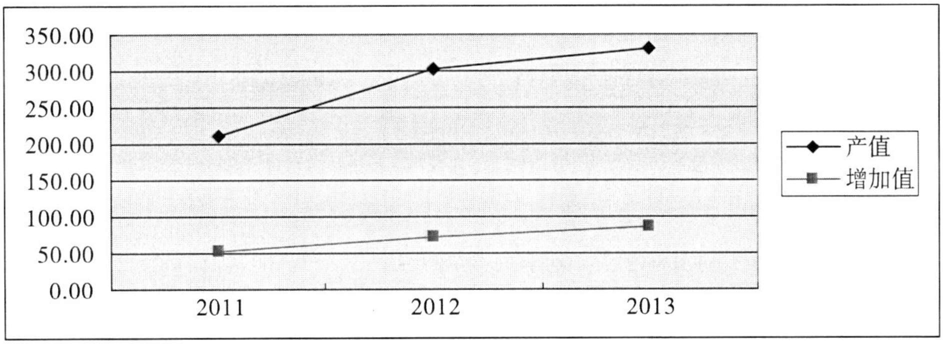

（单位：亿元）

图 31　2011-2013 年金属罐包装印刷产值、增加值变化情况

5. 2011-2013 年塑料软包装印刷业务发展态势

塑料软包装印刷是包装装潢印刷品印刷中企业数量、产值规模仅次于纸包装印刷的细分门类。近年来，随着食品、奶制品、日化用品等相关消费品行业的发展，塑料软包装印刷的市场需求随之快速上扬，市场规模不断扩大。数据显示，2011-2013 年间涉足塑料软包装印刷业务的企业数量

由 4054 家增长到 6252 家，增长率为 54.22%。这部分企业实现塑料软包装印刷产值由 593.53 亿元增长到 1073.90 亿元，增长率高达 80.93%；实现塑料软包装印刷工业增加值由 139.86 亿元增长到 228.50 亿元，增长率为 63.38%。上述三项关键指标增长率在列入国家新闻出版广电总局统计范围的印刷业七类主流业务中均仅次于安全印刷，位居第二位。这体现了塑料软包装印刷业务良好的市场基础，预计未来随着我国居民消费需求的持续增长，塑料软包装印刷业务市场规模有望继续扩大。（见表 22、图 32、图 33）

表 22　2011–2013 年塑料软包装印刷业务关键数据指标及增长情况

年份	企业数量（家）	企业数量增长率	产值（亿元）	产值增长率	增加值（亿元）	增加值增长率
2011	4054	—	593.53	—	139.86	—
2012	5774	42.43%	902.27	52.02%	197.85	41.46%
2013	6252	8.28%	1073.90	19.02%	228.50	15.49%

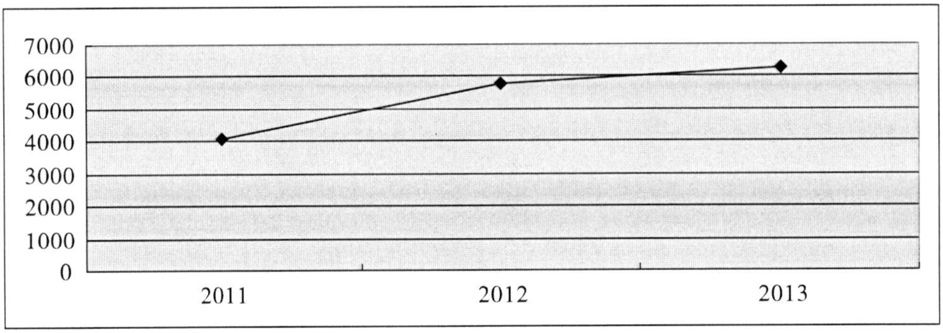

（单位：家）

图 32　2011–2013 年涉足塑料软包装印刷业务的企业数量变化情况

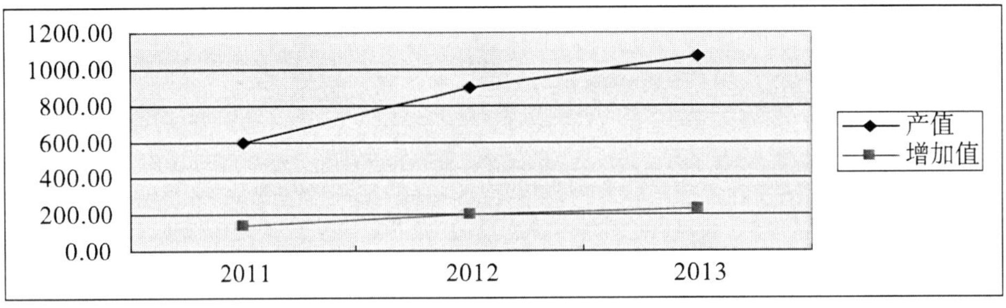

（单位：亿元）

图 33　2011–2013 年塑料软包装印刷产值、增加值变化情况

6. 2011–2013 年普通票据印刷业务发展态势

普通票据印刷在印刷业行政监管体系中属于其他印刷品印刷的一个细分门类。各种类型的企业在生产经营中或多或少都会用到一些票据类产品，但又大多需求量不大，这就造成了普通票据印刷业务量小面广的特点。数据显示，2011–2013 年间普通票据印刷业务保持了较快增长，但产业规模始终不大。其中涉足普通票据印刷业务的企业数量由 3814 家增长到 5521 家，增长率为 44.76%。这部分企业实现普通票据印刷产值由 140.60 亿元增长到 156.67 亿元，增长率为 11.43%；实现普通票据印刷工业增加值由 31.82 亿元增长到 45.81 亿元，增长率为 43.97%。（见表 23、图 34、图 35）

表 23　2011–2013 年普通票据印刷业务关键数据指标及增长情况

年份	企业数量（家）	企业数量增长率	产值（亿元）	产值增长率	增加值（亿元）	增加值增长率
2011	3814	—	140.60	—	31.82	—
2012	4455	16.81%	130.77	–6.99%	38.46	20.87%
2013	5521	23.93%	156.67	19.81%	45.81	19.11%

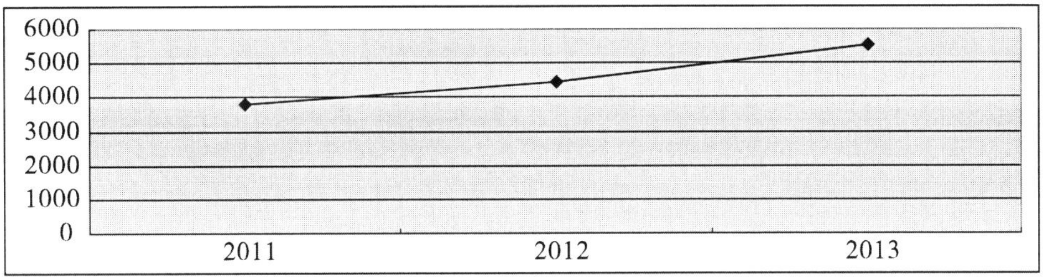

（单位：家）

图 34　2011–2013 年涉足普通票据印刷业务的企业数量变化情况

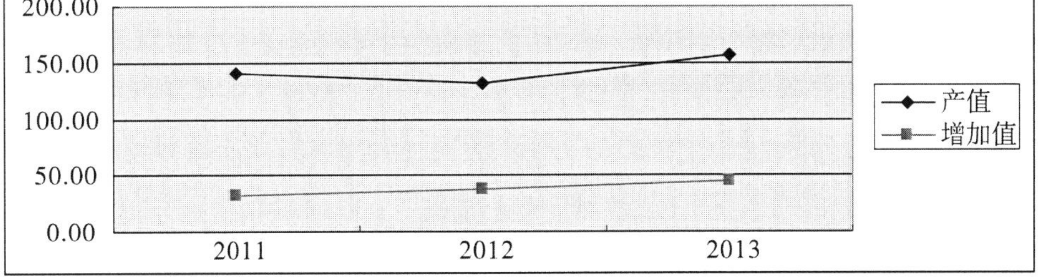

（单位：亿元）

图 35　2011–2013 年普通票据印刷产值、增加值变化情况

7. 2011–2013 年安全印刷业务发展态势

安全印刷与普通票据印刷同属其他印刷品印刷的细分门类，但由于其主要产品为有价证券或防伪印刷品，对生产企业的设备和技术能力有较高要求，因而涉足该类业务的企业一般都是具有较强资金和技术实力的大中型企业。近年来随着我国金融等相关行业的发展和商品流通中防伪需求的增长，安全印刷业务市场规模快速膨胀，三项关键指标增长率在印刷业七类主流业务中均处于领先位置，位居第一位。数据显示，2011–2013 年间涉足安全印刷业务的企业数量由 517 家增长到 920 家，增长率为 77.95%。这部分企业实现安全印刷产值由 79.36 亿元增长到 235.16 亿元，增长率高达 196.32%；实现安全印刷工业增加值由 28.47 亿元增长到 96.44 亿元，增长率为 238.74%。三项关键指标的超常规、跨越式发展充分说明了安全印刷业务的市场爆发力，但由于进入该业务领域的资金、技术和资质门槛相对较高，一般企业涉足该业务的难度较大。（见表 24、图 36、图 37）

表 24　2011–2013 年安全印刷业务关键数据指标及增长情况

年份	企业数量（家）	企业数量增长率	产值（亿元）	产值增长率	增加值（亿元）	增加值增长率
2011	517	—	79.36	—	28.47	—
2012	517	0.00%	95.98	20.94%	46.88	64.66%
2013	920	77.95%	235.16	145.01%	96.44	105.72%

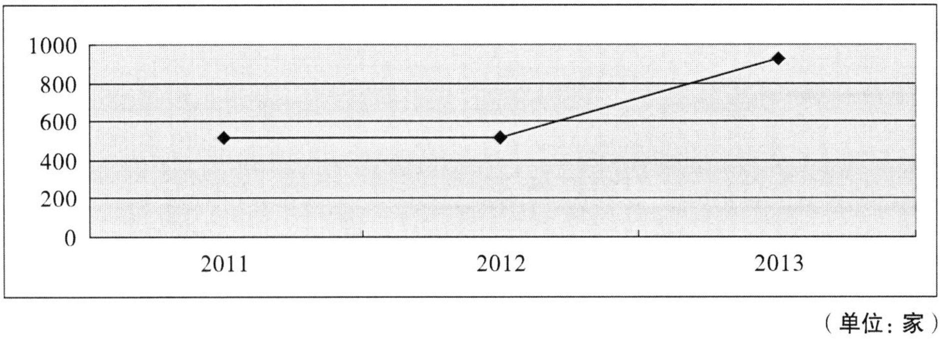

（单位：家）

图 36　2011–2013 年涉足安全印刷业务的企业数量变化情况

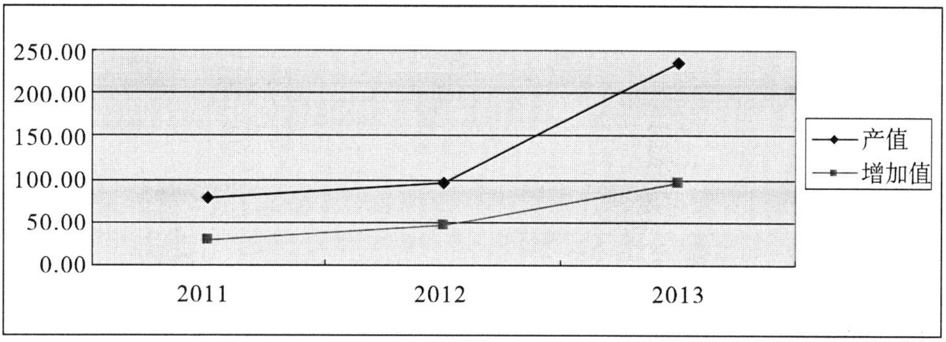

（单位：亿元）

图 37　2011-2013 年安全印刷产值、增加值变化情况

（五）2011-2013 年规模以上重点印刷企业发展态势

大型骨干企业是引领一个产业发展的重要力量。我国印刷业在近 30 多年的跨越式发展中，随着整个产业规模的快速提升，逐渐涌现出了一批管理先进、装备精良、规模较大，具备较高国内外市场竞争力的骨干企业。为了了解我国骨干印刷企业的经营发展情况，国家新闻出版广电总局在印刷企业年度核验中对规模以上重点印刷企业（年产值在 5000 万元以上）进行了专项统计。数据显示，规模以上重点印刷企业虽然数量在全国印刷企业总量中的比重不足 3%，但对我国印刷业资产总额、工业总产值、利润总额、工业增加值、对外加工贸易额等关键指标的贡献度均超过 55%，成为行业名副其实的主力军。

1. 2011-2013 年规模以上重点印刷企业发展的基本情况

2013 年，我国规模以上重点印刷企业达到 3075 家，比 2011 年的 2439 家增长 26.08%；规模以上重点企业资产总额、工业总产值、工业增加值、利润总额分别为 6247.53 亿元、5816.38 亿元、1483.36 亿元、498.62 亿元，与 2011 年的 4699.26 亿元、4396.89 亿元、1189.17 亿元、365.53 亿元比分别增长 32.95%、32.28%、24.74%、36.41%。同期我国印刷业资产总额、工业总产值、工业增加值、利润总额增长率分别为 14.47%，19.84%、9.31%、7.61%。（见表 25、图 38）

表 25　2011–2013 年规模以上重点印刷企业资产总额、工业总产值、工业增加值和利润总额

年份	企业数量（家）	资产总额（亿元）	资产总额增长率	工业总产值（亿元）	工业总产值增长率	工业增加值（亿元）	工业增加值增长率	利润总额（亿元）	利润总额增长率
2011	2439	4699.26	—	4396.89	—	1189.17	—	365.53	—
2012	2839	5024.10	6.91%	5500.02	25.09%	1320.71	11.06%	418.48	14.49%
2013	3075	6247.53	24.35%	5816.38	5.75%	1483.36	12.32%	498.62	19.15%

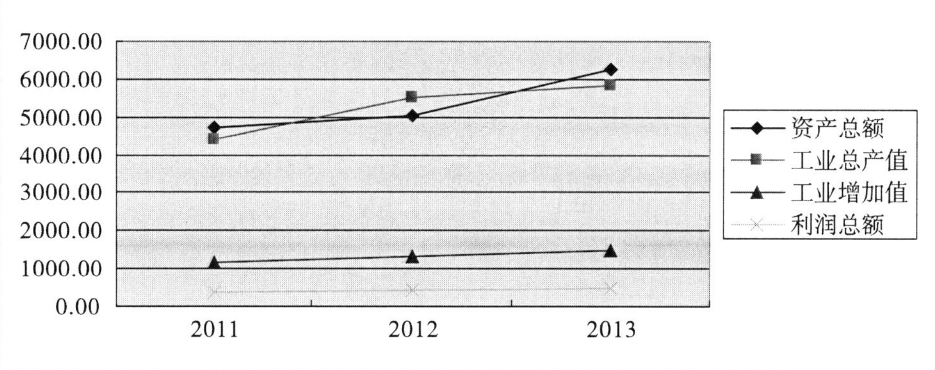

（单位：亿元）

图 38　2011–2013 年规模以上重点印刷企业资产总额、工业总产值、工业增加值和利润总额变化情况

规模以上重点印刷企业各项关键指标的增长率均大幅超过行业整体水平，标志着我国印刷业的集约化程度正在不断提升。2013 年，规模以上重点印刷企业数量约占全国印刷企业总量的 2.90%，比 2011 年提高 0.52 个百分点；资产总额约占全国印刷业资产总额的 58.80%，比 2011 年提高 8.04 个百分点；工业总产值约占全国印刷工业总产值的 55.94%，比 2011 年提高 5.27 个百分点；工业增加值约占全国印刷业工业增加值的 62.63%，比 2011 年提高 7.74 个百分点；利润总额约占全国印刷业利润总额的 62.62%，比 2011 年提高 13.22 个百分点。需要指出的是，由于 2013 年与 2012 年相比，规模以上重点印刷企业工业总产值的增速只有 5.75%，低于同期印刷工业总产值的增速，因此 2013 年规模以上重点印刷企业工业总产值在全国印刷工业总产值中的占比与 2012 年相比出现了 1.89 个百分点的下滑。但同期规模以上重点印刷企业工业增加值和利润总额保持快速增长，这表明其产品附加值和盈利能力在持续提高。

（见表 26、图 39）

表 26　2011-2013 年规模以上重点印刷企业关键指标在全国印刷业的占比

年份	企业数量	资产总额	工业总产值	工业增加值	利润总额
2011	2.38%	50.76%	50.67%	54.89%	49.40%
2012	2.72%	48.03%	57.83%	59.24%	57.72%
2013	2.90%	58.80%	55.94%	62.63%	62.62%

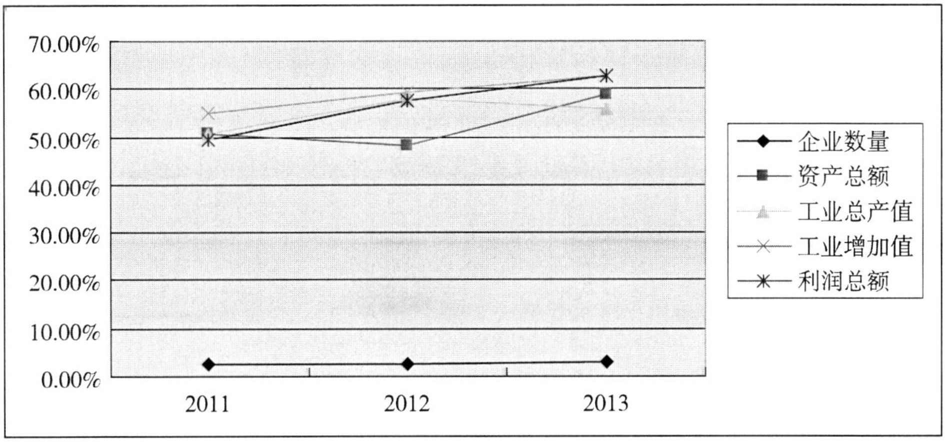

图 39　2011-2013 年规模以上重点印刷企业关键指标在全国印刷业的占比变化情况

2011-2013 年间，随着各项关键指标的稳步增长，规模以上重点印刷企业的平均产值和人均产值也保持了整体上行的趋势。但由于刚刚跨过年产值 5000 万元临界点企业数量和从业人员数量的增加，平均产值和人均产值增长率低于行业整体水平。数据显示，2013 年规模以上重点印刷企业平均产值为 1.89 亿元，是行业企业平均产值规模的 19.26 倍，与 2011 年相比增长率为 4.92%，低于同期行业企业平均产值增长率 11.06 个百分点。2013 年规模以上重点印刷企业从业人员总数为 102.36 万人，占全国印刷业从业人员总量的 29.98%；人均产值 56.82 万元，是行业人均产值的 1.87 倍，与 2011 年相比增长率为 12.56%，低于同期行业企业平均产值增长率 12.61 个百分点。（见表 27、图 40、图 41）

表 27　2011-2013 年规模以上重点印刷业企业平均产值和人均产值

年份	企业数量（家）	工业总产值（亿元）	企业平均产值（亿元）	企业平均产值增长率	从业人数（万人）	人均产值（万元）	人均产值增长率
2011	2439	4396.89	1.80	—	87.10	50.48	—
2012	2839	5500.02	1.94	7.46%	101.40	54.24	7.45%
2013	3075	5816.38	1.89	-2.36%	102.36	56.82	4.76%

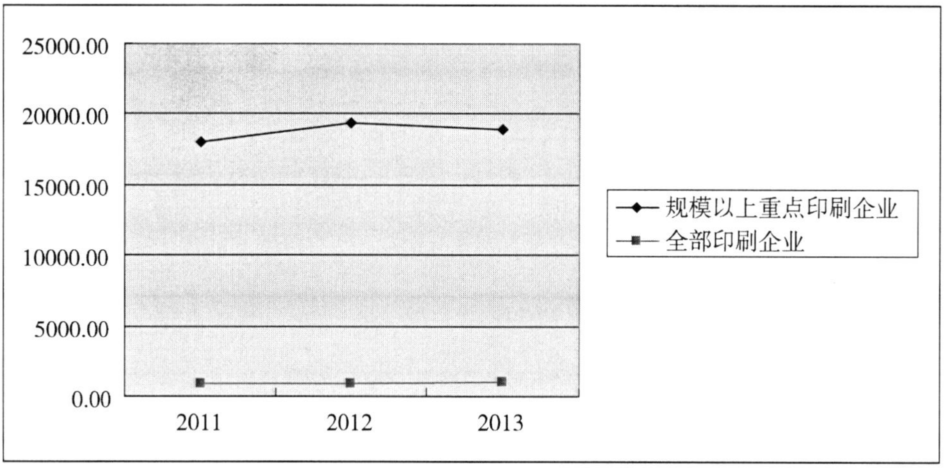

（单位：万元）

图 40　2011-2013 年规模以上重点印刷企业和全部印刷企业平均产值变化情况对比

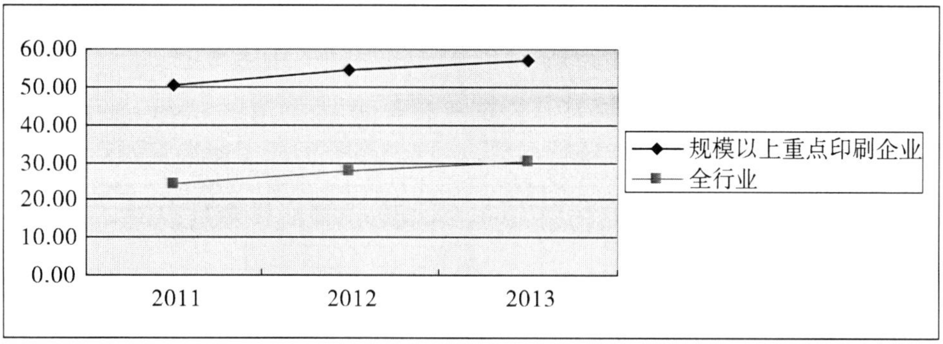

（单位：万元）

图 41　2011-2013 年规模以上重点印刷企业和全行业人均产值变化情况对比

在拓展海外市场方面，规模以上重点印刷企业的主力军作用同样显著。2013 年，规模以上重点印刷企业实现对外加工贸易额 529.79 亿元，占行业对外加工贸易额的 63.26%，比 2011 年的 443.41 亿元增长 19.48%。需要指出的是，

2011–2013年间，规模以上重点印刷企业对外加工贸易额虽然逐年递增，但其在行业的占比却呈现逐年下降趋势：2011年占比65.20%，2012年占比64.19%，2013年占比63.26%。这说明在印刷业对外加工贸易领域，一方面规模以上重点印刷企业继续发挥着排头兵的作用，另一方面越来越多的中小企业开始加入到国际市场的开拓中来，在全球化竞争时代，我国印刷企业更加重视挖掘对国内、国外两个市场的潜力，这将有助于我国印刷业对外加工贸易的良性发展，也有利于充分利用国内印刷生产能力，增强印刷企业的竞争力。（见表28、图42）

表28　2011–2013年规模以上重点印刷企业对外加工贸易额和行业对外加工贸易额

年份	规模以上重点印刷企业对外加工贸易额（亿元）	规模以上重点印刷企业对外加工贸易额增长率	行业对外加工贸易额（亿元）	行业对外加工贸易额增长率
2011	443.41	—	680.09	—
2012	495.59	11.77%	772.04	13.52%
2013	529.79	6.90%	837.48	8.48%

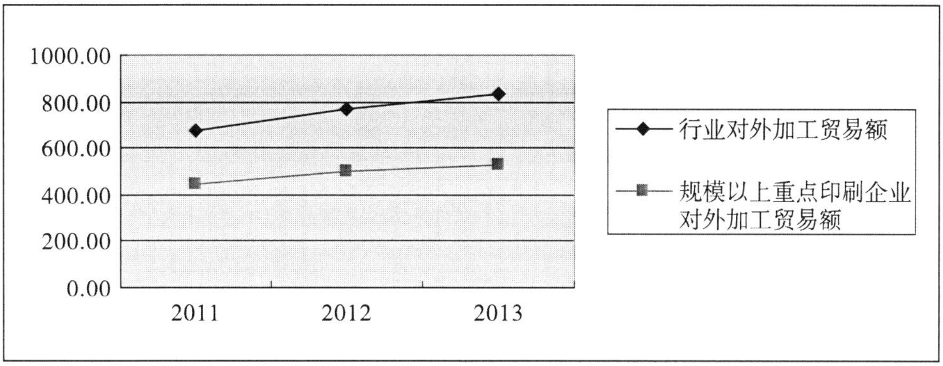

（单位：亿元）

图42　2011–2013年规模以上重点印刷企业对外加工贸易额和行业对外加工贸易额变化情况对比

2．规模以上重点印刷企业的区域分布

规模以上重点印刷企业的区域分布情况与我国印刷业的区域布局相似度很高，且近年来各区域之间规模以上重点印刷企业综合实力对比相对稳定，因此本部分主要选取2013年的数据分析我国规模以上重点印刷企业的区域分布情况。

数据显示，2013 年我国内地 31 个省、直辖市、自治区均有规模以上重点印刷企业分布，其中广东拥有规模以上重点印刷企业数量最多，达到 601 家；青海、西藏拥有规模以上重点印刷企业数量最少，分别只有一家。全国拥有规模以上重点印刷企业最多的十个省份与全国印刷业十强省份一样，主要来自珠三角、长三角、环渤海和中部地区。其中来自珠三角的广东省位居第一位；来自长三角的江苏省、浙江省、上海市分别拥有 392 家、351 家、266 家规模以上重点印刷企业，分别位居第二位、第三位和第四位；来自环渤海的山东省、北京市分别拥有 233 家、97 家规模以上重点印刷企业，分别位居第五位、第十位；来自中部地区的安徽省、湖北省分别拥有 122 家、102 家规模以上重点印刷企业，分别位居第八位、第九位。其中只有位居第六位的福建省和位居第七位的四川省来自珠三角、长三角、环渤海和中部地区之外，二者分别拥有 154 家、125 家规模以上重点印刷企业。全国排名前十的省份共拥有规模以上重点印刷企业 2443 家，占全国规模以上重点印刷企业总量的 79.45%。2013 年这些企业资产总额达 5250.63 亿元，占全国规模以上重点印刷企业资产总额的 84.04%；实现工业总产值、工业增加值、利润总额分别达到 4860.15 亿元、1200.52 亿元、346.37 亿元，各占全国规模以上重点印刷企业相应指标的 83.56%、80.93%、69.47%。（见表 29）

表 29　2013 年我国拥有规模以上重点印刷企业数量最多的十个省份

排名	省份	企业数量（家）	资产总额（亿元）	工业总产值（亿元）	工业增加值（亿元）	利润总额（亿元）
1	广东	601	1647.54	1331.66	401.97	83.30
2	江苏	392	427.52	752.01	180.70	52.59
3	浙江	351	959.36	599.62	124.04	33.09
4	上海	266	684.57	604.97	173.56	51.34
5	山东	233	390.04	478.29	61.09	21.53
6	福建	154	307.18	295.10	51.81	19.78
7	四川	125	188.14	229.14	59.71	23.83
8	安徽	122	190.47	195.69	39.36	16.60

续表

排名	省份	企业数量（家）	资产总额（亿元）	工业总产值（亿元）	工业增加值（亿元）	利润总额（亿元）
9	湖北	102	204.02	185.18	28.48	15.89
10	北京	97	251.79	188.49	79.82	28.41
合计		2443	5250.63	4860.15	1200.52	346.37

以珠三角、长三角、环渤海和中部地区作为对比对象，四个地区分别拥有规模以上重点印刷企业 601 家、1009 家、538 家、430 家，各占全国规模以上重点印刷企业总量的 19.54%、32.81%、17.50%、13.98%，合计占 83.84%。四个地区规模以上重点印刷企业资产总额分别为 1647.54 亿元、2071.45 亿元、975.05 亿元、714.10 亿元，各占全国规模以上重点印刷企业总量的 26.37%、33.16%、15.61%、11.43%，合计占 86.56%；实现工业总产值分别为 1331.66 亿元、1956.60 亿元、969.03 亿元、714.10 亿元，各占全国规模以上重点印刷企业总量的 22.89%、33.64%、16.66%、12.28%，合计占 85.47%；实现工业增加值分别为 401.97 亿元、478.30 亿元、220.51 亿元、174.57 亿元，各占全国规模以上重点印刷企业总量的 27.10%、32.24%、14.87%、11.77%，合计占 85.98%；实现利润分别为 83.30 亿元、137.02 亿元、127.64 亿元、72.83 亿元，各占全国规模以上重点印刷企业总量的 16.71%、27.48%、25.60%、14.61%，合计占 84.39%。珠三角、长三角、环渤海和中部地区规模以上重点印刷企业各项关键指标的合计值在全国总量中的占比均达到了 80% 以上，这表明四个地区汇集了我国绝大部分规模以上重点印刷企业及相应生产能力。（见表 30、图 43、图 44、图 45、图 46、图 47）

表 30　2013 年珠三角、长三角、环渤海和中部地区规模以上重点印刷企业数量、资产总额、工业总产值、工业增加值和利润总额

区域	企业数量（家）	资产总额（亿元）	工业总产值（亿元）	工业增加值（亿元）	利润总额（亿元）
珠三角	601	1647.54	1331.66	401.97	83.30
长三角	1009	2071.45	1956.60	478.30	137.02
环渤海	538	975.05	969.03	220.51	127.64
中部地区	430	714.10	714.10	174.57	72.83
其他	497	839.40	844.99	208.02	77.83

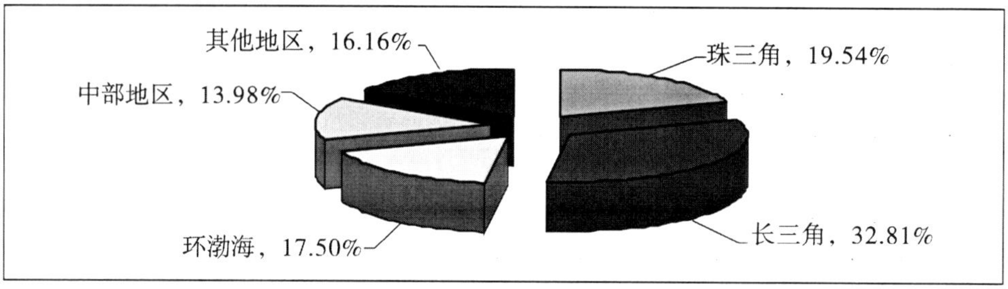

图 43　2013 年珠三角、长三角、环渤海和中部地区规模以上重点印刷企业数量在全国规模以上重点印刷企业总量的占比

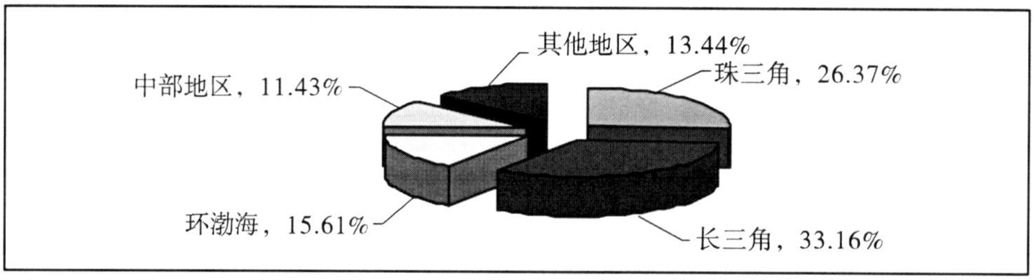

图 44　2013 年珠三角、长三角、环渤海和中部地区规模以上重点印刷企业资产总额在全国规模以上重点印刷企业资产总额的占比

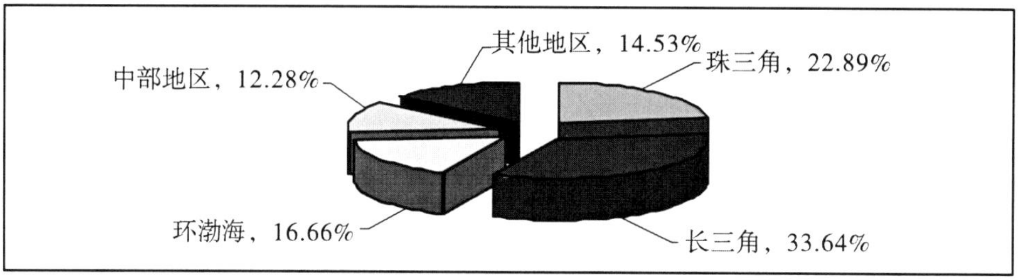

图 45　2013 年珠三角、长三角、环渤海和中部地区规模以上重点印刷企业工业总产值在全国规模以上重点印刷企业工业总产值的占比

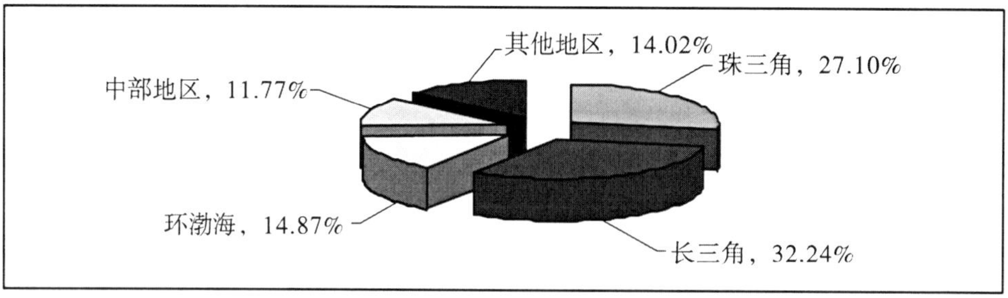

图 46　2013 年珠三角、长三角、环渤海和中部地区规模以上重点印刷企业工业增加值在全国规模以上重点印刷企业工业增加值的占比

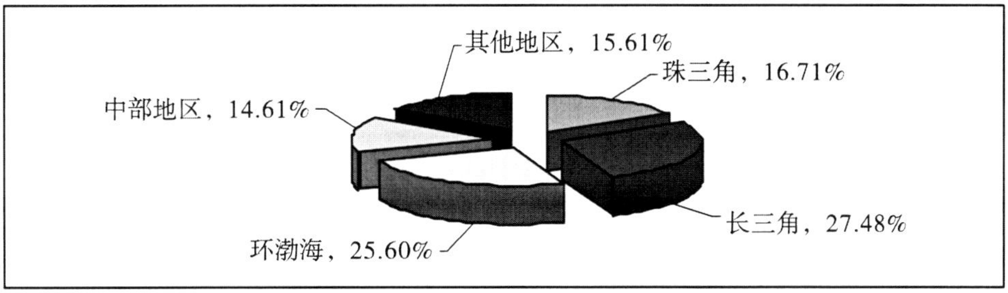

图 47　2013 年珠三角、长三角、环渤海和中部地区规模以上重点印刷企业利润总额在全国规模以上重点印刷企业利润总额的占比

3．规模以上重点印刷企业的业务类型

为了更好地掌握我国大型骨干印刷企业的运行情况，国家新闻出版广电总局在年度核验中还对规模以上重点印刷企业的主营业务类别进行了统计。2013 年共有 2666 家规模以上重点印刷企业填报了主营业务类型，占当年规模以上重点印刷企业总量的 86.70%，为了解我国大型骨干印刷企业的主营业务情况提供了珍贵的样本。

数据显示，2666 家企业填报了主营业务类型的规模以上重点印刷企业实现工业总产值 4764.67 亿元，工业增加值 1170.91 亿元，利润总额 378.34 亿元，各占当年全部规模以上重点印刷企业相应指标的 81.92%、78.94%、75.88%。从主营业务类型看，主营包装装潢印刷品印刷的企业达到了 2047 家，占 2666 家企业总量的 76.78%。这部分企业实现工业总产值 3757.01 亿元，工业增加值 869.93 亿元，利润总额 288.56 亿元，各占 2666 家企业相应指标的 78.85%、74.30%、76.27%。这表明在我国包装装潢印刷品印刷是孕育大型骨干印刷企业最肥沃的“土壤”。主营出版物印刷的企业有 410 家，占 2666 家企业总量的 15.38%。这部分企业实现工业总产值 679.82 亿元，工业增加值 208.07 亿元，利润总额 52.43 亿元，各占 2666 家企业相应指标的 14.27%、17.77%、13.86%。主营包装装潢印刷品印刷和出版物印刷的企业无论是企业数量，还是工业总产值、工业增加值、利润总额三项关键指标合计值在 2666 家企业相应指标中的占比均超过了 90%，而主营其他印刷品印刷，排版、制版、装订专项及专营数字印刷的企业合计只有 85 家，在各项指标中的合计占比均未超过 5%，在此不再详述。此外，还有 124 家企业兼营两种或两种以上业务，多为包装装潢印刷品印刷或出版物印刷兼营其他印刷品印刷。（见表 31、图 48、

图 49、图 50、图 51）

表 31　2666 家填报了主营业务类型的规模以上重点印刷企业主营业务分布

主营业务	企业数量（家）	工业总产值（亿元）	工业增加值（亿元）	利润总额（亿元）
包装装潢印刷品印刷	2047	3757.01	869.93	288.56
出版物印刷	410	679.82	208.07	52.43
其他印刷品印刷	80	153.22	48.20	18.14
排版、制版、装订专项	3	2.93	1.46	0.39
专营数字印刷	2	12.76	2.72	–0.94
兼营多类业务	124	158.93	40.53	19.76

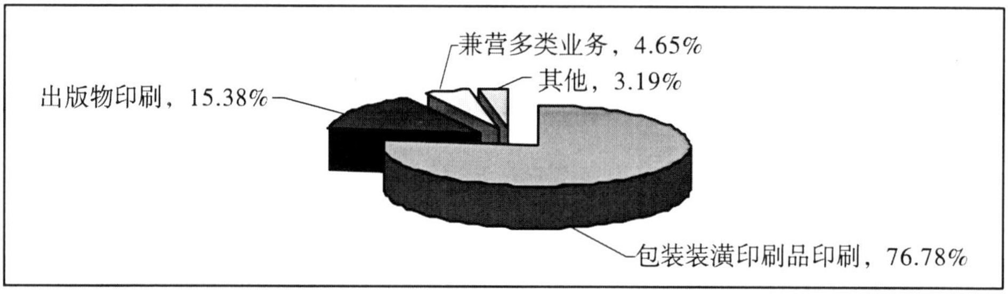

图 48　各业务类型企业数量在 2666 家企业总量中的占比情况

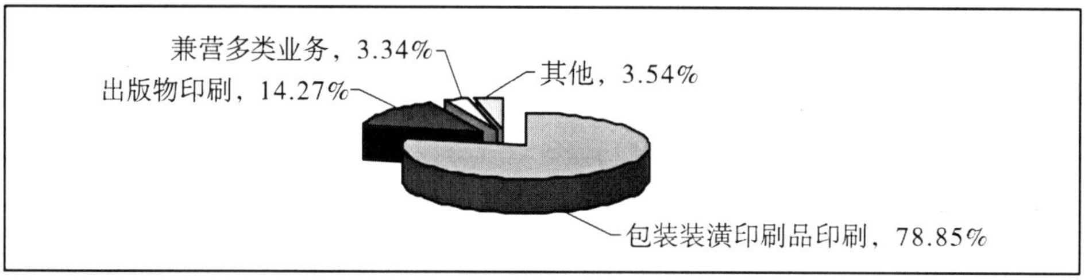

图 49　各业务类型企业工业总产值在 2666 家企业总量中的占比情况

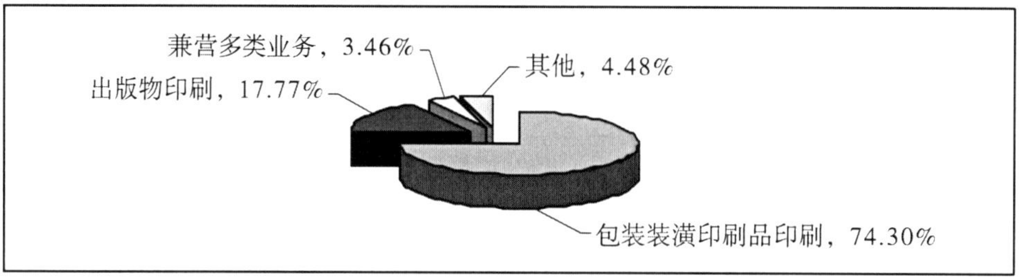

图 50　各业务类型企业工业增加值在 2666 家企业总量中的占比情况

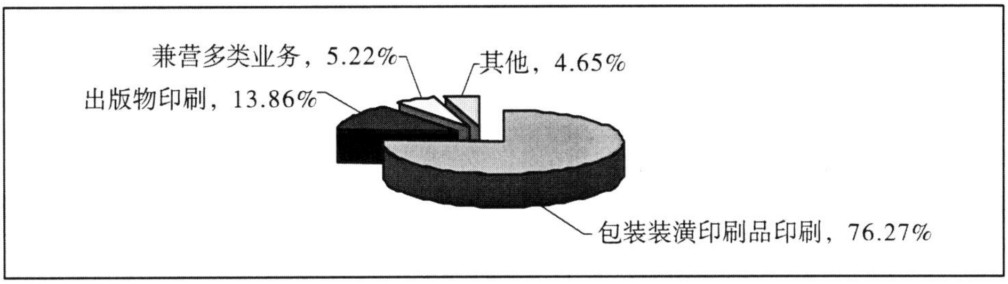

图 51　各业务类型企业利润总额在 2666 家企业总量中的占比情况

（六）2011–2013 年我国数字印刷发展态势

按照 2001 年国务院颁布实施的《印刷业管理条例》，在我国印刷业的行政管理体系中原本并不存在独立的“数字印刷”门类，但近年来随着数字印刷技术的快速发展及其与网络技术的深度结合，数字印刷企业在运营模式上日益体现出与传统印刷企业的巨大差异，对印刷业的既有监管体系提出了新的课题。为此，原新闻出版总署与时俱进，于 2011 年制定印发了《数字印刷管理办法》，将数字印刷作为印刷业的一个特殊类别予以规范和管理，并在印刷企业年度核验中单独统计并发布数字印刷的相关数据。从关键数据指标看，当前无论是企业数量，还是印刷产值，数字印刷在我国印刷业总量中的占比都还比较有限，但行业企业对数字印刷的关注度很高，投资力度不断加大，这促使数字印刷以远高于行业平均水平的速度高速增长，体现出良好的成长性。

数据显示，2011–2013 年间，我国兼营和专营数字印刷企业数量由 539 家增长到 2488 家，增长率为 337.08%；数字印刷产值由 34.64 亿元增长到 103.36 亿元，增长率为 198.38%；数字印刷机累计装机量由 1785 台、套增长到 7715 台、套，增长率为 332.21%。各项指标增长速度均远高于同期印刷业的平均水平，这表明数字印刷在我国迅猛向上的发展态势。尤其是 2013 年，兼营和专营数字印刷企业数量、数字印刷机累计装机量两项指标与 2012 年相比同比增速均超过 200%，分别达到 237.13%、227.74%，在一定程度上或可说明数字印刷在我国的发展已经开始由推广步入加速普及阶段。（见表 32、图 52、图 53、图 54）

表 32　2011-2013 年数字印刷关键数据指标及增长情况

年份	企业数量（家）	企业数量增长率	产值（亿元）	产值增长率	数字印刷机装机量（台，套）	数字印刷机装机量增长率
2011	539	—	34.64	—	1785	—
2012	738	36.92%	62.86	81.47%	2354	31.88%
2013	2488	237.13%	103.36	64.43%	7715	227.74%

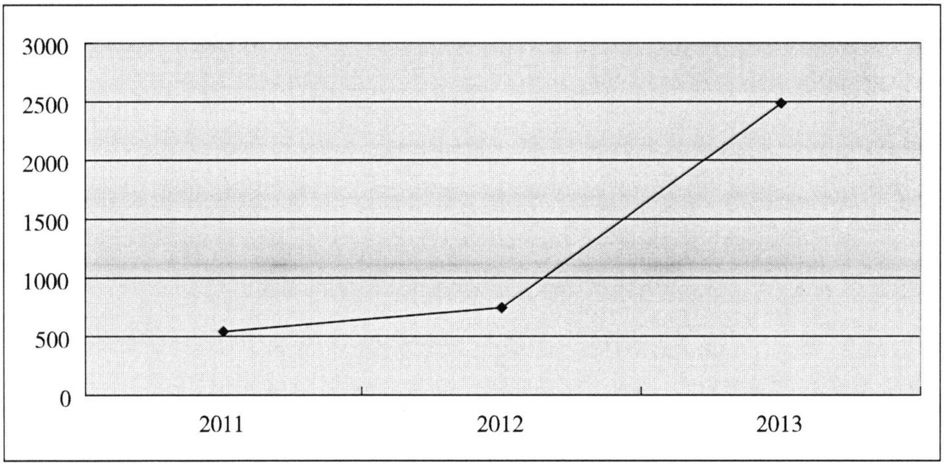

（单位：家）

图 52　2011-2013 年兼营和专营数字印刷企业数量变化情况

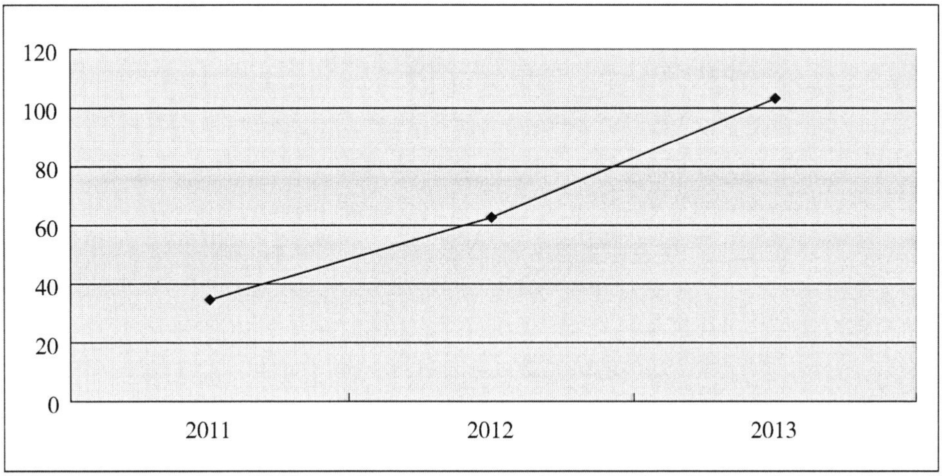

（单位：亿元）

图 53　2011-2013 年数字印刷产值变化情况

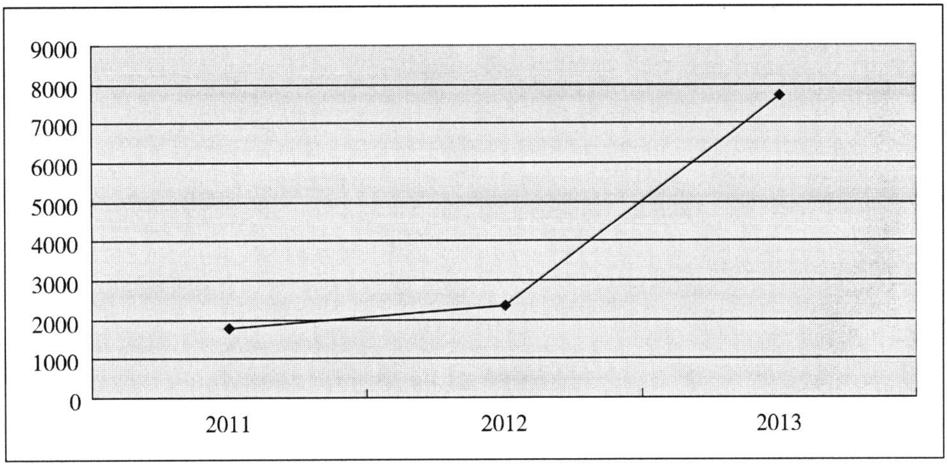

（单位：台、套）

图 54　2011–2013 年数字印刷机累计装机量变化情况

当前，数字印刷在我国的发展主要可分为两种形式，一种是由传统印刷企业投资引进数字印刷设备，兼营数字印刷，另外一种是由新进投资者引进数字印刷设备设立专门企业，专营数字印刷。数据显示，2013 年我国有专营数字印刷企业 329 家，占兼营和专营数字印刷企业总量的 13.22%，实现产值 34.62 亿元，占数字印刷产值的 33.49%。这表明兼营数字印刷的企业无论在数量上还是产值上均在数字印刷领域占据主导地位，专营数字印刷企业尚未成为数字印刷发展的主流。从发展趋势上看，2011–2013 年间，专营数字印刷的企业数量、产值增速也均低于同期兼营和专营数字印刷企业总量、数字印刷产值总量的增长速度。（见表 33、图 55、图 56）

表 33　2011–2013 年专营数字印刷企业数量及产值增长情况

年份	企业数量（家）	企业数量增长率	产值（亿元）	产值增长率
2011	144	—	11.51	—
2012	240	66.67%	15.06	30.84%
2013	329	37.08%	34.62	129.88%

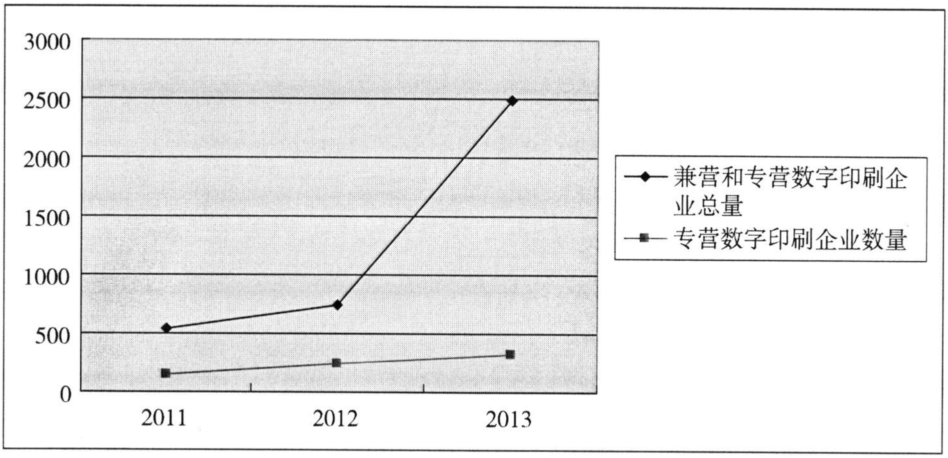

（单位：家）

图 55　2011-2013 年专营数字印刷企业数量、兼营和专营数字印刷企业总量增长情况对比

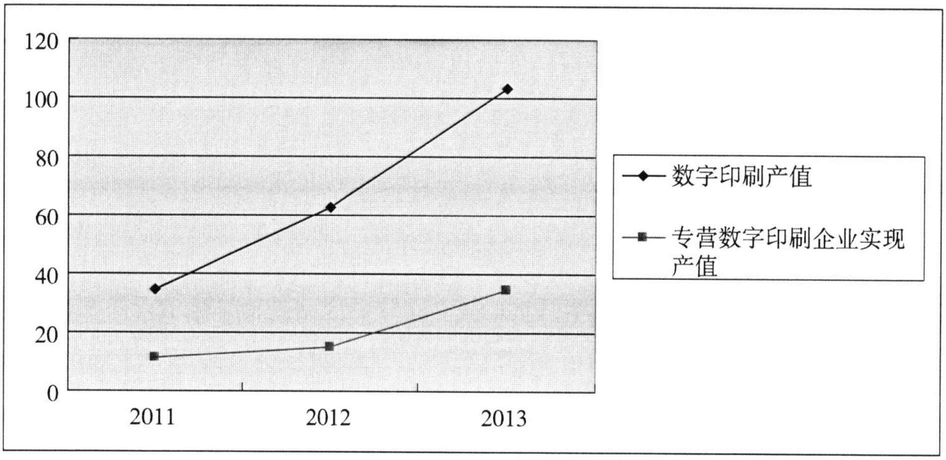

（单位：亿元）

图 56　2011-2013 年专营数字印刷企业实现产值、数字印刷产值总量增长情况对比

2013 年国家新闻出版广电总局在印刷企业年度核验中首次对数字印刷产值的业务构成进行了统计，结果显示，2013 年 103.36 亿元的数字印刷产值主要构成如下：包装品 50.60 亿元，占比 48.96%；书报刊 20.19 亿元，占比 19.54%；普通票据 12.62 亿元，占比 12.21%；广告品 10.25 亿元，占比 9.92%，其他 9.70 亿元，占比 9.38%。（见图 57）

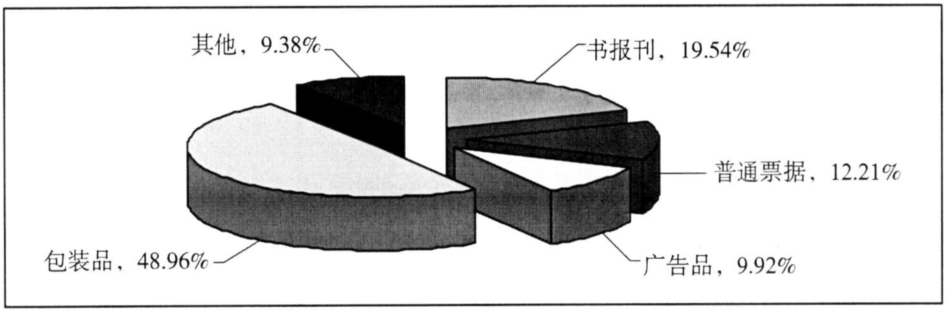

图 57　2013 年数字印刷产值的业务构成

综合而言，我国数字印刷的发展当前主要呈现以下特点。一是在印刷业总量中的占比仍然较低，但正呈现快速向上的迅猛发展态势。2013 年我国数字印刷产值在印刷工业总产值中的占比刚刚达到 1%，但数字印刷产值高达 64.43% 的同比增速近乎同期印刷工业总产值同比增速的 9 倍，以此速度继续发展，数字印刷产值在印刷工业总产值中的占比将继续稳步提升。二是传统印刷与数字印刷融合发展态势明显，传统印刷企业兼营数字印刷成为数字印刷发展的主流。数字印刷技术出现之初，很多分析认为，数字印刷将成为传统印刷的替代者，但从实际发展看，数字印刷在技术特点和业务面向上与传统印刷的确存在一定程度的竞争，但更多的是优势互补。正是由于看清了这一点，传统印刷对数字印刷的认可度逐渐提升，投资力度不断加大，最终促使传统印刷企业通过兼营的形式占据数字印刷市场的主导地位，而专营数字印刷的企业则通过充分发挥数字印刷技术个性化、可变数据印刷特点，开发特色业务，在不断成长的数字印刷市场中确立自己独特的竞争力。三是数字印刷的业务结构与传统印刷的业务结构有所区别，但仍然以包装装潢印刷品和书报刊等出版物为主体。尤其是近年来随着传统印刷企业借助数字印刷技术大举进入按需出版印刷、包装印刷等工业化领域，极大改变了数字印刷发展初期以个性化印刷品为主要业务的情况。从发展趋势看，对工业化印刷市场的渗透程度将决定数字印刷能否真正成为印刷市场的主流技术。四是从区域布局上看，当前数字印刷在我国发展较为分散，广东、上海、北京、山东、江苏、浙江等印刷业发达的省、市，数字印刷产值处于领先位置，但除了少数西部省份以外，各省、直辖市、自治区差距不大，尚未形成明显的优势数字印刷产业带。

数字印刷之所以受到政府主管部门和行业企业的普遍重视，一个重要原因在于其为印刷业转型升级和商业模式创新带来的全新可能。数字印刷技术带有鲜明的 IT、网络技术特征，相对于传统印刷技术，除了在个性化印刷、可变数据印刷及短版快印方面具有更好的经济性，而且更容易实现与 IT、网络技术的融合，进而帮助印刷企业及关联产业实现商业模式的变革和创新。近年来，国内印刷企业在这一方面进行了卓有成效的探索，其中最具代表性的成果是按需出版和云印刷商业模式的出现。在按需出版方面以江苏凤凰新华印务有限公司和广东虎彩集团为代表的企业，利用高速喷墨数字印刷连线生产，为出版机构提供按需印刷服务，能够有效化解困扰出版业多年的库存问题，并为先发行后印刷的出版业商业模式创新提供了可能。在云印刷方面以天津长荣健豪云印刷科技有限公司、盛通股份为代表的企业，通过综合运用云计算技术、数字印刷技术、传统印刷技术、电子商务技术、合版印刷技术，能够大幅降低印刷成本，实现远程印刷和网络印刷，为印刷企业的转型升级和商业模式创新探索出了一条新路。

（七）2011–2013 年我国绿色印刷发展态势

绿色印刷是当今世界印刷业发展的潮流，也是我国印刷业发展的重要方向。2010 年 9 月，原国家新闻出版总署与环境保护部共同签署《实施绿色印刷战略合作协议》，这标志着我国绿色印刷的发展开始加速。2011 年 3 月，我国第一个绿色印刷标准《环境标志产品技术要求　印刷　第一部分：平版印刷》颁布，绿色印刷企业认证随之在全国范围内展开；同年 10 月，原国家新闻出版总署和环境保护部共同发布《关于实施绿色印刷工作的公告》，对实施绿色印刷工作做出全面部署。2013 年 1 月，《环境标志产品技术要求　印刷　第二部分：商业票据印刷》颁布。

我国对绿色印刷的推进既有战略规划，也有具体措施。原国家新闻出版总署颁布的《新闻出版业“十二五”时期发展规划》将绿色印刷列入新闻出版产业振兴工程，要求“逐步建立和完善绿色印刷环保质量体系，发挥绿色印刷和数字技术对整个印刷产业实施创新驱动、内生增长的引导作用。”《印刷业“十二五”时期发展规划》则提出：“以中小学教科书、政府采购产品和食品药品包装为重点，大力推动绿色印刷发展。到‘十二五’期末，基本建立绿色环保印刷体系，力争绿色印刷企业数量占到我国印刷企业总数的30%。”

在有关政府主管部门的大力推动下，2011–2013年间绿色印刷在我国取得了快速发展。截至2011年11月，我国通过绿色印刷认证的企业数量只有60家，截至2012年11月上升到153家，截至2013年11月上升到388家。到2013年11月，全国内地31个省、直辖市、自治区中，除了宁夏回族自治区，其他30个省份均有印刷企业通过了绿色印刷认证。其中通过绿色印刷认证企业数量达到10个或以上的省份共有15个，分别是北京市、河南省、江苏省、上海市、广东省、山东省、浙江省、陕西省、重庆市、新疆维吾尔自治区、四川省、湖北省、江西省、福建省、海南省。（见图58、表34）

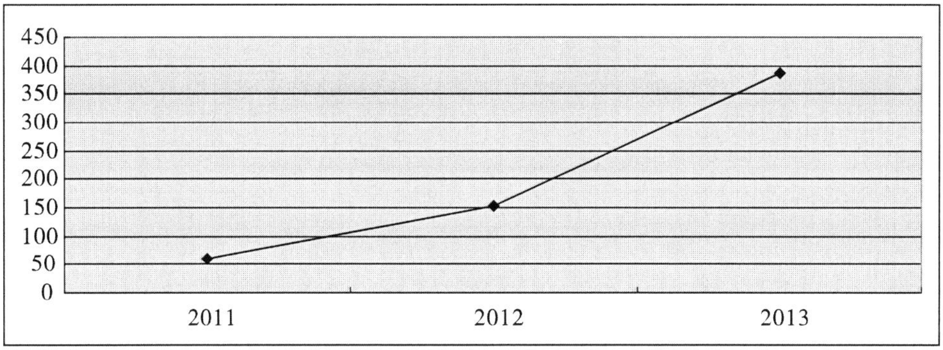

图58　2011–2013年通过绿色印刷认证企业数量变化情况（截至各年度11月）

表34　2013年通过绿色印刷认证企业数量达到10个或以上的省份

排名	省份	通过绿色印刷认证企业数量
1	北京市	44
2	江苏省	35
3	河南省	29
4	上海市	28
5	广东省	25
6	山东省	25
7	浙江省	25
8	陕西省	17
9	重庆市	13

续表

排名	省份	通过绿色印刷认证企业数量
10	新疆维吾尔自治区	12
11	四川省	12
12	湖北省	10
13	江西省	10
14	福建省	10
15	海南省	10

为了对绿色印刷的实施效果进行评估，国家新闻出版广电总局印刷发行司联合北京印刷学院于2012年11月和2013年11月连续两次发布《实施绿色印刷成果报告》。据《实施绿色印刷成果报告（2013年）》发布的数据，抽样统计显示，50%的中小微印刷企业已经制定了环保制度，采取了节能减排措施。我国实施绿色印刷3年间，因采用中央供墨系统、环保烘箱、中央供气系统等节能措施使全行业设备能耗降低约10%。根据对30个省（区、市）的统计，2013年中小学秋季教科书约71%共7.8亿多册实现了绿色印刷。其中，北京、上海和河北三地的秋季教科书已经实现绿色印刷全覆盖。经质检机构抽样检测，绿色印刷教科书中挥发性有机化合物和可迁移元素含量均符合绿色印刷标准要求，合格率为100%。印刷企业通过改进工艺装备、降低环境噪声、减少粉尘排放，还使约30%近120万印刷从业人员的工作环境得到了改善。

实施绿色印刷是我国印刷业主动贯彻国家环保战略的一项重要举措。当前绿色、环保观念在印刷业已经深入人心，广大印刷企业纷纷加大节能减排力度，选用绿色环保印刷材料，并积极进行绿色印刷企业认证。但绿色印刷的进一步推进也面临着标准体系有待完善，认证费用偏高，如何与国家清洁生产标准对接以及产业链上下游协调不足，绿色印刷设备、材料品种偏少，使用成本偏高等具体问题，这些问题的化解需要政府主管部门、行业协会、环境标准制定机构、绿色印刷认证机构及印刷产业链上下游企业的共同努力。只有充分调动各方的积极性，绿色印刷在我国的推进才能进一步走向深入。

二、2008-2012年印刷业规模以上工业企业发展情况分析

规模以上工业企业是我国工业经济发展的主要推动力。在各个工业行业中，规模以上工业企业也都发挥着主力军的作用，是引领行业经济发展的中坚力量。按照我国现行统计制度，国家统计局会定期统计并发布规模以上工业企业主要经济指标及主要工业行业规模以上工业企业主要经济指标运行情况。

按照目前国家统计局执行的国民经济行业分类标准（GB/T 4754-2011），印刷业属于“制造业”中的“印刷和记录媒介复制业”，其中主要包括的细分门类有：书、报刊印刷，本册印刷，包装装潢及其他印刷，装订及相关印刷服务，记录媒介复制。由于记录媒介复制企业数量极少，因此“印刷和记录媒介复制业”基本可以视同为印刷业。本部分内容即采用《中国统计年鉴》公布的国家统计局相关统计数据，分析2008-2012年间我国印刷和记录媒介复制业（以下简称为“印刷业”）规模以上工业企业企业单位数、资产总计、主营业务收入、利润总额等主要经济指标运行情况。需要说明的是，2011年国家统计局对“规模以上工业企业”的统计范围进行了调整，由“年主营业务收入500万元及以上的工业企业”调整为“年主营业务收入2000万元及以上的工业企业”，因此2011年和2012年规模以上工业企业的数量比2010年之前有所减少，但其各项主要经济指标并未受到太大影响，整体上继续呈现稳步上升态势，本部分内容在具体行文中未考虑统计范围变化对印刷业规模以上工业企业“企业单位数”之外其他主要经济指标的影响。

（一）2008-2012年我国印刷业规模以上工业企业主要经济指标运行情况

1. 规模以上工业企业主要经济指标运行情况

2012年我国共有规模以上工业企业343769个，资产总计768421亿元，主营业务收入929292亿元，利润总额61910亿元。与2008年相比，除了企业单位数指标受统计范围调整的影响出现下降外，其他三项主要指标在五年间保持持续增长，资产总计增长78.16%，主营业务收入增长85.85%，利润总额增长102.57%。（见表35）

表 35　2008-2012 年我国规模以上工业企业主要经济指标

年份	企业单位数（个）	资产总计（亿元）	主营业务收入（亿元）	利润总额（亿元）
2008	426113	431306	500020	30562
2009	434364	493693	542522	34542
2010	452872	592882	697744	53050
2011	325609	675797	841830	61396
2012	343769	768421	929292	61910

2. 印刷业规模以上工业企业主要经济指标运行情况

（1）主要总量指标

2012 年，我国印刷业共有规模以上工业企业 4189 个，资产总计 3780.74 亿元，主营业务收入 4535.43 亿元，利润总额 397.85 亿元。与 2008 年相比，除了企业单位数指标受统计范围的调整影响出现下降外，其他三项主要指标在五年间保持整体增长。这一点与规模以上工业企业的整体走势一致，但印刷业规模以上工业企业各项指标增长率均低于同期规模以上工业企业的相应指标，其中资产总计增长 43.04%，主营业务收入增长 74.89%，利润总额增长 98.26%。这表明 2008-2012 年间印刷业规模以上工业企业的发展逊色于同期规模以上工业企业的表现。2012 年，印刷业规模以上工业企业单位数、资产总计、主营业务收入、利润总额 4 项指标分别占当年规模以上工业企业相应指标的 1.22%、0.49%、0.49%、0.64%。（见表 36）

表 36　2008-2012 年我国印刷业规模以上工业企业主要总量指标

年份	企业单位数（个）	资产总计（亿元）	主营业务收入（亿元）	利润总额（亿元）
2008	6481	2643.08	2593.35	200.67
2009	6618	2855.99	2873.13	236.52
2010	6850	3216.39	3468.31	309.20
2011	3789	3147.31	3784.27	349.78
2012	4189	3780.74	4535.43	397.85

①企业单位数的变化

2008-2012 年间，受统计范围调整影响，我国印刷业规模以上工业企业单位数在 2011 年出现明显下滑，由 2010 年的 6850 个降至 3789 个。此前 3 年间，这一指标则保持持续增长，2012 年与 2011 年相比也有明显提高。这表明，如果没有统计范围调整的影响，我国印刷业规模以上工业企业单位数的稳定上升趋势十分清晰。

从印刷业规模以上工业企业单位数在规模以上工业企业单位数中的占比情况看，在统计范围调整前，这一指标相对稳定，2008 年和 2009 年均为 1.52%，2010 年为 1.51%。在统计范围调整后，这一指标大幅下滑，2011 年为 1.16%，2012 年略有回升，为 1.22%。（见图 59、图 60）

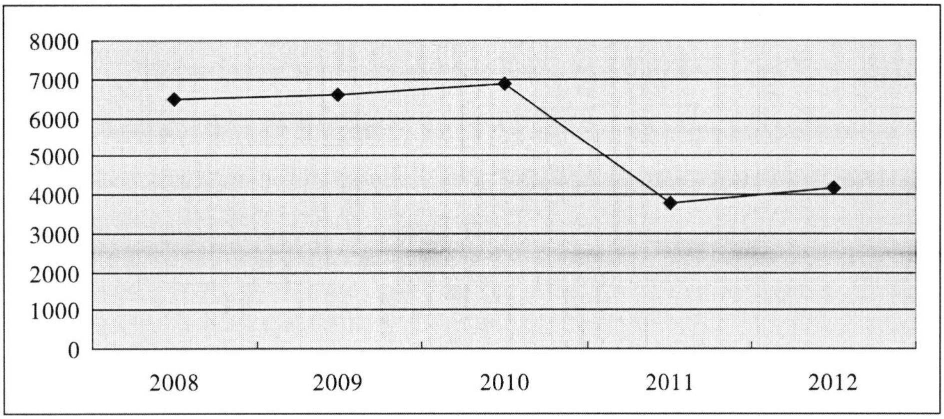

（单位：个）

图 59　2008–2012 年我国印刷业规模以上工业企业单位数变化情况

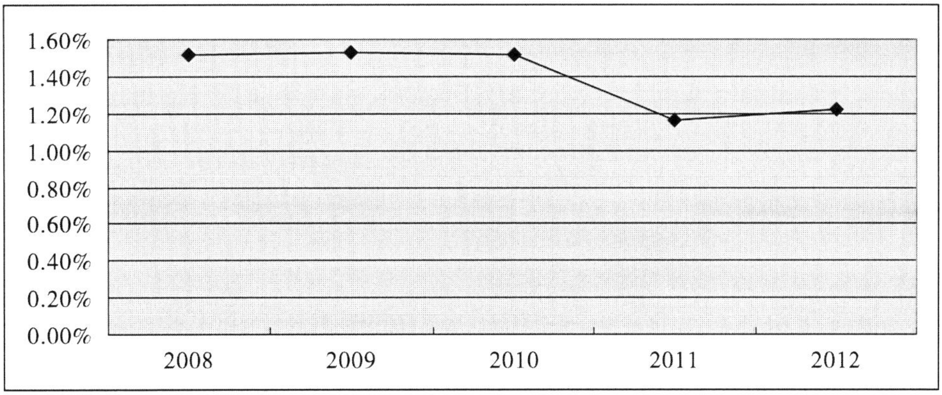

图 60　2008–2012 年印刷业规模以上工业企业单位数在规模以上工业企业单位数中的占比变化情况

②资产总计的变化

2008–2012 年间，除了 2011 年受统计范围调整影响，我国印刷业规模以上工业企业资产总计与 2010 年相比出现 2.15% 的小幅下滑外，其余年份这一指标均呈现较快增长态势，2012 年比 2008 年增长了 43.04%。

从印刷业规模以上工业企业资产总计在规模以上工业企业资产总计中的占比情况看，在统计范围调整前，这一指标呈现逐年递减的下行趋势：2008 年为 0.61%，2009 年降至 0.58%，2010 年再降至 0.54%。统计范围调整后，2011 年这一指标大幅下滑至0.47%，2012 年回升至0.49%，扭转了此前的下行趋势。（见图 61、图 62）

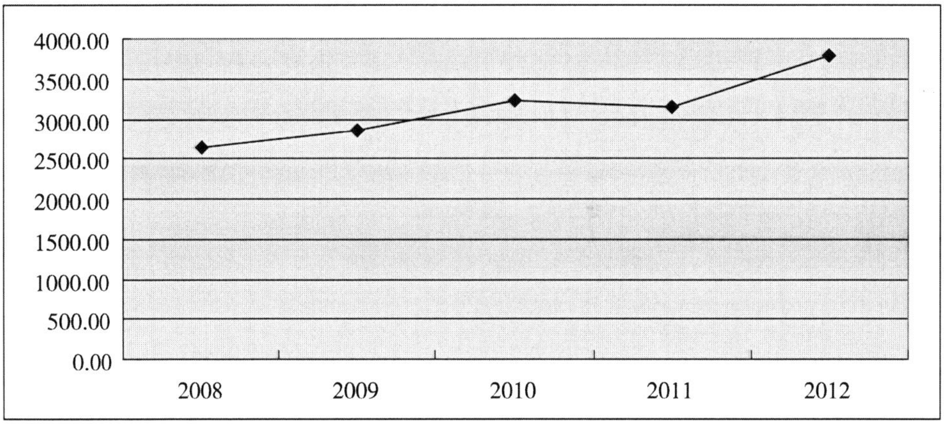

（单位：亿元）

图 61　2008–2012 年我国印刷业规模以上工业企业资产总计变化情况

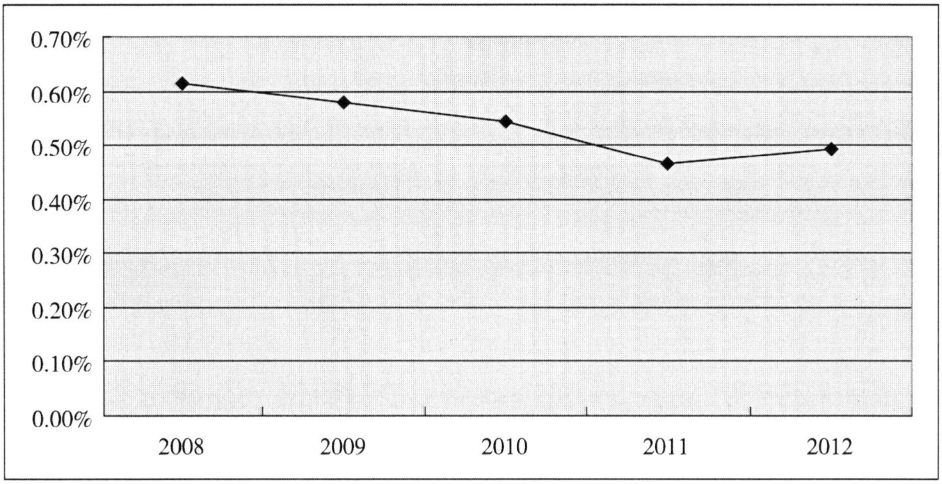

图 62　2008–2012 年印刷业规模以上工业企业资产总计在规模以上工业企业资产总计中的占比变化情况

③主营业务收入的变化

2008-2012 年间，我国印刷业规模以上工业企业主营业务收入保持高速增长趋势，2012 年比 2008 年增长了 74.89%。特别是 2010 年与 2009 年相比增长率达到 20.72%，2012 年与 2011 年相比增长率达到 19.85%。受统计范围调整影响，2011 年增长率最低，也达到 9.11%。

尽管印刷业规模以上工业企业主营业务收入保持了高速增长，但其在规模以上工业企业主营业务收入中的占比却呈现稳中有降趋势。2008 年这一指标为 0.52%，2009 年微升至 0.53%，2010 年下滑到至 0.50%，2011 年受统计范围调整影响大幅下滑至 0.45%，2012 年回升至 0.49%，仍未突破 0.50%。（见图 63、图 64）

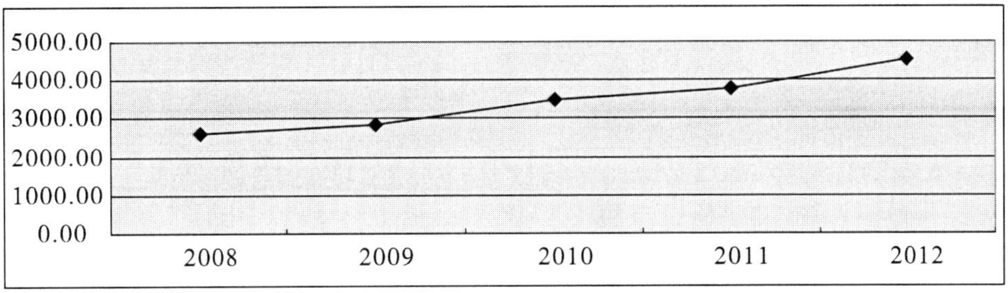

（单位：亿元）

图 63 2008-2012 年我国印刷业规模以上工业企业主营业务收入变化情况

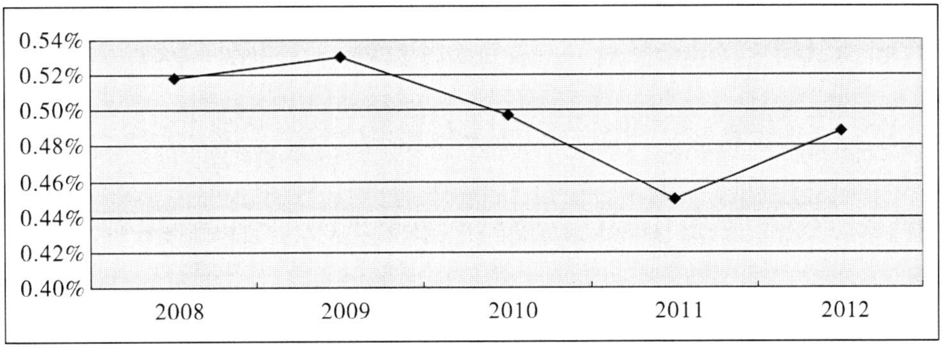

图 64 2008-2012 年印刷业规模以上工业企业主营业务收入在规模以上工业企业主营业务收入中的占比变化情况

④利润总额的变化

2008-2012 年间，我国印刷业规模以上工业企业利润总额增长态势喜人，2012 年比 2008 年增长了 98.26%，接近翻番，增长率高于资产总计和主营业务收入的增长率，这说明同期印刷业规模以上工业企业的盈利能力在增强。在此期间，增长最快的是 2010 年，与 2009 年相比利润总额的增长率达到了 30.73%；2011 年尽管受到统计范围调整的影响，增长率仍达到 13.12%。

从印刷业规模以上工业企业利润总额在规模以上工业企业利润总额中的占比情况看，这一指标在 2008-2012 年间波动频繁，无明显规律：2008 年为 0.66%，2009 年达到区间高点 0.68%，2010 年大幅下滑至 0.58%，2011 年再降至 0.57%，2012 年又大幅上升至 0.64%。（见图 65、图 66）

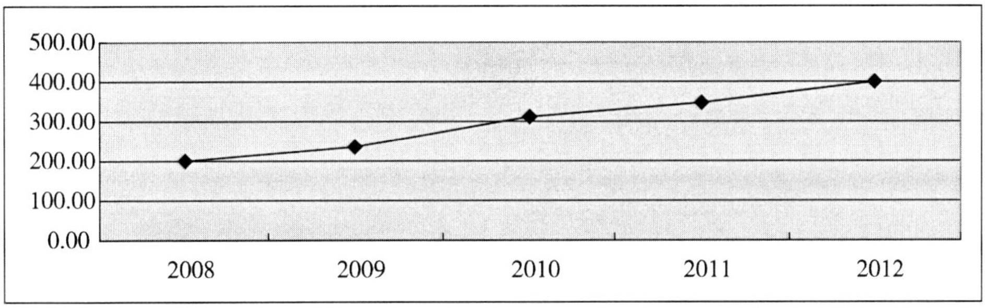

（单位：亿元）

图 65　2008-2012 年我国印刷业规模以上工业企业利润总额变化情况

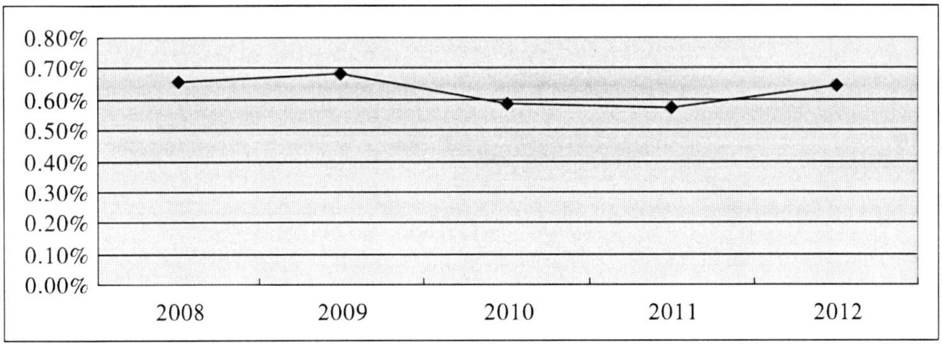

图 66　2008-2012 年印刷业规模以上工业企业利润总额在规模以上工业企业利润总额中的占比变化情况

（2）主要经济效益指标

本部分内容主要选取总资产贡献率、资产负债率、流动资产周转次数、工业成本费用利润率、产品销售率等指标衡量 2008-2012 年间我国印刷业规模以上工业企业经济效益的变化情况，并以 2008-2012 年我国规模以上工业企业主要经济效益指标作为参照对象。（见表 37、表 38）

表 37　2008-2012 年我国规模以上工业企业主要经济效益指标

年份	总资产贡献率	资产负债率	流动资产周转次数（次 / 年）	工业成本费用利润率	产品销售率
2008	13.96%	57.71%	2.67	6.61%	97.50%
2009	13.44%	57.88%	2.43	6.91%	97.78%
2010	15.68%	57.41%	2.50	8.31%	98.02%
2011	16.09%	58.10%	2.62	7.71%	98.05%
2012	15.11%	57.96%	2.57	7.11%	98.00%

表 38　2008-2012 年我国印刷业规模以上工业企业主要经济效益指标

年份	总资产贡献率	资产负债率	流动资产周转次数（次 / 年）	工业成本费用利润率	产品销售率
2008	13.27%	49.48%	2.07	8.38%	97.85%
2009	13.29%	48.69%	2.02	9.00%	97.61%
2010	14.67%	47.77%	2.10	9.78%	98.27%
2011	16.78%	47.65%	2.29	10.11%	98.25%
2012	16.26%	48.05%	2.30	9.53%	98.23%

①总资产贡献率的变化

2008-2012 年间，我国印刷业规模以上工业企业总资产贡献率整体上呈上升趋势，2012 年达到 16.26%，比 2008 年提高 2.99 个百分点，比同期规模以上工业企业总资产贡献率 15.11% 高出 1.15 个百分点。2008-2012 年间，我国印刷业规模以上工业企业总资产贡献率平均值为 14.85%，与同期规模以上工业企业总资产贡献率平均值 14.86% 基本持平。（见图 67）

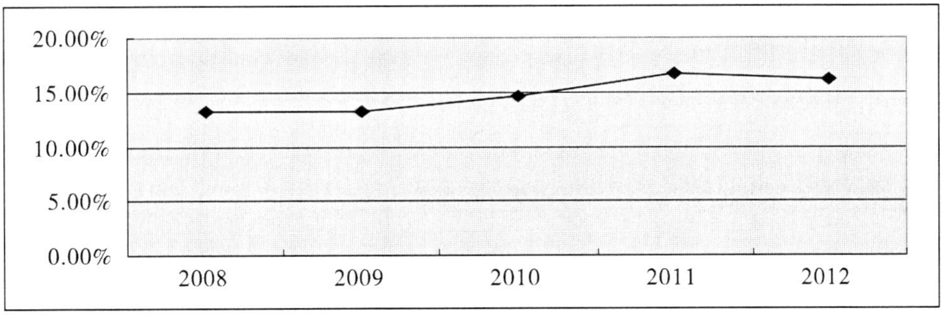

图 67　2008-2012 年我国印刷业规模以上工业企业总资产贡献率的变化情况

②资产负债率的变化

2008-2012 年间，我国印刷业规模以上工业企业资产负债率整体上呈下降趋势，2012 年为 48.05%，比 2008 年下降 1.43 个百分点，比同期规模以上工业企业资产负债率 57.96% 低 9.91 个百分点。2008-2012 年间，我国印刷业规模以上工业企业资产负债率平均值为 48.33%，比同期规模以上工业企业资产负债率平均值 57.81% 低 9.48 个百分点。（见图 68）

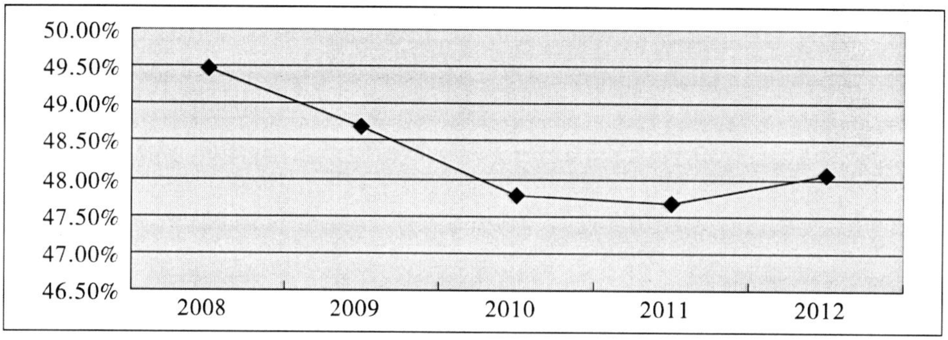

图 68　2008-2012 年我国印刷业规模以上工业企业资产负债率的变化情况

③流动资产周转次数的变化

2008-2012 年间，我国印刷业规模以上工业企业流动资产周转次数除了 2009 年以外，均表现为正增长，2012 年达到 2.30 次 / 年，比 2008 年高 0.23 次 / 年，比同期规模以上工业企业流动资产周转次数 2.57 次 / 年低 0.27 次 / 年。2008-2012 年间，我国印刷业规模以上工业企业流动资产周转次数平均值为 2.16 次 / 年，比同期规模以上工业企业流动资产周转次数平均值 2.56 次 / 年低 0.40 次 / 年。（见图 69）

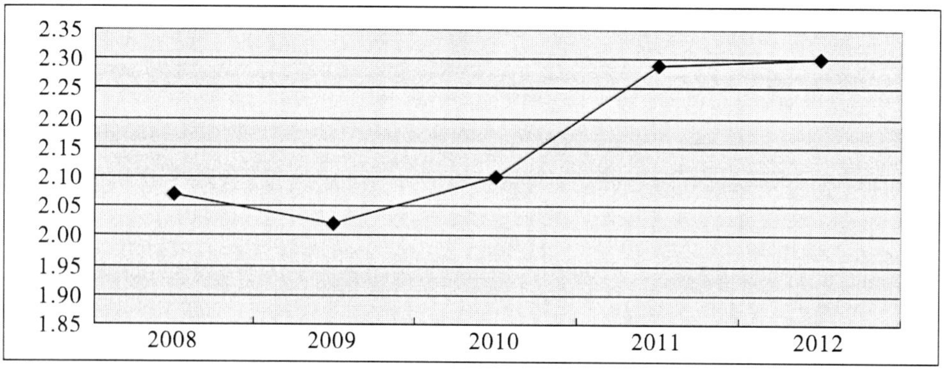

（单位：次 / 年）

图 69　2008-2012 年我国印刷业规模以上工业企业流动资产周转次数的变化情况

④工业成本费用利润率的变化

2008-2012 年间，我国印刷业规模以上工业企业工业成本费用利润率除了 2012 年以外，均保持稳中有升态势，2011 年达到区间高点 10.11%，比 2008 年高 1.73 个百分点，2012 年下降至 9.53%，比同期规模以上工业企业工业成本费用利润率 7.11% 高 2.42 个百分点。2008-2012 年间，我国印刷业规模以上工业企业工业成本费用利润率平均值为 9.36%，比同期规模以上工业企业工业成本费用利润率平均值 7.33% 高 2.03 个百分点。（见图 70）

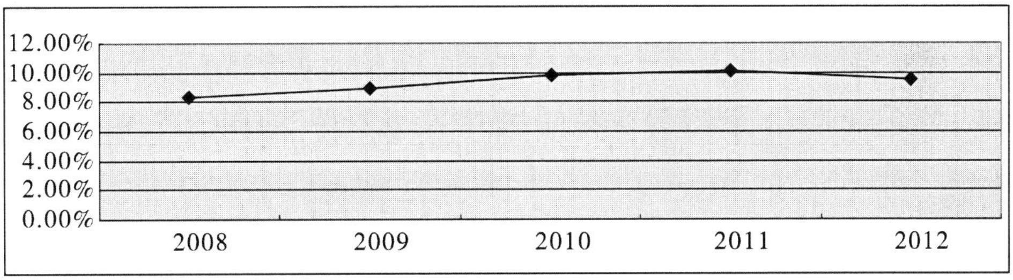

图 70　2008-2012 年我国印刷业规模以上工业企业工业成本费用利润率的变化情况

⑤产品销售率的变化

2008-2012 年间，我国印刷业规模以上工业企业产品销售率在 98% 左右小幅波动，无明显规律性趋势，2012 年为 98.23%，比同期规模以上工业企业工业产品销售率 98.00% 高 0.23 个百分点。2008-2012 年间，我国印刷业规模以上工业企业产品销售率平均值为 98.04%，比同期规模以上工业企业产品销售率平均值 97.87% 高 0.27 个百分点。（见图 71）

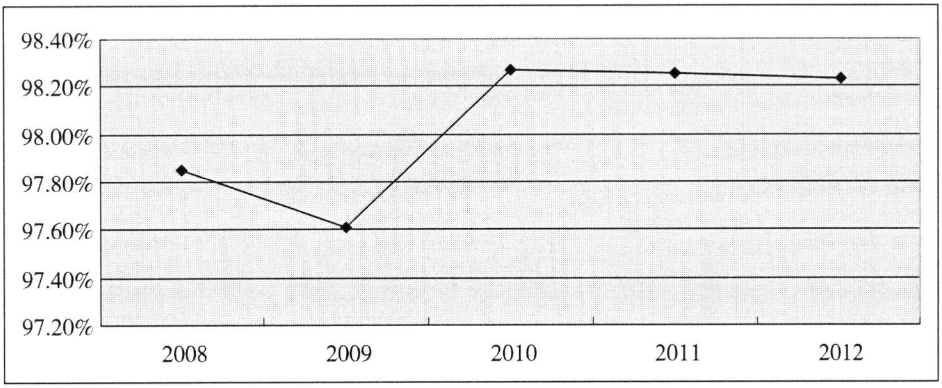

图 71　2008-2012 年我国印刷业规模以上工业企业产品销售率的变化情况

（二）2008–2012 年我国印刷业规模以上国有及国有控股工业企业主要经济指标运行情况

1. 规模以上国有及国有控股工业企业主要经济指标运行情况

2012 年我国共有规模以上国有及国有控股工业企业 17851 个，资产总计 312094.37 亿元，主营业务收入 245075.97 亿元，利润总额 15175.99 亿元。其中除了企业单位数指标受统计范围调整影响比 2008 年下降外，其他三项主要指标在五年间均保持持续增长，与 2008 年相比，资产总计增长 65.29%，主营业务收入增长 66.14%，利润总额增长 67.44%。（见表 39）

表 39　2008–2012 年我国规模以上国有及国有控股工业企业主要经济指标

年份	企业单位数（个）	资产总计（亿元）	主营业务收入（亿元）	利润总额（亿元）
2008	21313	188811.37	147507.90	9063.59
2009	20510	215742.01	151700.55	9287.03
2010	20253	247759.86	194339.68	14737.65
2011	17052	281673.87	228900.13	16457.57
2012	17851	312094.37	245075.97	15175.99

2. 印刷业规模以上国有及国有控股工业企业主要经济指标运行情况

（1）主要总量指标

2012 年，我国印刷业共有规模以上国有及国有控股工业企业 304 个，资产总计 622.40 亿元，主营业务收入 486.43 亿元，利润总额 59.77 亿元。与 2008 年相比，除了企业单位数指标受统计范围的调整影响出现下降外，资产总计增长 20.39%，主营业务收入增长 32.31%，利润总额增长 47.29%，增长率远低于同期规模以上国有及国有控股工业企业的整体表现。这表明 2008–2012 年间印刷业规模以上国有及国有控股工业企业的发展未能跟上同期国有及国有控股工业企业的整体步伐。2012 年，印刷业规模以上国有及国有控股工业企业单位数、资产总计、主营业务收入、利润总额 4 项指标分别占当年规模以上国有及国有控股工业企业相应指标的 1.70%、0.20%、0.20%、0.39%。（见表 40）

表 40　2008-2012 年我国印刷业规模以上国有及国有控股工业企业主要经济指标

年份	企业单位数（个）	资产总计（亿元）	主营业务收入（亿元）	利润总额（亿元）
2008	589	516.99	367.65	40.58
2009	551	580.92	384.93	41.93
2010	525	600.87	442.80	52.86
2011	305	573.82	452.37	55.90
2012	304	622.40	486.43	59.77

①企业单位数的变化

2008-2012 年间，我国印刷业规模以上国有及国有控股工业企业单位数呈现持续走低态势，由 2008 年的 589 个降至 2012 年的 304 个。特别是 2011 年受统计范围调整的影响，印刷业规模以上国有及国有控股工业企业单位数由上年的 525 个大幅下降至 305 个。与此同时，印刷业规模以上国有及国有控股工业企业单位数在规模以上国有及国有控股工业企业单位数中的占比也呈现逐年下降趋势，由 2008 年的 2.76% 下降至 2012 年的 1.70%。这表明在印刷业整体向上的发展态势下，印刷业作为竞争性行业对国有资本的吸引力逐步降低，部分国有资本开始退出印刷业。（见图 72、图 73）

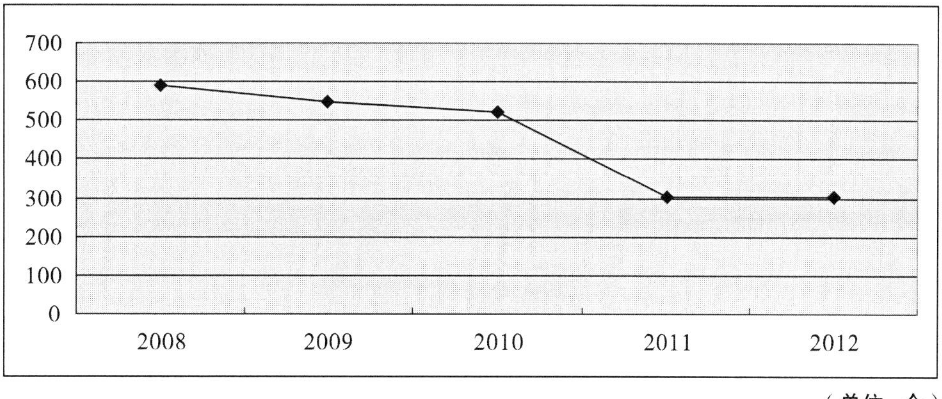

（单位：个）

图 72　2008-2012 年我国印刷业规模以上国有及国有控股工业企业单位数变化情况

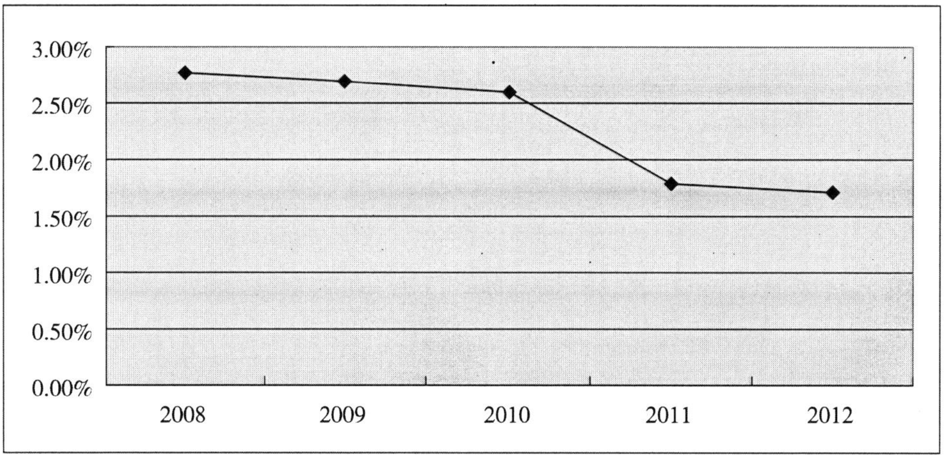

图 73　2008-2012 年印刷业规模以上国有及国有控股工业企业单位数在规模以上国有及国有控股工业企业单位数中的占比变化情况

②资产总计的变化

2008-2012 年间，印刷业规模以上国有及国有控股工业企业在单位数持续走低的情况下，企业资产总计却保持了较好的上行态势，除了 2011 年受统计范围调整影响与 2010 年相比出现 4.50% 的负增长以外，其余年份均保持正增长，2012 年比 2008 年增长了 20.39%。但由于印刷业规模以上国有及国有控股工业企业资产总计增速大幅低于同期规模以上国有及国有控股企业的整体增速，前者在后者中的占比仍呈现整体下行趋势，由 2008 年和 2009 年的 0.27%，经 2010 年的 0.24%，下降到 2011 年和 2012 年的 0.20%。（见图 74、图 75）

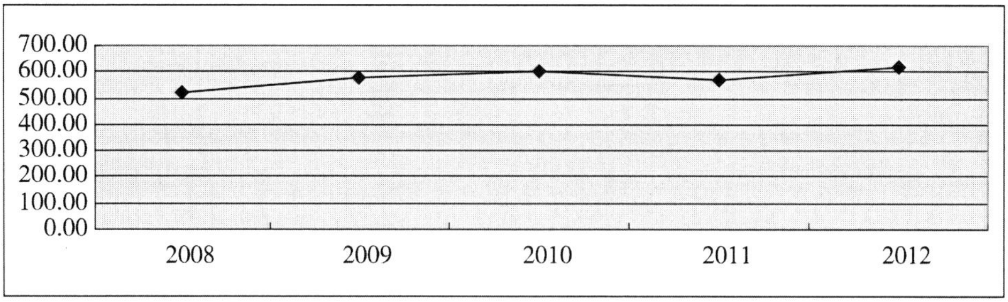

（单位：亿元）

图 74　2008-2012 年我国印刷业规模以上国有及国有控股工业企业资产总计变化情况

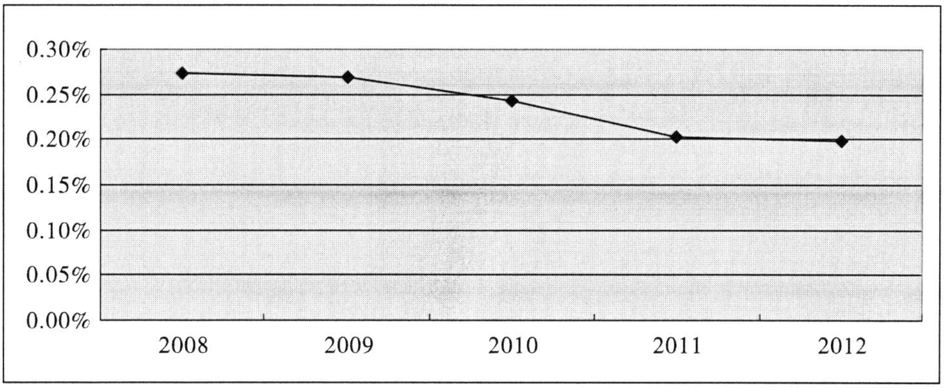

图 75　2008–2012 年印刷业规模以上国有及国有控股工业企业资产总计在规模以上国有及国有控股工业企业资产总计中的占比变化情况

③主营业务收入的变化

2008–2012 年间，我国印刷业规模以上国有及国有控股工业企业主营业务收入克服单位数下降因素的影响保持了上行态势，但增长速度显著低于同期印刷业规模以上工业企业和规模以上国有及国有控股工业企业的整体增速。2012 年与 2008 年相比增长了 32.31%，各年份中，2010 年增长最快，与 2009 年相比增长率达到 15.03%，其余年份增长率均在 8% 以下。这导致印刷业规模以上国有及国有控股工业企业主营业务收入在规模以上国有及国有控股工业企业主营业务收入中的占比与资产总计的占比一样呈现下行趋势，前者在后者中的占比由 2008 年和 2009 年的 0.25%，经 2010 年的 0.23%，下降到 2011 年和 2012 年的 0.20%。（见图 76、图 77）

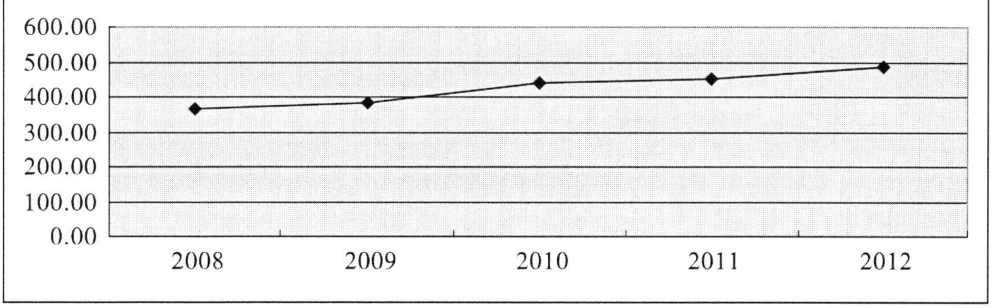

（单位：亿元）

图 76　2008–2012 年我国印刷业规模以上国有及国有控股工业企业主营业务收入变化情况

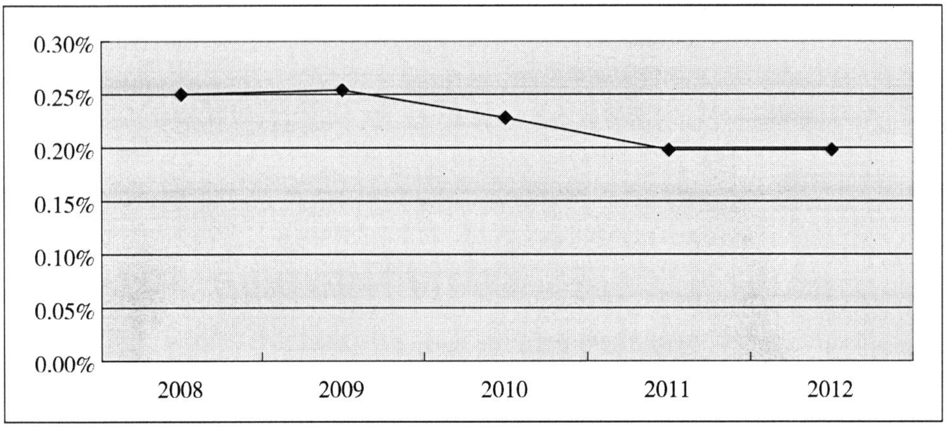

图 77　2008-2012 年印刷业规模以上国有及国有控股工业企业主营业务收入在规模以上国有及国有控股工业企业主营业务收入中的占比变化情况

④利润总额的变化

2008-2012 年间，我国印刷业规模以上国有及国有控股工业企业利润总额保持了上行趋势，不过除了 2010 年与 2009 年相比增长率达到 26.07% 之外，其余年份增长率均未超过 7%。2012 年与 2008 年相比增长了 47.29%。

受增速不高影响，2008-2012 年间印刷业规模以上国有及国有控股工业企业利润总额在规模以上国有及国有控股工业企业利润总额中的占比，除了 2012 年出现翘尾之外，其余年份均呈现下滑趋势，由 2008 年和 2009 年的 0.45%，降至 2011 年的 0.34%，2012 年又回升至 0.39%。（见图 78、图 79）

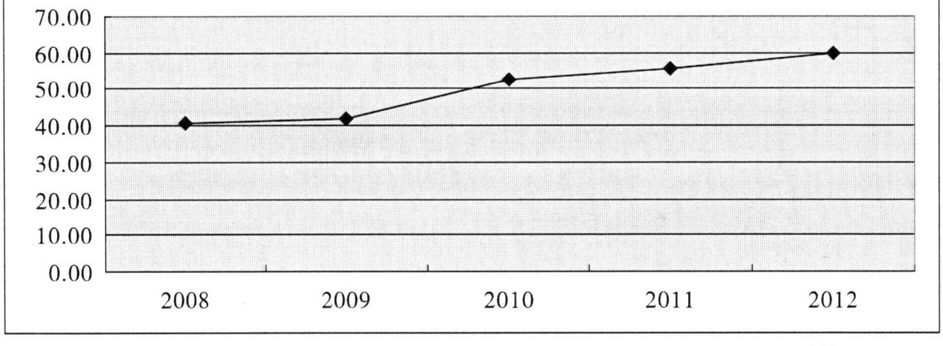

（单位：亿元）

图 78　2008-2012 年我国印刷业规模以上国有及国有控股工业企业利润总额变化情况

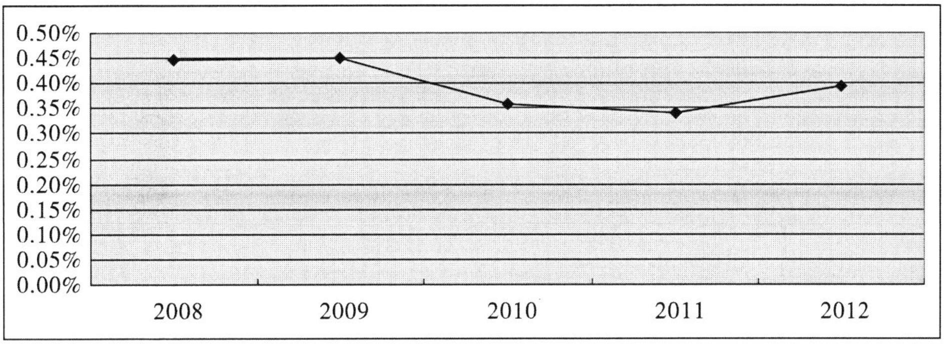

图 79 2008-2012 年印刷业规模以上国有及国有控股工业企业利润总额在规模以上国有及国有控股工业企业利润总额中的占比变化情况

（2）主要经济效益指标

本部分内容沿用总资产贡献率、资产负债率、流动资产周转次数、工业成本费用利润率、产品销售率等指标衡量 2008-2012 年间我国印刷业规模以上国有及国有控股工业企业经济效益的变化情况，并以 2008-2012 年我国规模以上国有及国有控股工业企业主要经济效益指标作为参照对象。（见表 41、表 42）

表 41 2008-2012 年我国规模以上国有及国有控股工业企业主要经济效益指标

年份	总资产贡献率	资产负债率	流动资产周转次数（次/年）	工业成本费用利润率	产品销售率
2008	11.77%	58.99%	2.34	6.71%	97.95%
2009	11.29%	60.30%	2.05	6.73%	98.58%
2010	13.63%	60.31%	2.14	8.43%	98.78%
2011	13.69%	61.17%	2.23	7.66%	98.57%
2012	12.77%	61.31%	2.21	6.52%	98.54%

表 42 2008-2012 年我国印刷业规模以上国有及国有控股工业企业主要经济效益指标

年份	总资产贡献率	资产负债率	流动资产周转次数（次/年）	工业成本费用利润率	产品销售率
2008	12.90%	41.57%	1.66	11.98%	97.56%
2009	11.32%	39.61%	1.55	11.90%	97.64%
2010	13.12%	39.22%	1.57	13.21%	98.98%
2011	14.24%	38.85%	1.67	13.51%	99.21%
2012	14.03%	37.99%	1.64	13.22%	97.69%

①总资产贡献率的变化

2008–2012 年间，我国印刷业规模以上国有及国有控股工业企业总资产贡献率呈现波动中上行趋势，2009 年降至区间低点 11.32%，2011 年达到区间高点 14.24%，2012 年微降至 14.03%，比 2008 年提高 1.13 个百分点，比同期规模以上国有及国有控股工业企业总资产贡献率 12.77% 高出 1.26 个百分点。2008–2012 年间，我国印刷业规模以上国有及国有控股工业企业总资产贡献率平均值为 13.12%，比同期规模以上国有及国有控股工业企业总资产贡献率平均值 12.63% 高 0.49 个百分点。（见图 80）

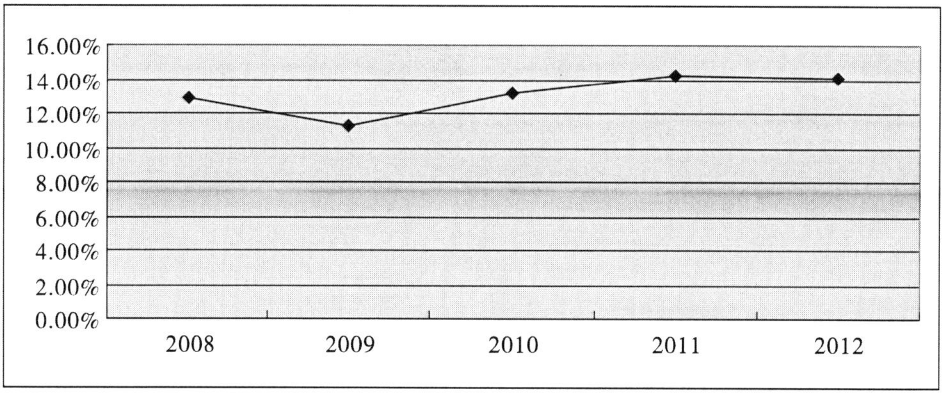

图 80　2008–2012 年我国印刷业规模以上国有及国有控股工业企业总资产贡献率的变化情况

②资产负债率的变化

2008–2012 年间，我国印刷业规模以上国有及国有控股工业企业资产负债率呈逐年下降趋势，且显著低于同期规模以上国有及国有控股工业企业资产负债率水平。其中 2012 年为 37.99%，比 2008 年下降 3.58 个百分点，比同期规模以上国有及国有控股工业企业资产负债率 61.31% 低 23.32 个百分点，比同期印刷业规模以上工业企业资产负债率 48.05% 低 10.06 个百分点。2008–2012 年间，我国印刷业规模以上国有及国有控股工业企业资产负债率平均值为 39.45%，比同期规模以上国有及国有控股工业企业资产负债率平均值 60.42% 低 20.97 个百分点，比同期印刷业规模以上工业企业资产负债率平均值 48.33% 低 8.88 个百分点。（见图 81）

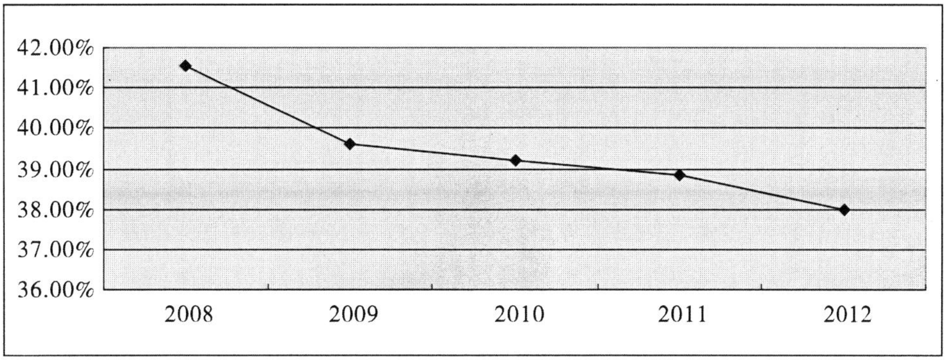

图 81　2008-2012 年我国印刷业规模以上国有及国有控股工业企业资产负债率的变化情况

③流动资产周转次数的变化

2008-2012 年间，我国印刷业规模以上国有及国有控股工业企业流动资产周转次数变化无明显规律，在 1.55 次 / 年到 1.67 次 / 年之间窄幅波动，其中区间低点出现在 2009 年，为 1.55 次 / 年，区间高点出现在 2011 年，为 1.67 次 / 年，2012 年为 1.64 次 / 年，比 2008 年低 0.02 次 / 年。2008-2012 年间，我国印刷业规模以上国有及国有控股工业企业流动资产周转次数平均值为 1.62 次 / 年，比同期规模以上国有及国有控股工业企业流动资产周转次数平均值 2.19 次 / 年低 0.57 次 / 年，比同期印刷业规模以上工业企业流动资产周转次数平均值 2.16 次 / 年低 0.54 次 / 年。（见图 82）

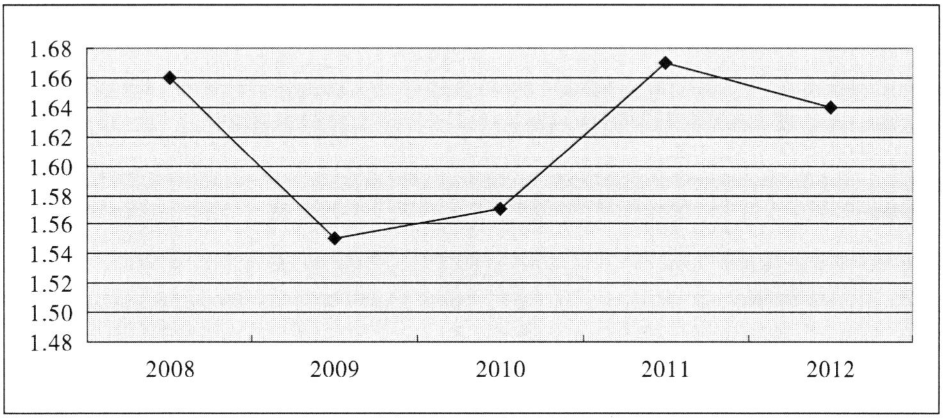

（单位：次 / 年）

图 82　2008-2012 年我国印刷业规模以上国有及国有工业企业流动资产周转次数的变化情况

④工业成本费用利润率的变化

2008–2012 年间，我国印刷业规模以上国有及国有控股工业企业工业成本费用利润率除了 2012 年以外，均保持稳中有升态势，这一点与印刷业规模以上工业企业的发展趋势保持一致。其中 2011 年达到区间高点 13.51%，比 2008 年高 1.53 个百分点，2012 年下降至 13.22%，是同期规模以上国有及国有控股工业企业工业成本费用利润率 6.52% 的 2 倍多。2008–2012 年间，我国印刷业规模以上国有及国有控股工业企业工业成本费用利润率平均值为 12.76%，比同期规模以上国有及国有控股工业企业工业成本费用利润率平均值 7.21% 高 5.55 个百分点，比同期印刷业规模以上工业企业工业成本费用利润率平均值 9.36% 高 3.40 个百分点。这表明 2008–2012 年间，我国印刷业规模以上国有及国有控股工业企业的盈利能力优于同期规模以上国有及国有控股工业企业和印刷业规模以上工业企业的整体表现。（见图 83）

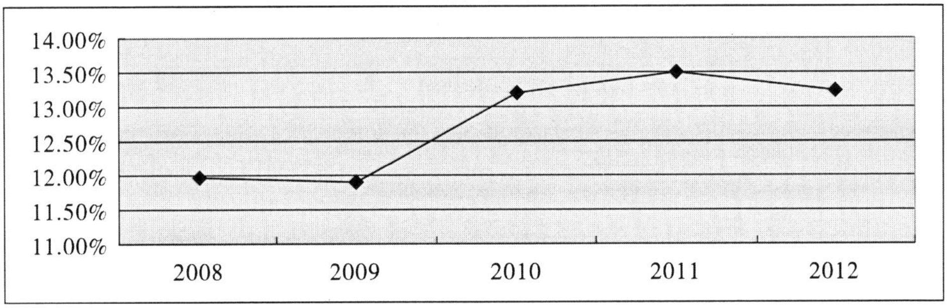

图 83 2008–2012 年我国印刷业规模以上国有及国有控股工业企业工业成本费用利润率的变化情况

⑤产品销售率的变化

2008–2012 年间，我国印刷业规模以上国有及国有控股工业企业产品销售率除了 2012 年之外，其余年份均呈上行趋势，2011 年达到区间高点，为 99.21%，比 2008 年高 1.65 个百分点，2012 年降至 97.69%，比同期规模以上国有及国有控股工业企业工业产品销售率 98.54% 低 0.85 个百分点。2008–2012 年间，我国印刷业规模以上国有及国有控股工业企业产品销售率平均值为 98.22%，比同期规模以上国有及国有控股工业企业产品销售率平均值 98.48% 低 0.26 个百分点，比同期印刷业规模以上工业企业产品销售率平均值 98.04% 高 0.18 个百分点。（见图 84）

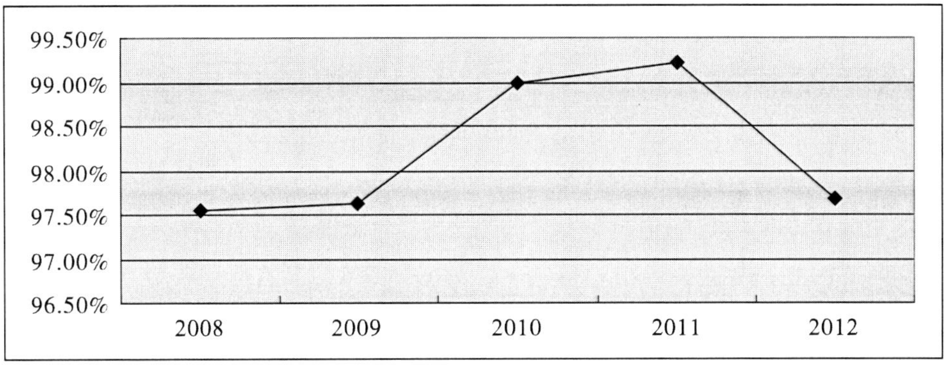

图 84　2008-2012 年我国印刷业规模以上国有及国有控股工业企业产品销售率的变化情况

（三）2008-2012 年我国印刷业规模以上私营工业企业主要经济指标运行情况

1. 规模以上私营工业企业主要经济指标运行情况

2012 年我国共有规模以上私营工业企业 189289 个，资产总计 152548.13 亿元，主营业务收入 285621.48 亿元，利润总额 20191.90 亿元。其中除了企业单位数指标受统计范围调整影响比 2008 年下降外，其他三项主要指标在五年间保持持续增长，与 2008 年相比，资产总计增长 101.04%，主营业务收入增长 117.16%，利润总额增长 143.22%，增长率均高于同期规模以上国有及国有控股工业企业相应指标的增长率。（见表 43）

表 43　2008-2012 年我国规模以上私营工业企业主要经济指标

年份	企业单位数（个）	资产总计（亿元）	主营业务收入（亿元）	利润总额（亿元）
2008	245850	75879.59	131525.40	8302.06
2009	256031	91175.60	156603.57	9677.69
2010	273259	116867.83	207838.22	15102.50
2011	180612	127749.86	247277.89	18155.52
2012	189289	152548.13	285621.48	20191.90

2. 印刷业规模以上私营工业企业主要经济指标运行情况

（1）主要总量指标

2012 年，我国印刷业共有规模以上私营工业企业 2243 个，资产总计

1282.85 亿元，主营业务收入 2036.72 亿元，利润总额 153.17 亿元。与 2008 年相比，除了企业单位数指标受统计范围调整的影响出现下降外，资产总计增长 59.29%，主营业务收入增长 105.97%，利润总额增长 161.65%，资产总计增速是同期印刷业规模以上国有及国有控股工业企业的近 3 倍，主营业务收入和利润总额增速均是后者的 3 倍多。这表明 2008–2012 年间印刷业规模以上私营工业企业的发展远超同期印刷业规模以上国有及国有控股工业企业的表现。2012 年，印刷业规模以上私营工业企业单位数、资产总计、主营业务收入、利润总额 4 项指标分别占当年规模以上私营工业企业相应指标的 1.18%、0.84%、0.71%、0.76%。（见表 44）

表 44　2008–2012 年我国印刷业规模以上私营工业企业主要经济指标

年份	企业单位数（个）	资产总计（亿元）	主营业务收入（亿元）	利润总额（亿元）
2008	3615	805.36	988.86	58.54
2009	3808	912.99	1178.89	74.14
2010	4083	1110.45	1502.50	110.51
2011	1978	1028.50	1612.80	125.53
2012	2243	1282.85	2036.72	153.17

①企业单位数的变化

2008–2010 年统计范围调整前，我国印刷业规模以上私营工业企业单位数呈现持续增长态势，由 2008 年的 3615 个增长至 2010 年的 4083 个；2011 年统计范围调整后，印刷业规模以上私营工业企业单位数大幅下滑至 1978 个，2012 年又增长到 2243 个。如果没有统计范围调整的影响，我国印刷业规模以上私营工业企业单位数有望保持持续增长。

统计范围调整前，印刷业规模以上私营工业企业单位数在规模以上私营工业企业单位数中的占比相对稳定，2008 年为 1.47%，2009 年和 2010 年均为 1.49%；统计范围调整后，2011 年占比大幅降至 1.10%，2012 年有所增长，但仍只有 1.18%。这在一定程度上表明印刷业年主营业务收入超过 2000 万元的私营工业企业在行业中的占比要低于私营工业企业的整体水平。（见图 85、图 86）

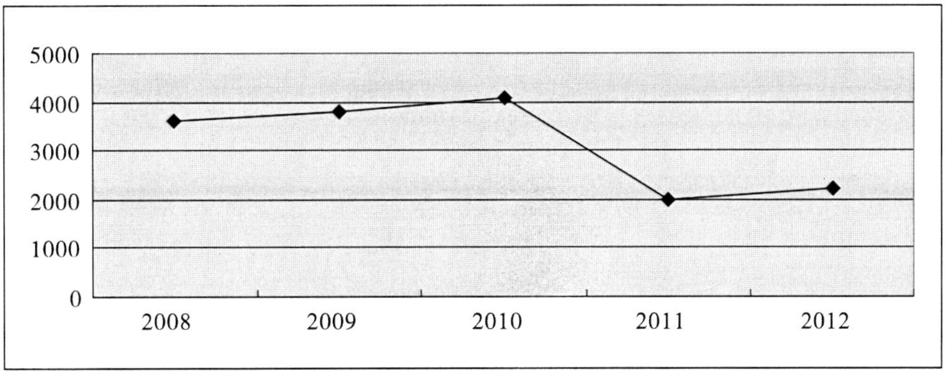

（单位：个）

图 85　2008-2012 年我国印刷业规模以上私营工业企业单位数变化情况

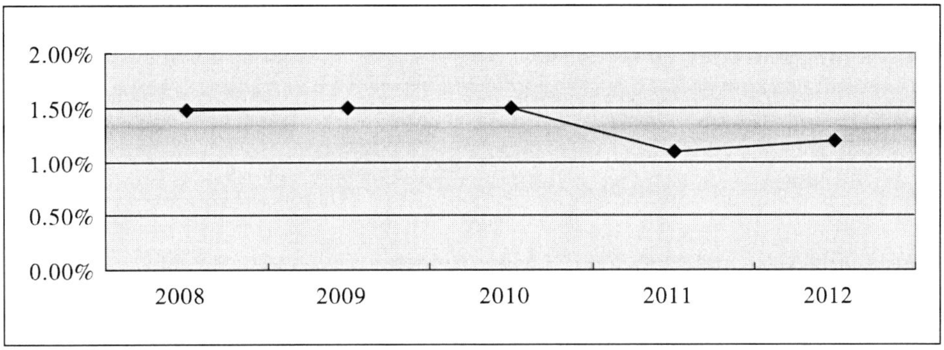

图 86　2008-2012 年印刷业规模以上私营工业企业单位数在规模以上私营工业企业单位数中的占比变化情况

②资产总计的变化

2008-2012 年间，印刷业规模以上私营工业企业资产总计增长势头良好。除了 2011 年受统计范围调整影响与 2010 年相比出现 7.38% 的负增长以外，2012 年和 2010 年与上年度相比增长速度分别高达 24.73%、21.63%，2009 年与 2008 年相比增长速度也达到 13.36%。虽然印刷业规模以上私营工业企业资产总计自身保持了较快增长，但由于其增速低于同期规模以上私营工业企业的整体表现，因此，前者在后者中的占比呈整体下行趋势，由 2008 年的 1.06% 连年下滑至 2011 年的 0.81%，2012 年略有回升至 0.84%。（见图 87、图 88）

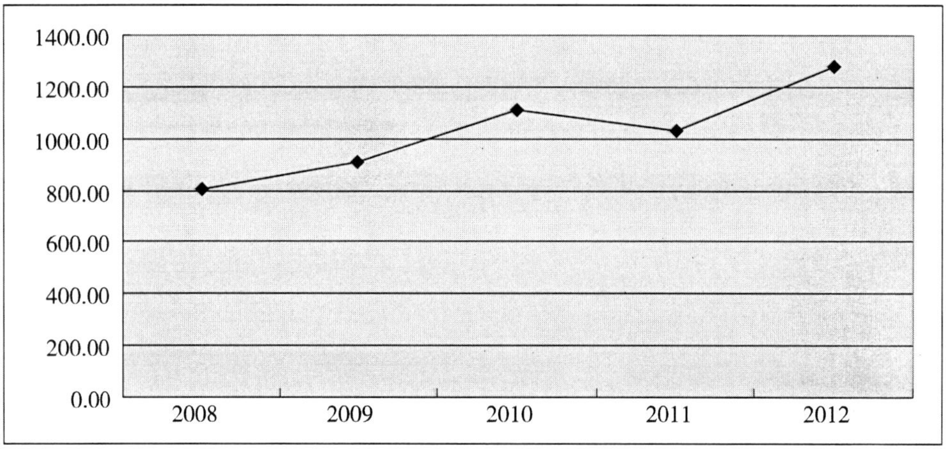

（单位：亿元）

图 87　2008–2012 年我国印刷业规模以上私营工业企业资产总计变化情况

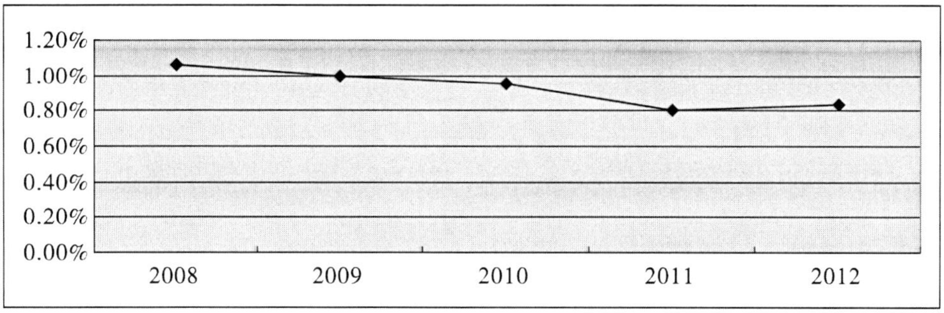

图 88　2008–2012 年印刷业规模以上私营工业企业资产总计在规模以上私营工业企业资产总计中的占比变化情况

③主营业务收入的变化

2008–2012 年间，我国印刷业规模以上私营工业企业主营业务收入保持了持续、较快增长势头，除了 2011 年受统计范围调整影响与上年相比增长速度低于 10% 以外，2009 年、2010 年、2012 年与上年度相比增长速度分别达到 19.22%、27.45%、26.28%。2008–2012 年间印刷业规模以上私营工业企业主营业务收入累计增长 105.97%，增长速度显著高于同期印刷业规模以上工业企业和印刷业规模以上国有和国有控股工业企业增速，但低于同期规模以上私营工业企业增速，这导致印刷业规模以上私营工业企业主营业务收入在规模以上私营工业企业主营业务收入中的占比由 2008 年的 0.75% 下降至 2012 年的 0.71%，尤其是 2011 年受统计范围调整影响，这一比例一度下滑至 0.65%。（见图 89、图 90）

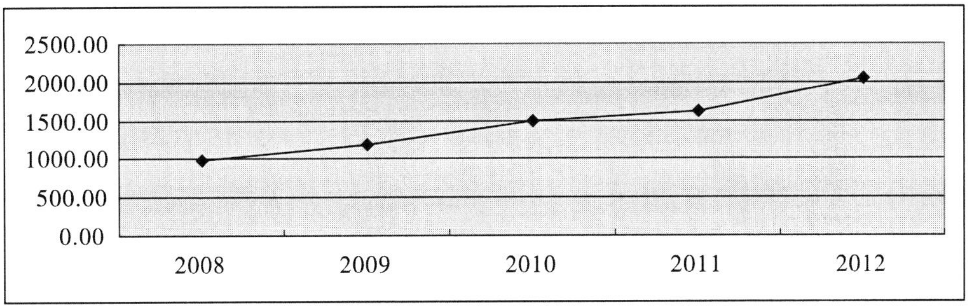

（单位：亿元）

图 89　2008-2012 年我国印刷业规模以上私营工业企业主营业务收入变化情况

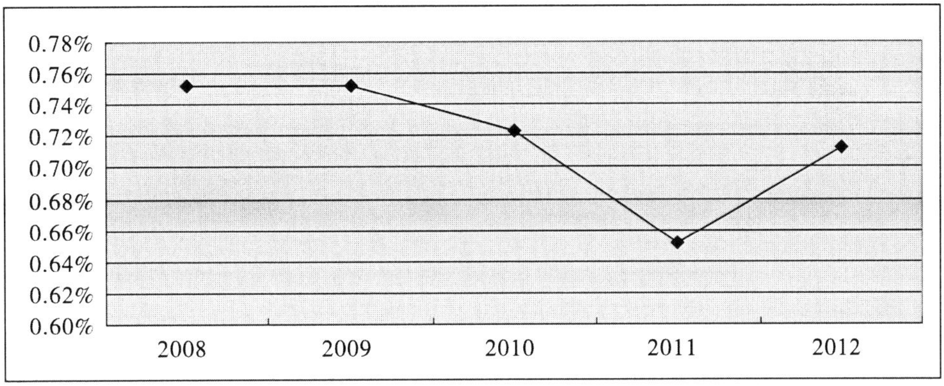

图 90　2008-2012 年印刷业规模以上私营工业企业主营业务收入在规模以上私营工业企业主营业务收入中的占比变化情况

④利润总额的变化

2008-2012 年间，我国印刷业规模以上私营工业企业利润总额保持了较快增长态势，其中 2010 年与 2009 年相比增长率高达 49.06%，2009 年、2012 年与上年度相比增长率分别达到 26.65%、22.02%，2011 年虽然受统计范围调整影响增长率也达到 13.59%。在此期间，我国印刷业规模以上私营工业企业利润总额的增长既远超同期印刷业规模以上工业企业和印刷业规模以上国有和国有控股工业企业的表现，也不逊色于同期规模以上私营工业企业的增长。因此，2008-2012 年间印刷业规模以上私营工业企业利润总额在规模以上私营工业企业利润总额中的占比虽有所波动但整体呈现上行趋势，2008 年为 0.71%，2009 增至 0.77%，2010 年降至 0.73%，2011 年再降至 0.69%，2012 年又回升至 0.76%，接近区间高点。（见图 91、图 92）

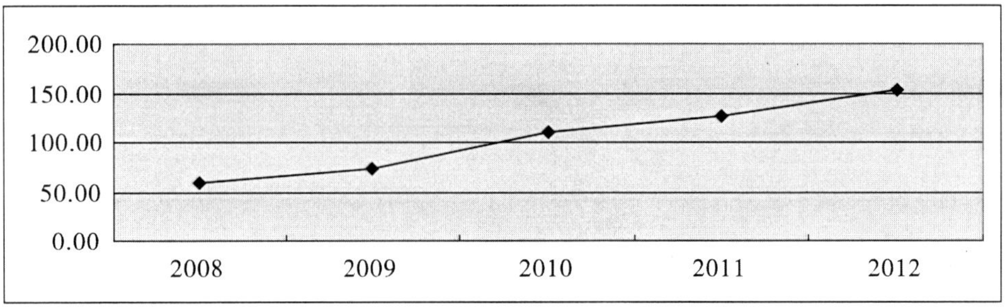

（单位：亿元）

图 91　2008–2012 年我国印刷业规模以上私营工业企业利润总额变化情况

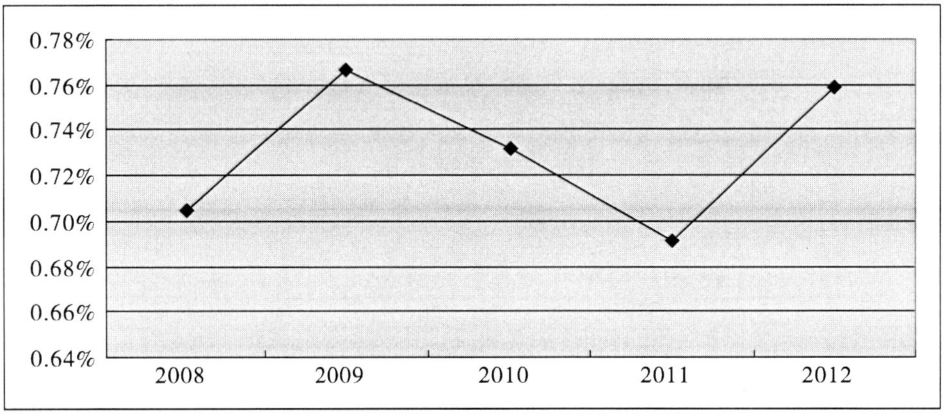

图 92　2008–2012 年印刷业规模以上私营工业企业利润总额在规模以上私营工业企业利润总额中的占比变化情况

（2）主要经济效益指标

本部分内容沿用总资产贡献率、资产负债率、流动资产周转次数、工业成本费用利润率、产品销售率等指标衡量 2008–2012 年间我国印刷业规模以上私营工业企业经济效益的变化情况，并以 2008–2012 年我国规模以上私营工业企业主要经济效益指标作为参照对象。（见表 45、表 46）

表 45　2008–2012 年我国规模以上私营工业企业主要经济效益指标

年份	总资产贡献率	资产负债率	流动资产周转次数（次 / 年）	工业成本费用利润率	产品销售率
2008	19.67%	56.44%	3.45	6.87%	97.24%
2009	18.33%	55.38%	3.29	6.71%	97.36%
2010	20.82%	54.82%	3.36	7.92%	97.60%

续表

年份	总资产贡献率	资产负债率	流动资产周转次数（次/年）	工业成本费用利润率	产品销售率
2011	22.45%	54.59%	3.6	7.99%	97.73%
2012	21.45%	54.21%	3.55	7.69%	97.69%

表 46　2008-2012 年我国印刷业规模以上私营工业企业主要经济效益指标

年份	总资产贡献率	资产负债率	流动资产周转次数（次/年）	工业成本费用利润率	产品销售率
2008	13.76%	57.28%	2.65	6.37%	97.75%
2009	14.26%	56.68%	2.64	6.82%	97.83%
2010	16.21%	56.32%	2.69	8.01%	98.11%
2011	19.33%	54.97%	3.12	8.48%	97.98%
2012	19.13%	54.89%	3.17	8.16%	98.43%

①总资产贡献率的变化

2008-2012 年间，我国印刷业规模以上私营工业企业总资产贡献率除了 2012 年出现小幅下跌之外，其余年份均保持较快增长，由 2008 年的 13.76% 稳步增长到 2011 年的 19.33%，2012 年微降至 19.13%，比 2008 年提高 5.36 个百分点，比同期规模以上私营工业企业总资产贡献率 21.45% 低 2.23 个百分点。2008-2012 年间，我国印刷业规模以上私营工业企业总资产贡献率平均值为 16.54%，比同期印刷业规模以上工业企业总资产贡献率平均值 14.85% 高 1.69 个百分点，比同期规模以上私营工业企业总资产贡献率平均值 20.54% 低 4 个百分点。（见图 93）

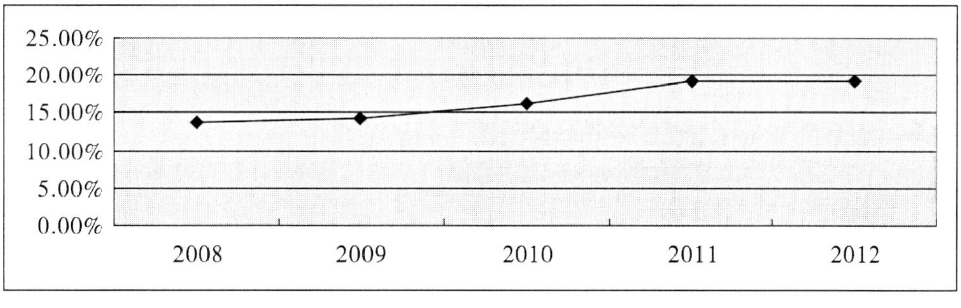

图 93　2008-2012 年我国印刷业规模以上私营工业企业总资产贡献率的变化情况

②资产负债率的变化

2008–2012 年间，我国印刷业规模以上私营工业企业资产负债率呈逐年下行趋势，与同期规模以上私营工业企业资产负债率走势相似，水平相当。2012 年印刷业规模以上私营工业企业资产负债率为 54.89%，比 2008 年下降 2.39 个百分点，比同期印刷业规模以上工业企业资产负债率 48.05% 高 6.84 个百分点。2008–2012 年间，我国印刷业规模以上私营工业企业资产负债率平均值为 56.03%，比同期规模以上私营工业企业资产负债率平均值 55.09% 高 0.94 个百分点，比同期印刷业规模以上工业企业资产负债率平均值 48.33% 高 7.70 个百分点。（见图 94）

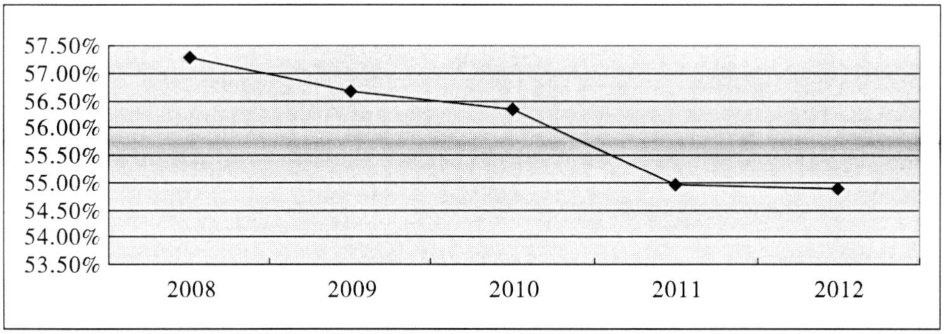

图 94　2008–2012 年我国印刷业规模以上私营工业企业资产负债率的变化情况

③流动资产周转次数的变化

2008–2012 年间，我国印刷业规模以上私营工业企业流动资产周转次数除了 2009 年稍有波动外，整体上行态势明确。2008 年为 2.65 次 / 年。2009 年微幅下跌至 2.64 次 / 年，2010–2012 年分别为 2.69 次 / 年、3.12 次 / 年、3.17 次 / 年。2008–2012 年间，我国印刷业规模以上私营工业企业流动资产周转次数平均值为 2.85 次 / 年，比同期规模以上私营工业企业流动资产周转次数平均值 3.45/ 年低 0.60 次 / 年，比同期印刷业规模以上工业企业流动资产周转次数平均值 2.16 次 / 年高 0.69 次 / 年。（见图 95）

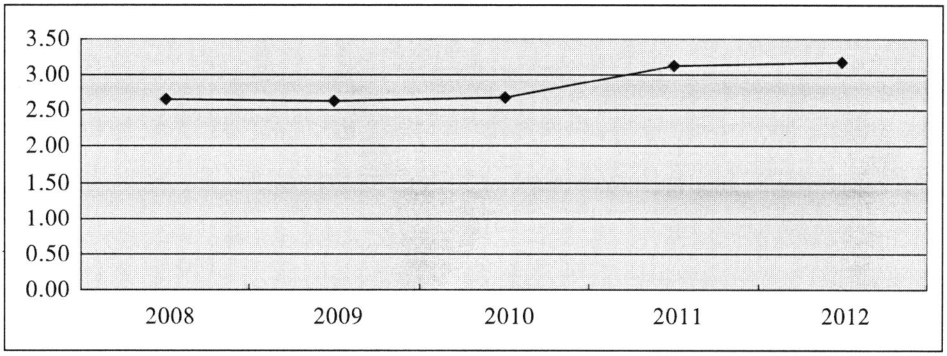

（单位：次 / 年）

图 95 2008–2012 年我国印刷业规模以上私营工业企业流动资产周转次数的变化情况

④工业成本费用利润率的变化

2008–2012 年间，我国印刷业规模以上私营工业企业工业成本费用利润率提升明显，由 2008 年的 6.37% 稳步上行至 2011 年的 8.48%，2012 年有所下滑为 8.16%，比 2008 年提高 1.79 个百分点。2008–2012 年间，我国印刷业规模以上私营工业企业工业成本费用利润率平均值为 7.57%，比同期规模以上私营工业企业工业成本费用利润率平均值 7.44% 高 0.13 个百分点，基本相当；比同期印刷业规模以上工业企业工业成本费用利润率平均值 9.36% 低 1.79 个百分点。这表明 2008–2012 年间，我国印刷业规模以上私营工业企业的盈利能力稍优于同期规模以上私营工业企业，但不及印刷业规模以上工业企业的整体表现。（见图 96）

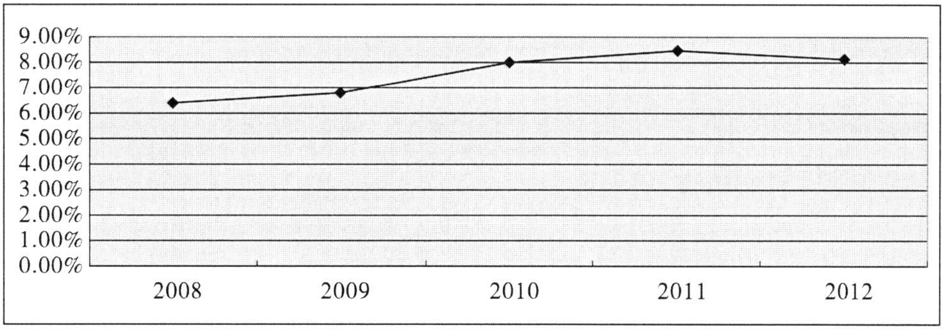

图 96 2008–2012 年我国印刷业规模以上私营工业企业工业成本费用利润率的变化情况

⑤产品销售率的变化

2008–2012 年间，我国印刷业规模以上私营工业企业产品销售率保持整体上行趋势，2012 年达到区间高点为 98.43%，比 2008 年的区间低点高 0.68 个百分点，比同期规模以上私营工业企业工业产品销售率 97.69% 高 0.74 个百分点。2008-2012 年间，我国印刷业规模以上私营工业企业产品销售率平均值为 98.02%，比同期规模以上私营工业企业产品销售率平均值 97.52% 高 0.50 个百分点，比同期印刷业规模以上工业企业产品销售率平均值 98.04% 略低。（见图 97）

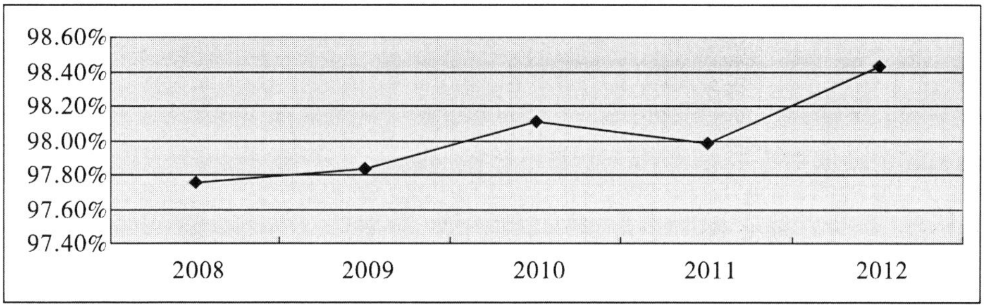

图 97　2008-2012 年我国印刷业规模以上私营工业企业产品销售率的变化情况

（四）2008-2012 年我国印刷业规模以上外商投资和港澳台商投资工业企业主要经济指标运行情况

1. 规模以上外商投资和港澳台商投资工业企业主要经济指标运行情况

2012 年我国共有规模以上外商投资和港澳台商投资工业企业 56908 个，资产总计 172320.28 亿元，主营业务收入 221948.78 亿元，利润总额 13965.94 亿元。其中除了企业单位数指标受统计范围调整影响比 2008 年下降外，资产总计和主营业务收入两项指标在五年间保持持续增长，利润总额持续增长至 2011 年，于 2012 年出现下滑。2012 年与 2008 年相比，资产总计增长 53.66%，主营业务收入增长 51.38%，利润总额增长 69.44%，增长率均低于同期规模以上工业企业相应指标的增长率。（见表 47）

表 47　2008-2012 年我国规模以上外商投资和港澳台商投资工业企业主要经济指标

年份	企业单位数（个）	资产总计（亿元）	主营业务收入（亿元）	利润总额（亿元）
2008	77847	112145.01	146613.62	8242.63
2009	75376	124477.56	150263.06	10107.05
2010	74045	148552.32	188729.41	15019.55

续表

年份	企业单位数（个）	资产总计（亿元）	主营业务收入（亿元）	利润总额（亿元）
2011	57216	161987.74	216304.29	15494.22
2012	56908	172320.28	221948.78	13965.94

2. 印刷业规模以上外商投资和港澳台商投资工业企业主要经济指标运行情况

（1）主要总量指标

2012 年，我国印刷业共有规模以上外商投资和港澳台商投资工业企业 618 个，资产总计 1072.01 亿元，主营业务收入 990.44 亿元，利润总额 100.62 亿元。与 2008 年相比，除了企业单位数指标受统计范围调整影响出现下降外，资产总计增长 28.75%，主营业务收入增长 35.84%，利润总额增长 35.77%，各项指标增长率均低于同期规模以上外商投资和港澳台商投资工业企业的整体增长率，也低于我国印刷业规模以上工业企业的整体增长率。这表明 2008–2012 年间印刷业规模以上外商投资和港澳台商投资工业企业的发展逊色于同期规模以上外商投资和港澳台商投资工业企业以及印刷业规模以上工业企业的发展。2012 年，印刷业规模以上外商投资和港澳台商投资工业企业单位数、资产总计、主营业务收入、利润总额 4 项指标分别占当年规模以上外商投资和港澳台商投资工业企业相应指标的 1.09%、0.62%、0.45%、0.72%。（见表 48）

表 48　2008–2012 年我国印刷业规模以上外商投资和港澳台商投资工业企业主要经济指标

年份	企业单位数（个）	资产总计（亿元）	主营业务收入（亿元）	利润总额（亿元）
2008	802	832.64	729.10	74.11
2009	785	839.99	727.42	83.18
2010	744	908.31	802.80	90.65
2011	589	924.12	880.41	104.87
2012	618	1072.01	990.44	100.62

①企业单位数的变化

2008–2012 年间，我国印刷业规模以上外商投资和港澳台商投资工业企业单位数整体呈现下行态势，2008 年我国共有印刷业规模以上外商投资和港澳台商投资工业企业 802 个，至 2010 年下滑至 744 个。2011 年受统计范围调整影响大幅下滑至 589 个，随后在 2012 年出现小幅增长至 618 个。从印刷业规模以上外商投资和港澳台商投资工业企业单位数在规模以上外商投资和港澳台商投资工业企业单位数中的占比情况看，这一比例在 2008-2012 年间基本在 1.00%-1.10% 之间小幅波动，2008 年为 1.03%，2009 年微升至 1.04%，2010 年降至 1.00%，2011 年恢复至 2008 年 1.03% 的水平，2012 年达到区间高点 1.09%。（见图 98、图 99）

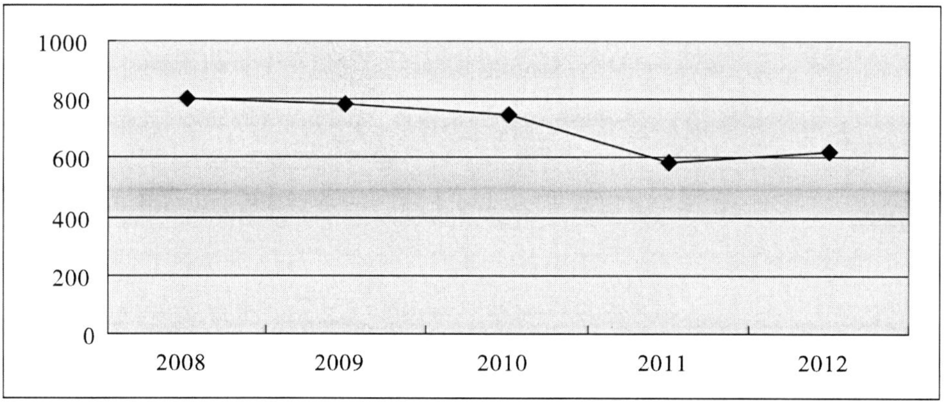

（单位：家）

图 98　2008-2012 年我国印刷业规模以上外商投资和港澳台商投资工业企业单位数变化情况

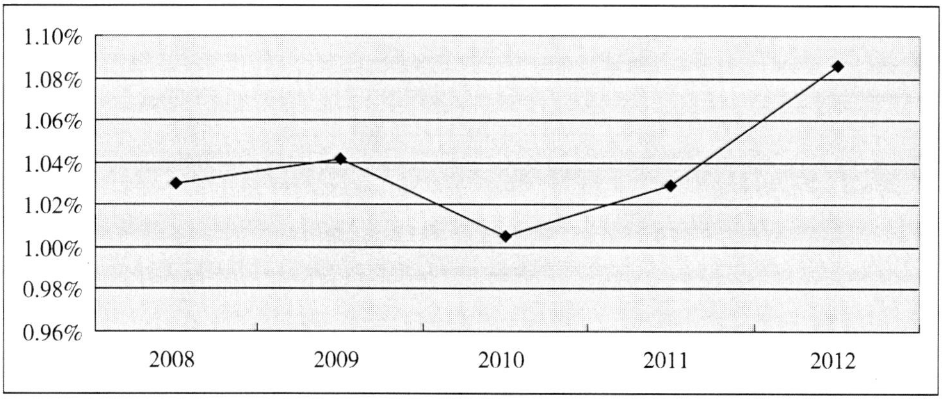

图 99　2008-2012 年印刷业规模以上外商投资和港澳台商投资工业企业单位数在规模以上外商投资和港澳台商投资工业企业单位数中的占比变化情况

②资产总计的变化

2008–2012年间，印刷业规模以上外商投资和港澳台商投资工业企业资产总计保持持续增长态势，但增速较低。2009年、2010年与上年比增长率分别只有0.88%、8.13%，2012年增长率最高，也只有16%，低于同期印刷业规模以上工业企业资产总计增长率。在此期间，除了2012年以外，印刷业规模以上外商投资和港澳台商投资工业企业资产总计在规模以上外商投资和港澳台商投资工业企业资产总计中的占比呈现持续下行趋势，由2008年的0.74%连年下滑至2011年的0.57%，2012年出现回升至0.62%。（见图100、图101）

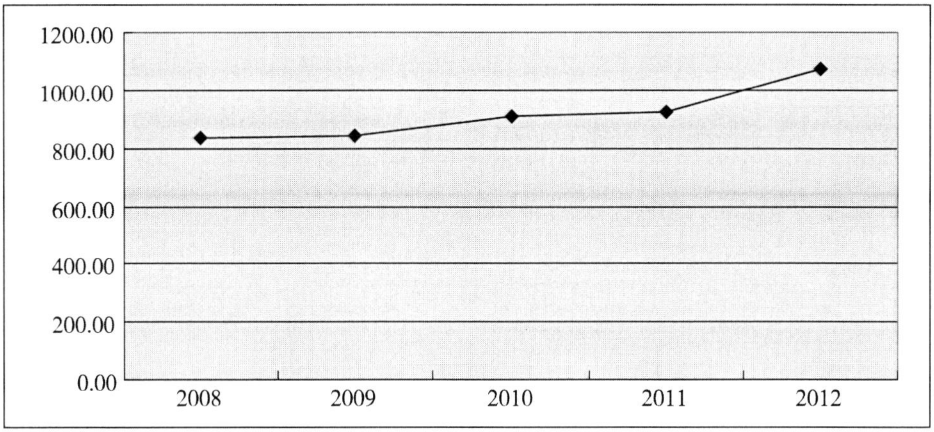

（单位：亿元）

图100　2008–2012年我国印刷业规模以上外商投资和港澳台商投资工业企业资产总计变化情况

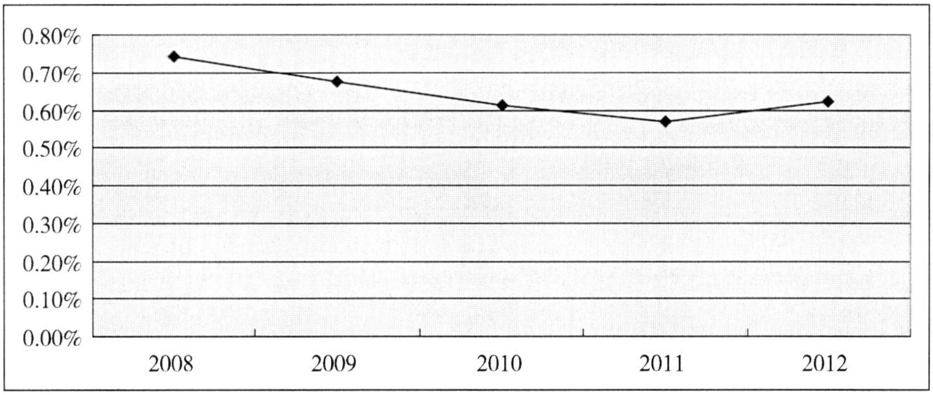

图101　2008–2012年印刷业规模以上外商投资和港澳台商投资工业企业资产总计在规模以上外商投资和港澳台商投资工业企业资产总计中的占比变化情况

③主营业务收入的变化

2008–2012 年间，我国印刷业规模以上外商投资和港澳台商投资工业企业主营业务收入整体呈现增长态势，其中 2009 年与 2008 年相比出现 0.23% 的微幅下跌，2010 年、2011 年、2012 年与上年比增长率均在 10% 左右，分别为 10.36%、9.67%、12.50%，区间增速低于同期印刷业规模以上工业企业和同期规模以上外商投资和港澳台商投资工业企业增速，这导致印刷业规模以上外商投资和港澳台商投资工业企业主营业务收入在规模以上外商投资和港澳台商投资工业企业主营业务收入中的占比在 2011 年之前持续下滑，由 2008 年的 0.50% 下降至 2011 年的 0.41%，2012 年有所回升至 0.45%。（见图 102、图 103）

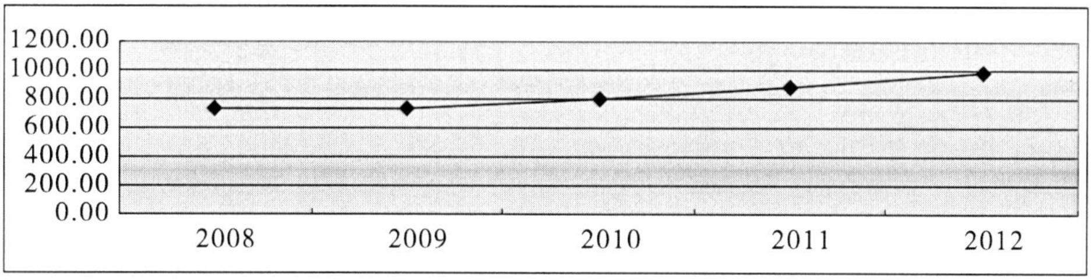

（单位：亿元）

图 102　2008–2012 年我国印刷业规模以上外商投资和港澳台商投资工业企业主营业务收入变化情况

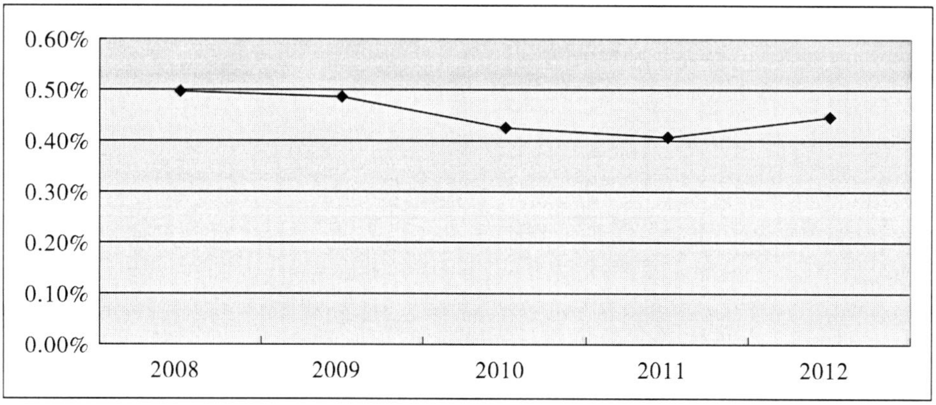

图 103　2008–2012 年印刷业规模以上外商投资和港澳台商投资工业企业主营业务收入在规模以上外商投资和港澳台商投资工业企业主营业务收入中的占比变化情况

④利润总额的变化

2008–2012 年间，我国印刷业规模以上外商投资和港澳台商投资工业企业利润总额呈整体向上态势，2008 年为 74.11 亿元，后稳步增长至 2011 年的 104.87 亿元，但 2012 年出现了 4.05% 的负增长，下滑至 100.62 亿元，比 2008 年增长 35.77%，增速远低于同期印刷业规模以上工业企业 98.26% 的水平，仅是同期规模以上外商投资和港澳台商投资工业企业利润总额增长率的 1/2 略强。从印刷业规模以上外商投资和港澳台商投资工业企业利润总额在规模以上外商投资和港澳台商投资工业企业利润总额中的占比看，这一比例在 2010 年统计范围调整前呈现逐年下降趋势，由 2008 年的 0.90% 大幅下跌至 2010 年的 0.60%，统计范围调整后有所回升，2011 年为 0.68%，2012 年为 0.72%。（见图 104、图 105）

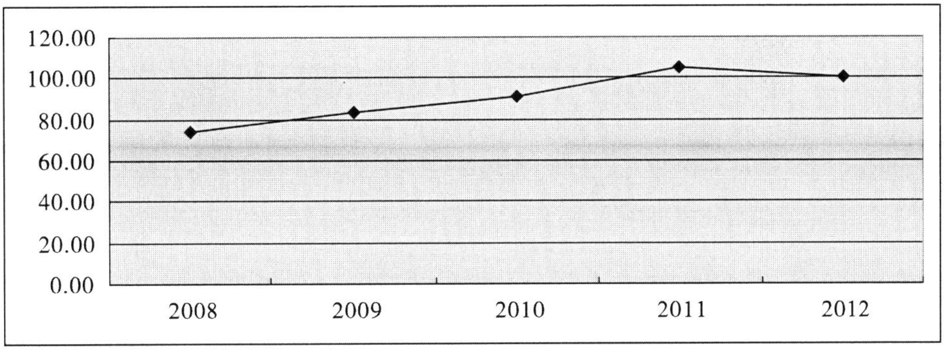

（单位：亿元）

图 104　2008-2012 年我国印刷业规模以上外商投资和港澳台商投资工业企业利润总额变化情况

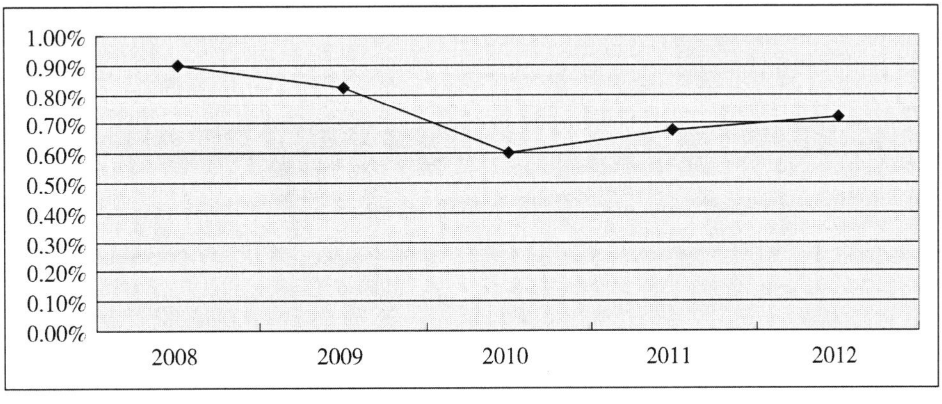

图 105　2008-2012 年印刷业规模以上外商投资和港澳台商投资工业企业利润总额在规模以上外商投资和港澳台商投资工业企业利润总额中的占比变化情况

（2）主要经济效益指标

本部分内容沿用总资产贡献率、资产负债率、流动资产周转次数、工业成本费用利润率、产品销售率等指标衡量2008–2012年间我国印刷业规模以上外商投资和港澳台商投资工业企业经济效益的变化情况，并以2008–2012年我国规模以上外商投资和港澳台商投资工业企业主要经济效益指标作为参照对象。（见表49、表50）

表49　2008–2012年我国规模以上外商投资和港澳台商投资工业企业主要经济效益指标

年份	总资产贡献率	资产负债率	流动资产周转次数（次/年）	工业成本费用利润率	产品销售率
2008	12.68%	56.03%	2.49	5.99%	97.58%
2009	13.08%	56.18%	2.18	7.25%	97.94%
2010	15.25%	55.23%	2.24	8.64%	98.16%
2011	14.98%	56.88%	2.31	7.59%	98.31%
2012	13.68%	56.53%	2.25	6.62%	98.37%

表50　2008–2012年我国印刷业规模以上外商投资和港澳台商投资工业企业主要经济效益指标

年份	总资产贡献率	资产负债率	流动资产周转次数（次/年）	工业成本费用利润率	产品销售率
2008	13.65%	43.64%	1.64	11.21%	98.20%
2009	13.92%	43.01%	1.54	12.84%	97.49%
2010	13.73%	41.92%	1.56	12.63%	98.85%
2011	15.80%	43.25%	1.56	13.34%	99.01%
2012	13.92%	44.19%	1.56	11.15%	98.78%

①总资产贡献率的变化

2008–2012年间，我国印刷业规模以上外商投资和港澳台商投资工业企业总资产贡献率波动明显，2008年为13.65%，2009年升至13.92%，2010年下跌至13.73%后，2011年突然升至区间高点15.80%，随后2012年又跌回2009年13.92%的水平。2008–2012年间，我国印刷业规模以上外商投资和港澳台商投资工业企业总资产贡献率平均值为14.20%，比同期印刷业规模以上工业企业总资产贡献率平均值14.85%低0.65个百分点，比同期规模以上外商投资和港澳

台商投资工业企业总资产贡献率平均值 13.93% 高 0.27 个百分点。（见图 106）

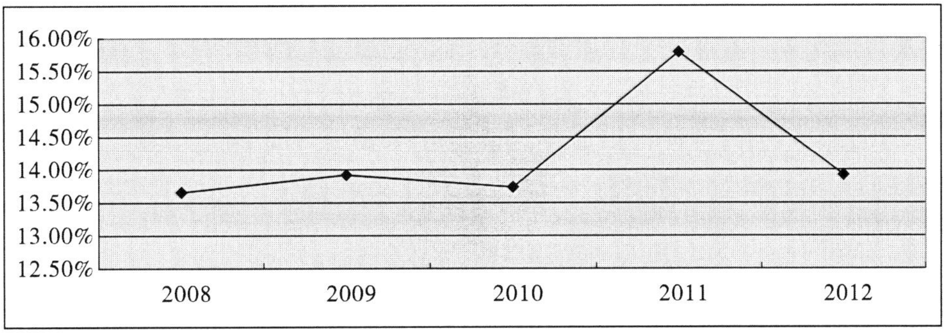

图 106　2008–2012 年我国印刷业规模以上外商投资和港澳台商投资工业企业总资产贡献率的变化情况

②资产负债率的变化

2008–2012 年间，我国印刷业规模以上外商投资和港澳台商投资工业企业资产负债率的变化可以分为两个阶段，2011 年统计范围调整前持续下行，由 2008 年的 43.64% 下降至 2010 年的 41.92%，2011 年统计范围调整后开始反弹，2011 年升至 43.25%，2012 年达到区间高点 44.19%，比 2008 年上升 0.55 个百分点，比同期印刷业规模以上工业企业资产负债率 48.05% 低 3.86 个百分点。2008–2012 年间，我国印刷业规模以上外商投资和港澳台商投资工业企业资产负债率平均值为 43.20%，比同期规模以上外商投资和港澳台商投资工业企业资产负债率平均值 56.17% 低 12.97 个百分点，比同期印刷业规模以上工业企业资产负债率平均值 48.33% 低 5.13 个百分点。（见图 107）

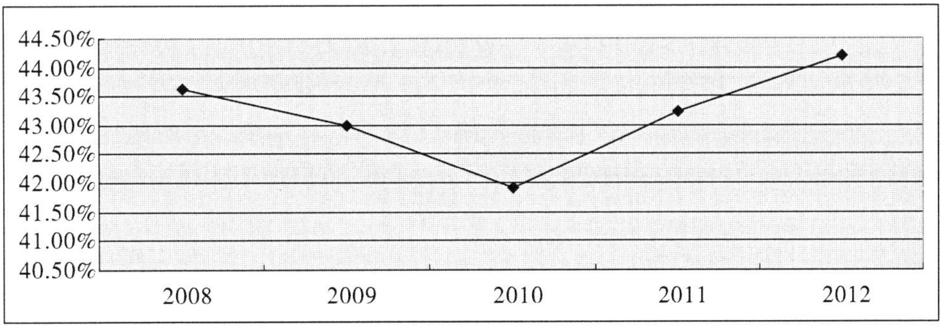

图 107　2008–2012 年我国印刷业规模以上外商投资和港澳台商投资工业企业资产负债率的变化情况

③流动资产周转次数的变化

2008-2012 年间，我国印刷业规模以上外商投资和港澳台商投资工业企业流动资产周转次数表现稳定，2008 年达到区间高点 1.64 次 / 年，2009 年下滑至区间低点 1.54 次 / 年，随后三年均保持在 1.56 次 / 年。2008-2012 年间，我国印刷业规模以上外商投资和港澳台商投资工业企业流动资产周转次数平均值为 1.57 次 / 年，比同期规模以上外商投资和港澳台商投资工业企业流动资产周转次数平均值 2.29 次 / 年低 0.72 次 / 年，比同期印刷业规模以上工业企业流动资产周转次数平均值 2.16 次 / 年低 0.59 次 / 年。这表明，我国印刷业规模以上外商投资和港澳台商投资工业企业流动资产周转速度要慢于规模以上外商投资和港澳台商投资工业企业和印刷业规模以上工业企业。（见图 108）

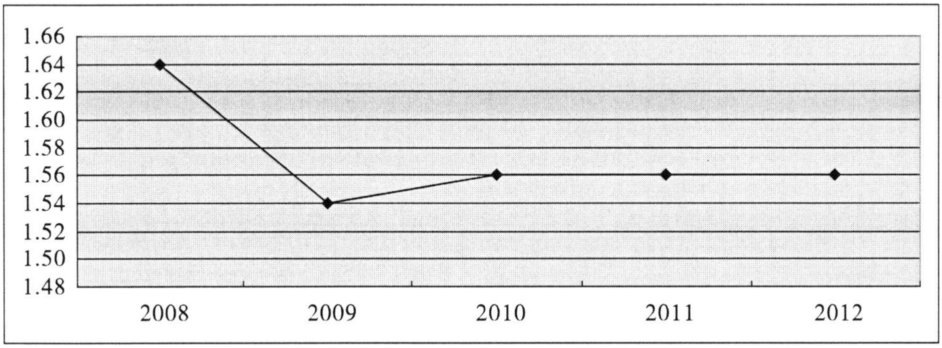

（单位：次 / 年）

图 108　2008-2012 年我国印刷业规模以上外商投资和港澳台商投资工业企业流动资产周转次数的变化情况

④工业成本费用利润率的变化

2008-2012 年间，我国印刷业规模以上外商投资和港澳台商投资工业企业工业成本费用利润率波动频繁，无明显规律，2008 年为 11.21%，2009 年升至 12.84%，2010 年微跌至 12.63%，2011 年升至区间高点 13.34%，2012 年又跌到区间低点 11.15%。2008-2012 年间，我国印刷业规模以上外商投资和港澳台商投资工业企业工业成本费用利润率平均值为 12.23%，比同期规模以上外商投资和港澳台商投资工业企业工业成本费用利润率平均值 7.22% 高 5.01 个百分点；比同期印刷业规模以上工业企业工业成本费用利润率平均值 9.36% 高 2.87 个百分点。这表明 2008-2012 年间，我国印刷业规模以上外商投资和港澳台商投资工业企业的盈利能力优于同期规模以上外商投资和港澳台商投资工业企业和印刷业规模以上工业企业的整体表现。（见图 109）

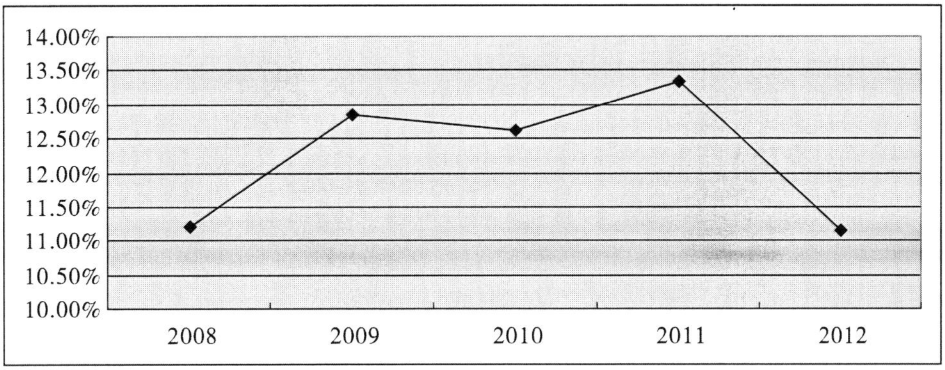

图 109　2008–2012 年我国印刷业规模以上外商投资和港澳台商投资工业企业工业成本费用利润率的变化情况

⑤产品销售率的变化

2008–2012 年间，我国印刷业规模以上外商投资和港澳台商投资工业企业产品销售率同样波动明显，2009 年跌至区间低点为 97.49%，2011 年升至区间高点为 99.01%，2012 年微跌至 98.78%。2008–2012 年间，我国印刷业规模以上外商投资和港澳台商投资工业企业产品销售率平均值为 98.47%，比同期规模以上外商投资和港澳台商投资工业企业产品销售率平均值 98.07% 高 0.40 个百分点，比同期印刷业规模以上工业企业产品销售率平均值 98.04% 高 0.43 个百分点。（见图 110）

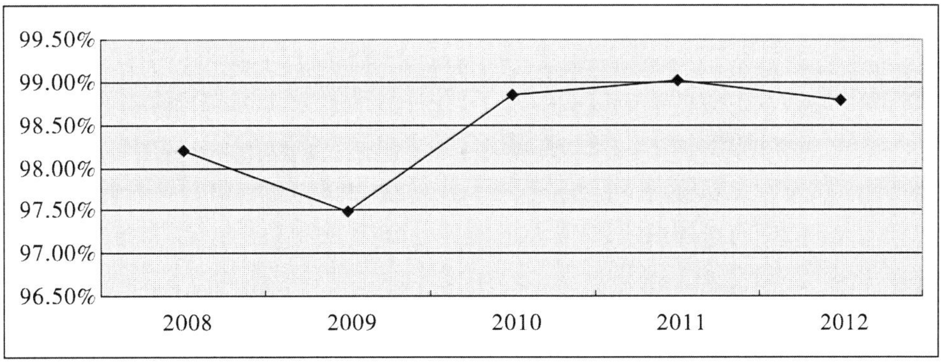

图 110　2008–2012 年我国印刷业规模以上外商投资和港澳台商投资工业企业产品销售率的变化情况

（五）2008-2012 年我国印刷业大中型工业企业主要经济指标运行情况

1．规模以上大中型工业企业主要经济指标运行情况

在我国的统计体系中，大中型工业企业系指从业人员 300 人及以上并且主营业务收入在 2000 万元以上的工业企业。2012 年我国共有大中型工业企业 63314 个，资产总计 564360.36 亿元，主营业务收入 603021.39 亿元，利润总额 40570.17 亿元。2008-2012 年间各项指标均保持了持续、快速增长的势头，2012 年与 2008 年相比，单位数增长 56.75%，资产总计增长 84.84%，主营业务收入增长 89.15%，利润总额增长 103.57%。（见表 51）

表 51　2008-2012 年我国大中型工业企业主要经济指标

年份	企业单位数（个）	资产总计（亿元）	主营业务收入（亿元）	利润总额（亿元）
2008	40392	305328.84	318812.46	19929.23
2009	41290	351080.51	335751.14	22265.68
2010	46648	427451.55	439013.72	34977.19
2011	61347	505940.96	554055.83	41743.78
2012	63314	564360.36	603021.39	40570.17

2．印刷业大中型工业企业主要经济指标运行情况

（1）主要总量指标

2012 年，我国印刷业共有大中型工业企业 586 个，资产总计 1806.85 亿元，主营业务收入 1744.41 亿元，利润总额 179.97 亿元。与 2008 年相比，各项指标均呈现增长态势，但除了主营业务收入增长 92.18% 超过同期大中型工业企业 89.15% 的增速外，其他 3 项指标增长速度均低于大中型工业企业的整体表现，单位数增长 42.93%，资产总计增长 63.41%，利润总额增长 88.43%。2012 年，印刷业大中型工业企业单位数、资产总计、主营业务收入、利润总额 4 项指标分别占当年大中型工业企业相应指标的 0.93%、0.32%、0.29%、0.44%。（见表 52）

表 52　2008–2012 年我国印刷业大中型工业企业主要经济指标

年份	企业单位数（个）	资产总计（亿元）	主营业务收入（亿元）	利润总额（亿元）
2008	410	1105.74	907.71	95.51
2009	408	1165.30	966.47	114.21
2010	433	1309.08	1116.62	135.14
2011	546	1552.57	1484.60	170.85
2012	586	1806.85	1744.41	179.97

①企业单位数的变化

2008–2012 年间，我国印刷业大中型工业企业单位数偶有波动，但整体上行态势明显。2008 年我国共有大中型工业企业 410 个，2009 年微跌至 408 个，随后稳步增长至 2012 年达到 586 个。从印刷业大中型工业企业单位数在大中型工业企业单位数中的占比情况看，这一比例在 2011 年前保持下行趋势，由 2008 年的 1.02% 逐年下行至 2011 年的 0.89%，这表明在 2008–2011 年间印刷业大中型工业企业数量的增长速度不及大中型工业企业的整体增长速度。2012 年，印刷业大中型工业企业单位数在大中型工业企业单位数中的占比回升至 0.93%，比 2008 年低 0.09 个百分点。（见图 111、图 112）

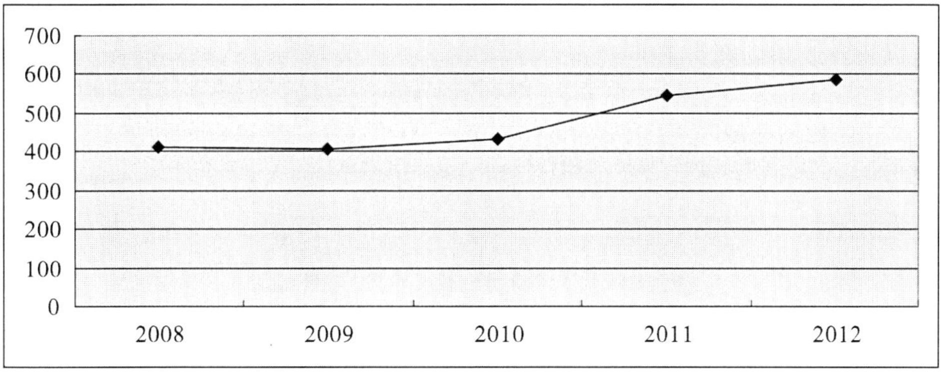

（单位：个）

图 111　2008–2012 年我国印刷业大中型工业企业单位数变化情况

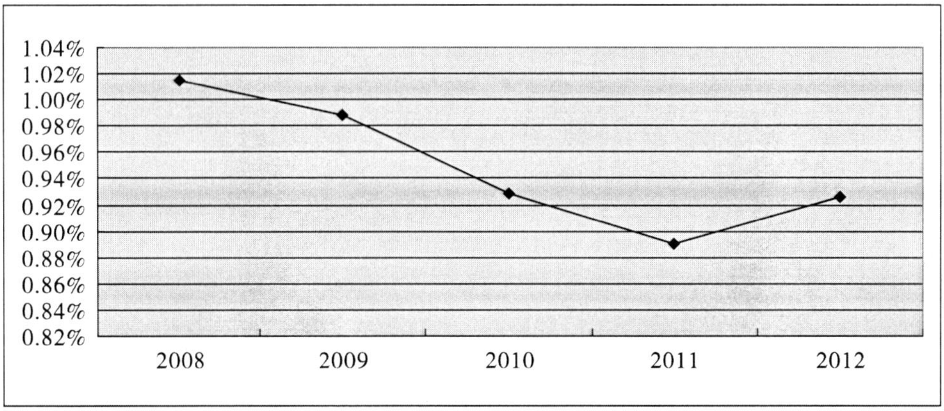

图 112　2008-2012 年印刷业大中型工业企业单位数在大中型工业企业单位数中的占比变化情况

②资产总计的变化

2008-2012 年间，印刷业大中型工业企业资产总计保持持续、较快增长。2010 年、2011 年、2012 年与上年相比增长速度连续 3 年保持在 10% 以上，分别是 12.34%、18.60%、16.38%，2009 年增长速度最低为 5.39%。在此期间，印刷业大中型工业企业资产总计在大中型工业企业资产总计中的占比呈现稳中有降，2008 年为 0.36%，2009 年为 0.33%，2010 年和 2011 年均为 0.31%，2012 年稍有回升至 0.32%。（见图 113、图 114）

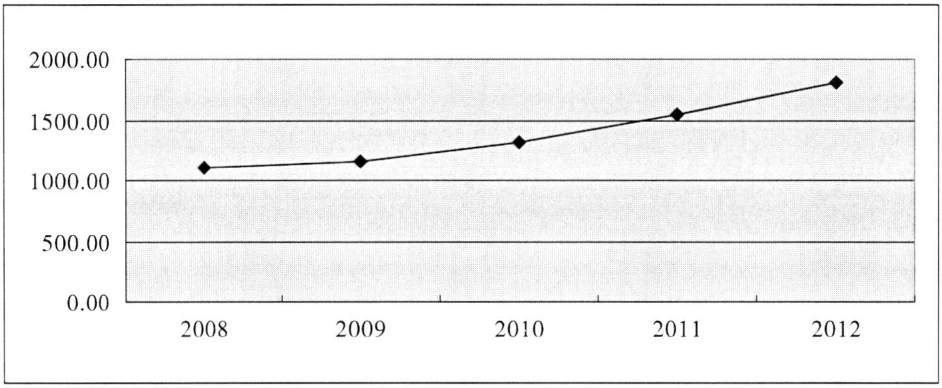

（单位：亿元）

图 113　2008-2012 年我国印刷业大中型工业企业资产总计变化情况

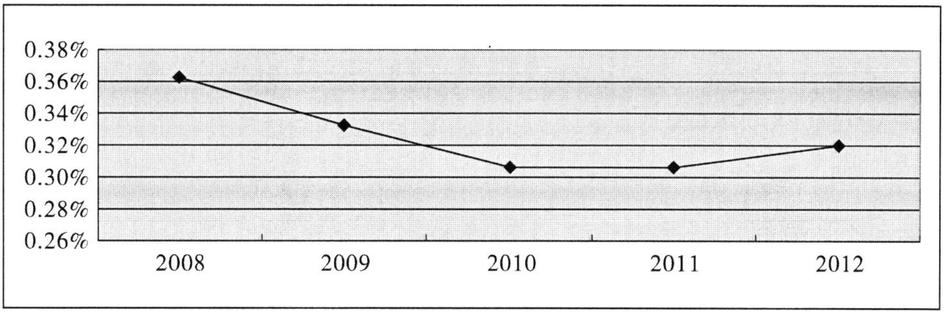

图 114　2008-2012 年印刷业大中型工业企业资产总计在大中型工业企业资产总计中的占比变化情况

③主营业务收入的变化

2008-2012 年间，我国印刷业大中型工业企业主营业务收入整体呈现较快增长态势，其中除了 2009 年与 2008 年相比增长速度在 10% 以下为 6.47% 以外，2010 年、2011 年、2012 年与上年比增长率均在 15% 以上，分别为 15.54%、32.95%、17.50%，2012 年与 2008 年相比增长 92.18%，高于同期大中型工业企业主营业务收入 89.15% 的增速。在此期间，印刷业大中型工业企业主营业务收入在大中型工业企业主营业务收入的占比呈现两头高，中间低的特点，2008 年为 0.28%，2009 年升至 0.29%，2010 年降至区间低点近 0.25%，2011 年回升至 0.27%，2012 年继续回升至 0.29%。（见图 115、图 116）

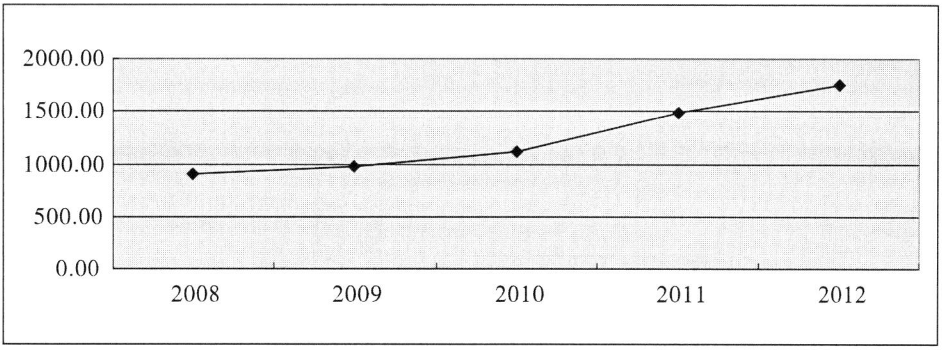

（单位：亿元）

图 115　2008-2012 年我国印刷业大中型工业企业主营业务收入变化情况

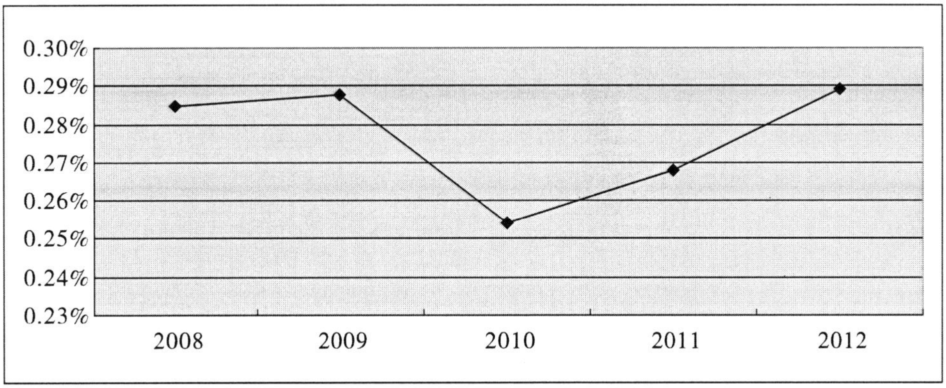

图 116　2008–2012 年印刷业大中型工业企业主营业务收入在大中型工业企业主营业务收入中的占比变化情况

④利润总额的变化

2008–2012 年间，我国印刷业大中型工业企业利润总额同样呈现良好的向上态势，2008 年为 95.51 亿元，2009 年、2010 年、2011 年与上年相比增速分别达到 19.58%、18.33%、26.42%，2012 年增速有所下降为 5.34%，绝对值达到 179.97 亿元，比 2008 年增长 88.43%，增速低于同期大中型工业企业 103.57% 的水平。从印刷业大中型工业企业利润总额在大中型工业企业利润总额中的占比看，这一比例呈波动中下行趋势，2008 年为 0.48%，2009 年升至 0.51%，2010 年大幅降至 0.39%，2011 年回升至 0.41%，2012 年再度回升至 0.44%。（见图 117、图 118）

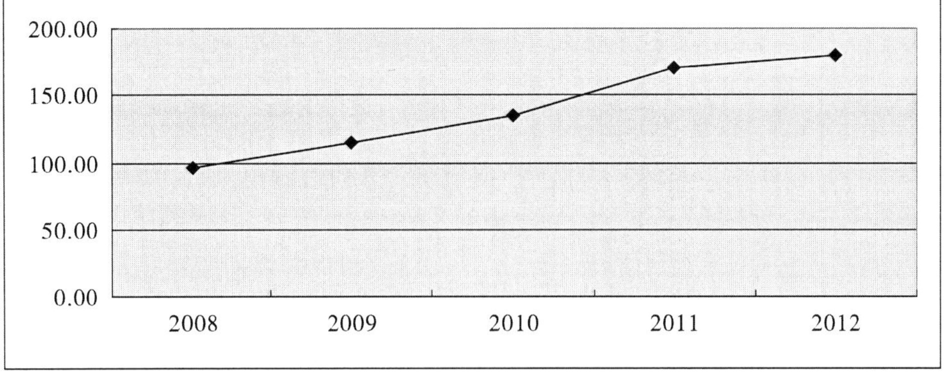

（单位：亿元）

图 117　2008–2012 年我国印刷业大中型工业企业利润总额变化情况

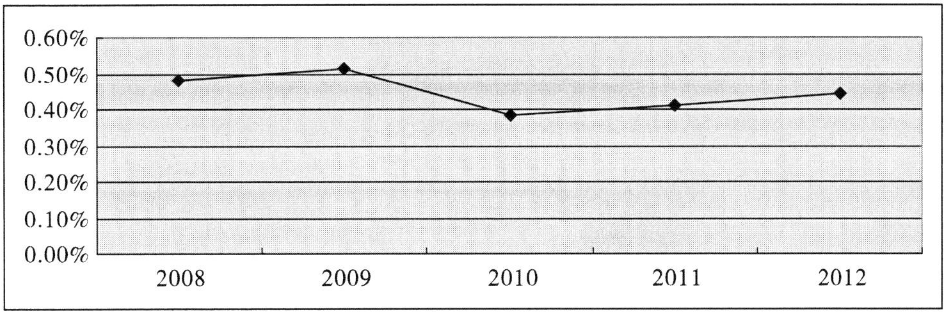

图 118　2008-2012 年印刷业大中型工业企业利润总额在大中型工业企业利润总额中的占比变化情况

（2）主要经济效益指标

本部分内容沿用总资产贡献率、资产负债率、流动资产周转次数、工业成本费用利润率、产品销售率等指标衡量 2008-2012 年间我国印刷业大中型工业企业经济效益的变化情况，并以 2008-2012 年我国大中型工业企业主要经济效益指标作为参照对象。（见表 53、表 54）

表 53　2008-2012 年我国大中型工业企业主要经济效益指标

年份	总资产贡献率	资产负债率	流动资产周转次数（次 / 年）	工业成本费用利润率	产品销售率
2008	13.19%	58.11%	249.00%	6.76%	97.62%
2009	12.73%	58.77%	220.00%	7.21%	97.91%
2010	14.91%	58.45%	224.00%	8.73%	98.16%
2011	15.22%	59.12%	236.00%	8.05%	98.18%
2012	14.25%	59.14%	234.00%	7.13%	98.07%

表 54　2008-2012 年我国印刷业大中型工业企业主要经济效益指标

年份	总资产贡献率	资产负债率	流动资产周转次数（次 / 年）	工业成本费用利润率	产品销售率
2008	13.66%	45.05%	1.73	11.53%	98.15%
2009	14.13%	43.68%	1.70	13.17%	97.42%
2010	14.62%	42.55%	1.66	13.59%	98.87%
2011	15.93%	44.04%	1.82	12.65%	98.60%
2012	14.66%	44.32%	1.90	11.15%	98.00%

①总资产贡献率的变化

2008–2012 年间，我国印刷业大中型工业企业总资产贡献率呈现整体向上趋势，在 2011 年前保持连年正增长，2008 年为 13.66%，2009 年升至 14.13%，2010 年再升至 14.62%，2011 年达到区间高点 15.93%，2012 年又跌至 14.66%。2008–2012 年间，我国印刷业大中型工业企业总资产贡献率平均值为 14.60%，比同期印刷业规模以上工业企业总资产贡献率平均值 14.85% 低 0.25 个百分点，比同期大中型工业企业总资产贡献率平均值 14.06% 高 0.79 个百分点。（见图 119）

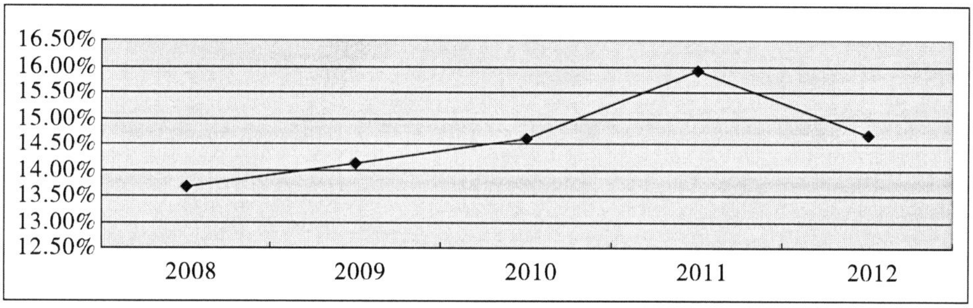

图 119　2008–2012 年我国印刷业大中型工业企业总资产贡献率的变化情况

②资产负债率的变化

2008–2012 年间，我国印刷业大中型工业企业资产负债率呈现“V”字型走势，2008 年为 45.05%，2009 年降至 43.68%，2010 年降至区间低点 42.55%，2011 年回升至 44.04%，2012 年再度回升至 44.32%，比同期大中型工业企业资产负债率 59.14% 低 14.82 个百分点。2008–2012 年间，我国印刷业大中型工业企业资产负债率平均值为 43.93%，比同期大中型工业企业资产负债率平均值 58.72% 低 14.79 个百分点，比同期印刷业规模以上工业企业资产负债率平均值 48.33% 低 4.40 个百分点。（见图 120）

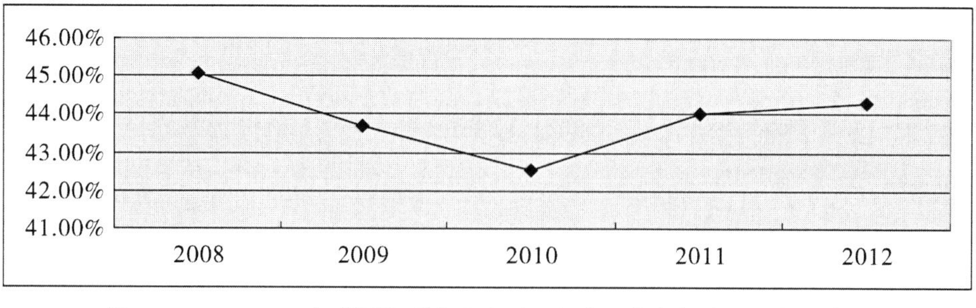

图 120　2008–2012 年我国印刷业大中型工业企业资产负债率的变化情况

③流动资产周转次数的变化

2008–2012 年间，我国印刷业大中型工业企业流动资产周转次数波动中上行，2008 年为 1.73 次 / 年，2009 年降至 1.70 次 / 年，2010 年下滑至区间低点 1.66 次 / 年，随后 2011 年大幅升至 1.82 次 / 年，2012 年达到区间高点 1.90 次 / 年。2008–2012 年间，我国印刷业大中型工业企业流动资产周转次数平均值为 1.76 次 / 年，比同期大中型工业企业流动资产周转次数平均值 2.33 次 / 年低 0.57 次 / 年，比同期印刷业规模以上工业企业流动资产周转次数平均值 2.16 次 / 年低 0.40 次 / 年。（见图 121）

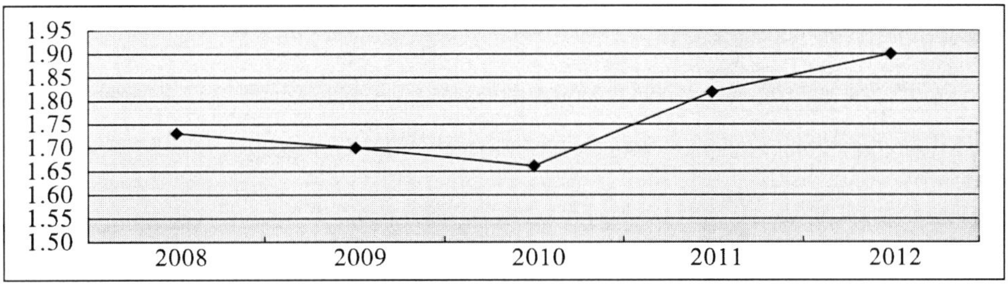

（单位：次 / 年）

图 121　2008–2012 年我国印刷业大中型工业企业流动资产周转次数的变化情况

④工业成本费用利润率的变化

2008–2012 年间，我国印刷业大中型工业企业工业成本费用利润率呈抛物线走势，2008 年为 11.53%，2009 年升至 13.17%，2010 年达到区间高点 13.59%，2011 年下滑至 12.65%，2012 年跌至区间低点 11.15%。2008–2012 年间，我国印刷业大中型工业企业工业成本费用利润率平均值为 12.42%，比同期大中型工业企业工业成本费用利润率平均值 7.58% 高 4.84 个百分点；比同期印刷业规模以上工业企业工业成本费用利润率平均值 9.36% 高 3.06 个百分点。（见图 122）

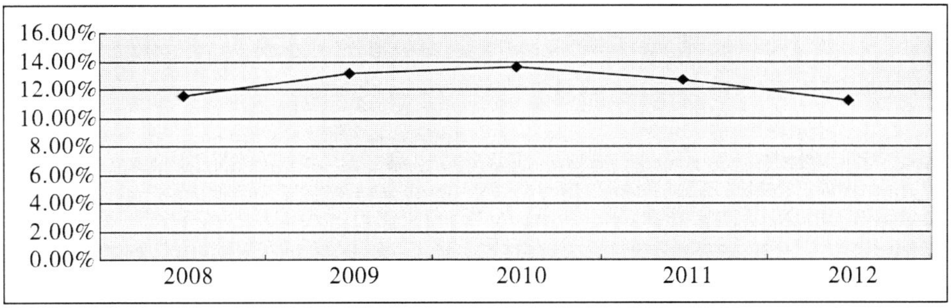

图 122　2008–2012 年我国印刷业大中型工业企业工业成本费用利润率的变化情况

⑤产品销售率的变化

2008–2012 年间，我国印刷业大中型工业企业产品销售率波动频繁，2008 年为 98.15%，2009 年跌至区间低点 97.42%，2010 年升至区间高点为 98.87%，2011 年微跌至 98.60%，2012 年再跌至 98.00%。2008–2012 年间，我国印刷业大中型工业企业产品销售率平均值为 98.21%，比同期大中型工业企业产品销售率平均值 97.99% 高 0.22 个百分点，比同期印刷业规模以上工业企业产品销售率平均值 98.04% 高 0.17 个百分点。（见图 123）

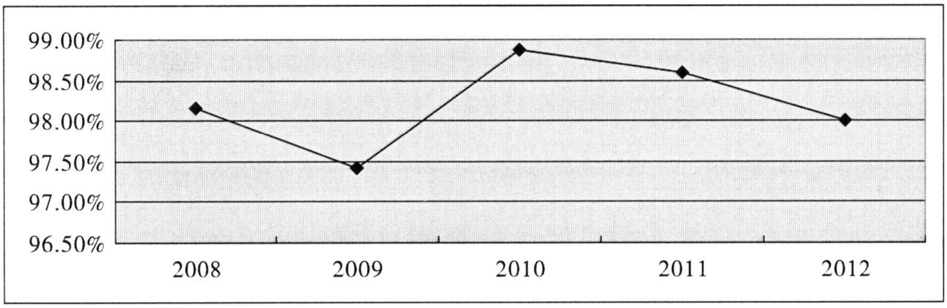

图 123　2008–2012 年我国印刷业大中型工业企业产品销售率的变化情况

（六）2012 年印刷业各类规模以上工业企业主要经济指标对比

虽然同为印刷企业，但不同所有制类型的印刷企业由于自身基础和资源条件的不同，经营管理和市场竞争能力也存在一定差异。从主要经济指标的对比中可以更清晰地了解各类印刷企业的发展水平。

1. 主要总量指标对比

本部分内容主要对比的是 2012 年印刷业规模以上工业企业及其四大分类国有及国有控股工业企业、私营工业企业、外商投资及港澳台商投资工业企业、大中型工业企业平均资产、平均主营业务收入和平均利润三项指标。（见表 55）

表 55　2012 年各种类型印刷业规模以上工业企业平均资产、平均主营业务收入、平均利润

单位：万元

企业类型	平均资产	平均主营业务收入	平均利润
规模以上工业企业	9025.40	10827.00	949.75

续表

企业类型	平均资产	平均主营业务收入	平均利润
国有及国有控股工业企业	20473.68	16000.99	1966.12
私营工业企业	5719.35	9080.34	682.88
外商投资及港澳台商投资工业企业	17346.44	16026.54	1628.16
大中型工业企业	30833.62	29768.09	3071.16

（1）平均资产对比

2012 年我国印刷业规模以上工业企业平均资产为 9025.40 万元，其中，大中型工业企业平均资产最高，为 30833.63 万元；其次是国有及国有控股工业企业，为 20473.68 万元；随后是外商投资及港澳台商投资工业企业，为 17346.44 万元。以上三类企业的平均资产均超过了印刷业规模以上工业企业的平均水平，排名最后的私营工业企业单位数最多，平均资产却只有 5719.35 万元。这说明，主要依靠自我积累的私营工业企业在资产实力上与其他类型的工业企业存在较大差距。（见图 124）

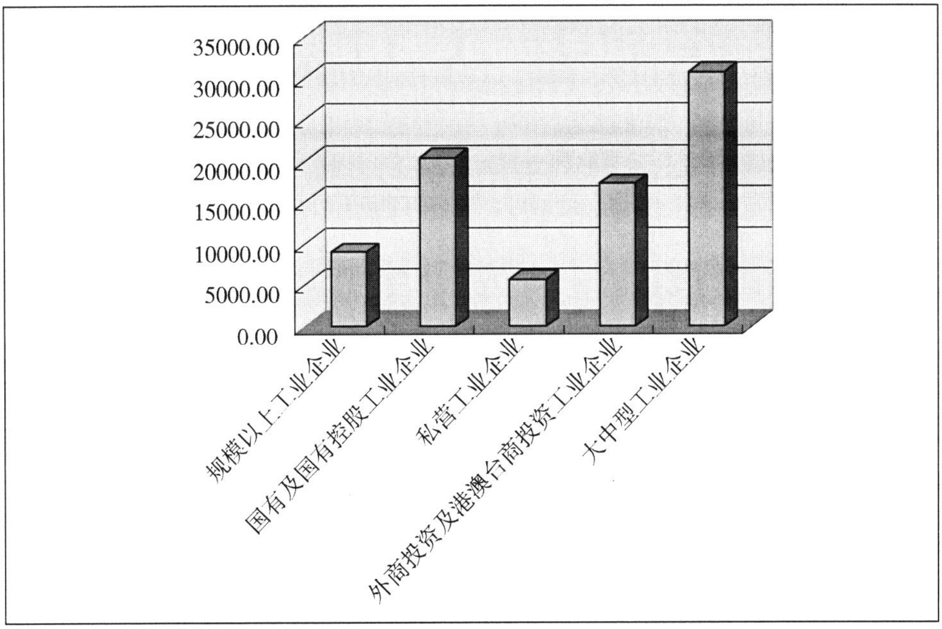

（单位：万元）

图 124　2012 年各种类型印刷业规模以上工业企业平均资产对比

（2）平均主营业务收入对比

2012 年我国印刷业规模以上工业企业平均主营业务收入为 10827.00 万元，其中，大中型工业企业平均主营业务收入最高，为 29768.09 万元；其次是外商投资及港澳台商投资工业企业，为 16026.54 万元；随后是国有及国有控股工业企业，为 16000.99，排名最后的仍是私营工业企业，为 9080.34 万元。各类企业平均主营业务收入的差距比平均资产的差距明显缩小，这说明不同类型企业资产运营效率有高低之分，在资产等同的情况下，私营工业企业能创造更高的主营业务收入。（见图 125）

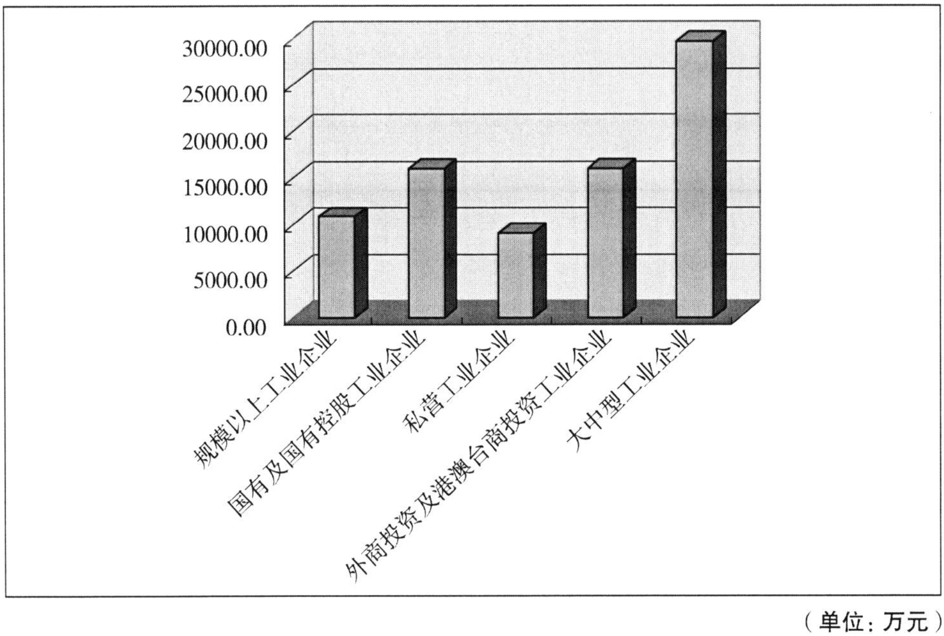

（单位：万元）

图 125　2012 年各种类型印刷业规模以上工业企业平均主营业务收入对比

（3）平均利润对比

2012 年我国印刷业规模以上工业企业平均利润为 949.75 万元，其中，大中型工业企业平均利润最高，为 3071.16 万元；其次是国有及国有控股企业，为 1966.12 万元；随后是外商投资及港澳台商工业投资企业，为 1628.16 万元，排名最后的是私营工业企业，为 682.88 万元。这一排序与平均资产的排序完全一致。不同类型印刷企业之间盈利能力存在较大差异。（见图 126）

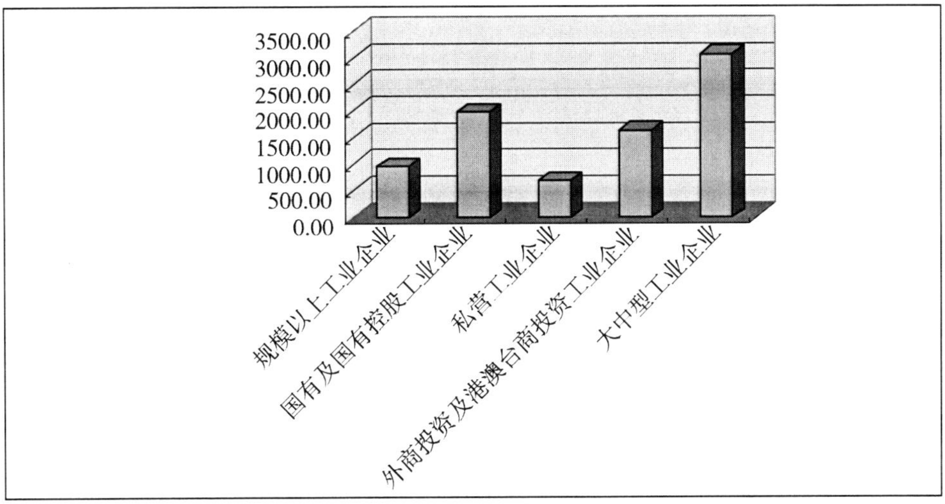

图 126　2012 年各种类型印刷业规模以上工业企业平均利润对比

2. 主要经济效益指标对比

本部分内容对比的是 2008–2012 年间印刷业规模以上工业企业及其四大分类国有及国有控股工业企业、私营工业企业、外商投资及港澳台商投资工业企业、大中型工业企业总资产贡献率、资产负债率、流动资产周转次数、工业成本费用利润率、产品销售率五项指标的平均值。（见表 56）

表 56　2008–2012 年各种类型印刷业规模以上工业企业五项主要经济效益指标平均值对比

企业类型	总资产贡献率平均值	资产负债率平均值	流动资产周转次数平均值（次 / 年）	工业成本费用利润率平均值	产品销售率平均值
规模以上工业企业	14.85%	48.33%	2.16	9.36%	98.04%
国有及国有控股工业企业	13.12%	39.45%	1.62	12.76%	98.22%
私营工业企业	16.54%	56.03%	2.85	7.57%	98.02%
外商投资及港澳台商投资工业企业	14.20%	43.20%	1.57	12.23%	98.47%
大中型工业企业	14.60%	43.93%	1.76	12.42%	98.21%

（1）总资产贡献率平均值对比

2008–2012 年我国印刷业规模以上工业企业总资产贡献率平均值为 14.85%，各种类型企业总资产贡献率平均值由高到低排名依次为私营工业企业、大中型工业企业、外商投资和港澳台商投资工业企业、国有及国有控股工业企业。这说明私营工业企业资产利用效率最高，国有及国有控股工业企业最低。

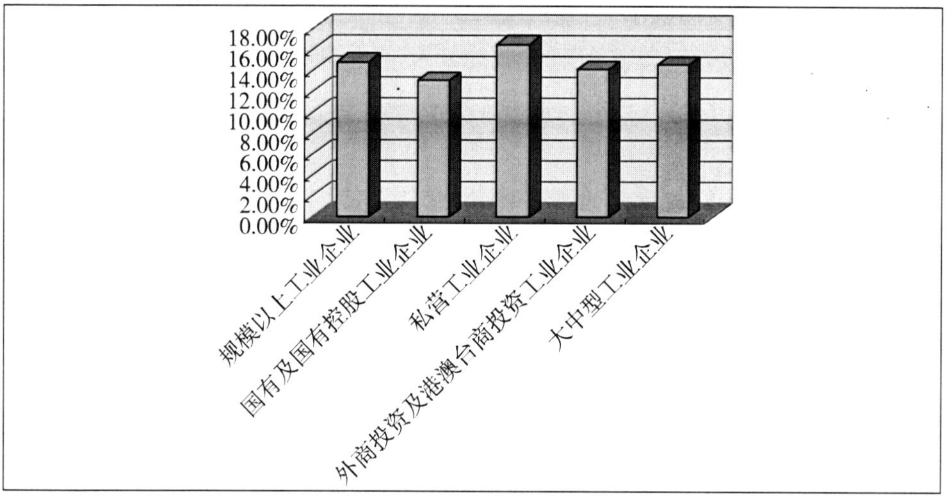

图 127　2008-2012 年各种类型印刷业规模以上工业企业总资产贡献率平均值对比

（2）资产负债率平均值对比

2008-2012 年我国印刷业规模以上工业企业资产负债率平均值为 48.33%，各种类型企业资产负债率平均值由高到低排名依次为私营工业企业、大中型工业企业、外商投资和港澳台商投资工业企业、国有及国有控股工业企业。这一排序与总资产贡献率的排序完全一致。（见图 128）

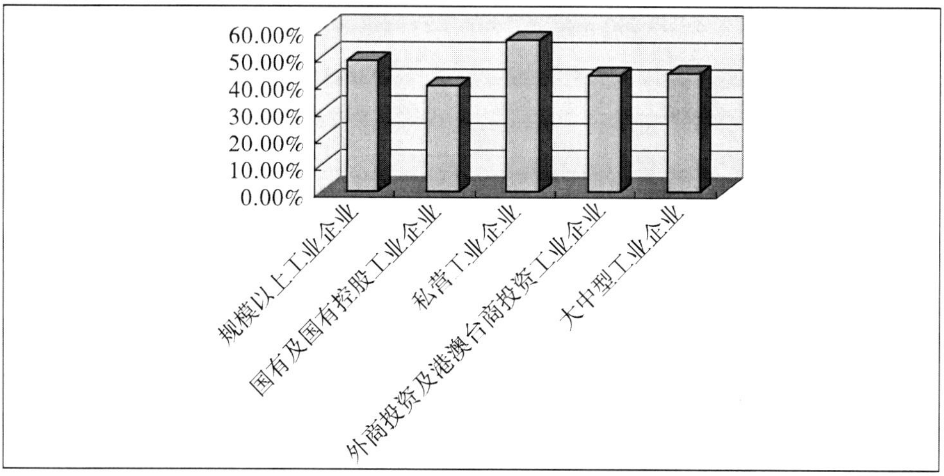

图 128　2008-2012 年各种类型印刷业规模以上工业企业资产负债率平均值对比

（3）流动资产周转次数平均值对比

2008–2012 年我国印刷业规模以上工业企业流动资产周转次数平均值为 2.16 次 / 年，各种类型企业流动资产周转次数平均值由高到低排名依次为私营工业企业、大中型工业企业、国有及国有控股工业企业、外商投资和港澳台商投资工业企业。这说明私营工业企业流动资产周转最快，外商投资和港澳台商投资工业企业最慢。（见图 129）

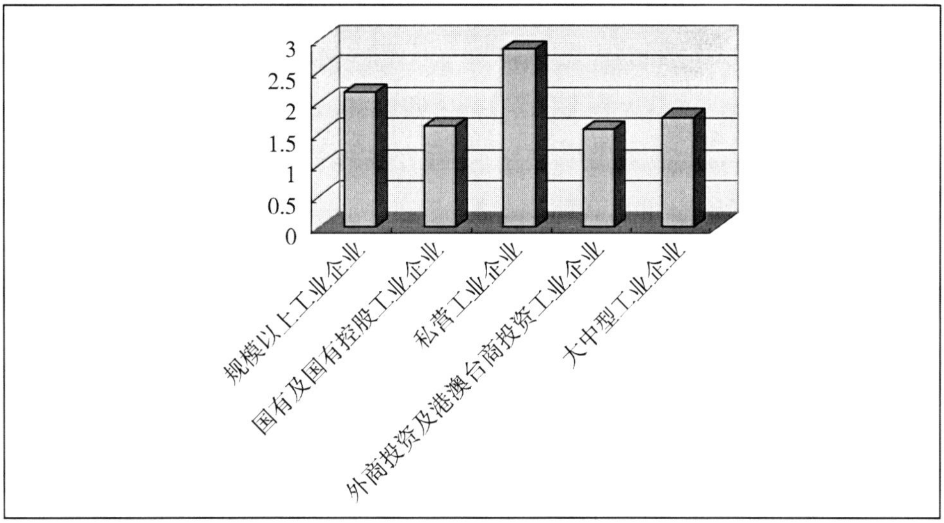

（单位：次 / 年）

图 129　2008–2012 年各种类型印刷业规模以上工业企业流动资产周转次数平均值对比

（4）工业成本费用利润率平均值对比

2008–2012 年我国印刷业规模以上工业企业工业成本费用利润率平均值为 9.36%，各种类型企业工业成本费用利润率平均值由高到低排名依次为国有及国有控股工业企业、大中型工业企业、外商投资和港澳台商投资工业企业、私营工业企业。这说明在相同的成本费用条件下，国有及国有控股工业企业的盈利能力最好，私营工业企业最差。（见图 130）

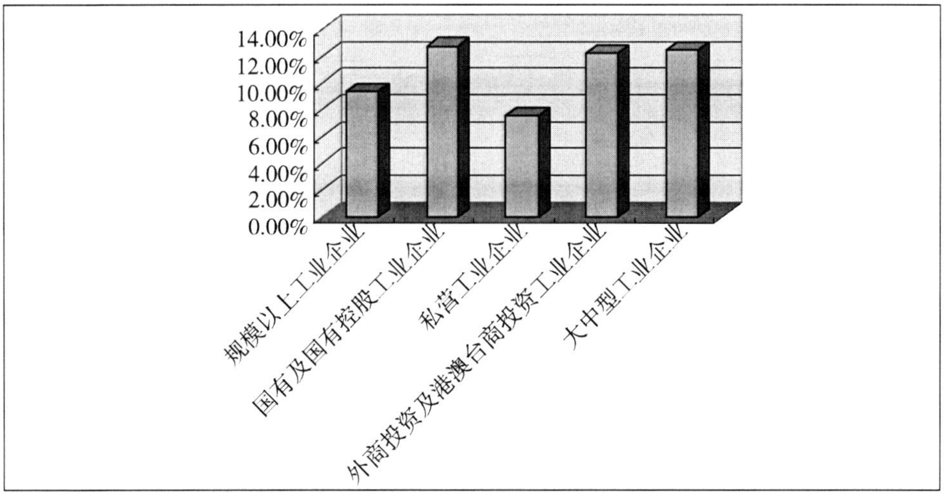

图 130　2008-2012 年各种类型印刷业规模以上工业企业工业成本费用利润率平均值对比

（5）产品销售率平均值对比

2008-2012 年我国印刷业规模以上工业企业产品销售率平均值为 98.04%，各种类型企业产品销售率平均值由高到低排名依次为外商投资和港澳台商投资工业企业、国有及国有控股工业企业、大中型工业企业、私营工业企业，但各类型企业之间相差不大。（见图 131）

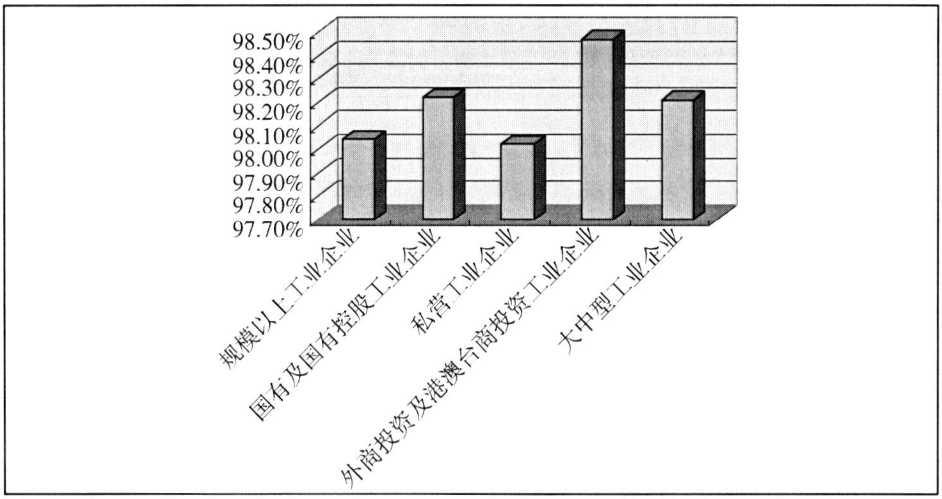

图 131　2008-2012 年各种类型印刷业规模以上工业企业产品销售率平均值对比

专题报告

中国绿色印刷发展报告

《中国印刷》杂志社

绿色印刷是指对生态环境影响小、污染少、节约资源和能源的印刷方式。作为全球印刷业发展的主流，绿色印刷不仅是国家提出的可持续发展战略的重要一环，作为产业结构调整、淘汰落后产能的主要手段，更是印刷企业集聚优势、实现差异化竞争的必由之路。

2010年9月14日，原国家新闻出版总署与环境保护部在京正式签署《实施绿色印刷战略合作协议》，此举标志着我国推进绿色印刷实施工作的正式启动。根据协议，原国家新闻出版总署和环境保护部共同成立实施绿色印刷战略工作领导小组，研究制定绿色印刷行动方案，制定发布印刷环境标志标准，完善绿色印刷评价体系，在印刷企业中推广执行绿色印刷标准，优先开展中小学教材绿色印刷工作，并逐步向政府采购产品印刷、食品药品包装印刷等领域推广，同时加强对印刷企业实施绿色印刷的政策扶持，淘汰落后印刷工艺、技术和产能，推动印刷业转型升级。

2011年10月8日，原新闻出版总署和环境保护部联合发布《关于实施绿色印刷的公告》，决定在印刷全行业动员和部署实施绿色印刷工作。《公告》明确了实施绿色印刷的指导思想、范围目标、组织管理、绿色印刷标准、绿色印刷认证、工作安排及配套保障措施等。《公告》提出，第一步，在有条件的地区和企业要针对青少年儿童紧密接触的印刷品，特别是在中小学教科书上率先进行绿色印刷试点，同时鼓励骨干绿色印刷企业积极申请绿色印刷认证；第二步，2012年至2013年，在印刷全行业构筑绿色印刷框架，陆续制定和发布相关绿色印刷标准，逐步在票据票证、食品药品包装等领域推广绿色印刷；建立绿色印刷示范企业，出台绿色印刷的相关扶持政策；基本实现中小学教科书绿色印刷全覆盖，加快推进绿色印刷政府采购；第三步，2014年至2015年，在印刷全行业建立绿色印刷体系，完善绿色印刷标准，绿色印刷基本覆盖印刷产品类别，力争使绿色印刷企业数量占到我国印刷企业总数的 30%，淘汰一批落后的印刷工艺、技术和产能，促进印刷行业实现节能减排，引导我国印刷产业加快转型和升级。自《公告》发布以来的三年时间，伴随着《环境标志产品技术要求　印刷　第一部分：平版印刷》和《环境标志产品技术要求　印刷　第二部分：商业票据印刷》标准的相继出台，绿色印刷环境标志产品认证工作也随之取得了积极的成果。截至 2014 年 6 月，我国已有 600 余家印刷企业具备绿色印刷生产能力，全国 10 亿多册中小学教科书从 2014 年秋季学期将基本实现绿色印刷。

一、绿色印刷企业现状分析

为准确把握中国绿色印刷企业状况，2013 年 1 月至 6 月期间，中国印刷杂志社在 2012 年底前已获绿色印刷认证的 184 家企业中开展调查，共回收有效问卷 150 份，收集到了大量有关绿色印刷企业的第一手信息。因为绿色印刷企业数量一直是一个动态的数字，我们的调查工作必须预先设定一个范围。2012 年是实施“十二五”发展规划承上启下的重要一年，也是《公告》发布一周年的重要时间节点，因此我们将 2012 年年底前取得绿色印刷认证的企业作为主要的调查对象，通过对这些企业的访谈和调查，我们对全国绿色印刷企业的整体状况形成了一个初步印象，主要表现在以下几个方面。

（一）绿色产品已成为大多数绿色印刷企业的主要利润来源

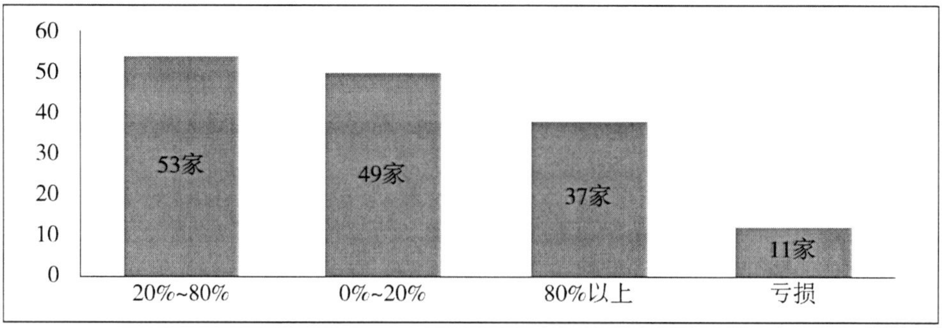

图 1　绿色印刷企业绿色产品利润在总利润中的份额

从利润分布图来看，2012 年参与调查的企业中经营绿色印刷品的共 150 家，整体利润有亏有盈。其中，绿色产品利润占企业总利润的份额呈现出如下四种状态：

第一种，没有盈利，甚至成了企业亏损的因素；

第二种，利润很少，仅占企业总利润很小的比重；

第三种，盈利较多，占据了企业总利润一半左右的比重；

第四种，是企业利润的主要来源，甚至是企业利润的全部，即企业已经成功转型，成了名副其实的绿色印刷企业。

从绿色产品利润占企业总利润百分比图来看，这四种状态在数据上呈现出一种既不可思议又合理的内在联系。按照常理，既然是绿色产品，社会应该接受，企业的业务量应该增加，盈利是理所当然的事，但是，少数企业却出现了亏损的情况。分布图显示，亏损企业共 11 家，占调查企业总数的 7%；另一部分企业虽然没有亏损，但是绿色产品利润占总利润的比重并不大，只有 0–20%，这部分企业有 49 家，占调查企业总数 33%；剩下的是发展比较好的企业，绿色产品利润占总利润的百分比分别为 20%–80% 和 80% 以上，数量为 53 家和 37 家，分别占调查企业总数的 35% 和 25%。从调查企业反映来看，绿色印刷产品是行业发展方向，具有节能环保、无污染、使用者乐于接受等优点。绿色印刷的实施，改变了企业的发展方向和盈利结构，在环保和可持续发展方面起到了不可替代的作用，推动了企业绿色转型的进程，为企业科学发展带来了更多的新思路和新思考。

（二）绿色印刷企业对绿色印刷的关注点权重分析

中国印刷业发展到今天，印刷企业数量已达到 10.5 万家，从业人数也达到了 341.5 万人，而行业利润日渐微薄，市场竞争压力越来越大。行业内的微小变化都能对企业的兴衰产生直接影响，对于国家推行的绿色印刷战略，更是一石激起千层浪，在印刷行业引起了广泛关注和积极响应。

调查结果显示，绿色印刷有助于提升企业品牌形象及声誉的观点是企业最为关注的因素，150 家绿色印刷企业均对此观点表示认可，达到了 100%；认为有利于增加利润的企业数量为 81 家，占企业总数的 54%；同意有利于完善内部管理和可以给企业带来更多业务量观点的企业数量为 83 家和 36 家，分别占企业总数的 55% 和 24%。从数据可以看出，绿色印刷本身得到了业界正面回应，但是，企业是为盈利存在的，没有利润，实力再雄厚的企业也会被拖垮。因此，如何利用绿色印刷的环保优势给企业带来更大的利润和更多的业务量是关键所在，图 2 显示了国家实施推动绿色印刷战略以来绿色印刷企业对绿色印刷带来利好因素的关注程度。

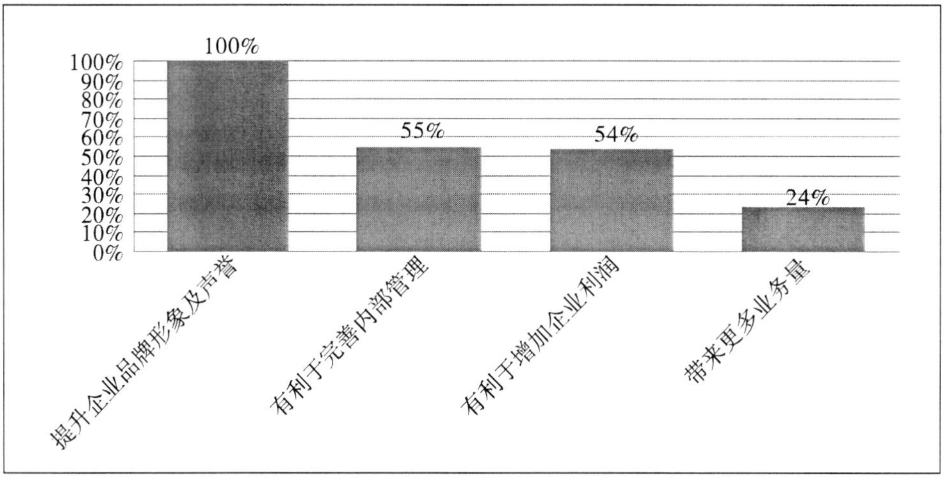

图 2　绿色印刷企业对绿色印刷的关注点

（三）企业在推进绿色印刷进程中面临着多种制约因素

在绿色印刷推进过程中，企业面临着生产成本、技术服务水平、市场认知度、相关技术成熟度、产品质量、生产流程再造等多方面的制约因素，企业渴望相关政府部门与上级单位能帮助和引导他们尽快解决这些难题，尽早完成企业转型发展。

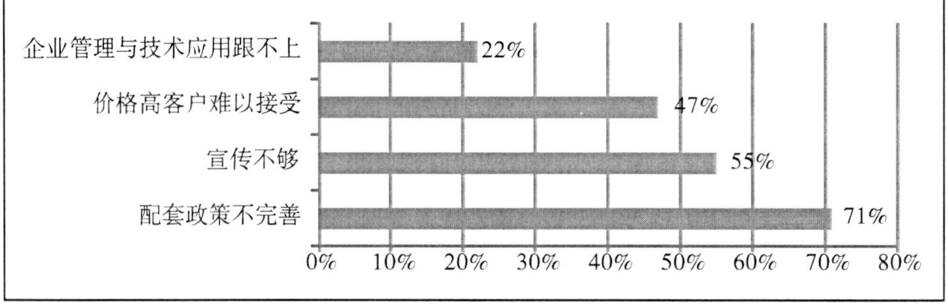

图 3　绿色印刷企业在推广绿色产品时遇到的主要障碍

调查显示，107 家被调查企业认为配套政策不完善是制约绿色印刷发展的最主要因素，占企业总数的 71%；其次，83 家被调查绿色印刷企业认为宣传力度不够，占企业总数的 55%；71 家被调查绿色印刷企业认为价格高、客户难以接受，占企业总数的 47%，排在了第三的位置；此外，33 家被调查绿色印刷企业认为企业管理与技术服务水平是制约其推进绿色印刷的因素，占企业总数的 22%。

在企业需求调查栏里，企业希望新闻媒体对绿色印刷的宣传力度要加强，进一步增强全民对绿色环保的意识，得到社会的关注和支持，也要得到地方政府的认可。政府对获证企业扶持政策尽快落实，提高企业积极性；加强督导绿色印刷企业、原辅材料供应企业进行产品环保认证，便于认证企业选择。

在对绿色印刷认识方面，部分企业还存在误区，表现在对推行绿色印刷的态度不积极，对采用环保材料、实施绿色印刷的工艺观望等待。还有观点认为实施绿色印刷不符合我国印刷产业的实际，为时尚早，认为我国的印刷状况已经很好，搞绿色印刷是多此一举，认为我国还没有达到发达国家的水平，实施绿色印刷可能对印刷产业的发展不利。这些错误的认识导致行业推行绿色印刷战略在一定程度上受到制约。

（四）企业在使用绿色低碳的环保材料时遇到了多种问题

企业在印刷绿色产品时必然要用到新技术、低碳材料、新工艺和新设备，问题也由此产生。图 4 是调查企业在使用绿色原材料时遇到的四个主要问题。

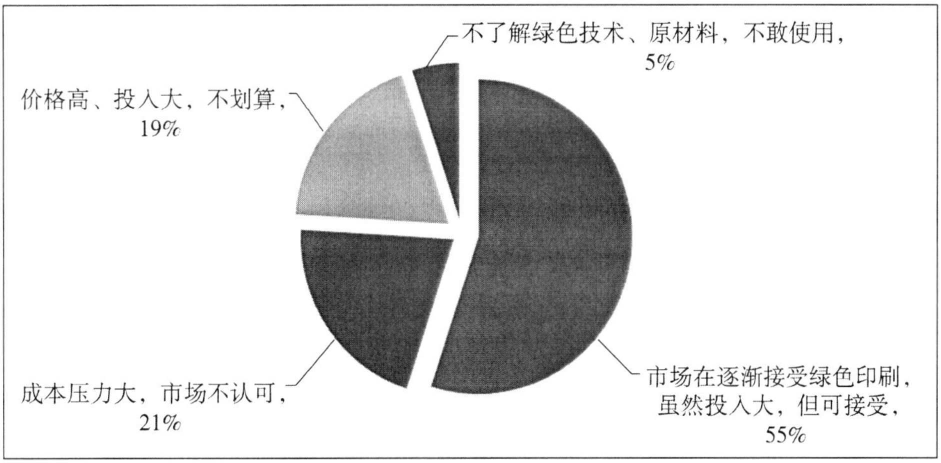

图 4　绿色印刷企业对绿色低碳材料、工艺、设备的认可程度

调查显示，认为生产绿色产品成本投入过大，市场不认可的绿色印刷企业有 32 家，占企业总数的 21%；认为绿色产品价格高、投入大、不划算的绿色印刷企业有 29 家，占企业总数的 19%；对绿色技术、原材料不了解，不敢使用的绿色印刷企业有 8 家，占企业总数的 5%；认为市场在逐渐接受绿色印刷，虽然投入大，但仍可接受的绿色印刷企业有 83 家，占企业总数的 55%。从统计数据可以看出，所有的企业都认为绿色产品投入大，区别在于有的企业勇敢去做并坚持了下来，有的企业尝试了，但没有成功，而少数企业根本不了解绿色技术和原材料，连尝试都没有。

从调查的企业技术需求来看，有 135 家绿色印刷企业（占企业总数的 95%）希望政府及行业主管部门制定相关优惠政策，对实施绿色印刷的企业给予政策扶持，或适当提高绿色印刷品的工价，减少企业负担，使更多绿色印刷企业通过实施绿色印刷带来实实在在的利好和实惠，使广大绿色印刷企业步入良性循环的发展模式，更好地促进印刷产业转型，实现绿色印刷的发展目标。

在原材料方面，绿色辅材的优势明显，也得到越来越多印刷企业和印刷辅材供应商的重视，但是数据显示普及和发展之路并非一帆风顺，期间有许多的问题与阻碍，主要集中在以下几个方面。

一是观念陈旧。由于绿色原材料近几年才逐渐兴起，有些企业经营者对其认可度并不高，不愿使用不熟悉的绿色辅材，害怕因此影响生产进度，因此，其市场占有率并不高，仅 10%–20% 的印刷企业完全使用绿色辅材。

二是企业管理者存在误解。由于我国大部分印刷企业为中小型企业，许多管理人员没有经过专业培训，对绿色原材料的使用存在误解，担心应用过程中会出现问题。

三是原材料质量不稳定。印刷企业对绿色印刷辅材是很熟悉的，但所使用的原辅材料特别是润版液及润版添加剂等材料虽然标识是绿色环保产品，但质量很不稳定且价格高。绿色印刷企业希望加大环保型原材料的研发投入（如油墨、上光油、黏合剂等），同时加快印刷工艺的改进和提升，尽快适应目前绿色环保的需求。

在价格方面，调查企业认为，从企业获得绿色认证以来，环保产品价格未上调，而原辅材料和各项费用不断增加，包括用人成本的增加，使得企业的利润空间越来越小，希望政府主管部门在政策上给予支持，使得绿色印刷做得更加扎实。

在成本方面，采用绿色印刷技术较传统印刷而言，成本上升是必然的。绿色环保印刷需要资金投入，出版企业与印制企业难以长期承担。但是基于对政策方向性的要求以及对环保发展趋势的认知，绿色印刷企业都会责无旁贷地执行绿色印刷战略。但是面对成本压力也着实苦不堪言，企业呼吁国家是否可以考虑给予绿色印刷企业一定的补贴。

（五）企业获取绿色印刷相关信息的途径有待进一步拓宽

信息时代，沟通是关键，更进一步说，企业的生产经营、谋略发展跟信息咨询密切相关，落后市场一步就可能面临着亏损甚至倒闭，因此，印刷企业都格外重视绿色印刷信息的获取。由于种种原因，虽然科技越来越发达，但企业仍然感到信息获取渠道太少，信息沟通的时效性不能满足企业发展需求，图 5 是参与调查企业最常使用的四种信息获取方式。

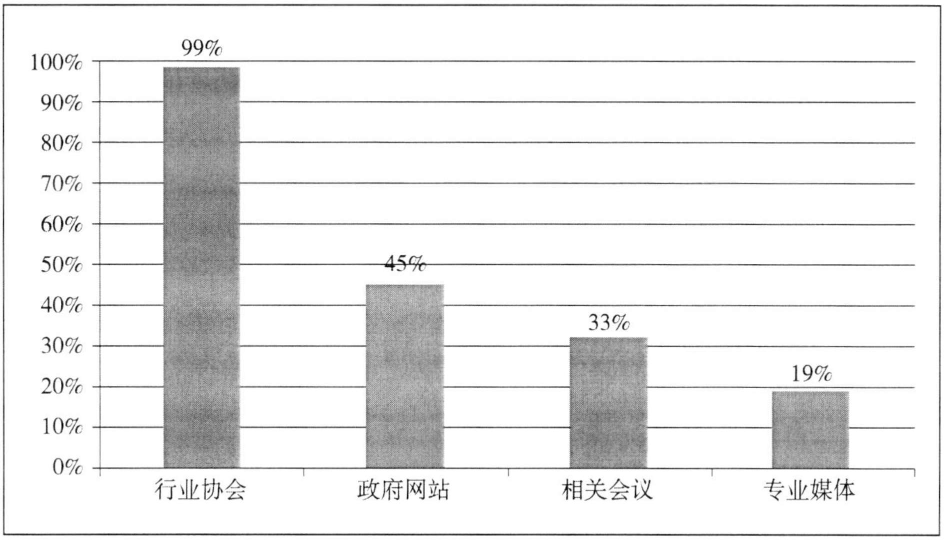

图 5　绿色印刷企业获取绿色印刷信息的途径

调查结果显示，绿色印刷企业获取绿色印刷相关信息的途径较少，欠缺对绿色印刷应用技术知识的了解。他们希望能经常性、有针对性地开设培训班、研讨会等，便于企业更好地理解绿色环保认证等有助于企业发展的关键信息。在被调查的企业里，有 149 家，占企业总数的 99% 的绿色印刷企业都是通过行业协会了解绿色印刷信息的；有 68 家，占企业总数的 45% 的绿色印刷企业是通过政府网站获取信息的；而从专业媒体获取信息的绿色印刷企业只有 29 家，占企业总数的 19%，完全没有发挥媒体善于宣传的优势；通过相关会议获取信息的绿色印刷企业有 50 家，占企业总数的 33%。在所调查的四种信息传播途径中，行业协会起到了决定性作用，由此可见行业协会在印刷行业内的纽带作用是非常重要的。

在电子通信高度发达的今天，印刷行业也必须与时俱进，除了上述几种常规的信息沟通方式外，要充分利用手机、网络等通讯设备，建立绿色印刷企业相关联系人微信、微博或 QQ 群，便于大家相互沟通、交流，协会也可随时发布相关信息，多给予信息支持，增强信息交流的及时性。

（六）企业希望从行业协会得到更多的帮助

在调查的企业里有很多是从传统印刷企业转型过来的，这些企业因为较早关注与重视绿色印刷，一直在使用环保材料、采用环保技术、引进环保设备等方面采取了一系列有效措施，投入较大，收效也颇丰。但在未来的发展趋势中，环保和绿色仍然是传统行业的主旋律，所以企业会更多地关注绿色印刷。他们希望行业协会能提供更多符合绿色印刷标准的供应商资料，包括其产品和验证报告，加强印刷上游企业对绿色印刷的支持和投入，国家也应出台对绿色印刷企业上游供应商的标准要求，为绿色印刷企业提供价格合理且符合绿色印刷产品要求的材料、设备，从而加快印刷企业的绿色化转型进程。

图6显示的是调查样本企业最需要行业协会给予四个方面帮助的关注程度，结果显示，转型成功或从绿色印刷业务中盈利的企业希望从行业协会方面得到更多的帮助。其中，67% 的绿色印刷企业希望协会能及时提供国内外最新的绿色印刷发展动向信息，以便企业能及时了解行业发展形势，在绿色印刷推进过程中把握主动性。在技术应用和设备改造方面，希望协会能提供针对性强的技术咨询服务，便于转型企业尽早应用绿色技术和设备；58% 的绿色印刷企业对国家政策和方针不是特别清楚，担心发展方向，希望协会能多举办相应的培训班和研讨会等；对于一半以上的中小型绿色印刷企业来说，推动最新绿色技术的应用和提供针对性的技术咨询是他们最关心的，分别为 89 家和 96 家，占企业总数的 59% 和 64%，他们希望协会能满足他们的发展需求，为企业能尽早

走上良性发展道路提供技术上的支持。

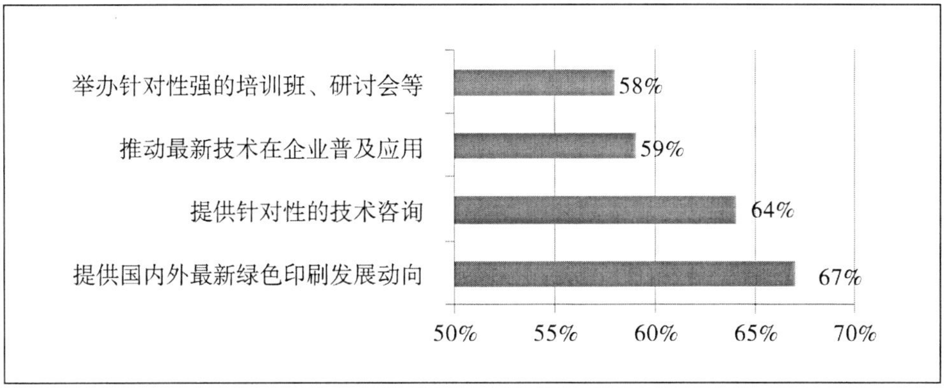

图 6　绿色印刷企业对行业协会寄予的期望

在人员培训方面，希望能帮助企业培训相关人员，了解扶持政策内容，申请绿色认证程序，帮助企业尽快享受国家或地方扶持政策；对广大正在发展的中小型绿色印刷企业，希望行业协会能出面组织已经成功转型的绿色印刷企业介绍其先进的管理经验和技术应用等，帮助他们走出困境。

（七）企业在绿色印刷方面取得的成绩及绿色认证的进展情况

1. 取得的成绩

我国绿色印刷经过三年的发展，全行业的绿色印刷框架基本成型。绿色印刷实施的组织管理体制基本建立，范围和路径也已确定，绿色印刷的各项标准正在完善；绿色印刷的配套保障措施正在加快制订；获得绿色印刷认证的企业数量不断增加，要求认证的企业数量也在增加。在促进节能减排、调整产业结构、惠及社会民生等方面取得了重要的阶段性成果。据估算，绿色印刷企业因实施各项环保措施，能耗及材料综合成本每年减少约 6 亿元；挥发性有机化合物（VOC）的排放总量每年减少约 2%；截止到 2013 年 6 月底，全国除宁夏外，共有 30 个省（区、市）的 283 家印刷企业取得了绿色印刷认证证书，印刷企业申报绿色印刷认证的积极性普遍提高，各地充分发挥自身优势，全力推进绿色印刷。2012 年中小学秋季教科书共 1000 多种，基本实现中小学教科书绿色印刷全覆盖并逐步在票据票证、食品药品包装等领域推广。国家已经出台绿色印刷的相关扶持政策，部分地方新闻出版行政主管部门正在绿色技术改造、认证咨询等方面给予企业一定的政策和资金扶持。建立了一批印刷示范企业，正逐步推动涉及公共文化服务的印刷产品实现绿色印刷。

2. 绿色认证情况

环境标志产品认证是环境保护部对全国各行业产品是否达到环境保护要求而开展的一项十分严肃、十分重要的工作，是实施绿色印刷的重要途径之一，认证中对标准的要求是刚性的。调查显示，多数客户非常重视绿色印刷企业及印刷产品所取得的各种环保资质认证。从认证过程看还存在以下两个问题。

第一，时间紧、难度大。由于我国印刷业发展不平衡，印刷企业的素质参差不齐，整个行业认证基础较薄弱，很多印刷企业的硬件条件和资质都不具备，认证起来较耗时间。

第二，认证费用较高。关于认证费，据参评企业反映，收费较高，一般企业很难承受，从已经获得绿色认证企业的经历来看，企业期待国家给予绿色补贴。

3. 绿色认证趋势

随着认证工作的推进，获得认证资质的企业在增加，绿色印刷认证也呈现出绿色理念、绿色标准、认证产品种类以及辅助服务能力逐步深化的四大发展趋势。

第一，绿色意识在加强。业内对做绿色印刷认证的理解随着认证工作的推进也在逐渐深入。企业已经逐渐认识到了绿色印刷给自身竞争力提升、行业可持续发展以及环保带来的益处，由过去的被动认证转变成了主动申报。

第二，认证标准在增加。现行的绿色印刷标准除了平版印刷标准、商业票据印刷标准外，凹版绿色印刷标准也将很快出台，这样，绿色印刷认证标准将达到 3 个，进一步完善了我国绿色印刷认证标准体系，基本涵盖了主流的印刷生产工艺。

第三，绿色产品逐渐增多。随着标准的逐步出台，以此为基准，能够检测的绿色印品也在逐渐增多。现行的绿色印刷标准不仅包含环境要求，还包含对印品的纸张、油墨、润版液等原辅材料的重点要求。

第四、认证服务逐渐深化。企业参与绿色认证的积极性在增强，对与之相配套的认证工作的辅助服务也提出了越来越高的要求。随着检测需求的增加，原新闻出版总署质检中心以及各地检测分中心也逐渐获得了检测资质，这使得与绿色印刷相配套的检测服务也在逐步提高，为达到“十二五”期末绿色印刷企业数量达到 30% 的目标提供了有力支持。

二、实施绿色印刷面对的主要问题

基于我国绿色印刷企业的现状，结合上述调查数据及绿色印刷企业在发展过程中的需求、利润构成和产品结构所传递的信息，我们找出了可能影响绿色印刷发展的关键问题，主要表现在以下几个方面。

（一）有关政府部门需要面对的问题

绿色印刷产业和民生关系紧密，这在一定程度上赋予了它的公益性。同时，它在产业结构调整和发展印刷科技方面发挥着举足轻重的作用，又显示出它的基础性和战略性。这些特性决定了政府在实施绿色印刷战略中必须发挥主导作用。发达国家在这方面的实践也证明：政府部门积极的政策引导、合理的行业规划、良好的市场监管以及整体形象促销等几个方面的运作，是发展绿色印刷产业的核心力量，绿色印刷企业在实施绿色印刷过程中对政府寄予了很多期望：

（1）政府如何对绿色印刷企业进行补贴；

（2）政府如何监管及帮扶绿色印刷企业；

（3）政府如何解决印刷企业的绿色认证及收费问题；

（4）政府在绿色印刷实施过程中如何对待其他产业链环节；

（5）政府如何加强绿色印刷的宣传工作，让社会尽快接受并认可绿色印刷产品；

（6）政府如何净化目前发展参差不齐的印刷市场。

（二）有关行业协会需要面对的问题

行业协会作为企业和政府之间的纽带起着举足轻重的作用，参与调查的绿色印刷企业对行业协会也提出很高的期望，主要表现在以下几个方面。

1．为企业提供人才培训的机会

企业的发展靠人才，企业的竞争归根到底是人才的竞争。相当多的企业普遍注重短期效益，对人力资源的培训不足，没有形成持续的人力资源竞争优势。因此，在参与调查的企业里大部分希望行业协会能针对绿色印刷企业遇到的技术和人才困境给予帮助。

2. 加强对绿色印刷企业一线员工的技能培训

传统的工作模式下，一线操作岗位仍以简单重复的体力劳动为主，操作人员对绿色环保新知识的理解和应用发挥空间十分有限，如果一线操作人员的知识得不到更新，那么产品质量就很难保证，生产效率和经济效益就很难体现出来，因此，企业希望行业协会能多提供一些针对一线员工的绿色印刷知识的技能培训机会。

3. 对新技术的支持和绿色印刷概念及政策的宣贯

对于绿色印刷新材料、新技术、新工艺、新设备的应用及绿色印刷的概念，行业协会应对推广的新技术、新设备有针对性地进行培训和研讨，帮助企业作出正确选择，减少盲目性，对绿色印刷的概念和政策多提供宣贯、培训机会。

4. 尽快建立和完善印刷产业链中不同环节的绿色印刷标准

绿色印刷产业链主要包括印刷材料、印刷图文设计、制版工艺、印刷工艺、印后加工工艺、环保型印刷设备、印刷品废弃物回收与再生等，行业协会应尽快建立和完善印刷产业链中不同环节的绿色印刷标准。通过不同环节绿色印刷标准的实施，可使包括材料、加工、应用和消费在内的整个供应链系统步入良性循环状态。

（三）有关绿色印刷企业自身发展过程中存在的问题

从对绿色印刷企业的调查问卷来看，企业在发展过程中遇到了多种问题，如何解决这些问题成为绿色印刷战略不断推进的关键所在。

1. 绿色印刷企业如何做到环保与效益双赢

调查数据显示，150 家绿色印刷企业均认同实施绿色印刷可以提升企业形象及声誉这一观点。但是，仅有占调查企业 24% 的 36 家企业认为实施环保绿色印刷可以带来更多的业务量。可见环保和效益双赢在企业眼里是很难实现的，如何做到环保与效益双赢是绿色印刷企业发展过程中的一个主要问题。

2. 绿色印刷企业如何解决成本增加的问题

尽管大多数印刷企业意识到绿色印刷是我国印刷产业未来的发展方向，但大多数企业属于中小企业，资金不够雄厚，在经营过程中由于成本增加导致资金紧张，成为绿色印刷企业发展的主要障碍之一。

3. 绿色印刷企业遇到的人才和技术问题

调查显示，绿色印刷企业在发展过程中急需掌握绿色印刷技术的工人和高技能人才，而这些人才目前比较稀少，这是绿色印刷企业面临的一大问题。

4. 印刷原辅材料质量及价格问题

印刷企业对绿色印刷原辅材料是很熟悉的，但在使用的原辅材料中，特别是润版液及润版添加剂等材料虽然标识是绿色环保产品，但质量很不稳定且价格高，打击了绿色印刷企业的积极性。

5. 绿色环保印刷品的工价问题

在价格方面，调查企业认为，从企业获得绿色印刷认证以来，环保产品价格未上调，而原辅材料和各项费用不断增加，包括用人成本的增加，使得企业的利润空间越来越小，这是绿色印刷企业期望尽快解决的问题。

（四）绿色印刷产业发展过程中遇到的其他问题

除了以上三大方面的问题，绿色印刷企业在发展过程中还有其他一些不可忽视的问题。从图 7 所示的调查企业反馈信息来看，有 98 家，占企业总数 65% 的绿色印刷企业认为需要行业主管部门的有效引导；有 90 家，占企业总数 60% 的绿色印刷企业认为，企业内部员工环保教育和培训非常重要，是企业开展绿色印刷的关键因素；有 84 家，占企业总数 56% 的绿色印刷企业认为重视绿色印刷技术的应用也很重要；有 77 家和 78 家，分别占企业总数 51% 和 52% 的绿色印刷企业认为硬件设备的投入和加强客户的绿色概念宣传非常重要。另外，由于我国大部分印刷企业为中小型企业，许多管理人员没有经过专业培训，担心应用过程中会出现问题，部分企业对绿色印刷新技术存在误解和不认可的问题。

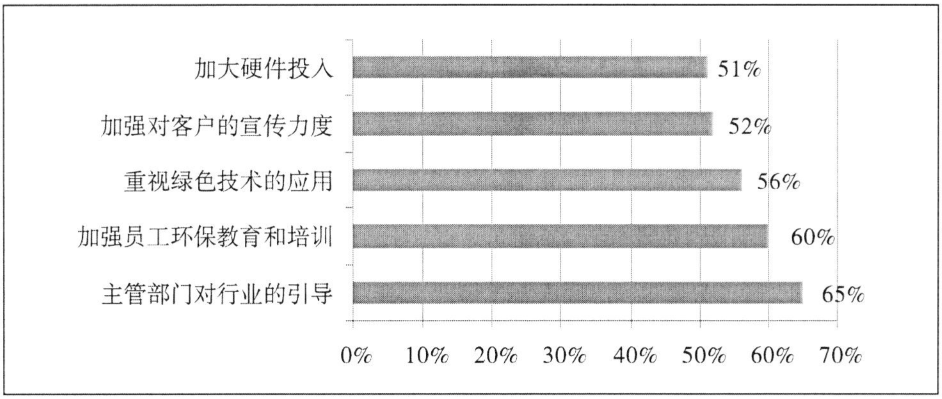

图 7　绿色印刷企业认为绿色印刷发展需要加强的方面

三、应对措施

客观地讲，中国绿色印刷企业发展过程中存在的问题，既有企业自身认识和经营理念的因素，也有行业基础管理和制度建设方面的因素。既是政府、行业和企业之间的问题，也是当前市场经济环境下的共性问题，为了更好地促进绿色印刷企业的发展，经过充分调查论证，提出如下建议。

（一）政府层面：基于“十二五”战略目标的实现，建立支撑战略发展的导向机制

1. 加快绿色印刷实施步伐，大力调整产业结构

充分发挥政府在实施绿色印刷方面的主导作用，积极扩大绿色印刷实施范围，利用市场制约调节机制，促使企业在有形和无形力量的引导下，主动加大绿色环保技术的投入，提高技术水平，改善生产环境，向绿色印刷企业转变，从而促进印刷业淘汰落后产能，实现产业结构调整。引导企业开发新的产品，培育新的消费观念，形成新的经济增长点，拓展新兴市场，向社会提供更多优质健康环保的印刷产品。将政策和资源向有能力、有潜力、有竞争力的绿色印刷企业倾斜，鼓励优势企业能够做大做强，淘汰落后的工艺和产能，通过“有形的手”引导市场竞争，推动产业结构的调整。

国家对绿色印刷企业何时补贴、如何补贴的问题。从目前看，还没有出现因为印刷企业实施绿色印刷方式而工价上涨的消息，但是，物价年年都在涨，如何解决这个问题？国家新闻出版广电总局、发改委等有关部门需要进行相关调研，提高绿色产品定价，作为项目的捆绑性措施。只要属于绿色印刷，就按绿色工价补贴。而政府可以采取强制性措施，推行绿色印刷战略，如果政府没有硬性规定和相关补贴措施，企业很难全部实施绿色印刷，即便实施了也不会长久。

2. 增加第三方认证机构数量

目前我国有 10.5 万家印刷企业，分布在全国各地，这一数量庞大的企业群体要建立起标准化的环保体系是一项巨大的工程，国际上可借鉴的经验并不多，在推进过程中难免会出现这样那样的问题，例如，企业绿色认证难、认证费用高、企业难以消化增加的成本等问题。据了解，目前的绿色印刷认证由环保部

所属的唯一一家认证机构负责，认证费用根据认证企业的规模、人数和认证单元来核定，收费标准是借鉴其他行业的认证费用标准来制定的，并没有考虑到我国印刷行业的实际情况。目前，认证费用、认证检查差旅费用、加上认证咨询服务费用等，平均每家认证企业的开销在10万元左右，从我国印刷业的总体规模来看，如果30%的企业实现绿色印刷，全行业绿色认证支出的费用总额将达到30亿元，这与我国印刷行业发展水平、赢利水平不相适应。与国外同业相比，费用也显高昂。

鉴于我国印刷企业众多，绿色认证效率低和费用高的情况，应当适时增加第三方认证机构数量，以此来平抑认证收费，解决认证难的问题。同时，为了全面推动绿色印刷检测体系的建立，建议可以在每个省设立一个专门的机构，由政府或权威部门对具备条件的机构进行资质认可，获得认可的机构即可进行绿色印刷产品的检测、技术服务或认证工作，这对于快速普及绿色印刷标准并推动绿色印刷体系的全面建立将是一大助力。

3．成立专业化机构对印刷环保系统进行设计和推广

截至目前，国内尚无专门机构或单位对印刷环保工程进行系统设计与产业化推广，而仅靠企业自身系统地推进环保工程存在诸多问题。因此，成立专门的印刷环保工程系统设计机构，为企业提供印刷环保工程设计势在必行。印刷环保工程能为印刷企业提供绿色印刷前沿科技信息与可行的实用技术方案以及服务。系统涵盖了新型绿色印刷材料（如环保油墨、低酒精润版液、轻型纸、可降解材料、环保胶黏剂）、环保印刷技术（屏幕软打样、无水胶印）以及环保设备（集中供气、蓄冷空调）等印刷产业链多个环节的内容，为企业提供印前、印刷与印后各方面的环保与节能减排技术，包括各种废液的循环利用与综合处理、废气处理及余热回收等，印刷车间节能改造设计，印刷企业的信息化建设，以及印刷企业产生的各种废弃物的在线监测监控，从而实现为大多数印刷企业提供整个印刷过程中可行的环保服务。印刷环保工程系统研发方面，形成一套完整全面的支撑绿色印刷的环保系统，从绿色印刷、工程设计、技术应用等多个层面，为印刷企业提供各个环节和细节的方案设计、技术改造与产业升级的支撑技术系统与环保工程解决方案，不仅有助于印刷环保工程的系统化和产业化建设，而且可以有效降低成本，利于绿色印刷战略的全面推进。

4. 培育样板工程和优势骨干企业

针对不同层次、不同地区、不同类型的印刷企业展开有针对性的重点样板工程建设，将多家知名印刷企业打造成为具有示范作用的多个“绿色印刷”环保工程基地，提高企业的科研技术水平和自主创新能力，为推动我国印刷业的“绿色发展与低碳发展”起到示范和带头作用，实现企业节能减排、低碳发展和清洁生产。

为规模以上重点绿色印刷企业创造良好的发展环境，加大资金、政策扶持力度，加快培育具有引领辐射作用的国家印刷示范企业。将部分产品指定给达标的企业，使部分优秀企业迅速做强；同时，对具有一定条件的企业，引导他们通过技术升级，达到合格的标准，跻身强企之列。而那些不能达标的企业，将通过不断扩大绿色印刷的品种被淘汰出局，最终实现净化印刷市场、调整印刷产业结构的目的。

5. 完善行业监督管理，创造健康环境

政府主管部门要进一步强化政策调节和市场监管功能，完善有关法律法规，严格落实市场准入和退出政策，综合运用法律、行政、经济、科技等手段提高管理效能，为印刷业创造公平有序的竞争环境。对于绿色印刷的达标企业，应该享受到国家更多的优惠政策，包括资金和技术支持、业务支持、税费减免等。努力提高企业绿色认证的积极性，让企业自觉投身绿色印刷事业，以保证绿色印刷的健康发展。

6. 加大宣贯工作，鼓励使用环境标志、环保认证和绿色印刷产品

各地政府要结合自身实际，大力宣传实施绿色印刷战略、推进绿色印刷进程的必要性和意义，开展多种形式的宣传教育活动，普及绿色印刷知识，提高全社会的绿色印刷意识，舆论引导消费者主动消费绿色产品。

2011 年 10 月，国务院印发了《关于加强环境保护重点工作的意见》，明确提出“鼓励使用环境标志、环保认证和绿色印刷产品”。2011 年 12 月 16 日，国务院办公厅印发了《关于加强环境保护重点工作部门分工的通知》，确定了国家质检总局、工业和信息化部、财政部、环境保护部、原新闻出版总署等部门分别承担相关工作。这是国家对绿色印刷工作的高度重视和肯定，为绿色印刷发展指明了方向，也是我们大力推进绿色印刷实施的重要依据。

7. 优化行业区域发展布局，为绿色印刷产业发展指明方向

我国已形成了三个各具特色的印刷产业带（珠三角印刷产业带、长三角印刷产业带、环渤海印刷产业带），这三大产业带充分利用自身资源借势发展，分工合理、特色鲜明、优势互补，促进了我国印刷业协调发展，也将成为推动我国实现绿色印刷的重要力量。围绕我国新闻出版业与印刷业的发展战略布局、结构调整方向、区域产业协调重点，建立绿色印刷企业示范基地，有目的、有步骤、有重点地对行业优势资源进行再配置，并协调推动绿色印刷产业化发展的配套工业与设施建设，在满足国家重点经济区域、产业、企业不断涌现的专业服务需要的同时，优化印刷产业区域发展的总体布局。组建若干大型企业集团和众多术业有专攻的中小企业，并着力打造各自的品牌，为下一步工作部署指明方向。

（二）行业层面：积极响应国家号召，发挥行业组织作用，主动帮扶印刷企业

1．积极推动绿色印刷工作

印刷行业协会应从以下三个方面推动绿色印刷工作：一是从中小学教科书等政府采购的公共产品出发，从食品、药品包装等关系人民群众身体健康的产品出发，培养人们的环保意识，以更好地体现印刷业为社会、为人民服务的职能；二是进一步完善绿色印刷的标准，行业制定的绿色印刷标准中不仅要包含对材料本身的限制要求，还应将材料生产者的管理也纳入印刷材料绿色采购管理的范畴，这样一来，印刷企业在选择材料生产商时就会站在消费者的立场，主动选择那些在生产经营活动中实施环境保护措施的材料供应商，与致力于环境减负、材料回收利用、实施环保标签认定的供应商合作，这不仅有利于印刷企业选择符合绿色标准的材料，更能够引导整个印刷产业共同来关心环境问题，可以更好地引导企业向绿色环保方向发展；三是引导印刷企业提高现代化管理水平，加大技术创新力度，生产优质绿色印刷产品，在不断满足国民经济和人民群众生活的各种需求的同时，引导整个印刷业由数量增长向质量提升、由粗放经营向效益增长、由依靠资源扩张向依靠科技进步转变，加快印刷业转型升级步伐。

2．充分发挥行业组织的作用

在国家新闻出版广电总局和环境保护部制订规划、政策和目标要求之后，

行业协会等相关组织应充分发挥作用，努力做到以下几点：

（1）受政府部门委托，组织制订行业绿色印刷标准，政府部门审定颁布；

（2）与环保部门共同建立检测机构体系；

（3）与环保部门合作或受委托组织行业绿色印刷认证工作。

3. 引导企业正确认识绿色印刷认证

认证机构执行的是国家认证认可制度，也就是说，对于认证机构，国家有专门的行业监管机构对其进行监督管理。绿色印刷认证并非一日之功，而是一个系统工程。审核、取证环节是对整个过程所产生结果的评价，取得证书固然重要，但也应认识到，企业通过绿色印刷的实施奠定持续发展的基础，这才是绿色印刷认证真正的价值和意义所在。绿色印刷是一个系统工程，不仅需要较大的资金投入，还需要有完善的管理措施，有着很多严谨的程序，对此，行业协会应加大宣传力度，使企业认识到绿色印刷并非高不可攀，绿色印刷与企业管理是互联互通的。

4. 为企业提供技术、信息、政策等方面的帮扶和支持

定期举办政策解读会、研讨会、技术培训班、技术论坛等相关会议，帮助企业更好地了解最新的政策、标准、技术等信息，使他们尽早地走上绿色环保的良性发展道路，也是对国家“十二五”战略的极大支持。

（三）企业层面：积极建立和完善企业自身的绿色印刷标准体系，注重技术与管理创新，重视人才，为企业发展赢得主动

1. 不断完善企业自身的绿色印刷环保体系

对印刷业而言，减轻环境负荷有各种各样的设备、技术与手段，但最基本的仍是企业的整体配合与努力，企业自身绿色印刷标准的制定正是为了对企业的体制、管理与系统进行完善，从而长期有效地推进企业的努力成果。首先，绿色印刷企业必须严格遵守现有的国家与行业相关的环境法律法规；第二，对于拥有绿色印刷资质的企业来说，还需要制定更加严格的自主标准，绿色印刷企业应该努力降低环境负荷，制定具体的环保减负目标；第三，绿色印刷企业应当构筑企业环境管理体系，具有环境保护的对策机制，配备环境组织和体制、设定环境方针、实施环境保护活动；第四，企业应当定时定期公开与环境有关的企业信息，制作环境报告书；第五，绿色印刷企业在进行外部

委托加工时也应对外包公司以要求使用绿色环保材料和加工工序为下单条件，这样一来，各印刷企业也将对其他相关企业产生影响，环保型企业的范围也将逐步扩大。

2. 注重技术与管理创新，实现环保与效益双赢

传统印刷技术与工艺是造成环境污染的重要源头，高新印刷科技的发展不仅能改变传统的印刷方式，而且为降低环境污染提供了可行途径。不同企业有不同的需求，各企业应致力于研发有助于其印刷生产的新型绿色印刷技术，或与高校共建或协作建立相应的技术中心，为绿色印刷提供技术保障。高效合理的管理系统可以为印刷企业提高生产效率，培养高素质员工，降低资源浪费，实现绿色印刷。先进的管理方式，良好的操作习惯可以培养企业与员工良好的环保意识，在平时生产与管理过程中注重节约资源，降低能耗，间接为企业带来经济效益。企业应积极建立环保管理系统，围绕环保的要求展开环境管理。

只有技术与管理并重，才能找到绿色印刷实现环保与效益双赢的平衡点。事实上，实行绿色印刷，既有利于环保事业也有利于企业的长远发展，同时，印刷企业通过节能减排，能够降低生产成本，从而提升自身的竞争力，因此，环保与效益是可以实现双赢的。

3. 注重印刷装备的绿色化技术改造

绿色印刷是一个系统工程，涉及印刷设备、器材和各种原辅材料，印刷企业生产环境和技术工艺。在大量印刷设备还达不到绿色环保要求的情况下，处于微利的印刷企业不可能全部将所有设备更新为绿色装备。旧印刷装备的绿色化是达到行业绿色印刷目标的迫切问题和现实选择。在印刷装备改造过程中，企业可以通过应用无水胶印系统单元、短墨路供墨单元、印刷机预置单元、无溶剂复合单元等技术对传统印刷装备进行绿色化升级改造，从而提升整个行业印刷装备的环保性能。

4. 全面推行节能减排，主动解决绿色印刷产品成本增加问题

除了印刷过程，绿色印刷企业应将节能减排贯穿于企业日常生产管理的方方面面。根据对部分企业的调研，目前印刷企业在节能减排方面的改进举措主要集中在包括厂房在内的辅助设施，对废水、废液、废气、废纸、废热等形成循环利用系统，以及对废弃物的回收与再利用上。为了充分利用和再利用水、

电、气自然能源，企业还应该投入使用更多的先进配套处理系统。从实践效果来看，先进配套设施的投入均对改善环境、节约能源产生了积极的作用。废弃物的回收与再利用则应涵盖废纸、化学废料、生活垃圾、生产辅料以及各类边角废料等，其回收应由供应商或有资质的回收商处理，建立统一的收集与分类标准，企业节能减排措施的全面推行，除了能保护环境，另一个重要的好处是帮助企业节省了大量资金和树立了良好的社会声誉，并能有效解决绿色印刷产品的成本增加问题。

5．加强产学研用相结合

有53家，占35%参与调查的企业认为，应该加强企业与科研院校的联系，将企业遇到的问题交给科研机构解决，而科研机构的研发成果要积极在企业里推广。企业进行绿色技术创新，不必完全依靠自身力量，要善于借力发展。我国高校、科研院所技术资源丰富，也需要与企业对接，才能实现科技资源的有效转化。实践证明，产学研用有机结合是一种有效的途径。如有些被调查绿色印刷企业近年来发展迅速，究其原因就是得益于多年来与科研院所的大力合作，在绿色工艺改进、质量检测、安全控制、节能减排等多方面取得了技术突破，解决了企业的许多瓶颈问题，切实地提升了企业的绿色技术创新能力。

四、结束语

我国如此大规模、成体系地实施绿色印刷战略在世界范围内并不多见，这项由政府环保主管部门和行业主管部门推动，企业积极行动，行业协会和质检等相关机构协助的全行业绿色环保印刷建设工程，是我国积极与国际接轨，主动采取大规模环保措施的突破性举动。对于每个印刷企业而言，应该清醒地认识到时代的变化，时刻关注行业的发展趋向和主流，正向的目标，坚持不懈的努力，才能赢得转型发展过程中的主动，并变感知为适应。对行业而言，必将面临着发展理念、方式方法、技术信息服务的转型。

正如新闻出版广电总局印刷发行司司长王岩镔在中国（上海）国际印刷周主论坛上作的题为“推动中国印刷也实现可持续发展”报中指出的：绿色印刷

是全球印刷业发展的主流趋势，是社会进步的重要内容。根据中国印刷业发展实际，需要在实施过程中不断去调整完善。因此，如何科学地、实事求是地搭建绿色印刷实施工作框架，是当前政府有关部门需要认真研究的重大问题。我们要继续提高对绿色环保的发展认识，特别是要在全行业、全产业链形成绿色发展共识，让每个员工树立环保理念；要加快制订完善绿色印刷系列行业标准，与相关认证标准做好配合协调，引导企业主动执行好标准；要联合环保部、工信部等有关部门深入研究完善绿色印刷的实施框架，加强对绿色印刷实施工作的顶层设计。

绿色印刷目前在国内正处于由深化拓展阶段转入全面推进阶段，已经取得明显阶段性成果，但全面推进任务更加复杂而艰巨。全行业自上而下应树立信心，达成共识，主动、稳妥、多途径实施绿色印刷，让企业与行业共同成长，为国家“十二五”发展目标的实现尽心尽力，围绕着成为世界印刷强国的目标，作出自己不懈的努力。

中国印刷业数字化发展报告

郑爱玲

数字印刷是印刷行业的必然选择，早在2011年，新闻出版总署和工信部就分别发布了我国印刷业和印刷机械行业“十二五”发展规划。印刷业“十二五”发展规划正式将“数字印刷和印刷数字化重大工程”列为两项重大项目带动战略工程之一，并明确指出“以数字印刷、数字化工作流程、计算机直接制版（CTP）和数字化管理系统为重点，在全行业推广数字化技术”；同时印机行业“十二五”规划，也把数字印刷和印刷数字化技术和设备列为重点发展项目。可见印刷数字化已经成为印刷行业发展的潮流和方向。

在当前这个信息技术日新月异的时代，数字技术也快速地向印刷行业渗透，并不断地被这种新技术所变革。正如“十二五”规划所指出的，印刷数字化是我国印刷业向高新技术转型、实现现代化、转变发展方式、调整结构的必然选择。由此可见，印刷数字化是印刷行业发展的必由之路。

印刷数字化就是印刷全过程的数字化，包括印刷工艺数字化、印刷内容数字化、印刷经营管理数字化和印刷设备控制数字化。印刷数字化的主要目标在规划文件中明确指出，包括：（1）内容资产数据库建设和应用示范；（2）发展高性能CTP版材和设备；（3）发展和应用数字化工作流程；（4）用数字技术改造和提升传统印刷机的数字化控制水平；（5）汉字字体字库数字化技术开发；（6）数字纳米材料制版关键生产工艺开发和产业化。

此外，“十二五”规划也对印刷数字化的主攻设备提出了明确的要求。

（1）CTP制版机及版材是实现印刷数字化的关键。我国已经能生产自主品牌的CTP制版机和版材，但国内市场占有率还较低，某些关键核心技术还没有掌握或处于研发阶段。“十二五”期间国产CTP机主要是继续提高产品水平和质量，提高成像质量、对位精度、版材适应性、曝光能量自动校准等性能；

提高产品稳定性、可靠性；力争突破光栅光阀关键技术。产品性能达到现在的国际先进水平或接近、达到当时的国际先进水平。扩大国内市场占有率，力争2015年国内市场占有率超过50%，大幅提高出口量，在国际市场上占有一席之地。"十二五"期间国产CTP版材发展目标主要是，稳定提高质量、降低成本、扩大产量，产品性能达到国际先进水平。研发免冲洗和免处理CTP版材，力争实现规模化生产。

（2）喷墨数字印刷机。"十二五"期间国产喷墨印刷机开发的主要任务是：喷墨控制关键技术开发；数字前端软件开发；供墨系统研制；喷墨头关键技术的消化、吸收和再创新；数字安全防伪关键技术开发；设备制造关键工艺的开发。2015年喷墨数字印刷机达到当时的国际先进水平，实现设备生产产业化。

（3）静电成像数字印刷机。静电成像数字印刷机是目前我国数字印刷企业的主流设备，也是国际上主流数字印刷设备之一，应用广泛。静电成像数字印刷机我国还没有生产，完全依靠进口。应该根据市场需求，适时研发。

（4）用数字技术改造和提升传统印刷机的数字化水平。

（5）数字化工作流程研发和应用。"十二五"期间，要研发符合国际主流标准的工作流程和数据接口，数字化工作流程研发的主要内容是：研发自主的数字预检、数字陷印、数字拼版、数字挂网、油墨预置和闭环控制等关键技术，在数字预检的准确性、数字陷印处理效率、复杂数字拼版适应性、新型调频和混合数字挂网的质量、油墨预置阀值的准确性方面达到国际先进水平；形成较完整的面向书刊、报业印刷和包装印刷的全数字化生产系统和管理系统，并建立样板客户的应用示范；完成对全流程色彩管理与服务平台的研制，完成对关键数据和测试结果的收集、计算和统计分析，确定符合正常生产条件下的最佳标准和规范。

现在，"十二五"已经接近尾声，我国印刷行业的数字化水平到底发展到什么程度，让我们作一简要梳理。本报告将针对印刷数字化的各个领域进行全景扫描，以期勾勒出当前我国印刷数字化水平的现状与发展趋势。

一、印刷工艺流程的数字化

印刷工艺流程的数字化包括数字图文（数字图文或把模拟图文转化为数字

图文）采集、数字排版、数字拼版、图文栅格化处理（RIP）、色彩管理、数字打样、数字制版、广义数字印刷、印前数据控制的印后加工等，即 CIP3/PPF 和 CIP4/JDF 的印刷全过程的工艺数字化。印刷工艺数字化是印刷数字化的基础，是效率、质量、成本优化的基础。

当前的印刷行业，在整个印刷工艺过程中，印前环节的数字化程度最高。从桌面出版到数码打样，再到 CTP，这些印前环节的大部分工作都是围绕计算机完成的，基本上已经最大限度地实现了数字化。计算机技术的每一次变革，都会迅速影响到印前工艺的发展。现在机械打样、激光照排机等设备，已经大部分遭到淘汰。取而代之的是数码打样、屏幕软打样、CTP 等工艺。相对来说，印刷过程以及印后过程的数字化则主要依靠印刷设备的自动化程度。

（一）数码打样全行业普遍应用

1. 硬打样

打样是连接印前与印刷的重要环节，现在的数码打样集计算机技术、网络技术、新材料技术等于一身，是印刷生产中进行质量控制和管理的一种重要手段，对控制印刷质量、减少印刷风险极为重要。

数码打样系统是以数字化出版印刷系统（CIP3/CIP4）为基础，利用同一页面图文信息（RIP 数据）由计算机及其相关设备与软件来再现彩色图文信息，并控制印刷生产过程的质量。目前数码打样系统由数码打样输出设备和数码打样软件两部分组成，采用色彩管理与色彩控制技术达到高保真地将印刷色域同数码打样色域一致。其中数码打样输出设备是指任何能够以数字方式输出的彩色打印机，国内目前最常用且能够满足出版印刷要求的多为大幅面彩色喷墨打印机；数码打样控制软件是数码打样系统的核心与关键，主要包括 RIP、色彩管理软件、拼大版软件等，完成页面的数字加网、页面的拼合、油墨色域与打印墨水色域的匹配。

数码打样系统的先进性在于采用色彩管理和 RIP 后的技术。专业数码打样软件运用 ICC 色彩管理技术，通过对色空间进行精确运算，实现不同色空间的颜色转换，达到数码打样与印刷颜色的一致性。由于其色彩的准确性、稳定性和可靠性，在整个印前、印刷工艺流程中为控制整体工艺质量提供了一种行之有效的技术手段，并在各个环节之间架起一座桥梁。质检人员可以在任何一个工序随时用数码打样检查分色与制版质量，使许多问题预先得到有效的控制，提高效率，减少浪费。

数码打样是以印刷品颜色的呈色范围和与印刷内容相同的RIP数据为基础，采用色域空间较大的彩色打印匹配色域空间较小的印刷方式来再现印刷色彩，能够满足平、凹、凸（柔）、网等各种印刷方式的要求，并能根据用户的实际印刷状况来制作样张，解决了打样与后续实际印刷工艺不能匹配，给印刷带来困难的问题。

对于印刷企业来说，兼容广泛的数码打样减少了投资成本，品质更容易控制，数据更容易管理，生产也更容易调整。实际上数字打样早在2005年前后就已经为广大印刷企业所接受，并逐渐普及。作为一种更为便捷的打样方式，最早数字打样的推广是为了替代传统打样，之后数码打样成为CTP的必备配套技术。数码打样极大地简化了打样流程，降低了设备投资及生产成本，虽然也有其成像方式同传统打样及印刷不一致的问题，但因其低成本和便捷性，迅速为广大印刷业所接受。现在数码打样基本上已经在全行业普及，印刷企业一般都是采用喷墨或激光打印机与色彩管理软件结合的方式进行。现在，如爱普生、佳能、惠普等国际厂商都能提供高品质的数码打样设备。而在这些设备中，喷墨设备占主流地位。现在，数字印刷开始逐渐融入到传统印刷企业之中，而在其发展初期，数码打样也是数字印刷设备的一项重要应用。

总体来说，数码打样已经成为当前印刷企业中居于主导地位的打样方式，其高速发展时期集中于2005年前后，到2008年左右，全行业基本上完成数码打样与传统打样的更新换代。在当前的印刷行业，数码打样已经不是一种新工艺，而是一种普遍应用于印刷企业的工艺。

2. 软打样

屏幕软打样是通过屏幕来呈现印刷结果。它需要通过专门的软件，在计算机的显示屏上模拟输出设备色彩特性及实际的输出效果，能覆盖Adobe RGB色彩空间，达到印刷效果的CMYK色彩空间，做到99%以上的色彩还原。RIP后的结果可以对印刷品进行印刷效果预览，达到屏幕显示与印刷效果一致，并可通过网络发布RIP后文件的屏幕打样效果，印刷操作台可以通过屏幕显示效果；能够无纸化地校正印刷色彩，快速、准确地使印品达到客户要求。由于其是 RIP 后的结果，又采用了专门的彩色管理软件，因而能和印刷后端保持高度的一致性。

软打样的目的就是通过显示器对印刷机的输出效果进行准确预测，并让不同地方的人看到相同的颜色效果。软打样既可以只用于校正内容，也可以用于查看色彩。软打样最大的优势在于可以在线查看样张。客户可以在任何一个他们方便的时间来进行签样，而印刷厂和客户也不必同时在线。用户只要在软件中创建好样张，就可以通过系统将网页链接和信息通过电子邮件形式发送给客户。当然，要实现这一目的，客户还需要安装相关的客户端软件，并完成同样的色彩校正。

其实，并非所有的软打样都需要购买昂贵的商业解决方案，当前印前常用 Photoshop 或 Adobe Acrobat 软件，再加上技术娴熟的印前操作人员，也可以大致完成屏幕打样的工作。但是要想确保所有参与看样的电脑设置都准备，还是非常困难的。对此，市场上也有很多软打样软件可以选择。如柯达、CGS、爱克发、方正等，均有相关软件产品。

目前，屏幕软打样在我国印刷行业已经进入实用阶段，但相对来说，其在报业印刷领域的应用较为广泛，在商业印刷、包装装潢印刷等领域，主要还是以硬打样的方式为主。

此外，还有远程打样，也称异地打样，指样张的输出和确认与样张的制作和修改不在同一地点。制作完毕的数字页面放置在制作端的服务器上，通过网络传送到异地的打样系统进行输出，然后经客户确认后即可完成。如果需要修改，则将修改指令（描述）通过网络传送到异地的制作端，修改后的样张再进行传送、输出和确认过程。这样，可以省去传统打样流程中在时间和器材上的损耗。采用软打样的远程打样流程可以实现“实时”打样过程，极大地缩短打样周期，提高生产效率。据统计，在出版物的生产流程中，60% 的时间花在了打样过程中。远程打样在时间上的优势以及目前印刷生产的全球化发展趋势是这项技术发展的最大原动力。当然，也有采取硬拷贝方式的远程打样，这种方式早在 20 世纪 90 年代中后期就有尝试和应用。比较典型的做法是将硬拷贝打样机放置在客户端或公司在当地的分支机构，通过网络将数字文件传送到打样设备上进行输出，然后再将样张送达客户进行确认。

远程打样在当前的印刷行业也有所应用，一般为远程软打样，尤其是对于一些异地印刷的产品，采用这种方式可以极大节省校样时间。

（二）色彩管理助力企业实现精准印刷

色彩管理是一种将图像从源设备色彩空间转换到目标设备所支持的色彩空间的技术，其目的是提供一种跨外设和操作平台的一致的色彩再现机制。进行色彩管理的目的，就是要让显示器、打印机和印刷机之间，建立一个能够相互沟通、相互转换的色彩空间，以实现印刷品准确的色彩。

现代色彩管理技术的发展经历了两个阶段：在20世纪七八十年代彩色电子印前系统出现之初，色彩管理的概念已经被人们采用，但当时的彩色桌面印前系统相互之间不能兼容，要完成不同设备间的色彩传递相当复杂，需要采用多个独特的色彩转换程序才能实现，所以称其为传统的色彩管理技术。而在1993年，八大电脑及影像发展商成立了国际色彩联盟ICC，其目的是解决新产品间的色彩管理兼容问题。ICC将色彩管理系统建立于电脑操作系统之内，并利用色彩特性文件作为色彩转换的基础，任何输入和输出设备只要支持这种格式，它们之间就可以准确地进行色彩转换，这就是现代的色彩管理技术。

多年来，基于ICC的色彩管理系统已普遍应用于各类图像处理软件（如Photoshop）和操作系统（如Mac的ColorSync，Windows XP的ICM）中，ICC特性文件也已成为一种工业标准。

当前，国内印刷企业应用色彩管理水平参差不齐。一方面，一些优秀的印刷企业重视色彩管理并将其融入印刷生产的每个环节之中，将色彩管理做到极致，不仅能保障大批量的高品质的印刷，还能进行超高水平的艺术品复制，如雅昌、中华商务、杭州影天、北京圣彩虹等企业，已将色彩管理“写进企业名片之中”，以色彩管理取胜。很多企业的印刷品经常在国际印刷大奖赛上获奖，也得益于其优秀的色彩管理技术。但另一方面，为数众多的小规模印刷企业缺失色彩管理这一重要环节。

总体来说，近年来色彩管理为我国印刷企业所逐渐重视，并得到迅速发展。色彩管理的理念已经深入到每个印刷企业之中。尤其是数码打样的全面普及使得印刷企业不得不对印刷工艺进行色彩管理。同时，与国外相比还有差距，如一些应用了色彩管理软件的高端印刷企业在应用中也存在一些问题，色彩管理系统所发挥出来的功效与色彩管理系统拥有的功能相比，还是只占很少的一部分。色彩管理系统在整个印刷工艺流程中的功能，如 RGB 色彩管理、CMYK 色彩管理、色彩转换、数码打样、色彩检查、油墨优化等并没有完全在实际生产中一显身手，还有进一步的提升空间。

（三）CTP 已褪去新技术光环

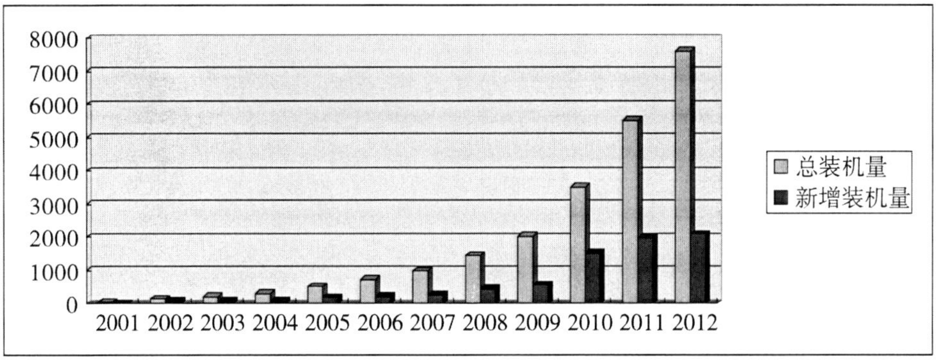

图 1　我国 CTP 历年装机量汇总（2011 年前数据来自科印传媒“CTP 在中国”系列调查，2012 年数据为《印刷工业》杂志汇总所得）

1. 历　程

CTP 技术自从 20 世纪 90 年代末进入中国以来，便一直成为业内的热点话题。行业媒体科印传媒曾连续 10 余年追踪 CTP 的发展轨迹，从 20 世纪 90 年代末的寥寥无几，到 2002 年前后的崭露头角，再到 2011 年的爆发式增长，CTP 这一新技术经过 10 余年的发展已经走向成熟。相对于国外市场，中国印刷行业对 CTP 的接受速度较慢，2001-2004 年，CTP 由概念普及转向实际应用，作为一项新技术受到了印刷企业的热捧，但由于版材价格、技术成熟性（很多企业购买的 CTP 使用不稳定）等原因，CTP 的引进数量并没有继续保持高速增长（尽管增长率比较高，但是因为基数小，增长的数量并不多）。随着版材本地化和国产化，以及技术的不断成熟与市场需求的不断增多，从 2006 年底开始，引进 CTP 的企业增多，绝对数量的增长较快。从图 1 中我们也可以看出，到 2011 年，我国印刷行业的 CTP 装机量实现了井喷，全年装机量超过 2000 台，也可以说，从这一年开始，印刷行业正式进入了 CTP 时代，CTP 在印刷企业中全面普及。此后，CTP 作为印前的必须配置逐渐褪去了其新技术的光环。

在欧美日等发达国家，由于CTP技术的市场渗透率普遍达到60%以上，大多数大中型印刷企业都已经具备了CTP制版能力。在新兴经济体中，CTP设备市场继续保持良好的上升势头。据巴基斯坦印刷协会统计，过去5年其CTP设备的年增长率为100%。据《印刷工业》杂志调查，2012年我国CTP设备年度新增装机量约为2100台，累计装机量达到7600台左右，维持稳定增长。这表明，我国CTP设备市场从整体上看仍充满活力，尚未达到饱和点，最近几年有望持续增长。

2. 技　术

从技术类型来看，在CTP发展的早期，热敏技术受到追捧，一度占据市场主流的位置，同时紫激光技术自推出以来也显示了其势不可挡的发展势头，尤其是因其可实现较快的速度而在报业印刷领域成为新宠。现在，两种技术的CTP相辅相成，根据各自的优势在不同领域发展略有差异，如商业印刷、包装装潢印刷等企业比较青睐于热敏技术CTP，而报纸等要求快速出版的印刷企业则青睐于紫激光技术。

除此之外，市场上还有采用传统PS版的CTcP或UV-CTP产品（由贝斯印、洛桑等公司提供），也在印刷行业占有一定市场的份额。同时，我国的高新技术企业中科纳新公司还针对印刷行业推出了纳米CTP，这种CTP基于喷墨成像技术，摒弃了感光成像的思路，避免了感光冲洗过程造成的化学污染，能从根源上缓解印刷制版行业的环境污染和资源浪费问题，大幅降低了印刷成本，是一种绿色CTP技术，为印刷行业带来了一种新的选择，但这种技术成像质量还有待进一步提高。

总之，CTP早已经融入了整个印刷行业，成为印前普遍采用的技术，虽然目前仍有一些企业还未完全淘汰传统制版，但在当前的环境下，传统制版技术或将被CTP技术所取代。

3. 品　牌

在CTP发展之初，致力于推动这项技术发展的主要为国外供应商，如柯达、爱克发、网屏、富士胶片、海德堡、ECRM等，版材供应商也以国外厂商为主。随着CTP的逐渐普及，国内厂商加入到对CTP设备的研发之中。现在，已有多家国内CTP品牌制造商，如华光、科雷、天锐精仪、大族冠华等。同时，如新图、华光、星光等国产品牌的版材也逐渐适应市场，进一步对CTP的全行业普及起到了巨大的推动作用。

在 2007 年之前，我国 CTP 设备市场基本被国际品牌所垄断。2008 年之后，随着以杭州科雷、广州爱司凯等为代表的国内企业纷纷推出 CTP 产品，本土品牌 CTP 设备批量涌现，市场占有率不断提高。据统计，到目前为止，我国主营和兼营 CTP 设备的企业已经达到 10 家左右。到 2011 年，本土品牌与国际品牌的市场占有率已基本平分秋色。2012 年，随着市场重心的继续“下沉”，中小企业成为 CTP 设备的主要购买力量，更具性价比优势的本土品牌显示出了较好的市场成长性。据《印刷工业》杂志汇总的数据显示：在 2012 年我国 2100 台左右的 CTP 设备新增装机量中，本土品牌设备约为 1600 台左右，在年度新增装机量中的比例超过 3/4；国际品牌设备约为 500 台，所占比例不足 1/4。

值得一提的是，自 2008 年以来，伴随着本土企业的崛起，我国不仅一举扭转了在 CTP 设备方面完全依赖进口的局面，而且形成了批量出口。以杭州科雷和广州爱司凯两家公司的产品为代表，我国本土制造的 CTP 设备不仅在东南亚、南美、俄罗斯等发展中国家和地区站稳脚跟，而且出口到英国、法国、德国、韩国等发达国家，在部分国家甚至成为市场占有率绝对领先的主导品牌。据海关总署公布的数据，2012 年，我国 CTP 设备出口量为 1781 台，略高于 2011 年同期水平；进口量为 491 台，略低于 2011 年同期水平。据《印刷工业》杂志估算，2012 年在我国本土制造的 CTP 设备超过 3000 台，我国已经成为全球重要的 CTP 设备制造基地。

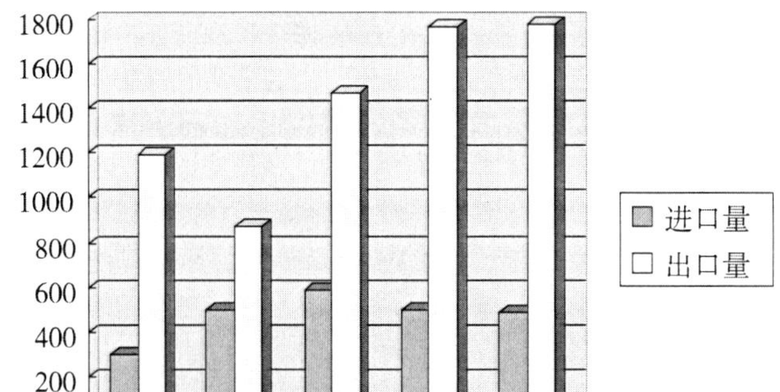

图 2　2008-2012 年我国 CTP 产品的进出口情况

4. 柔印 CTP

柔印 CTP 技术的原理与胶印 CTP 技术类似，即采用激光成像系统将计算机发送的图文信息直接在数字柔性树脂版上成像生成印版。柔印 CTP 技术最早出现于 20 世纪 90 年代，在 drupa 1995 上，杜邦公司与巴可公司（2002 年与宝禄德福公司合并成为艾司科公司）联合展出了世界上第一台数字式柔性版成像设备 CDI（Cyrel Digital Imaging）。

同胶印 CTP 一样，柔印 CTP 也拥有诸多优势，但由于在推出初期设备及配套版材价格较高，柔印 CTP 技术推广的速度并不快。近年来，随着设备投资和版材价格的不断降低，柔印 CTP 技术的应用呈现加速态势，上升空间逐渐打开。2002 年全球柔印 CTP 设备装机量约为 200 余台，2005 年达到近 1000 台，2007 年达到约 1500 台，2010 年达到约 2500 台。据《印刷工业》杂志推算，截至 2013 年上半年，全球柔印 CTP 设备的累计装机量约为 4000 台。

柔印 CTP 技术在我国的应用始于 2001 年。当时信华精密制版（上海）有限公司从巴可公司引进了我国市场上的第一台柔印 CTP 设备。在发展初期，专业化制版公司成为柔印 CTP 技术在我国的第一批用户。《印刷技术》杂志的调查显示，到 2006 年，国内柔印 CTP 设备的累计装机量为 20 台左右，其中艾司科公司 11 台，柯达公司 4 台，德国 FLEXOLASER 公司 1 台，余下的为杜邦公司等。在艾司科公司销售的 11 台设备中有 6 台安装在制版公司，4 台安装在印刷企业。随着柔印技术应用的推广和柔印 CTP 技术投资成本的走低，我国柔印 CTP 设备的装机量在近 3 年以来得到了较快增长。据中国印刷技术协会柔性版印刷分会公布的数据，到 2010 年我国柔印 CTP 设备累计装机量达到 60 台。据《印刷工业》杂志统计，截至 2013 年 9 月，我国柔印 CTP 设备的累计装机量已达 120 台左右。在供应商层面，与全球市场格局类似，艾司科公司和柯达公司占据约 90% 的市场份额，此外于 2006 年进入柔印 CTP 设备领域的网屏公司也占据了一定的市场份额，其他少数供应商只有零星销售。

从柔印 CTP 的发展历程来看，2001–2006 年可视为柔印 CTP 技术在我国的导入期。这一时期，企业对柔印 CTP 技术的了解逐步加深，设备装机量缓慢增长。自 2006 年至今可视为市场培育期，这一时期，印刷企业对柔印 CTP 技术的接受度不断提高，柔印 CTP 设备装机量稳步提升，但尚未迎来迈向快速成长阶段的市场“引爆点”。

据《印刷工业》杂志预测，未来随着柔印 CTP 设备及配套版材投资、应用成本的走低，预计以制版公司为主导的柔印制版市场格局将进一步动摇，部分制版需求量较大的印刷企业将通过引进柔印 CTP 设备实现生产流程的一体化，这将大大增加柔印 CTP 设备的潜在市场空间。目前，我国共有 26530 台柔印机，保守估计这些设备分布在 1 万家印刷企业，我国有柔印制版需求的企业即达 1 万家。由于主要用于瓦楞纸箱制作的水性印刷开槽机制版要求相对降低，如果只考虑机组式、卫星式和层叠式三大类主流柔印机，我国具有潜在柔印 CTP 技术应用需求的企业应可达到 2000 家左右，潜在装机需求约为 2000 台。按照目前 120 台的装机量计，柔印 CTP 设备在我国的渗透率约为 6%，上升空间很大。随着柔印技术在我国的快速普及，柔印 CTP 技术的潜在市场空间还有望随之继续增长。保守估计，未来 10 年内柔印在我国包装印刷总产值中的比重有望翻番，达到 20% 以上，柔印 CTP 设备的潜在市场需求也有望达到 4000 台。

（四）数字印刷冲击传统印刷方式

当前，印刷行业依然是胶印占据统治地位，其他如凹印、凸印、柔印、网印等各自在其擅长的领域发挥作用。但不同的是，数字印刷正在冲击着传统印刷在各个领域的应用。自从 1993 年 Indigo 在 IPEX 展会上推出世界上第一台真正意义的数字印刷机以来，数字印刷便在印刷行业掀起了热议，不仅形成了对传统印刷的挑战，甚至很多人认为它将取代传统印刷。但是这样的预测并没有为数字印刷带来一个高速发展的时代，而其在国内的发展更是经历了重重困难。在一开始，对于这样一种崭新的、还不是很成熟的技术，人们将信将疑，而传统印刷企业更是很难一下子接受这一新工艺。

数字印刷起初在非传统印刷领域发展较快，发展模式如快印店、机关内部文印中心等，主要定位于按需印书、个性化印刷、银行等的账单、票据、直邮产品等。这主要是由于数字印刷的特点决定了其不同于传统印刷的经营方式，而这一差异使得没有传统印刷背景的企业更加容易适应数字印刷。

经过 20 年的发展，数字印刷技术取得了令人瞠目的进步，现在无论是速度、印刷质量、幅面等均已经取得长足的进展。drupa2012 展会上，各种概念数字印刷产品争相亮相，让人们再次看到了数字印刷的魅力。到了 Chinaprint 2013，数字印刷展商更是占据了大部分的展位面积，而 2013 年下半的美国 print13 展会，则完全成了数字印刷的天下，传统胶印设备几乎无一展示。

数字印刷因其“个性化”与“按需”的特点，从其诞生起便一直在众多关注中发展。而作为一种崭新的印刷方式，“数字印刷是否将取代胶印”更是引起了行业内持续的讨论，正当人们都已经接受“数字印刷将是胶印的有益补充”、“数字印刷与胶印融合发展”等观点之时，数字印刷技术的发展已经再次实现了飞跃，喷墨技术使得工业化级别的高速印刷成为可能，兰达的纳米技术的推出更是让人看到了数字印刷技术的无穷能量。而如曼罗兰、小森、高宝等顶级胶印设备制造厂商开始涉足数字印刷设备的研发和生产，更是证明了数字印刷的前景不可估量。

数字印刷在中国市场的发展在一定程度上慢于欧美地区，但随着当前政府相关部门以及行业的强力推动，数字印刷已逐渐渗透到我国的传统印刷行业。如当前的典型企业虎彩、江苏凤凰、大恒等公司，已经步入了工业化数字印刷之路，与此同时，如京师印务、中石油印刷厂、中国教育进出口总公司等单位，也相继引进工业化数字印刷技术，开展按需印刷服务。

据权威部门统计，2013 年，我国数字印刷实现产值 103 亿元，比上一年增长 63%，占印刷总产值的比重首次达到 1%。全国共有专营和兼营数字印刷企业 2488 家，数字印刷生产设备 7715 台（套），均比上一年增长两倍多。虽然从政府部门的统计数字来看，数字印刷依然犹如星星之火，但正如国家新闻出版广电总局印刷发行管理司司长王岩镔谈到，“与传统印刷相比，数字印刷继续保持了迅猛的发展态势。发展数字印刷，理念决定方向，软件重于硬件，增值赢得未来。我们很欣喜地看到，业内各方对数字印刷发展的模式、技术和运营路径的探索，取得了很多积极的进展。”

现在，数字印刷在中国的发展，已经从个性化的阶段进入到个性化 + 工业化的阶段，应用领域也扩展到书刊、标签、包装、报纸、广告等众多领域，正在抢占各个领域传统印刷的市场份额。如果说之前的十多年数字印刷这种印刷技术一直在向印刷行业慢慢渗透，那么从这两年的情况可以推断出，在未来的几年内，数字印刷将会得到更多领域的应用。

（五）数字化工作流程从局部走向整体

数字化工作流程是以数字化的生产控制信息和管理信息将印前、印刷、印后三大环节之间整合成一个通畅的数据通道，为各种数字设备的使用铺平道路。

如今，主要的印前和印刷厂商几乎都推出了自己的数字化工作流程解决方案，这些方案都强调开放性和可操作性，使整个生产流程达到最佳效果。总体来看，现在的数字化工作流程主要有四种解决方案：基于 PostScript 的工作流程、专用的工作流程、位图工作流程及基于 PDF 的工作流程。推行数字化工作流程的目的是为了消除人为因素的影响，达到生产和管理的有机结合。操作者在任何时间都能监控产品在生产过程中的状态，可在任何环节进行打样，允许在最后一分钟进行修改。

数字化工作流程在我国的应用是从实现数字化拼大版开始的，而后逐步实现数码打样、PDF 输出、数字资产管理，最终实现整个工作流程的数字化。我们常说的网点、色彩管理、精密字库、陷印、墨量控制等都可以看作数字化工作流程的重要组成部分，而如今面向胶印和数字印刷的混合流程已经开始应用。数字化工作流程将与印刷企业 ERP 紧密结合，成为企业管理的基础平台。

我国的印刷企业对数字化工作流程的应用主要集中在印前，一些通过引进 CTP 而应用的数字化工作流程也只是以 CTP 为中心的数字制版工作流程。最近几年，一些流程软件供应商向中国市场推出了“全面数字化工作流程”的概念，全面连接印前、印刷和印后，这也使得数字化工作流程在我国的发展进入一个崭新的阶段，有了从局部应用到全面应用的转变。

实际上，基于 JDF 的全面数字化工作流程在国外的应用比较普及，对国内印刷企业来说，数字化工作流程的全面应用的内部和外部条件尚未完全成熟。如国内印刷企业的管理模式还不适应全面的数字化工作流程，生产设备不具备实施同一厂家全流程的基础条件等。而 JDF 作为标准，解决的是信息交流的标准化问题，目前国内在这方面的需求并不强烈，国内印刷企业更多的是基于局域网的封闭应用。无论如何，JDF 是趋势，国内印刷企业对全面数字化工作流程的应用也已经初见端倪。

我们看到，现在，很多专业的软件供应商都在为印刷企业的全数字化流程而努力，如方正、柯达等，而如海德堡、小森等以传统胶印设备为主打产品的供应商更是着重对印刷企业全数字化工作流程的打造。值得一提的是，一些印后设备厂商也针对印后流程推出了专业的流程软件，以更好地实现全面对接。如 MBO 公司的 data manager 系统便是其中的一个典型产品。这款流程软件针对印后折页车间而推出，可优化企业的生产计划、控制并监控折页生产流程的创新工作系统。相信在印刷软硬件供应商及印刷企业的共同努力下，印刷企业全流程的数字化将会在国内的印刷企业中得到越来越多的应用。

二、印刷内容的数字化和管理

（一）印刷内容完全实现数字化

印刷内容的数字化和管理主要包括：模拟文字、图形、图像本身的数字化；适合网络传输和远程传输的数字印刷页面生成；建立数字化印刷内容数据库；存储、查询、开发和再利用数字资源；为印刷、电子出版、网络出版、广播影视等电子媒体、网络媒体、多媒体等全媒体的需求服务（一次制作，多次输出）及其数字内容的管理。

现在，数字化已经渗透到人们生活的各个方面。而基于计算机技术及桌面出版技术的发展，印刷内容基本上已经完全实现了数字化。从整个印刷工艺流程来说，印刷内容来源于印前之前的设计文件，计算机硬件及软件技术的不断升级，也时刻革新着印刷的流程。印刷内容基本上实现了从电子文件到印刷成品的变化过程。

（二）数字资产管理仍处于起步阶段

印刷内容数字化后的管理系统，即数字资产管理系统。随着印刷内容数字化的发展和服务对象的扩展，数字资产管理将有较大发展。数字资产管理，可能由目前主要为印刷服务（印前准备），发展成为印刷媒体、电子媒体、网络媒体、多媒体等全媒体服务的“媒体内容开发和管理业”。

对于印刷企业来说，数字资产管理系统包括数字资产的采集加工、数字资产的可扩展保存与管理、数字资产的多次和多渠道利用。客户提供给的数字信息，成为最原始和最直接的数字资产；在印制过程中，生成的各种版式文件、数码打样、出版数据等电子文件，成为第二类数字资产；摄影、设计、网络广告、网站设计、个性化印刷等服务，所产生的各类电子文件，成为第三类数字资产。

虽然印刷内容电子化早已常态化，但是对于印刷内容的管理则依然处于起步阶段。值得一提的是，当前各行各业都在承受着数字化的冲击，印刷上游的出版行业也正在经历着从传统出版向数字出版的转变。尤其是在当前的环境下，“印刷版本”仅仅作为出版的介质之一，而各种数字终端正在冲击着一直独占统治地位的印刷终端。这也就决定了“一次制作，多次输出的重要性”，制作后的内容，需要印刷版本，同时也需要可以在其他电子介质上呈现的电子版本。

数字资产管理的作用是将各种数字文档进行归类、存储以及深度开发和再利用。数字资产管理的核心是存储数字化数据的大型数据库，涉及的主要是内容存储与开发利用的问题，但在国内，印刷企业一般只承担加工者的角色，内容的开发及利用权都掌握在客户手中，因而企业缺少采用数字资产管理的动力。

近年来，如雅昌等一些高端印刷企业开始进行数字资产管理，并为客户提供数字资产管理服务，让人们看到了数字资产管理在印刷企业的发展前景，一些较有实力的企业也开始将部分精力投入到数字资产管理中。

目前，出版印刷行业的知名供应商，如苹果、北大方正等都在数字资产管理系统的开发方面做了大量工作，其产品均有强大的数据处理、存储及输入/输出能力，可进行多种类型资产（包括文字、图像、音频信息）的数字化及分类、标引及检索、存储等工作。

由于印刷行业的特殊性，数字资产管理的实施在印刷行业中还存在很多问题，目前国内印刷企业当中，一些较有实力的企业已经在钻研此类业务，如雅昌、文新报业集团等都有突出表现。从总体来看，我国印刷企业的注意力还只集中于加工和生产，对数字资产管理这一新兴概念并不是很感兴趣，还需要一定力度的市场引导，当然，数字资产管理实际上也是基于企业完善的数字化工作流程之上的一个新项目。

（三）印刷经营管理的数字化

印刷经营管理数字化主要包括：建立印刷服务网，通过自动报价、网络接单、本地和异地印刷、个性化服务、作业跟踪等为客户提供更快捷的服务；加强和优化企业内部人、财、物、产、供、销的统一管理和项目管理及项目核算，降低成本；建立客户、出版和发行者管理系统，实现编印发一体化；建立印刷设备和器材的供求网络，改善供求关系，优化设备供应和原辅材料供应。可见，印刷经营管理囊括了 IT 信息、营销管理、印前管理、生产管理、行政财务等公司经营的各个领域。而印刷经营管理的数字化则主要体现在企业 ERP/MIS 系统以及印刷电子商务（网络印刷）的应用程度。

1．ERP/MIS 系统　应用有待普及

MIS 即企业的管理信息系统（Management Information Systems），是以信息技术为基础，为企业管理和决策提供信息支持的系统。MIS 的特点是建立了企业数据库，强调数据共享，从系统观点出发，从全局规划和设计信息系统。ERP 即企业资源计划（Enterprise Resources Planning），是在 MRP（物料需求计划）和 MRPII（企业生产经营管理和计划系统）的基础上发展起来的，其核心是针对制造业的生产控制管理模块，在制造业企业中可作为一种侧重于供应链管理、生产管理、库存出货管理的局部 MIS 系统。两者定义不甚相同，涵盖范围有所重合，都是企业经营数字化管理的重要方式，目标都是企业管理的数字化、信息化，其在印刷企业的发展经历也是大同小异。实际上，从 ERP 这一概念本身来说，已经在国内演变成一个非常宽泛的概念，在更多的情况下是企业经营管理软件的代名词。在此，我们仅以 ERP 为例，看一看印刷企业在经营管理方面的数字化程度。

ERP 在国内印刷企业的发展滞后于其他行业，在 20 世纪 90 年代后期，当国内其他行业开始大范围接触 ERP 时，印刷行业依然没有任何动静。进入 21 世纪，印刷行业逐渐尝试企业 ERP，进行现代化管理探索。在发展之初，ERP 软件仅仅是由国内外一些通用 ERP 软件供应商提供，如用友、金蝶、SAP 等，在 ERP 开始进入印刷行业之后，一些专门针对印刷行业而开发的 ERP 软件也开始推向市场。经过 10 多年的发展，印刷行业总产值实现了高速的增长，印刷企业在装备实力、技术水平、产品质量等方面均有了大幅提升，ERP 在印刷行业的应用情况，也有了新的变化。但相对于中国印刷业的整体实力提升水平，ERP 在中国的发展有些滞后。问题主要体现在以下几个方面：一是应用 ERP 的印刷企业绝对数量并不算多，虽然近年来诸多相关厂商都在向行业推广 ERP 产品，但整体来看，应用 ERP 的企业数量相对于全国 10 万家印刷企业还只是少数（不过，值得欣慰的是，绝大多数大型企业都已经开始了管理数字化的征程）；二是在应用了 ERP 的企业中，成功案例并不是特别多。

现在，印刷包装行业已进入个性化、短周期、小批量的“敏捷制造时期”，对信息的收集、交流、反应和决策速度日渐成为决定企业竞争能力的关键因素。

而印刷包装企业的经营管理方式也将从原来的粗放式转变为精细化，对信息化建设的要求越来越高。从这个意义上来讲，印刷企业应用 ERP 系统的需求是日渐迫切的。一直以来，印刷企业主要通过三种方式来实施 ERP，一是自主或与科研机构合作开发，这种方式尤其是在 ERP 发展的早期多有尝试，如人民日报与吉林大学合作研发 ERP 系统。这种方式的优点是更加贴近企业实际，但缺点是研发力量可能不足，而造成软件使用不畅的情况。第二种方式是项目外包，委托业内的 ERP 供应商量身定制；三是直接购买 ERP 软件，根据自身特点适当个性化开发，这种方式是当前印刷行业中 ERP 实施的主要方式。由于印刷行业的特殊性，应用专业印刷 ERP 软件的较多，而应用各行业通用的 ERP 软件的较少。

造成印刷行业 ERP 应用不甚理想的原因，首先就是印刷业务的非同一性。一般制造加工的生产流程都是相同的，生产产品也是相同的，其中不需要过多的调节。而印刷产品的特点是，每个活件都有很大差别。

从印刷企业的角度来看，与硬件投入相比，软件投入并不能产生立竿见影的效果，几十万甚至上百万元的软件投入、配套的硬件设施费用、难以计数的人工成本，加上难以计量的实施效果，导致很多印刷企业对 ERP 望而却步，不敢轻易涉足。

2．网络印刷（印刷电子商务）方兴未艾

网络印刷，即 Web to Print（从网络到印刷），也可以说是印刷电子商务，这一概念自其提出之时便一直受到印刷业界的普遍关注。网络印刷以网络为平台，通过数字化的业务流程，为客户提供专业化的印刷服务。其通过在线订单、文件上传，把印刷需求转化为一组数据信息，印刷厂家通过规范工艺直接按单进行标准化生产。印刷厂甚至还可以将在线订单直接衔接内部 ERP 系统，在印刷、质检、裁切、装订、包装、配送等过程中，为每一个订单号编制相应的条形码，通过电脑红外线扫描，与各个环节连通，最后转入配送中心，打印配送单据，进而进入物流环节。可以说，网络印刷使企业作业流程更加简洁、规范，提升了作业效率，扩大了产品销售范围和增值服务的种类，提升了企业的现金流转速度，降低了印刷厂的经营成本。

（1）体现形式

从现在的情况来看，网络印刷主有以下几种体现形式。

①网络按需印刷。网络按需印刷的实现方式多为数字印刷，数字印刷企业通过网络架设虚拟店铺，在店铺内展示所能提供的印刷服务和产品，消费者可根据自己的需要进行选择。数字印刷“一张起印”、张张不同的特点使其可以面向大众出售零售印刷业务，客户可以在网上完成设计制作的过程，一方面减少了印刷企业前端处理和确认的麻烦，另一方面也让客户在这个过程中体会到不少乐趣。网络按需印刷可根据每个客户的不同要求定制个性化产品，如个人相册、个人图书印刷等。从最早的博客书到现在的微博书、照片书等，都是网络按需印刷的产物。

②网络合版印刷。合版印刷一般通过网络的形式取代业务员去客户处接单的程序，这种最初不被传统印刷业看好的新业务模式，已经为很多印刷企业所效仿。

③网络接单平台。这种模式采用的是一个提供印刷服务的采购平台，平台上汇集各种印刷服务信息，企业通过这一平台接单。在很多地区，这种平台往往以“印刷联盟”的形式出现。这种模式可以通过网络快速的信息传播和无地域限制的推广，帮助印刷企业降低营销成本，印刷企业也可以通过这样的平台实现优势互补。网络印刷联盟需要一个成熟的网络平台，针对这一平台，有些是由某一个企业研发搭建的，有些是联盟企业合作起来共同开发的，还有一些是专业厂商提供。此外，采取加盟的方式也是一些想要实现网络印刷的企业的不错选择，近年来受到了众多传统印刷企业的关注。

（2）对企业的要求

①在线网络平台。由于网络印刷的客户分散在不同的地方，印刷服务商与客户之间通过网络进行业务的沟通与交流，这就需要有强大的在线网络平台的支撑，网络平台直接面向客户，具有在线询价、在线接单、在线支付和在线设计及预览等订单处理功能。在线网络平台是实现印刷电子商务的接口与界面，客户进入该界面后，可以看到印刷企业所能提供的所有业务，同时可以在线下单，提交各种印刷品信息；上传待印刷的页面文件，以及在线选择支付方式等。

②生产流程管理和作业状态跟踪系统。在网络印刷生产过程中，由于印刷品的品种多、印量少，而且每份印刷品要求的印刷数量也不尽相同。因此，要想实现高效率的不停机印刷生产，在印前阶段应利用数字化工作流程软件完成不同印刷作业的集成拼版与生产管理，用标准化的服务实现规模化的生产。同

时，配置印刷作业状态跟踪系统有利于生产管理部分及时了解和掌握印刷品生产的进度，同时通过该系统与在线订单管理系统间的连接与交互，为用户提供实时的订单生产进度查询。

③数字内容管理系统。在网络印刷过程中，客户提供的大量文件传送到了印刷公司，这些文件需要有效地加以组织和管理。事实上，客户所提供的数字文件也是一种无形的数字资产，可借助于数字资产管理技术进行有效的组织、存储、检索、调用和输出管理。一旦建立了有效的数字内容管理系统，还可允许客户在任何时候任何地点通过访问印刷服务商的网站，下载或更新其数字资产。

④物流和配送管理系统。配送服务可交由快递公司或邮寄服务公司来完成，但对订单产品的有效存放、配送管理仍然非常重要。物流和配送管理对那些想实现规模化生产的大型印刷企业来说尤为重要，此时的物流还包括印刷企业内部对印刷成品的存放管理。如在从事按需出版印刷服务的 Lightning Source 公司内部，其所有的印刷书籍在完成装订后都自动地通过物流系统传送到配送中心，每个订单在物流传送过程中由分拣系统自动地送入到标准塑料箱内，并根据该塑料箱外的标签送入到相应种类的立体式仓储书架等暂存区，最后经打包后完成邮寄工作。

此外，高效的规模化的网络印刷，离不开标准化的作业方式，包括数字信息内容存储格式的标准化、工作流程的标准化、印刷用纸种类与规格的标准化，印刷品基本规格的标准化等。

（3）发展状况

美国知名咨询公司 InfoTrends 调查显示，2000 年，网络商业印刷的销售收入在商业印刷总销售收入中占比 3%；2009 年增至 15%；2014 年将为 30%，预计美国 1070 亿美元的商业印刷总销售收入，将有 310 亿美元来自网络商业印刷。可见网络印刷已成为美国主要的商业印刷接单模式。

2014 年，业内知名媒体科印网首次发布了 2014 中国印刷电子商务排行榜，见表 1。改图网、网易印像派、卡当网、喀嚓鱼、有福网、我的相册、佳印网、缤纷乐、飞印网、印易得、名片天下、微印、我要印、咔喔咔、快印通、52 名片网、小象网、商印快线、喵喵印、彩艺影印网等 20 家网站进入前 20 强榜单（截止到 2014 年 4 月）。

表 1　2014 中国印刷电子商务排行榜

排名	网站名称	网址	类型	区域	PEK
1	改图网	www.gaitu.com	商业印刷	湖北	9857
2	网易印像派	yxp.163.com	个性化印刷	浙江	9503
3	卡当网	www.kadang.com	个性化印刷	浙江	9473
4	喀嚓鱼	www.kachayu.com	个性化印刷	北京	8762
5	有福网	www.yofus.com	个性化印刷	广东	8760
6	我的相册	www.wodexiangce.cn	个性化印刷	北京	8514
7	佳印网	www.joyinker.com	商业印刷	上海	8122
8	缤纷乐	www.binfenle.com	个性化印刷	上海	7735
9	飞印网	www.92mp.com	商业印刷	广东	7708
10	印易得	www.yinyide.com	个性化印刷	湖北	7662
11	名片天下	www.namex.cn	商业印刷	北京	7342
12	微印	www.weiyin.cc	个性化印刷	广东	7334
13	我要印	www.wyy.cn	商业印刷	浙江	7186
14	咔喔咔	www.kawoka.com	个性化印刷	福建	7179
15	快印通	www.print86.com	商业印刷	广东	7081
16	52 名片网	www.52mingpian.cn	商业印刷	河北	7058
17	小象网	www.puffant.com	个性化印刷	广东	7051
18	商印快线	www.cprint24.com	商业印刷	北京	6671
19	喵喵印	www.miaomiaoyin.com	个性化印刷	上海	6299
20	彩艺影印网	www.myhappytime.cn	个性化印刷	辽宁	6064

在这 20 家网站中，具有“个性化印刷”业务的网站占比为 60%，以“商业印刷”为定位的网站占 40%。

①早期以数字印刷企业为主，现在大企业已跟进。此前投身到网络印刷洪流当中的印刷企业，很难见到大型印刷企业的身影。究其原因，主要是因为大型印刷企业业务一般比较稳定，且批量较大。而网络印刷通常面对的是短版印刷业务，并非是这些大型企业的主力业务。数字印刷企业相对来说规模较小，与传统印刷企业不同，他们在应用最新数字技术的同时，也与 IT 技术最为贴近，因此，他们对网络印刷的接受程度和应用程度也最高。可以说，网络印刷是印

刷行业的一个新的业务模式、新的增长点，而且是一个“四两拨千斤”的增值模式。现在网络印刷已经成为很多大型印刷企业考虑的项目，如上市印刷企业盛通印刷专门成立了北京盛通商印快线，建立网络平台，发展网络印刷。在2013年红火的双11及双12活动中，盛通商印快线的网站也参与其中，推出了促销方案。

②商业印刷为主，个人消费者启动“完全”网购模式。目前，网络印刷所关注的业务主要是一些商业印刷的活件，采取的业务模式有面向企业的B2B模式，直接和一些知名企业及机构合作，通过网络进行推广和联络，形成稳定的客户源；也有直接面向个人的B2C模式，针对网络的终端客户进行推广，通过网络与个人消费者形成直接的联系。而很多应用网络印刷模式的企业都是“两条腿走路”，两种方式同时进行。当前，网络印刷以B2C的模式居多，影响力也较大，而B2B的模式无论网络平台在业务合作当中起到什么作用，始终还是无法摆脱传统的业务员接洽的模式。

③当前网络印刷发展，冰火两重天。用“红红火火”来形容当前网络印刷发展的现状并不为过，2013年底，香港网络印刷企业eprint公司成功上市。我们看到很多人从网络印刷开始创业，也看到很多老牌的印刷企业加入这一阵营当中。2014年6月，台湾健豪与天津长荣的合资公司天津长荣健豪正式启动，向印刷行业递出了云印刷的概念，值得一提的是，其千人发布会震动业界。当然，有加入就有退出。尤其是一些令人瞩目的网络印刷明星的倒下，更加让人唏嘘。率先于2001年进入内地市场的台湾白纱科技印刷股份有限公司在2013年下半年黯然退出内地合版印刷市场。2013年11月18日，涂书网宣布将于当月底正式关闭。这一突如其来的消息，如同2011年的龙樱网一样，引起了业内的热烈讨论，网络印刷到底需要多大的投资？到底能不能赚钱？这些问题不断被业内人士提起，很多正在发展网络印刷的企业也在不停地探寻问题的答案。

据了解，北京地区知名印刷企业奇良海德公司曾经两次发展网络印刷又两次放弃，北京盛通商印快线虽引人注目，但公司业务依然以传统接单方式为主，这说明网络印刷的发展，还需要更多的实践和探索，还有很多的不确定性。

（4）未　来

以前，一提到网络我们可能首先会想到网速的问题，现在，移动网络已经从3G发展到4G，宽带也从以前的以M为单位发展到现在的以G为单位。可以说，我们已经有足够的网速去实现网络印刷。此外，一些硬件，包括服务器等都已经发展得很成熟，能够为印刷企业带来便利的条件。更加重要的是，数字印刷的发展已经越来越成熟，并成为每个传统印刷企业都正在尝试或准备尝试的项目。这些变化都是网络印刷进一步发展的基础。当每一家印刷企业都配备了数字印刷之时，如果还没有一个网络平台接单，恐怕也是不合时宜的。

①客户消费习惯渐养成。当前国内用户对网络印刷的认知度和接受程度还不高，尤其是一些传统印刷的客户，他们习惯了到印刷厂现场签单、打样，对网络上呈现的虚拟样张和通过网络进行的印品页面信息的沟通和确认还不太信任。实际上，现在很多在网络印刷方面做得比较好的企业，其从客户端到服务端、从生产到物流，都已经形成了比较完善的体系，只待客户能够从旧的消费习惯转变为新的消费理念。此外，对个人客户来说，还涉及一些个人消费习惯的问题，如现在数码相机如此普及，很多人都会存储数码照片，但还没有把照片做成相册的观念和习惯，这一市场就需要一定的培育与开发。不过现在网购基本上已经普及到从孩子到老人的程度，网络印刷的理念也将逐渐渗透到传统客户头脑中。而那些知名的门户网站的加入（如网易印象派），将使网络印刷这一模式推广到大众，并有希望逐渐成为流行风尚。

②网络印刷人才引关注。网络印刷需要既懂印刷又懂 IT 的人才。因为在网络印刷过程中，需要完成接单、计价、安排印刷、分拣物流等过程，因此前端网络平台的搭建和后端自动化生产流程的开发，在一定程度上决定了一个网络印刷解决方案的成功与否。在这种情况下，同时精通网络技术和印刷流程的人才，对于提供网络印刷解决方案的印刷企业而言非常重要。

③网络支付系统成熟。网络购物之所以能够风行，网络支付系统的完善和便捷功不可没。在网络印刷领域，同样面临这样的问题，现在，网上沟通、文件传输、网上排版等问题基本上都已经能够解决，待网上支付如同普通购物网站一样畅通，必将极大地有利于网络印刷的发展。

④网络印刷向 App 转化。有专家说，未来 Web 将变成 App，移动网络将成为第二个 Internet 网络，人们习惯于用 App 沟通，那是崭新的语言和环境。最近两年虽然大多数印刷网站都有印刷 App，或是手机版网页，但尚未引起风潮。毋庸置疑的是现在人们对网络的应用已经逐渐从电脑转向了手机、平板电脑等移动客户端，自然网络印刷的平台也将实现平移。

（三）印刷行业开启云印刷时代

随着网络印刷发展的不断深化，“云印刷”横空出世，这种基于云计算商业模式应用的印刷加工、印刷管理、印刷云平台的新兴概念，为印刷电子商务注入了新的活力。相比于网络印刷，“云印刷”更符合印刷电商的发展理念，于是从 2013 年起，引得群雄逐鹿。

2013 年初，北京盛通印刷股份有限公司斥资 6000 万元成立上海盛通时代印刷有限公司，建设云印刷数据处理中心、按需印刷示范基地、电子商务平台及总部经济项目，期间又不断增资，加快项目建设；2013 年 4 月，长荣股份与台湾健豪投资成立全资子公司“天津健豪云印刷科技有限公司”，从事云印刷及相关产品的技术开发、生产和销售；2013 年 7 月，江苏凤凰印务又与方正电子签署战略合作协议，进一步加快“凤凰印”云平台系统建设。

越来越多的企业意识到利用云印刷实现客户方便快捷地完成网络在线印刷的重要性。但时至今日，我们还没有看到“云印刷”概念真正落地的成功案例。不难预测，随着更多资本实力雄厚的大型印企发力云端，中国印刷电商市场将迎来新的变革。2014 年 6 月初，天津长荣健豪举办盛大的新闻发布会，启动其云印刷业务，业内各界 1000 多人参加了会议，场面可谓庞大，这说明，印刷行业对这一新概念充满了好奇与期待，长荣健豪在“云印刷”上的大手笔投入让印刷行业充满期待又不乏争议，而随着长荣健豪网络印刷平台的上线，我们也将见证云印刷在印刷行业的发展。

三、印刷设备控制的数字化

印刷数字化离不开数字化、智能化、自动化的设备。首先必须有数字化、智能化的印前设备，才能生成 CIP3/PPF 和 CIP4/JDF 的数据文件，而这些数据文件要在印刷和印后加工过程中共享，相关的印刷和印后设备必须能够接受和执行这些数据，这就要求印刷和印后设备具有能够执行这些数据命令的能力。

（一）传统印刷设备自动化程度提高

近年来，数字化也成为印刷设备发展的重要方向。印刷设备控制的数字化体现在三个方面：即驱动技术的数字化、印刷过程的自动化以及传统与数字的结合。

1. 驱动技术数字化

驱动技术的数字化是指无轴传动技术广泛应用于各种印刷设备上。无轴传动技术应用于印刷设备始于1994年，此后便成为印刷设备提升性能的关键技术。这种传动技术不需要进行复杂的编程，仅通过参数设置就可以完成印刷机的控制。各印刷单元的电子轴代替了原来的机械轴，各电子轴之间用光纤进行数据通讯。无轴传动主要由工业PC、操作可视化界面、远程故障诊断系统、SERCO界面、运动控制器、驱动系统、自适应电机等组成。

现在无轴传动技术已经成熟，高精度的编码器控制同步误差可控制在0.03mm以内，伺服电机的旋转精度达万分之一转，伺服驱动器可控制到百万分之一转，这样高的精度完全可以满足印刷质量的要求。现在数以万计的无轴传动系统应用于胶印机、柔印机、凹印机等各种印刷设备上，无论是报纸、书刊、商业、包装等印刷领域，这种数字化技术都已经很常见。不仅有海德堡、曼罗兰、高宝、赛鲁迪等世界知名供应商的印刷设备均可配备无轴传动技术，我国的北人、上海高斯、无锡宝南等国内厂商提供的设备也都实现了无轴传动。

这种技术在印刷设备上的应用已经成熟，但整机实现无轴传动还未实现。目前已经实现了输纸机与主机传动链分离、印刷滚筒伺服电机驱动、取消输纸台两个侧拉规机构、独立驱动供水、输墨系统等，而纸张交接过程仍是用一条齿轮系统传递全过程。相对来说，国产设备的水平则要更低一些。如当前国产胶印机仅水墨系统采用独立驱动技术，其中传墨辊、传水辊、墨色遥控、纸张预置等功能已经实现数字化。可见，继续在其他系统中拓展独立驱动技术的应用是印刷设备创新的方向。

国内已经有供应商开始制造独立驱动的输纸机，有少数企业也在制造与输纸机分离的单张纸胶印机。业内专家韩晓良指出，国产单张纸胶印机下一步的数字化改造方向是，首先实现设备设置的数字化，如输纸、输墨、润版液供给等功能与主运动分离，再解决纸张预置、墨色遥控、自动套准等功能的伺服控制，这样才能使印前制版的信息通过数字化接口传入印刷机，从而完成信息化自动调整。目前，无侧规技术、印刷滚筒和传纸过程的独立驱动，是国外单张纸胶印机的重大创新，我们进入还有一定的困难，但应该相信这是发展的方向，有条件的企业应该大胆进行自主创新。

2. 印刷过程数字化

印刷过程数字化主要是指印刷信息可以在印刷过程中实现无缝传递进而实现印刷相关机构的自动化操作。如 JDF 便是印刷过程文件格式标准，已经成为国外印刷设备制造企业共同遵守的准则，这些标准能使信息在印前、印刷和印后加工全过程中进行数字化传递。信息的流畅传递使得印刷机可以实现诸多自动化的功能，尤其是在胶印机上体现得则更为明显。

（1）省墨软件和油墨预置技术。

省墨软件是在不影响印刷质量的前提下，利用底色去除（UCR）或灰成分替代（GCR）的方法，用较少的黑墨来实现三色油墨叠印所形成的中性灰效果，这种方法不但能在印刷过程中达到更稳定的灰平衡，减少约 1/4 的印刷准备时间，而且还能节省 5%–25% 的总墨量。目前很多公司都能提供此类软件。省墨软件的应用为印刷企业节省了大量的成本。油墨预置技术是指在印前按印刷版面信息得出相应的油墨覆盖率，并以此为基础对印刷机墨键的开度进行预设。其改变了以往以经验为主的传统印刷操作模式，使墨键供墨量更准确，印刷调墨时间缩短、开机废品率降低。目前有多家厂商推出油墨预置优化系统，如瑞士 Digital Information Graphic 公司开发的 InkZone 连线油墨预置系统，采用仿真控墨台的储存媒体，可以模拟海德堡的内存卡、高宝的 Rapida105 软盘机或是曼罗兰胶印机的芯片卡，相当于 InkZone 计算机直接提供控墨数据文件给控墨台。现在，很多中大型企业都在应用省墨软件和油墨预置技术，有些印刷企业还投入了研发力量到这其中去，收获了很好的成果。如深圳日报报业集团印务中心就是应用此技术的成功案例。但因为很多之前购买的印刷机没有响应数据接口，这种技术应用短时间难以普及。

（2）闭环色彩自动控制技术。

其主要工作原理为：系统的扫描摄像头在整个印刷过程中不断测量正在印刷的印张的印刷质量测控条，通过中央控制台的计算、分析、比较，生成调整信号，即时发送给印刷机的油墨控制台，指令油墨控制台进行墨层厚度的调节和补偿，它不仅能够保证印刷色彩的稳定性，而且能提供实时数据和分析数据。整个过程不需要操作人员的介入，就能使颜色质量更稳定，很好地实现自动化和数字化生产。

（3）自动换版和自动清洗技术。

自动换版是指采用最新设计的独立驱动印版装置，自动化地完成印版的装卸，实现各个机组印版更换的不停机或在机作业。现在很多胶印设备供应商都可以提供自动换版技术，如曼罗兰 ROLAND 700 Hiprint 的 APL 全自动换版系统、海德堡 SX102 的自动换版装置 AutoPlatePro、高宝的 Rapida145 的 SAPC 自动换版装置等，都可以实现自动快速换版。自动清洗装置通常包括墨路自动清洗装置和滚筒表面自动清洗装置两部分。现在国内外很多新型胶印机都配有自动清洗装置，如曼罗兰 ROLAND 700 和海德堡 SM 74 均配有自动橡皮布清洗以及自动压印滚筒清洗装置等。

（4）不停机输纸和不停机收纸。

为减少更换纸堆时间，提高机器效率，大多高速胶印机都设有不停机输纸和收纸装置。例如，高宝 Rapida145 胶印机，其飞达具有快速启动、不停机纸堆更换功能；海德堡的速霸 SX102 八色翻转胶印机采用全自动增强型预置飞达、预置收纸装置。

（5）印品质量在线检测。

现在，国外如曼罗兰、海德堡、高宝、小森等胶印设备厂商均可提供印品质量在线监测系统，如曼罗兰的 Inline Inspector 鹰眼连线检测系统尤其适用于包装产品，在药品包装印刷、安全印刷等方面具有“零故障”的功能，可以在全速运行时检测微小的缺陷；海德堡针对高端印刷市场开发的 CPC23 单张纸胶印机联机在线图像控制系统，可以检测到直径为 0.3mm 的印刷缺陷等。

在国产品牌中，很多自动化的功能还不能实现，缺乏数字化接口，印前的制版信息还需要在印刷机上进行手工调整和设置，不但占用大量辅助时间，而且重复的调整和设置还会带来墨色还原的误差。国产设备应该首先配备各项自动化的功能，只有这样，数字化接口才有意义。据了解，江苏昌昇制造的 1020mm 四色单张纸胶印机，已经设置了数字化接口和纸张预置系统，能够将印前制版信息传输到印刷设备，大大减少了印刷机的调整环节。

3. 传统印刷与数字印刷的结合

现在，可变印刷的应用越来越多。一些印刷设备厂商也推出了胶印 + 数字印刷的方案，即在传统印刷设备上安装喷墨头以实现部分印刷部位的可变按需印刷。这一功能可应用在很多领域，如票据、报纸、包装等。如早期票据印刷企业采用传统印刷机 + 喷墨头的方式生产含有可变信息的票据、彩票等，在这一领域，这种方式的应用早已相当成熟。而近年来，电子监管码的推出又在一定程度上要求包装印刷设备同时具备可变数据印刷功能。值得一提的是，现在，这种方式已经在高速轮转印刷机上实现了应用，为传统印刷带来了更多可能。

如深圳报业集团印务有限公司率先将可变印刷技术引入传统印报生产线，实现了可变数据印刷与报业轮转印刷技术的有效集成。

（二）传统印后设备数字化水平显著提高

近年来种类繁多的印后设备的发展日新月异，自动化、数字化是其重要的发展方向。在具有印刷业风向标之称的drupa2012展会上，数字化控制的、全自动印刷加工设备成为展出设备的主流，操作者只要调整控制台上的几个按钮或者在显示屏上操作，输入或者调出相应的加工数据，设备就能自动完成相应部件的调整，进而完成裁切、装订、锁线、模切、烫印和折页等印后加工工序的换单操作，设备的自动化和智能化达到了前所未有的高度。现在，几乎所有的供应商都推出了自动化、数字化的设备。

印后设备种类繁多，总体来看，可供选择的常用的、具有自动化、数字化的印后设备很多。

如自动化裁切系统。它可以通过优化最大限度地减少员工的体力劳动，可以将裁切系统的准备时间降至最低。现在，很多外围设备也都已实现了自动化，如纸堆升降机、自动闯纸系统、自动装载机和自动纸边去除系统等。如波拉“N Plus”全能型切纸机配备了18.5英寸的彩色显示屏及触摸屏，并支持自动编程。

再如自动化折页系统。折页环节与印前拼大版直接相关，因此，折页设备及流程的自动化和数字化不仅提升劳动效率，还直接与印前相关。近年来，各个厂商推出的全自动折页设备也非常引人注目。如斯塔尔TH 82折页机，以及如MBO公司推出的被称为“机皇”的K8组合式折页机等。

当前，我国的印后设备制造水平距离世界一流水平确实还有不少差距，但这种距离也在逐渐缩小，如天津长荣、深圳精密达等公司的印后设备，有些已达国际先进水平，不过，我们必须看到，目前仍有很多品种的印后设备，国内厂商还不能生产，需要继续为之努力。

（三）数字印刷及印后设备实现突飞猛进的发展

在数字印刷设备方面，当前生产型数字印刷机已成主流设备，其主要发展方向是高速度、宽幅面、低成本。drupa 2012 上，有 20 余家供应商展示了 30 多款工业型高速喷墨印刷设备。目前，在国内市场上，安装的机型主要来自方正、惠普、柯达、奥西和网屏。可喜的是，国内已有先行者在产品研发上取得了不错的成绩和突破性进展。作为国产高速喷墨印刷技术的领军企业，方正电子自主研发的桀鹰喷墨数字印刷机 H、L、P 三个系列得到市场的认可。桀鹰 H、L、P 三个系列分别面向电子监管、标签、图书、公文、账单等市场领域。天津长荣也推出了一款号称是国内首台的单张纸喷墨印刷设备。该设备由天津长荣与天津市太川科技有限公司合作开发，分辨率可达 360dpi × 360dpi，一次走纸即可完成彩色图像信息、数据可变信息印刷。

除数字印刷设备外，很多印后设备厂商也推出了数码印后设备。如 MBO 公司推出的 MBO digital 数字印后解决方案。该解决方案为模块化产品，创新、高效、灵活，客户可根据自身需求选择相应模块，可直接同数字印刷设备连线生产或连接一个开卷单元离线生产，无论是离线还是连线均可完美进行，大大提升了数字印刷的应用效率。再如马天尼公司的 Sigma 书刊装订生产线，采用全自动的生产方式，将数字印刷设备与印后加工设备连接起来，可以实现从卷筒纸到图书的连线生产过程。

四、结束语

从印刷企业的层面来看，中国的印刷企业从未停止过追求数字化发展的脚步，他们有勇气和魄力引进国际领先的技术，无论是印刷工艺数字化还是印刷管理数字化，很多印刷企业甚至可以与国际水平比肩，也正是对数字化软硬件产品的成功应用，使得其产品质量在各类国际大奖中脱颖而出。当然我们也必须正视，国内仍然有为数众多的中小企业，他们依然还没有跟上数字化的脚步。而从印刷设备器材供应商的层面来看，国内厂商则依然需要更多的努力，以缩小与国际先进水平之间的差距。数字化是大势所趋，在数字化的洪流中，无论是印刷企业还是设备器材供应商都应紧随趋势发展，以立于不败之地。

作者单位：MBO 印刷设备系统（北京）有限公司

中国数字印刷发展报告

郭春涛

从20世纪90年代至今，数字印刷技术迅猛发展，形成了与传统印刷技术共生共存，相互补充并逐步扩大份额的态势。同时由于市场对短版、可变数据和绿色环保等印刷需求的日益迫切，数字印刷技术如今更备受印刷业界关注。

数字印刷发展至今短短十几年时间，凭借其快速、可变、灵活、环保的优势，不断创新、进步，如今已经快速发展成为当代印刷行业重要的细分领域。而数字印刷技术的应用领域也在不断拓展，从办公打印、商务快印，再到按需出版、直邮商函，如今已经发展到数字标签和包装市场。全球数字印刷市场正处于一个高速发展时期，其市场份额在快速扩张，数字印刷技术正在快速地改变着行业，也带给行业无限的发展空间。基于此现状，在行业快速变化时代，观察与思考中国数字印刷市场的走向、探究市场未来前景，具有极其重大的意义。

一、全球数字印刷产业发展概况

（一）数字印刷技术的发展

目前数字印刷主流成像方式为静电成像和喷墨成像两种。

静电成像是现在市场应用最广泛的数字印刷成像技术，也应用在大多数复印机和激光打印机上，是较成熟的数字成像技术。静电成像技术又可细分为两种基本模式，一种模式是采用湿式色粉显影的成像系统，主要代表产品为使用电子油墨的HP Indigo系列数字印刷机；另一模式是采用干式色粉显影的成像系统，主要有施乐、柯达、柯尼卡美能达、理光等公司的产品。其特点是典型的无版无压印刷方式，它在成像印刷过程中，即不需要印版成像，也不需要通过压力转移油墨图文；印刷质量较好，其综合质量可达到中档胶印水平；灵活多变，可实现一张起印，张张不同，满足客户短版及个性化印刷要求；印刷成本较高，与其他成像系统比较，静电印刷的价格偏高。静电照相成像体系的价格在很大程度上取决于色粉的价格，而色粉价格偏高。

喷墨成像技术是通过将细微墨水颗粒按照一定要求喷射到承印物上，从而成像并完成输出的一种成像方式。喷墨成像技术也可细分为两种基本模式，一种是连续喷墨，即墨水连续喷出，同时对墨水做偏转控制，最终只有需要成像的墨滴会喷射在承印物上，连续喷墨适合高速印刷；第二种是按需喷墨，即设备根据印刷文件，仅当需要成像时才将墨水直接喷射在承印物上成像，按需喷墨更加适合高精度印刷。其特点为完全脱离了传统印刷工艺的烦琐程序，对色彩叠印及陷印的要求不高，不需要考虑套准精度，作业准备时间短，对市场反应快速，作业生产周期短，可以以非常高的时间效率和成本效率完成数字样张和短版印刷作业的生产；非接触印刷，可在多种承印材料上复制，承印物适应范围广；数字卷筒纸喷墨印刷设备可不受纸张长度限制，可实现大幅面、全景作品的复制。

另外值得一提的是在 Drupa 2012 展上兰达公司推出的纳米数字印刷技术。兰达纳米数字印刷技术工作原理非常简单，在胶印的印刷原理上融入喷墨印刷技术，即使用喷墨打印头将纳米油墨直接喷绘在橡皮布上，再将橡皮布上的图像通过压印滚筒转印至承印物上，印刷过程可通过触摸屏操作。因此，兰达纳米图像印刷机的核心主要包括纳米油墨、喷墨打印头、橡皮布，以及触摸屏。其中，纳米油墨是符合环保要求的水基油墨，油墨中的颗粒可以高温熔化、常温固化；纳米油墨拥有所有印刷工艺中最宽阔的 CMYK 色域，其纳米油墨的颗粒粒径只有几十纳米，如此微小的颗粒能够实现无与伦比的图像色彩质量，同时节约油墨使用量。而其橡皮布采用传送带式设计，橡皮布本身高温高热，可烘干水基油墨中的水分，并融化油墨的树脂色料，配合纳米油墨可以完成 100% 油墨转移。

其他数字印刷方式包括以尼普森公司为代表的磁成像技术，其市场应用率不大，在此不作赘述。

（二）全球数字印刷市场现状

发展至今，数字印刷技术及其相关产业，乘着科技创新之风，在全球快速发展，以惊人的速度渗入社会各阶层，满足人们对印刷品个性化、多样性、灵活性的需求。美国印刷市场与资讯研究机构 PRIMIR 发布的数据显示，至 2014 年，全球印刷业总产值将达 7250 亿美元，全球数字印刷方式的市场占有率将达总市场的 27.4%。美国著名的印刷专家 FrankJ.Romano 认为，数字印刷将作为胶印、网印和柔印的补充，并且与之竞争；网络化的激光打印机将会挑战复印机，复印机挑战数字印刷，数字印刷挑战胶印，而喷墨将会挑战全部；数字印刷的质量将不再是个问题，但是其生产能力、可靠性以及尺寸问题将仍然需要进一步解决；胶印正在改进，提供更加经济和竞争力的产品，但是它的市场将会继续被数字印刷蚕食；数字印刷将会影响到印刷行业的方方面面，将会在艺术品复制、包装印刷、标签印刷、纺织品印刷、书刊报业印刷、广告印刷上得到广泛应用。

以美国数字印刷市场发展为例。早在 2006 年美国的数字印刷业已经开始崛起，美国印刷技术基金会（PIA/GATF）将 2006 年命名为“数字印刷年”。就在这一年，美国的胶印、凹印和凸印的市场比重均呈下降趋势，胶印从 20 世纪 50 年代初期的 55% 下降到 2006 年的 35% 左右，凹印从 30% 的市场份额下降到 2006 年的 15% 左右，传统印刷开始受到了数字印刷的冲击和挑战。

2007 年是美国数字印刷迅速发展的一年。据当年 12 月高斯国际公司对“卷筒纸胶印的调查报告”显示，53% 的企业采用基于色粉的可变数据印刷，但较 2006 年的 55% 有所下降，主要因为基于色粉的可变数据印刷设备速度较慢。与此同时，喷墨数字印刷有了较大增长，与胶印（占 37%）、柔印（占 8%）、凹印（占 7%）相比，数字印刷是发展更快的印刷方式。

2008 年美国印刷企业向着快速印刷、宽幅印刷、直邮及数字印刷的方向发展，特别是数字印刷持续增长，已成为美国印刷发展的主流。许多厂商推出了数字化新技术、新产品，如 HP Indigo 7000 数字印刷机，奥西 JetStream2200 数字印刷机等，这些都有力地推动了彩色数字印刷、按需印刷、标签印刷和直邮等业务，为印刷业提供了增长的机遇。同时，2008 年也是美国印刷商开始向彩色数字印刷方向发展的转折点。

美国高德纳咨询公司和 InfoTrends 公司在关于数字印刷和胶印现状的调查报告中指出，2009 年是美国胶印全面陷入衰退的开始，而美国的数字印刷仍有较大发展。数字印刷机朝着速度更快、印刷质量更好、承印材料更广泛的方向发展。随着数字印刷技术的不断提高，在某些情况下，例如在出版物中数字印刷可以取代胶印。有些数字印刷机性能有了很大提高，既可以用于印刷生产，也可用于数码打样。如国际数码企业联盟已为 HP Indigo 数字印刷机系列授予了 GRACoL 认证，这意味着该数码设备的印刷质量可与商业胶印相媲美。据美国印刷工业协会统计,2009 年第一季度，色粉数字印刷销售额同比增长了 8.8%，喷墨数字印刷销售额同比增长 7.1%。在印刷同一作业中，使用数字印刷与传统印刷工艺相结合的现象越来越多，接近 12% 的印刷作业是由这两种方式共同完成的。另外，在美国印刷业销售排行中，占据前 14 位的企业中有 23.6% 采用了数字印刷与传统印刷相结合的方式。

2010 年是美国印刷市场朝着数字化方向更快速发展的一年，数字印刷持续快速增长，其中基于色粉的数字印刷增长 9%，喷墨数字印刷增长 6.5%，辅助服务增长 7.3%。2011 年 8 月 22 日，美国 Supplier Relations 有限责任公司发布的《美国数字印刷及其国际贸易研究与市场》报告指出，2010 年美国数字印刷收入大约为 72 亿美元，估计毛利占 37.34%，只使用了全部生产能力的 65%。2010 年数字印刷收入较 2009 年同比增长 24.1%。

最近两年美国的数字印刷正稳步增长，2013 年 5 月美国 SupplierRelations 有限责任公司出版的“美国数字印刷及其国际贸易研究与市场”报告指出，2012 年美国数字印刷收入为 76 亿美元，估计毛利占 37.34%，只使用了全部生产能力的 67%。2012 年数字印刷收入较 2010 年增长了 5.6%，美国的数字印刷收益在稳步增长。

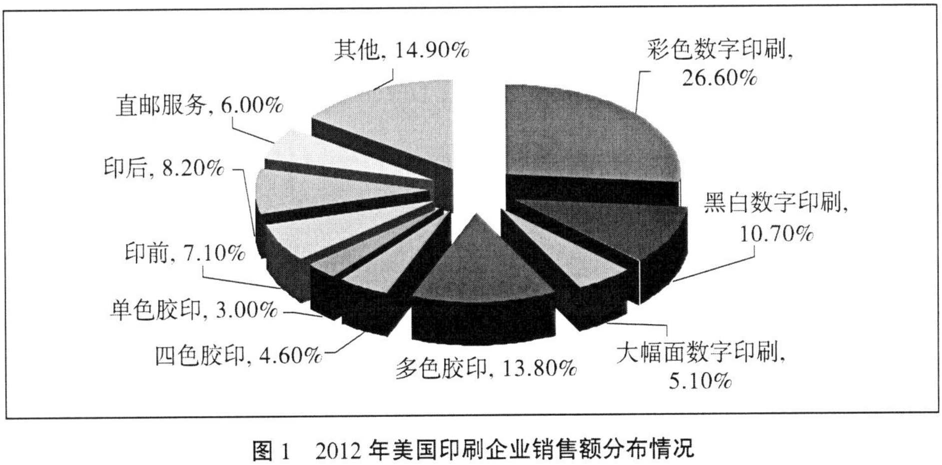

图 1　2012 年美国印刷企业销售额分布情况

根据美国 NAPL 所作的《行业状态》问卷调查显示，彩色数字印刷服务业将是未来 2–3 年增长最快的印刷方式，其次是可变数据数字印刷方式，双色和单色胶印方式则垫底，为 1.2%。美国 IDTechEx 公司预测，美国印刷和潜在印刷的电子产品市场将会异常活跃，预计产值将由 2013 年的约 15 万美元增加到 2023 年的 8000 万美元。同时，防伪印刷市场规模也将由 2010 年的 219 亿美元增加到 2015 年的 374 亿美元，年复合增长率为 11.3%。

从美国数字印刷市场的发展轨迹来看，全球数字印刷的市场前景和发展前途是不容置疑的。随着社会商业活动的日益增多，人们生活水平及消费水平的提高，个性化印刷成为人们的一种必然需求。可以说数字印刷领域的巨大市场潜力和诱人的投入产出比都令人无法漠视。

二、我国数字印刷发展现状

印刷业是一个巨大的行业体系。中国印刷业已初步形成三大印刷产业带：以广东为中心的珠三角印刷产业带、以上海和苏浙为中心的长三角印刷产业带、以京津为中心的环渤海印刷产业带。虽然我国已经成为印刷大国，但人均印刷消费量只有发达国家 1/10、产业结构不合理、结构性矛盾突出、研发基础薄弱、技术创新后劲不足、技术装备、从业者素质等问题，仍然制约着中国印刷产业的发展。

当前，我国印刷业正处于创新发展和变革调整的历史时期。新的理念、新的技术、新的业态不断涌现，数字印刷作为最具代表性的领域，在中国印刷市场不断发展壮大，取得了一系列可喜成绩。当然在这些成绩后面，我们需要看到自身的诸多不足，我们也要正视目前国内市场与发达国家的差距，寻找适合我们自己的道路，坚定发展。

（一）我国数字印刷市场现状

我国印刷业发展速度比世界发达国家快，印刷工业总产值从 2007 年的 4400 亿元人民币发展到 2013 年突破万亿大关，实现了大幅增长。数字印刷业的发展速度也非常惊人，仅从 2011 年的 39.7 亿元人民币发展到 2013 年的 103

亿元人民币，增长率就高达 159.4%。值得一提的是，虽然国内数字印刷产值的增速很快，但其基数小是我们不得不关注的。同时，与欧美等发达国家数字印刷业占印刷业总产值的比例高达 20% 左右相比，我国的数字印刷占比刚到 1%，还有很大的提升空间。

为了进一步促进中国数字印刷技术的普及以及其市场的发展，原新闻出版总署（现国家新闻出版广电总局）已将“数字印刷和印刷数字化重大工程”列入“十二五”发展规划中，正采取多种方式对列入项目的企业进行资助。要坚持以提高自主创新能力为核心，充分发挥印刷设备、材料行业的产业支撑作用，以产学研联合为纽带，整合创新资源，激活创新要素，促进创新能力的提高。实施重大项目带动战略，突破制约产业升级的关键印刷技术并实现产业化，重点组织好“数字印刷和印刷数字化重大工程”，形成一批具有自主知识产权的印刷企业。要跟踪国际印刷技术和工艺的最新发展，在数字印刷、直接制版、高速多色单张纸胶印、卷筒纸胶印、环保型凹印、柔印、数字化工作流程、色彩管理系统等关键技术和印刷新标准应用等方面取得突破。要利用印刷生产过程中产生的数字资源，构建印刷企业数字资产管理系统，开拓印刷数字资源传播与营销新业务，增加印刷产品的内涵和外延，挖掘新的价值增长点。要积极探索使用新材料、新工艺、新技术，开发具有自主知识产权的新产品。同时，也要坚持引进—消化—吸收—再创新，积极引导国外大型印刷设备及原辅材料供应商在我国投资设厂，通过本土化生产，降低成本和售价。

同时，为规范我国数字印刷经营活动，促进数字印刷业健康发展，原新闻出版总署于 2011 年 1 月颁布了《数字印刷管理办法》，各地新闻出版局在执行《办法》中规定的同时，也在积极引导数字印刷健康快速发展。这是一个积极的信号，表明有关部门对数字印刷这个快速发展的细分领域非常重视，并从政策角度对数字印刷行业加以规范，确保行业的快速且健康发展。

从数字印刷企业来看，2013 年全国共有专营和兼营数字印刷企业 2488 家，比上一年增长两倍多。这一年来，业内各方对数字印刷发展的模式、技术和运营路径的探索，取得了很多积极的进展。江苏凤凰在集成并运营亚洲首条喷墨 POD 连线的基础上，并未就此止步，而是紧紧抓住数字印刷带来的数字资产这个核心，加快建设云服务平台，努力实现“出版零距离、印刷零差异、发行零库存、版权零担忧”的目标。广东虎彩集团投入巨资，购置 17 条数字 POD 生产线，目前已安装完成 5 条，正在开发与物流服务融合的信息平台。北京盛通的网络业务平台“商印快线”已经成功上线运行。上海当纳利建设了数字印刷生产中心，并构筑了一本起印、先发行、后印刷的数字印刷标准体系。天津长荣和台湾健豪在天津合资成立了专门的云印刷公司，主攻商业合版印刷在互联网平台上的整合应用，轰动业内。这些探索，值得肯定，也希望带给业内新的启发。

从设备器材来看，2013 年，全国共保有数字印刷生产设备 7715 台（套），比 2012 年增长两倍多；数字印刷产值占行业总产值的比重从 0.66% 上升到 1%。目前，全国已建成多条出版物按需印刷的生产“连线”，每天的产能可以达到数万册。江苏凤凰集团于 2011 年率先成功完成按需出版数字印刷连线，目前其产值已过亿元。2012 年，胶印机和其他传统印刷机进口额均大幅下降，唯有数字印刷机实现了增长。

（二）我国数字印刷装机量分析

数字印刷作为一项新的印刷技术，还处于不断创新、不断突破的高速发展阶段。新设备的推出层出不穷，充分满足着数字印刷企业多变的需求。而数字印刷市场的飞速增长，也不断促使企业对新设备的引进。我们从设备装机量上，也可以对国内数字印刷领域的发展进行分析。

1. 单张纸高端彩色数字印刷机

据“数码印刷在中国”系列调查报告显示，2009 年至 2013 年，国内数字印刷装机总量呈快速增长趋势。截至 2013 年 7 月，单张纸高端彩色数字印刷设备装机总量达到 1195 台，在上年度的基础上增加了 308 台，增长率达 34.7%；对比 2009 年装机总量 354 台，5 年增加近 3 倍。如表 1、图 2、图 3 所示。

表 1　2007–2013 年单张纸高端彩色数字印刷机装机量统计

	截至 2009 年 7 月	截至 2010 年 7 月	截至 2011 年 7 月	截至 2012 年 7 月	截至 2013 年 7 月
装机总量（台）	354	455	644	887	1195

续表

年度增量（台）	2008 年 8 月–2009 年 7 月	2009 年 8 月–2010 年 7 月	2010 年 8 月–2011 年 7 月	2011 年 8 月–2012 年 7 月	2012 年 8 月–2013 年 7 月
	84	101	189	243	308

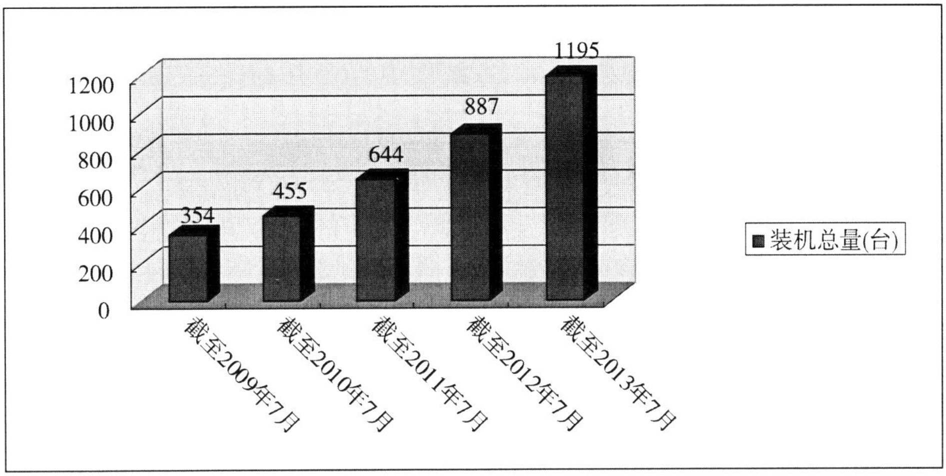

图 2　单张纸高端彩色数字印刷机装机总量趋势图

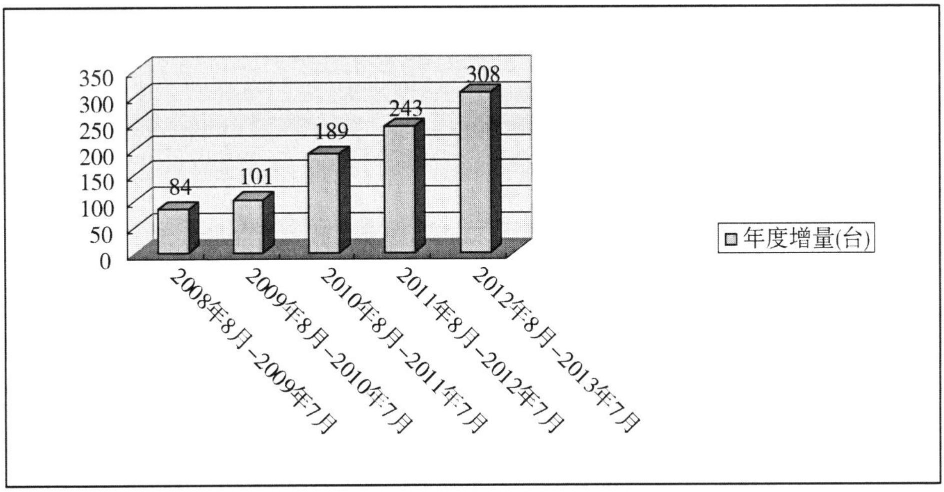

图 3　单张纸高端彩色数字印刷机装机增量图

从数字印刷在国内的应用分析，据“2011 数码印刷在中国调研报告”显示，被调查企业中有 82.11% 的企业业务涉及图文打印，77.89% 的企业业务涉及企业短版印刷，61.05% 的企业业务涉及数码打样，60.00% 的企业业务涉及个性化印刷，44.21% 的企业业务涉及按需出版，34.74% 的企业业务涉及证卡证书，30.53% 的企业业务涉及影像印刷，13.68% 的企业业务涉及标签印刷，12.63% 的企业业务涉及包装印刷，9.47% 的样本企业业务涉及票据账单，7.37% 的企业业务涉及艺术品复制，2.11% 的企业业务涉及直邮信函。如图 4 所示。

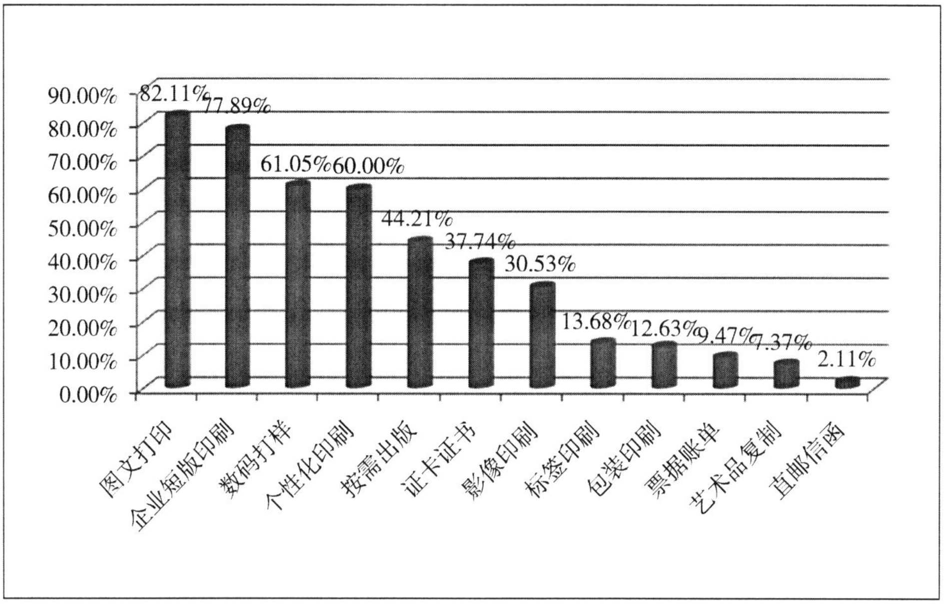

图 4　数码印刷企业主要业务范围

随着近几年数字印刷设备及技术的进一步发展，企业更加充分利用数字印刷灵活、可变、快速等优势，在业务拓展方面又取得了不少新的突破。到 2013 年，统计数据有了新的变化。在单张纸高端彩色数字印刷机的应用领域分布中，商业快印领域较上年度占比降低了 6 个百分点，为 64%，但相较其他领域的应用仍占绝对的主导地位。与上年度不同的是，第二大领域为机关文印，占比为 12%，比上年度增加了 5 个百分点（这个增长主要来自方正印捷 HPI 系列近年装机量的不断增长以及在机关文印领域的本土影响力）。排在第三位的是出版印刷领域，占比为 11%，较上年度名次下滑一名，但占比上升了 1 个百分点。其他应用领域占比分别是：金融、邮政、电信等领域占比 7%，包装印刷占比 5%，其他领域占比 1%，与上年度保持一致。如图 5 所示。

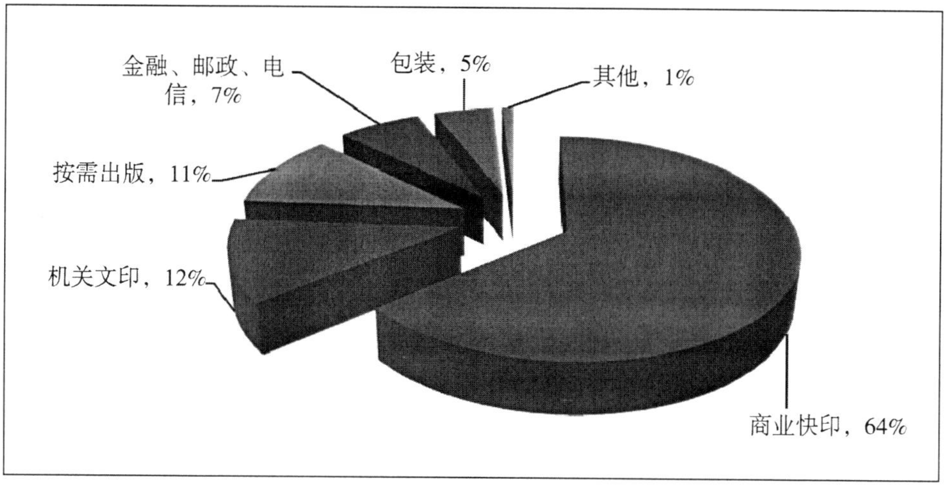

图 5　单张纸高端彩色数码印刷机应用领域分布

从地域分布来看，华东、华南、华北地区仍是目前采用单张纸高端彩色数字印刷机最多的地区，占比分别达到 26%、24%、24%，但与上年度相比均有不同程度的轻微下滑，这是近两年调研数据中持续出现的情况。与之相反，其他地区占比均略有上升，华中地区占比较之去年上升了 3 个百分点，与西南地区并列第四，占比均为 9%，西北、东北地区占比均较上年度上升了 2 个百分点，为 4%。如图 6 所示。

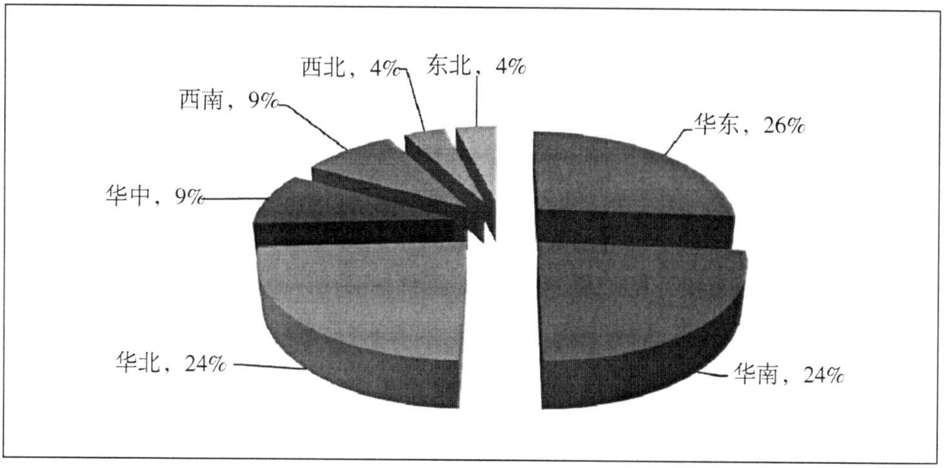

2. 单张纸生产型彩色数字印刷机

同样以 2013 年数码印刷在中国调研报告分析，以富士施乐、佳能和柯尼卡美能达的生产型彩色数字印刷设备作为代表，共计 13 款（见表 2）。

表 2　单张纸生产型彩色数字印刷机一览表

品牌	型号	速度（页 / 分钟，A4）
富士施乐	DocuColor 8000 / 8000AP	80
	DocuColor 8002	80
	DocuColor 7000AP	70
	DocuColor 5000 / 5000AP	50
	700DCP	70
佳能	imagePRESS C7000VP/C7010VP	70
	imagePRESS C6000/C6010	60
柯尼卡美能达	bizhub PRESS C8000	80
	bizhub PRESS C70hc	71
	bizhub PRESS C7000	71
	bizhub PRESS C6000	60
	bizhub PRO C6500/C6501	65
	bizhub PRO C5500/C5501	55

2013 年单张纸生产型彩色数字印刷机的装机量在上一年的基础上增长了 11 个百分点，增长率约为 37%，装机总量达到 3214 台，较 2012 年新增了 869 台。可以发现，单张纸生产型彩色数字印刷机装机增量自 2007 年统计以来，出现"一年增一年降"的波动式变化，一定程度上反映了市场的波动变化。本年度增长率较大，有一部分原因来自许多传统印刷企业开始大量购进单张纸生产型彩色数字印刷机作为业务尝试和拓新。如表 3、图 7、图 8 所示。

表 3　2007-2013 年单张纸生产型彩色数字印刷机装机量统计

装机总量（台）	截至 2009 年 7 月	截至 2010 年 7 月	截至 2011 年 7 月	截至 2012 年 7 月	截至 2013 年 7 月
	990	1305	1856	2345	3214
年度增量（台）	2008 年 8 月 – 2009 年 7 月	2009 年 8 月 – 2010 年 7 月	2010 年 8 月 –2011 年 7 月	2011 年 8 月 –2012 年 7 月	2012 年 8 月 –2013 年 7 月
	346	315	551	489	869

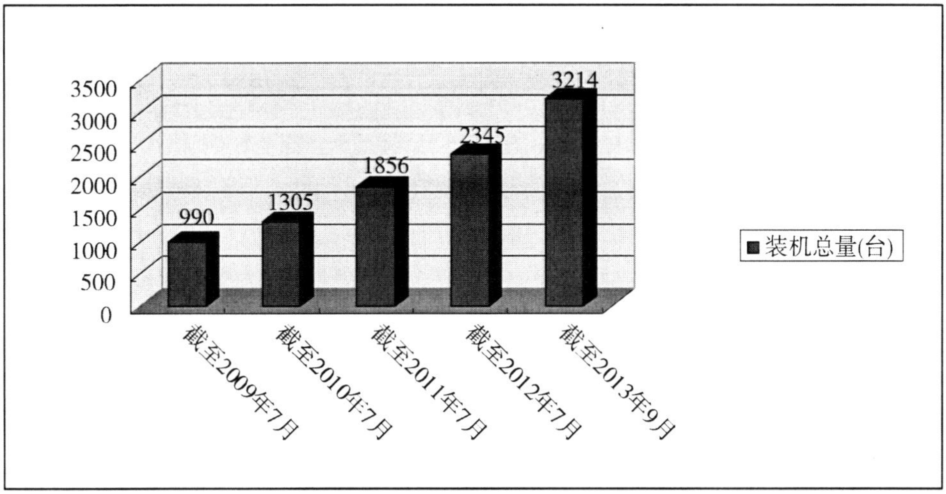

图 7　单张纸生产型彩色数字印刷机装机量趋势图

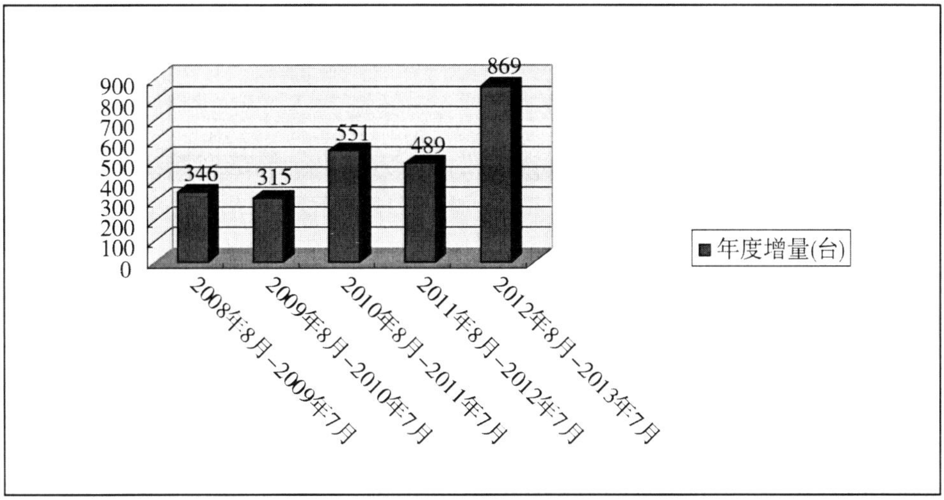

图 8　单张纸生产型彩色数字印刷机装机量趋势图

从单张纸生产型彩色数字印刷机应用领域来看，主要应用仍在商业快印领域，占比为 51%。机关文印排名较上年度上升一位，占比 15%。往后排名依次是按需出版、影像输出、标签包装，占比分别为 11%、7%、2%。本类机型在各应用领域的占比近年来变化不大。如图 9 所示。

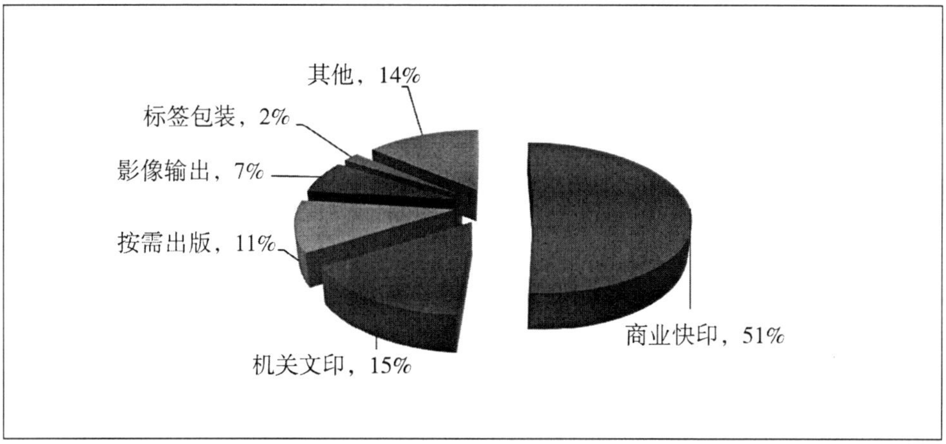

图 9　单张纸生产型彩色数字印刷机应用领域

从单张纸生产型彩色数字印刷机地域分布来看，华东、华北、华南依然是当前的三大重点区域，占比分别为 27%、25%、17%。西南地区、华中地区分别位列第四、第五位，占比分别为 10%、9%。东北地区、西北地区的占比均为 6%，在全国各地区中仍占比较低。与单张纸高端彩色数字印刷机的地域分布变化情况不一，单张纸生产型彩色数字印刷设备的装机分布情况近年来变化不大，同时，华南地区的单张纸生产型彩色数字印刷机相对单张纸高端彩色数字印刷机的装机占比相对较少。如图 10 所示。

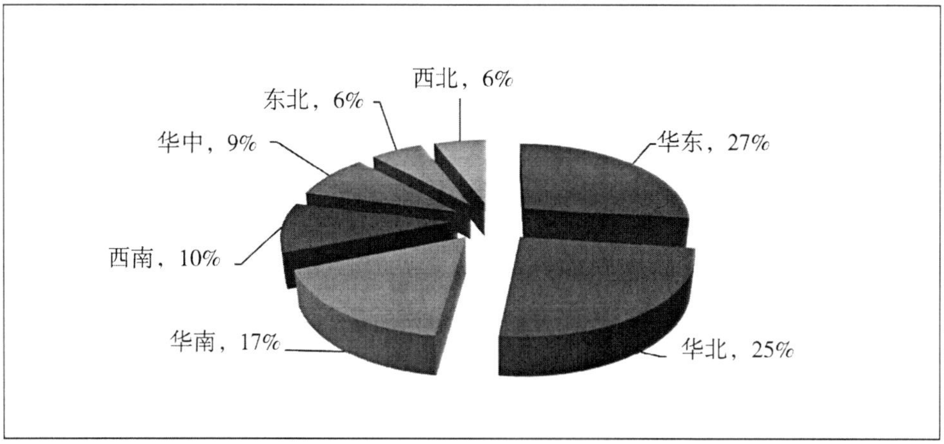

图 10　单张纸生产型彩色数字印刷机地域分布

按照《生产型数字印刷机目录（2012 年）》的分类方法，即将所划分的单张纸高端彩色数字印刷机与单张纸彩色生产型数字印刷机合并为“单张纸彩色生产型数字印刷机”计算，则目前市场上主流彩色生产型数字印刷设备的装机量为4409台，较上一年度（3232台）增长1177台，增长率达到36%，较2012年度增速（增长约29%）有所上升，但较2011年42%的增长率来看，国际经济大环境对国内数字印刷业的影响仍未消退。

3．高速喷墨数字印刷机

drupa2008被业内人士称为“喷墨的drupa”，众多高速喷墨印刷设备的惊艳亮相，让业界为之激动不已；drupa2012，虽有Landa的一鸣惊人，但仍没人能忽视展会上高速喷墨印刷的风采，甚至有人发出了“世界都在JET”的感慨。从drupa 2012上各数字印刷及传统印刷厂商纷纷研发或合作推出高速喷墨印刷机至今，关于高速喷墨印刷的热议、报道甚至已装机企业的应用案例分享从未停歇，虽然有人称国内、国际的高速喷墨印刷现状呈“冰火两重天”态势，不过大家一致认为高速喷墨印刷是数字印刷向工业化迈进的最强劲动力。

分析国内当前几款主要的高速喷墨数字印刷机（表4所示）的装机情况，总量达到26台，在上年度基础上增加了6台，与上年度增量保持一致。上年度新增的奥西ColorStream 3700连续纸喷墨印刷机在本年度仍有1台最新装机。在应用领域方面，本年度新增的高速喷墨印刷设备仍主要针对按需出版印刷和可变数据账单印刷领域。相对于国外高速喷墨技术已经成熟应用到包装、标签等诸多领域来看，国内的应用拓展相对较慢，有待发展。在地域分布上，所有的装机仅分布于华东、华南、华北三大区域。据了解，国内一些大型印刷企业正在密切关注此类设备，且其中已经有一些企业表示有采购意向，拟用此种印刷方式取代部分传统印刷，开拓新的业务领域。

表4　2012–2013年高速喷墨数字印刷机及装机量统计

品牌	型号	速度（页 / 分钟，A4）	2012年8月–2013年7月装机增量（台）	截至2013年7月装机总量（台）
柯达	Prosper 1000	200米 / 分钟	0	2
	VL2000	500（75米 / 分钟）	1	6
	VT3000	500（75米 / 分钟）	0	8

续表

品牌	型号	速度（页 / 分钟，A4）	2012 年 8 月 –2013 年 7 月装机增量（台）	截至 2013 年 7 月装机总量（台）
惠普	T200/T300/T400	122 米 / 分钟	4	6
奥西	ColorStream3700	127 米 / 分钟	1	3
网屏	Truepress Jet650UV	1300 平方厘米 / 分钟	0	1
共计			6	26

纵观近 5 年来生产型数字印刷设备的装机情况可以发现，2009–2010 年，数字印刷设备的装机量稳步增长，年增长率均在 30% 左右；而 2010–2011 年，装机量则突飞猛进，增长率达到 40% 以上；2012 年，受经济环境影响，数字印刷企业投资趋于谨慎，装机量的增长（29%）稍微放缓；而经过一年的调整，本年度增长率又回升至 36%，虽然不及 2010–2011 年的快速增长，但足见在经济环境尚未完全明朗之时，数字印刷从业者的积极应对、传统印企的尝试转型，都为数码印刷在中国的发展注入了活力。相信随着相关政府部门的大力推广与政策支持，数字印刷这个新兴行业的发展将步入崭新的阶段，也将为印刷从业者带来更多的机会和利润增长点。

（三）我国数字印刷主要区域市场概况

数字印刷业兼具文化产业的属性和信息产业的功能，是集加工服务、文化和信息产业、服务业于一体的行业。跟印刷业一样，中国数字印刷市场目前已初步形成三大发达区域，以广东为中心的珠三角印刷产业带、以上海和苏浙为中心的长三角印刷产业带、以京津为中心的环渤海印刷产业带。下面从国内几个有特点的区域进行分析，相对全面的观察国内数字印刷各层级市场的发展。

1．江浙地区

以上海、浙江、江苏为代表长三角，继领跑中国印刷业的珠三角之后驶入了发展的快车道，整个长三角的印刷总产值占全国的 1/3，而浙江、江苏位居全国印刷强省前三名，仅次于广东，印刷产业多、产值高，已成为全球印刷界关注的焦点。浙江、江苏数字印刷业发展迅速，依然是继广东之后崛起的地区，明显活跃于内地各省。

江浙地区传统印刷业极为发达，不少有像星光这样的外资企业，他们的厂内也很早就悄然运转着 HP Indigo 和 NexPress 等数字印刷机，但不同于广东引进数字印刷的传统企业的开放，他们的数字印刷机多藏于深闺，仅用于内部打样及业务补充，一律不对外，因而鲜有人了解。这类企业不在我们此次关注之列。

江浙数字印刷业快速起飞得益于当地印刷业的雄厚基础及毗邻长三角龙头城市上海的优势。上海数字印刷业起步早，起点高，市场繁荣，对江浙数字印刷业起到了示范作用。江浙数字印刷业的发展明显强于内地市场。尤其以杭州、苏锡常经济圈等为代表，其发展速度及规模都是领内地一线、二线城市风气之先。

以南京为例。南京数字印刷业启蒙于 20 世纪 90 年代末，启动于 2002 年底，在南京东艺、华文、千面、博艺等率先引进了当时最为先进的富士施乐 DC2060 及 HP Indigo 3000 等数字印刷设备后，开始显现快印业的雏形。随后发展起来的有速必得、尼克、响亮、图灵等。到目前为止，这几家规模较大的快印公司基本站稳脚跟，占据了南京地区七成左右的市场。之后又涌现出一大批后起之秀，包括日强、四色、美印等，生产型设备也大多集中在这几家，除一台富士施乐 iGen3、3 台 HP Indigo 外，富士施乐 DC2060、5000、8000，包括其他如佳能 imagePRESS 7000、柯美 bizhub PRO C6500 等，共计 30 余台，其中富士施乐的设备占到了八成以上。老牌快印公司大多集中在以市政府为中心的成贤街上，已成气候，如东艺、华文、千面、尼克、日强等公司分布在方圆一公里之内，其中还零星地穿插着一些小的图文店。其中东艺、华文、尼克、日强等都是以建筑图文业务为主，华文还兼营个性印。千面独树一帜，以商业印刷为主，广告、图文、影像等业务也在全面发展。新模范马路上南京理工学院对面也紧密布局着一批新兴快印公司，如四色、美印等。

纵观南京数码快印市场的产品结构，还停留在中期水平。建筑图文依然占到 60% 以上的份额，广告影像约占 20%，商务文件约占 15%，个性化产品约占 3%，其他约占 2%。对比北京、上海等地的商务文件比例高达 40% 以上，苏州也将近 30%，南京的市场比例有些失调，个性化产品几乎停滞不前，市场没有得到积极开发。随着国家宏观调控力度的加大，建筑图文业务下滑严重，南京市场总印量还将受到威胁。由于经营时间长，客户资源相对稳定，抱着小富即安的心态，南京的快印企业大多相对平稳。相对于南京 30 余台生产型数字印刷设备，加上产品单一，200 万张的月彩印量并不多，竞争十分激烈，其中也不乏凭打低价谋生存的公司。

再看苏州、无锡、常州区域。这三个城市如同兄弟，组成了长三角经济圈中最具活力的苏锡常经济圈。常州数码快印近年的发展速度之快似乎已经超出常规。常州属于二线城市，城市规模和经济发展速度落后于无锡和苏州，从GDP来看常州约是苏州的1/4、无锡的1/2。数码快印的业务量也约只有苏州的1/3、无锡的2/3。但是常州的彩色生产型数字印刷设备已达苏州的一半，超出无锡的1/3。常州的数字印刷的业务量不大，设备却异常多，因此竞争惨烈，可喻“战国时代”。紧邻常州的无锡数码快印业却是另一道风景。无锡数码快印业的格局不同于苏州和常州，行业相对规范，市场发展平稳，算不上和风细雨，但绝对见不到刀光剑影。近几年无锡数码快印业格局没有发生太大变化，市场相对稳定，且各大家有各自的市场定位，大家都没有盲目上设备。苏州是苏锡常经济圈的中心，其GDP高于省会南京。苏州建有国家级工业园区，不少世界500强企业进驻苏州，大量的IT产业加工中心推动了苏州经济的快速发展，也为苏州数码快印业带来了机遇，同时也带来了恶性竞争，带来了挑战。苏州数码快印市场产能过剩，竞争非常激烈，如果仅靠现有市场和打低价很难获得长远发展。苏州数码快印业首先要打破以建筑图文为主业的格局，在建筑图文业务量不变的情况下把比例大幅度降下去，开拓更广阔的市场领域。苏州工业园区吸引了许多世界500强企业，全球70%的笔记本电脑都在苏州生产，制药业也很发达，这都会带来大量数字印刷业务。

2．东北区域

东北这片沃土，极富个性的地域，幅员辽阔，占全国土地总面积的七分之一，自然资源丰富、多民族深度融合、开发历史近似、经济联系密切的大经济区域。尽管东北印刷业总体水平仍落后于珠三角、长三角、环渤海地区，东北数字印刷业的发展也相对滞后，但其同时也如振兴中的东北经济一样蓄势待发。

沈阳数字印刷业起步于20世纪90年代，但成绩不够突出，特点不够鲜明，迟迟没有形成一定的规模。尤其是前几年一直处于发展迟缓、经营单调、市场单一、缺乏特点、市场开拓不足的状况。这取决于东北地区的特性，不愿走出去，喜欢模仿当地标杆、不愿创新、疲于开拓市场、善于抢生意，阻碍了市场良性发展的动力。近两年这一现状有所打破，有外部市场的良性影响，沈阳人走出去多了，思路开拓了，也有设备供应商的引领，先进设备的投入，激励了沈阳数字印刷市场，开始呈现活力。有鲜明观点、有创新思路、有探索精神的企业脱颖而出，像“蜂快印”积极开拓个性化市场，形成了自己的风格；“沈阳彩艺”勇于探索影像市场，走差异化之路；“顽皮鼠”多元化发展，做品牌不打价格战……沈阳市场并未饱和，还是一个有潜力的大市场，需要的是勇于创新的开拓者。

再看长春市场。长春数码快印业所呈现的特点是大型的快印店、大型的设备少，小型的快印店多，二手设备多。长春数码快印业相对其他地区的发展还相对较慢，跟过去比，算得上是突飞猛进。体现在设备引进上，也有飞跃性的增长。长春数码快印业的两家领头企业目前发展也是各有千秋，但都对先进设备的认识有着先知先觉的敏锐性，因此在设备的投入上定位准确、大胆而理性。据不完全统计，目前长春市场上生产型彩色数字印刷设备的保有量在12台左右，目前看来设备品牌比较单一，没有呈现沈阳市场品牌多样化的特征，彩色设备基本也以富士施乐和佳能品牌，黑白设备基本都是富士施乐和奥西等品牌为主。

3．西南地区

相对长三角、珠三角、环渤海地区的印刷业，西南地区传统印刷业处于相对落后的状况，但新兴数字印刷业却迅速崛起，成都和昆明等地的数字印刷业已抢先一步走在了发展的前列，而重庆的数字印刷业相对欠活跃。

以昆明为例。云南地处西南边陲，是一个多民族省份，其矿产和旅游资源丰富，但制造业相对欠发达。省会昆明与一、二线发达城市相比经济相对落后，但在数字印刷的市场发展及投资规模上，却并不亚于发达地区。昆明的数字印刷业起步早，且具规模，像昆明颜之灵、金伦这样大规模的连锁数字印刷企业在全国范围内都算是凤毛麟角。

近几年昆明数码快印行业飞速发展，大大小小的图文店、快印店源源不断地涌现，各种型号的快印设备装机量不断攀升，快印市场一时间没有太大变化的印量被越来越多的商家瓜分。在经济发展相对缓慢的大环境下，数字印刷市场的需求增量远远小于快印店的发展速度。新入行者为了吸纳印量往往不计后果地打价格战，冲击市场，导致行业利润越来越低，恶性竞争在所难免。尽管如此，昆明数码快印市场在颜之灵和金伦两大家的坚持和坚守下，价格战等不正当竞争似乎没有市场，也未形成气候，这在全国范围内都是罕见的，也为昆明市场的稳定良性发展作出了贡献。

再看重庆市场。新兴直辖市重庆，经过几年的打造，以现代化大都市的形象展现在我们面前。重庆是长江上游地区的经济中心和金融中心，中国重要的现代化制造业基地，长江上游科研成果产业化基地，“西三角”经济圈的中心城市。但我们看到重庆数字印刷业的发展与其经济及上层建筑的发展极不平衡，发展相对缓慢，与西南地区另两个中心城市成都、昆明相比不成规模，欠成熟和规范。

重庆数码快印市场不够成熟，缺少成规模的领军企业，散兵游勇多，与重庆城市特点及地理位置特别有一定关系，也与重庆数字印刷业起步欠规范有很大的联系。一是重庆周边地级市不多，相对成都的辐射能力弱一些；二是很多大公司在西南的办事机构都设在成都，在重庆的相对较少，因此商业氛围也弱于成都；三是重庆数码快印业起步较晚，富士施乐设备安装量少，市场未形成气候，缺少领头羊；四是重庆市地域广，且分区明确，自成体系，都是以区各自为政，某一个区很难做到很大的量，因此辐射有限，只能在这一区域里辐射，使得小图文快印店在重庆各区布点显得很方便，地理上的特点也制约各企业做大做强。

三、中国数字印刷发展障碍及前景

我国数字印刷业发展至今短短十几年时间已经取得了突破性进展，数字印刷产值大幅增长，数字印刷企业和客户数量也节节攀高，数字印刷设备更是全国各地遍地开花，整体形势一片大好。不过展望未来，前进的道路上我们还将面临诸多有待解决的难题。

（一）中国数字印刷发展障碍

1．数字印刷市场亟待成熟与规范

与发达国家相比，我国数字印刷市场起步时间相对较晚，再加上这几年数字印刷企业及其用户都对数字印刷的认识不够，数字印刷的优势未能完全发挥，总被用来跟传统胶印比较，导致数字印刷的利润逐渐走低。再加上中国产业结构升级，劳动力成本大幅提升，数字印刷企业还在沿用以前粗放的管理方式、落后的生产流程以及毫无创新的经营理念，其利润又被进一步压缩，生存压力增大。

另一方面，中国数字印刷企业同质化现象严重，缺乏差异化发展，价格战成为最直接有效的竞争手段，不少地区的价格战甚至已经到了白热化程度。采用这种“杀敌一万自损八千”的战略，期望用更低的价格拖垮对手，结果到最后不仅没达到预期的效果，反而是“赔了夫人又折兵”，陷入进退两难的地步，最终造成目前数码快印行业的利润空间不断地被压缩，有的甚至是入不敷出的局面。这种恶性竞争行为已经严重影响我国数字印刷市场的良性发展。

值得庆幸的是，为规范我国数字印刷经营活动，促进数字印刷业健康发展，根据《印刷业管理条例》的有关规定，新闻出版广电总局于 2011 年 1 月 11 日制定了《数字印刷管理办法》，从政策法规上对我国数字印刷行业加以规范，使得今后政府的管制有章可循，有法可依。

2. 数字印企经营理念创新

不可否认，数字印刷市场前几年的高利润率造就了不少企业的成功，但也给行业发展带来了惰性，导致我国数字印刷业的发展从每年的数字上看非常可喜，但问题却越来越多。目前我国数字印刷市场不再是前几年只要进入行业都能赚钱的时候了，正确经营理念的改变非常重要。管理者不能仅把数字印刷简单地看作是一种高科技的新型印刷方式，用传统印刷制造加工业的方式管理和经营数字印刷企业。

数字印刷最大的优势在于能够最大限度满足用户快捷、灵活、可变的个性化的需求，其服务的属性远大于生产加工的属性。数字印刷企业应该更加明确自我定位，打造正确的经营理念，才能保证企业长远的发展，进而我们才有希望看到一个健康的数字印刷市场在我国蓬勃发展。

3. 数字印刷成本居高不下

目前我国数字印刷产品的价格相对于国内消费者的承受能力和消费水平来说仍然比较高，数字印刷的成本问题依然是制约我国数字印刷企业发展的重要问题。导致价格居高不下的原因主要有两个方面。

一个是目前市面上数字印刷设备，动辄几百万元人民币，千万元级的设备也屡见不鲜，而国内数字印刷企业由于经营理念不明确，没有正确选择适合企业发展的设备，只买贵的，不选对的，盲目的采购给企业带来巨大的成本压力。

另一个导致成本偏高的原因是，数字印刷技术完全掌握在美国及日本等发达国家供应商手里，国内供应商无法掌握核心技术，很难突破。这也就造成了设备市场竞争度降低，数字印刷设备的不兼容性导致的售后捆绑式耗材出售与维修服务帮助这些设备营销商获得了第二次利润，成了寄生在生产商身上的寄生虫，推高了销售单价。

4．数字印刷技术有待提升

数字印刷是利用印前系统将图文信息直接传输到数字印刷设备上进行印刷的一种新型印刷技术，其流程离不开数据传输过程，因此需要一个统一的数字印刷标准，这将直接影响印刷质量。由于数字印刷机目前所使用的墨粉及液体油墨与印刷油墨所表现的色域并不相同，再加之数字印刷机的结构等原因，对于有些客户来说，数字印刷的印刷色彩过于鲜亮，同时清晰度，暗调和亮调处的细节表现能力不如传统印刷，在专色复制方面，传统印刷要优于数字印刷。另外，由于墨粉，液体油墨对介质有特殊要求，因此数字印刷的承印物范围比传统印刷相对要窄。

从印刷速度角度来看，通常数字印刷设备的速度越快，其应用范围就越广，越有可能开发在今天看来还不能用数字印刷实现的领域。随着数字印刷技术的不断革新，现有的传统印刷中的一些市场必将被数字印刷所占领。数字印刷能为那些要求降低生产成本但不能降低质量的公司提供理想化的解决方案，但速度仍然是一个重要的决定因素。

5．数字印刷市场发展不平衡

数字印刷市场的快速发展离不开用户需求，目前数字印刷发展比较快的是北京、上海、广州、杭州等商业发达城市。这些城市作为国际化大都市，集中了国内外许多大中型公司，用户观念较新，接受新事物更加容易，对个性化印刷品、按需印刷的需求正在迅速增长。而东北、西北地区由于拥有诸多农业城市，商业不够发达，因此数字印刷市场在这些地区发展比较缓慢。

因此，我国数字印刷市场两极分化比较严重，在保证市场成熟区域的稳定发展之外，还要加大对落后区域的扶持，使其快速成长，从而提升我国数字印刷市场整体水平。

（二）中国数字印刷发展趋势

“十二五”已悄然过半。按照印刷业“十二五”发展规划，到“十二五”期末，我国印刷业总产值预计超过 11000 亿元人民币，数字印刷产值占我国印刷总产值的比重超过 20%。这意味着，市场还有巨大发展空间。

1. 高速喷墨印刷技术深入应用

喷墨技术自诞生以来获得了极大的发展，目前喷墨技术在家用及办公打印领域、大幅面喷绘领域已经获得了巨大的成功，而近年来，随着喷墨技术的不断发展，高速喷墨印刷技术已经日趋成熟，在欧美等发达国家甚至已经有成功案例，高速喷墨印刷技术已经成为了数字印刷领域最具发展潜力的技术方向。

高速喷墨印刷的优势在于对市场需求反应快捷、交货期短、能够满足个性化需求，有效减少印刷品库存等。凭借这些优势，高速喷墨印刷可以赢得广阔的市场，可在个性化包装、报纸等领域大展拳脚，为印刷企业创造更多的发展机遇。纵观 2008 年和 2012 年两届 drupa 展会，我们可以清楚地发现喷墨印刷已经成为各厂商必争之地，各类厂商纷纷加快向喷墨技术进军，其中不乏传统印刷设备厂商，不难预见喷墨印刷技术将持续高速发展，未来喷墨技术将会产生更快的速度，更高的印刷质量，更低廉的生产成本，并在未来相当长的时间里将对印刷工业产生巨大影响。

2. 新应用开发及新市场拓展

数字印刷技术在我国发展迅速，但多应用于商业快印、机关文印以及按需出版等领域。在欧美等发达国家，数字印刷除了在商业快印、机关文印等领域有成熟应用外，在按需出版印刷、包装印刷、票据印刷及金融、电信和保险等印刷领域也颇有建树。

位于美国田纳西州的英格拉姆内容集团旗下拥有全球最大规模的按需印刷运营公司闪电源公司（Lightning Source）。其为客户提供的传统图书一本起印服务为传统出版商带来新机遇，为数字印刷在出版行业的成功应用开先河。

德国 CeWe 公司是一个大规模的个性化照片书加工企业，从 20 世纪 90 年代中期就开始引进数字技术。CeWe 公司主要面向摄影发烧友和专业摄影家，生产影籍和日历等产品，现在已经设了 5 万家实体推广点遍布在欧洲各地，包括报刊亭，通过这些渠道推广他们的客户端软件。2007 年 CeWe 照片书的销售量是 150 万本，营业额超过 4 亿欧元。2009 年销售了超过了 350 万本，并且还在逐年增长中。而 2013 年 CeWe 公司仅上半年的销售额就高达 2.18 亿欧元。

由此可见，我国数字印刷技术的应用领域跟欧美等发达国家相比还有巨大的差距。我国数字印刷企业还应在新应用开发方面多下功夫，努力创新经营模式，大力拓展数字印刷新市场。

3. 数字印刷与电子商务的结合

电子商务的出现，改变了诸多行业业态。据艾瑞统计数据显示，2013 年中国电子商务市场交易规模 9.9 万亿元，同比增长 21.3%。中小企业 B2B 电子商务细分市场的规模达到了 51474 亿元。数字印刷技术拥有可变、短版和个性化等方面的优势，随着信息技术的不断发展，数字印刷业迎来了其在电子商务中快速发展的步伐。在这个互联网和电子商务快速发展的时代，印刷电子商务的发展就成为了业内人士一直探索的问题。

目前我国印刷业电子商务的发展还处于一个刚刚起步的阶段，网络作为一个开拓印刷业电子商务发展的平台，如何将其得以合理的发展和运用，将是数字印刷业电子商务发展的主要内容。

综上所述，在崇尚个性化、追求便捷的今天，按需印刷和可变数据印刷迎来了发展的春天，数字印刷技术凭借着传统印刷不可比拟的优势，在许多“新兴”市场上，可谓是如鱼得水。而随着数字印刷技术的不断发展，特别是高速喷墨印刷技术的逐渐成熟，生产速度大大提高，生产成本又进一步降低，我们有理由相信未来几年，数字印刷市场必然经历一轮新的快速增长时期。

印刷技术的发展经历了“告别铅与火，走过光与电，进入 0 和 1”三个阶段。作为一种最为先进的印刷技术，数字印刷是当今印刷产业在数字时代的一个重要发展方向。数字印刷从诞生之日起，就备受业界关注，但是我们必须承认，任何一种新技术被人们所接受都不是一时之事。

数字印刷在中国的发展，依然任重道远，不可操之过急。迄今为止，数字印刷在我国尚未获得业界所期望的市场份额，成熟的应用领域仍太局限。但值得庆幸的是，数字印刷市场潜力巨大，业界同仁在看到中国数字印刷市场与欧美等发达国家差距的同时，也敏锐地察觉到了数字印刷的未来成长空间，不论数字印刷企业还是传统印刷企业都在积极应对数字印刷给行业带来的变革，而其客户也在不断成长，对数字印刷的优势更加了解，并开始将自己的业务向数字印刷倾斜，甚至根据数字印刷技术不断创新自己的印刷需求。更为可喜的是，中国政府也在积极推动数字印刷产业的发展，相关政策法规的颁布，为数字印刷行业有序健康地发展提供必要的规范。我们对中国数字印刷业现状应该客观冷静的看待，但是对于数字印刷业的未来，我们有理由期待更多！

作者单位：中国印刷科学技术研究所

网络印刷发展报告

祁 欣

网络印刷 WTP（Web to Print）这个名词最早出现于 20 世纪 90 年代后期，是随着网络技术的发展和网络应用的普及而逐渐形成的一种实现印刷的便捷途径。它不是一种印刷方式，而是一种印刷解决方案。

一、网络印刷发展概述

网络印刷在欧美国家起步较早，现在欧美电子商务已占整个印刷行业的比例高达 78%，并开始朝着个性化、数字化、立体化方向发展。我国的网络印刷起步较晚，最初由美印记（meiyinji.com）于 2005 年引入。近年来随着互联网行业的飞速发展，以及市场对电子商务的熟悉及认可，网络印刷也越来越多地被市场认同。仅淘宝网每年的印刷业务量就高达 28 亿元，加上大宗电子商务印刷实现总产值超过 400 亿元，其中以商务短版印刷为主。凭借计算机技术的发展以及网络电子商务的普及，网络印刷正以每年超过 200% 速度递增，预计 2014 年底全国网络印刷占比将达到 11%，但与欧美国家相比仍有较大差距，网络印刷发展空间广阔。

网络印刷利用互联网的基础平台，建立信息管理系统、印刷管理系统、文件管理系统、物流管理系统、客户管理系统、仓储管理系统等。各个系统为向客户提供便捷的印刷品制作服务协同作业。

从成本节省和客户体验角度，网络印刷主要有七大优势。

一是节省时间。基于模板的设计定制，为客户大大节省了设计和排版时间。

二是降低出错率。由于不涉及排版和校对等工序，一切由客户订单说话，网络印刷的一大特点就在于不对原稿做任何修改，这在一定程度上也降低了出错率，节省了纠错成本。

三是减轻重复工作量。不同的打印店或广告设计公司，在接单时不知要进行多少次重复的印前设计工作。而集中的模板定制和统一的在线管理，能够省去设计人员的重复工作。例如，一家快印店在引入网络印刷系统后，一年后达到了成本节省 35 万美元，订单量增加 58% 的喜人效果。

四是节省生产成本。网络印刷的采用，让印刷成本和邮寄成本下降了 50%。来自 Tiffin 学院的一份调研报告显示，学生们对个性化文件夹的需求量非常大，网络下单是他们现在主要采用的订购方式。

五是节省物流成本。网络下单后，可以进行分区域的客户订单分配，将某一区域内的订单集中印刷，在运输环节，节省物流成本。

六是缩短交货周期。更短的交货周期，可以带给客户更好的购物体验。Nevada 大学曾经在准备募款材料的印刷上耗费了近几周，而如今采用网络印刷方式后，他们筹备募款材料的时间竟然缩短到了 30 分钟内。

七是节省订单管理成本。大量的网络订单通过网上数据管理实现，电信等网络运营商都可以提供相关解决方案，每月可以帮助企业节省大量工时和订单管。

网络印刷的意义是扩大产品范围和增值服务的种类，同时降低印刷厂的经营成倍本。随着数字印刷的深入，网络印刷的舞台也变得越来越宽广了。最早期的网络印刷服务旨在为印刷买家节省时间，但只能为服务供应商增加更多的工作和费用。今天的网络印刷解决方案为印刷服务供应商提供一种可负担得起的入门成本、经常性的收入模式和实现更有效的生产流程的能力。此外，厂商不断在他们的解决方案中增加新的功能，而“网络印刷”一词也因此扩大到远远超出简单的网上作业提交的方式。网络印刷将成为引领印刷行业新的发展趋势。

二、网络印刷在国内的应用现状

网络改变了太多的印刷业格局，从纸媒报纸到手机报，从纸媒书刊到电子书，从纸媒宣传品到网上购物，数字化、网络化、无线移动化动摇了千年纸媒作为最主要文明传承与信息传递的核心载体地位，遏制了纸媒介高速增长的发展趋势，也必将会铸就一批真正能顺应时代科技发展方向，驾驭数字网络无线趋势的印刷人。

2009 年美国网络印刷占商业印刷市场 15%，预计 2014 年将上升到 30%，达到 310 亿美元；台湾 2012 年网络印刷占商业印刷市场比例高达 50%；目前，中国网络印刷几乎为零，如果保守估计，网络印刷占全国印刷产业 5% 的市场份额的话，将带来 200 亿元的市场空间。

现在，网络印刷渐渐开始改变中国传统印刷的商业模式。网络印刷在 2013 年得到了中国印刷行业的普遍关注。其实，近几年网络印刷在中国一直都在发展，可以从以下三种常见的应用中窥见一斑。

（一）腾讯 QQ 接单

最常见的一种网络印刷是腾讯 QQ 接单。很多图文快印店和名片合版企业利用腾讯 QQ 传文件较快的特点，建立客户 QQ 群，然后进行业务沟通和文件传递。如果是快印连锁企业，或者不同地点的业务部门，甚至拉专线进行数据传输。腾讯 QQ 接单比较适合小订单，可以减少客户和业务员往来递送文件的时间和人工成本，达到双方效率和效益最大化。这也是双方相互合作到一定程度，信任和彼此认可的表现。客户加入 QQ 群，给了文件，收货时结账和普通电商的生意模式已经差别不大了。该模式在图文快印店和名片合版企业等细分领域被广泛应用，网络印刷在萌芽中前行。

由于行业竞争压力大，业务时效要求强，图文快印店和名片合版企业具有良好的服务意识和创新精神，对于网络印刷多有尝试。腾讯 QQ 接单在国内被大量图文快印店和合版企业所使用。当印刷企业的客户和网络传递印刷数据业务发展到一定程度，聪明的行业先行者们就会考虑如何实现自动化，减少成本，提高效率，将客户搬到网络上来提高客户忠诚度。这就有了线下下订单，线上完成支付的 O2O（online to offine，线上接单、线下服务）模式。其中有些客户看到了行业前景和商机，想利用更先进的网络印刷软件来实现，当国内没有此类产品时，曾试图引进国外软件。欧美发达国家的网络印刷技术和市场更成熟，软件功能也很齐全，但遇到了中国式商业流程和应用习惯却出现了“水土不服”。这个问题在很大程度上制约了中国网络印刷的发展。曾经有些印刷企业引进国外网络印刷产品，最后都卡在实施环节上，只有少数用于企业内部跨国、跨区域的网络印刷数据系统得以成功应用。因为国内业务流程的复杂和灵活，国外成熟的软件很难根据每家企业做出个性化程序改进，也很难真正设身处地地根据中国印刷业特点找到关键节点进行流程优化，最终大部分企业举步维艰，无法实现网络印刷的真正价值，因而影响到印刷电商拓展到更广的地域范围和应用脚步。

从产品开发的角度看，现有 QQ 加上文件管理和云端存储等使腾讯 QQ 开发的网络印刷软件和产品会是最有竞争力的产品，毕竟订单信息和文件信息是网络印刷的主要内容，QQ 满足了基本功能，缺乏的只是客户订单和文件管理，以及价格系统等大型印刷电商面临的瓶颈。

（二）外单生产

第二种常见的网络印刷是外单生产。大型企业与合作印刷厂业务往来多年，双方经过多年磨合，在价格和要求上已形成信任和业务默契，在海外订单和国内订单上都可以彼此信任。通过网络专线或者 FTP 传送文件，大客户甚至可以网上下订单和管理存储在印刷厂端的文件，这在大型外单印刷、商函打印、按需出版领域应用较多。大型印刷企业客户相对比较固定，相互间磨合多年，已有良好的信任关系，由于已经有较好利润和营收状况，网络印刷并不是用来拓展业务，主要是为重要客户进行文件存储和管理，企业也没有动力这么做。国内报纸印刷厂、书刊印刷厂、商业印刷厂受到业务影响，也在力图变革，因而迫切需要商业模式上的突破，所以对网络印刷也寄予厚望，希望能够从中有所斩获。一般传统印刷企业的技术能力和生产能力都很强，但 IT 能力较弱，所以适应电商激烈营销竞争环境和多重手段并用的能力较弱。由于目前印刷产能过剩，形势逼人，传统印刷企业不得不转变思维，适应新的竞争局面，才有获得足够产能订单的可能。由于强大的生产能力和设备积累，无论添加数字设备完善产品线，还是利用网络印刷改善现有客户体验，或者开拓合版业务，都有获得更多订单的空间和发展机遇。

（三）个性化印刷品服务

第三种常见的网络印刷是以影像为代表的个性化印刷品服务。客户使用印刷商在网上提供的模板进行图文编辑，形成个性化产品如相册、微博书等，预先付款，全国配送。由于客户来源和持续业务的不确定性，这种服务往往需要大的客户基数才可以获利。目前尝试的企业较多，这些企业所做的宣传推广，为普及个性化网络印刷打下了基础，但最终获益最大的却是大型门户网站。作为综合性营销的一部分，正如京东商城客户基数和忠诚度确立后，增加业务范围也会有更多的销量，如果单独作为主营业务推广，由于客户持续采购概率低下，可能会面临艰难的发展历程。

发展网络印刷最大的障碍是信任。网络印刷不能像民用消费品一样很快实现电子商务，主要和个性化相关。电子商务在传统民用产品领域得到快速发展，和在大工业化生产条件下的产品同质化有很大关系。网上买的东西和商场、超市买的品质一样，价格差不太多，有送货上门的优势，网上购物还能 24 小时进行，送货地点和诚信都有保障。电商用价格优势满足客户“不买便宜，但买占便宜”的心理优势，客户体验后得到认可。客户忠诚度最高的图书、流通环节供应链较长和利润较高的 3C 电器和 IT 及手机产品都取得了成功。北大光华营销系有些研究生来自北师大的心理学系，原因在于营销做到一定程度后，就是对消费者心理的研究。产品的买卖，也是客户心理上从满足需求到信任购买的过程。网络印刷的每个印刷品都是客户定制的，要么是大家彼此多次合作，相互信任，有默契，按照 B2B 商业模式来构建；要么就是低价值产品，B2C 客户采购物美价廉的商品。

三、国内外网络印刷案例解析

（一）Vistaprint

Vistaprint 公司成立于 1995 年，其最初发展得并不顺利，甚至几近破产。时值互联网飞速发展时期，Vistaprint 抓住机会，以电子商务模式成功转型，经过几年蛰伏，最终于 2005 年在纳斯达克上市。由于电子商务的方便与快捷，Vistaprint 能够服务成千上万的小企业及个人用户，仅 2011 年，在 Vistaprint 产生购买行为的访客总量便高达 1290 万人次，每日处理的订单数量超过 6 万。目前，Vistaprint 公司拥有 4000 多名员工，在全球 25 个国家和地区拥有本地化网站，客户总数量达到 1500 万个，而且除纸质品外，衣服、文具等相关的印刷产品也在其销售范围之内。

（二）Shutterfly

Shutterfly 公司成立于 1999 年，是美国市场中已经达到纳斯达克上市经营规模的网络相册平台服务商，其主要的营运模式是以网络作为沟通平台，让消费者可以凭借 Shutterfly 所提供的技术、制造能力、创意能力将数字影像转换成各式各样的产品（相本、装饰品、家居、图书等）以提高生活品味。Shutterfly 认为只要有人的地方就有故事，而影像是说故事最佳的方式，这样的信念主导着 Shutterfly 朝多样化商品方向迈进，以求赋予数字影像更多的生命力。当然相册还是主要的商品类别，Shutterfly 同时也具备自己的印刷和印后设备来应对不同产品所需的制造流程。Shutterfly 公司年营业额平均增长率可达到 27.4%，在 2011 年的增长率达到 54%，2013 年营业额达到 777.8 百万美元。

（三）闪电源（Lightning Source）

美国闪电源集团是全球按需印刷领导者。调查显示，其中一个数字是，闪电源公司平均每个订单只有 1.8 本，这完全符合数字印刷工艺要求；另外一个数字是，闪电源公司一个月加工 150 万册。

另外，闪电源公司平均每分钟接单 19.3 个。目前国内，没有任何一家传统印刷企业可以问鼎这一纪录。深入了解后发现，闪电源公司最早的合作伙伴是图书零售商亚马逊。亚马逊为闪电源公司提供了汇聚订单的巨大网络。这再次说明，硬件设备只是企业迈向数字化的第一步，更重要的是拥有一个汇聚订单的平台。然而光有平台却仍旧运用传统印刷思维来运营仍然难以发挥数字设备之本领，这时注入时下最火的互联网思维就显得顺其自然了。

（四）保诺时（e-print）

在香港，因受地方、资源、人力等限制，印刷业的发展空间甚小，很多香港的中小型公司都想印刷宣传单张，但苦于印量不多，而且价钱不菲，难以找到合适的印刷公司承印。保诺时看准商机，决意结合网络发展合版印刷。

进入该公司的网站，客户能够在预设的选项内，一一勾选产品采用何种设计、使用何种纸张、进行何种效果的后加工，马上获取报价，自助完成名片、台历、小册子等数十种定型产品的下单，并通过信用卡付款。由于每个订单皆附有条形码，因此从开单至完成货品，客户均可以追踪到整个流程。

这些只是客户可直接体验的部分，其背后的生产工作，同样离不开便捷的网络。在收到订单后，印前部门便会借助网络进行稿源标准化处理工作，其后电脑把相同要求的订单自动拼成一大版，直接输出 CTP 版后即可上机印刷。装订裁切后的成品包装进仓后，电脑随即以手机短信形式通知客户自行前往门市部取货，或采用快递送货，十分简便及人性化。凭借网络与合版印刷，现在的 e-print 在香港已拥有了遍布港九新界的 13 间门市部，并在马来西亚开拓了多间分店业务，公司资产达数亿港元。

（五）健豪

台湾健豪成立于 1998 年，做印前制版起家，2001 年以一台海德堡 SM52 涉足合版印刷，2013 年营业收入达到 29 亿台币，净利润 30%，成为台湾印刷第一名，且遥遥领先于第二名，号称“亚洲印刷的奇迹”。健豪经营生产 5000 多种印刷商品，涵盖名片、画册、书刊、照相书、大头贴、纸杯等。每天处理 10000 个订单，所有订单在 24 小时交货。健豪在台湾有 5 个生产基地，一共 500 名左右员工，一线生产工人 200 人左右，平均 GDP100 万左右；健豪所有的业务来自网络，没有应收款，反而有大量预收款。2014 年，台湾健豪与长荣股份合资在天津注册 1 亿元人民币，组建了天津长荣健豪开展云印刷公司。

归纳健豪成功的几个因素：

（1）利用电子商务的销售模式控制了销售成本；

（2）通过个性化产品的设计推广，将销售触角参透到终端用户，提高销售价格；

（3）通过信息化和自动化技术的大量应用，提高生产效率。即同样的人和设备可以生产更多的产品；

（4）通过合版方式，吸纳“碎片业务”进行整合，大幅降低了小批量、小幅面印品的生产成本，并开发出大量个人消费；

（5）规模化优势降低了原料采购成本。

（六）BannerSHOP

BannerSHOP 成立于 2003 年，总部位于油塘，占地面积达 9 万平方英尺，建有行政办公室、热线中心及中央生产厂房等。11 年来，BannerSHOP 由最初只有 3 人的小公司发展成一家拥有 300 多名员工的企业，而在这期间，其也不断推出新品牌，如提供一站式工程制作服务的 ProjectEASY、提供优质及一站式方案尊上服务的 GIGAPrint 及代理营销欧洲流行展示器材的 MATRIXFRAME，以求尽量满足客户的不同需求。自成立至今，BannerSHOP 凭借清晰的市场定位、不断推陈出新的营运模式及贴心的服务，成功打破了传统印刷喷绘业概念，成为香港规模最大的喷绘服务公司之一，平均每月输出喷绘产品超过百万件，共获超过 160 个奖项及认证，深得大众认可。BannerSHOP 获得如此成功的原因，可归结于以下几点。

（1）产品多元化、价格合理。小至易拉架，大到户外大型广告，BannerSHOP 都可提供。同时，为了给客户提供最合理的价格，BannerSHOP 大批购入原材料，以减少原材料价格浮动对生产成本造成的影响。

（2）引进先进设备和全自动化的生产流程，以充分利用各种资源。年轻有魄力的 BannerSHOP 管理层懂得自动化生产流程的优势，不断优化生产流程系统。目前，BannerSHOP 已拥有多达 100 种全自动排版软件。而引进先进设备也是 BannerSHOP 管理层的一贯作风。2013 年，BannerSHOP 为了配合 Caldera 自动排版软件，引进了 2 台 Zund 自动切割机，以应付每天繁多的订单。

（3）热转印技术。利用该技术，BannerSHOP 可为客户印刷布类制品。但该技术不容易掌握，最终 BannerSHOP 通过提高设备的自动化水平，大大降低了该技术对操作人员的技术要求，稳定了印刷质量，提高了生产效率。

（4）贴心的客户服务。为了更好地服务客户，BannerSHOP 提供的客户服务包括网上、移动电话实时报价服务；网上、移动电话自助下单服务；24 小时客户服务热线；4 小时内检查及回复稿件承诺；产品一般情况下 48 小时起货，3 小时特快急件服务；免费后期加工服务；网上实时客服对话，实时跟进及收集客户意见；自设专业物流团队，提供送货服务；全港 14 个分销点，可跨区取货；各款汽车裱贴服务；各种付款模式，包括现金、支票、EPS、信用卡、缴费灵（PPS）、银行转账、OK 便利店、Paypal、AsiaPay 和 AmericanExpress。

（5）努力开拓海外市场。近年来，BannerSHOP 致力于拓展海外市场，已成功进驻澳洲悉尼、墨尔本及英国，拥有 100 多名海外员工，在海外设有厂房，并以香港为中央喷绘生产基地，从物料存放、生产至付运均由香港中央喷绘生产基地处理后再向外分发，24 小时、365 日全天候无间断运作，从而大大提高了产品的输出效率和质量。此外，BannerSHOP 还选择天津为开拓中国业务的首个试点，而其新加坡分店亦即将开业。

目前中国内地从事网络印刷的企业已经很多，虽然尚未出现有实力的竞争者，但已有较多参与者。网络市场的竞争已初现端倪，如表 1 所示。

表 1 网络印刷市场竞争格局

网络印刷分类	已有参与者	新进入者
网络商业印刷	东方网印、改图网、通印网、名片天下、开心印、莱印网、印易得、商印网	湖南天闻新华印务有限公司、北京盛通印刷股份有限公司、美国 Vistaprint、长荣股份与台湾健豪合资等
网络个性印刷	网易印像派、惠普咔嚓鱼、杭州卡当、上海缤纷乐、Myprint	
网络按需书刊印刷	线上国外有 LightningSource，线下江苏凤凰、虎彩集团、大恒	

资料来源：产业信息网整理

四、网络印刷系统的进步

网络印刷系统指是针对印刷、广告、设计行业推出的网络印刷整体解决方案。一般来说它涵盖了网络印刷自助报价、在线下单与订单管理、在线名片设计、在线上传文件、在线交流、会员管理、发货单管理等印刷中的绝大部分环节。网络印刷系统是互联网与传统印刷行业相结合的产物。以下是比较具有代表性的网络印刷解决方案。

（一）Aleyant 系统公司的 Pressero

Pressero（以前称为 printerorder.com）是由 Aleyant 系统公司在 2009 年重新推出的。这个主机托管的解决方案适用于中小规模的公司供水 / 润版，并以其对供应商管理的支持而在印刷经纪人市场兴起。Aleyant 系统的可变数据软件

eDocBuilder 可以让客户定制和审核文件。

（二）AmazingPrint 公司的 eCardBuilder

AmazingPrint 公司的 eCardBuilder 是一个能提供数千种预先建好的可定制的模板、模板类的设计工具和印刷车间管理功能的解决方案。

eCardBuilder 可单独运行，也可以整合到现有的网站中。AmazingPrint 公司提供 3 种授权许可类的解决方案，以适应从少量到大量印刷的印刷企业。

（三）Bitstream 公司的 Pageflex Storefront

Bitstream 公司的 Pageflex Storefront 店面版是授权许可类的解决方案，是大中型营销组织和印刷服务供应商不错的选择。该解决方案可以让网络印刷店面进行完全可编程、可定制的开发。Pageflex Storefront 店面版适用于已经采用 Pageflex 可变数据工具包的公司，也适用于那些需要高度定制的店面。

（四）EFI 公司的 Digital StoreFront

EFI 公司的 Digital StoreFront 数码店面（DSF）软件适合于快印店或商业印刷企业，它具有简捷而友好的操作界面。数码店面软件集成了 Printable 公司的 FusionPro Desktop 桌面版和 XMPie 公司的 uDirect 软件创建可变数据模板。数码店面软件的主要优点之一是能够整合到 EFI 的管理信息系统解决方案中。

（五）FORIX 公司的 PrintBridge

FORIX 公司的 PrintBridge 发布于 2007 年印刷检测，有不同的配置，适用于不同规模的企业。PrintBridge 重点放在店面和订单管理上，可以同时让用户定制解决方案的几乎所有方面，PrintBridge 有以浏览器为基础设计供个性化之用。

（六）Four51 公司的 Four51

Four51 是一种主机托管型解决方案，对于想要参加买家卖家在线网络来扩大其服务产品的印刷经纪人或较小的印刷企业是一个不错的选择。Four51 为买家、卖家和供应商创建一个网络市场加网，一起发布印刷和非印刷的产品。可变数据部分是在 Pageflex 服务器上运行的。

（七）商印网的商印通

商印网（www.podt.com）秉承向印刷企业提供最专业的网络印刷电子商务解决方案，站在印刷行业的发展前沿，致力于最大限度地降低网络印刷系统建设成本，提升网络印刷企业品牌知名度，让网络定制印刷服务更加走近普通人的生活而不断努力。

（八）GLUON 公司的 HyperPublishing

GLUON 公司的 HyperPublishing 包括一组模块，旨在创造一个灵活的出版工作流程。这个解决方案能够以支持出版应用软件复杂的文件进行动态文档设计。GLUON 公司过去一直面向广告代理商，但现在已经扩大到印刷服务供应商市场。

（九）惠普公司的 SmartStream Director

惠普公司的 SmartStream Director（通过 Press-sense 运行）专门针对拥有 HP Indigo 数码印刷机的印刷厂商。这个解决方案可以与惠普的 SmartStream 系列印前工具系列和印刷服务器整合起来使用。还有品种繁多的适配器和应用程序界面与这个解决方案集成在一起。

（十）IKON 公司的 WebPrint

IKON 公司的 WebPrint 是一个 ASP 网络印刷解决方案，具有明晰而易于使用的界面，能够协调跨多个有不同工作要求且在不同地点的生产工厂的活件。IKON 公司重点放在能够提供快速实施和简易软件更新的能力上。

（十一）interlinkONE 公司的 ilinkPRINT

interlinkONE 公司提供了一系列的管理软件，满足印刷服务供应商、企业和营销机构管理营销的需求。ilinkPRINT 是一个订单管理和实施网络印刷的产品。该解决方案整合了其他 interlinkONE 产品，提供一个全面整合的营销平台。

（十二）柯达公司的 InSite Storefront

柯达公司的 InSite Storefront 店面版是一种授权许可类的解决方案，适用于商业印刷企业，特别是那些已经购置其他柯达统一工作流程产品的厂家。该解决方案能够与柯达印能捷和柯达 InSite Prepress Portal 整合在一起。柯达的 Darwin 技术用于可变数据排版。

（十三）NowDocs 国际公司的 NowPrint

NowDocs 公司的 NowPrint 提供 3 种不同的平台，针对从小业务到大企业的各种环境。该解决方案是可扩展的装订，可以让公司在需要的时候扩展成更强大的解决方案。

（十四）奥西公司的 PrismaWeb

奥西公司的 PrismaWeb（通过 Press-sense 运行）内置有 PRISMA 工作流程套件，与奥西硬件集成在一起。奥西提供的各种模块扩大了该解决方案的功能，如果需要，也能提供主机托管服务。奥西的 PrismaWeb 对于已经拥有奥西软件或硬件的印刷服务供应商是个很好的解决方案。

五、网络印刷发展的门槛

尽管大多数供应商已经开发出相应的软件，但是此类软件要得到印刷商的认可还需要一个过程。毕竟印刷的过程是一个原稿再现的过程，客户要的效果必须达到“所见即所得”这一标准。在大多数的印刷工厂里，无论是校样，还是质量评判多是人工检测。对传统印刷商来讲，他们似乎更相信自己的经验。因此，网络印刷的推广不单要攻克技术上的难题，还要改变传统的印刷。业界人士普遍认为：随着技术的进步，越来越的软件厂商会开发出更加适合网络印刷的配套方案。网络印刷的发展需要的是技术的开发和创新，同时技术的推广和普及又是一个过程。当技术成熟推广时，新理念被广泛接受将不是难题。网络印刷已经是印刷行业发展的新趋势，网络技术的进步和印刷软件开发商的不懈努力将助推网络印刷不断向前。

网络印刷的特点决定了成功厂家的经验难复制。

首先，网络印刷的模式是在企业和客户之间建起有效的管理流程，能够节约时间、资源和成本是其最大的亮点，而实现这些都需通过网络。它要求公司IT门户网站必须非常强大，不仅要保证网络速度匹配，还需保证软件提供及服务匹配。因此，利用互联网的基础平台，需建立信息管理系统、印刷管理系统、文件管理系统、物流管理系统、客户管理系统、仓储管理系统等，各个系统只有协同一致才能向客户提供便捷的印刷品制作服务。一旦某个环节脱节，就会影响整个链条的运作，因此企业需要投放大量资金在IT研发和维护上，以保证生产流程更加开放、自助、实时、方便。

其次，一般来说，网络印刷的操作流程基于网络客户根据固定的已有模块，选择印刷的各种参数并交付印刷。模块的选择对于客户来说是一种便利，也是一种限制，因为这要求更为标准化的产品，客户只能选择既有模块而不是跳出已设定的“游戏范围”，因此有些过于复杂的个性化产品并不适于网络印刷。这就使得各网络印刷商难以走差异化路线，在长期的激烈竞争下，一个地区只能有少数几家最先发展起来的企业站稳阵脚，百花齐放的状况比较少见。

第三，价格便宜是网络印刷的优点，但在某种程度上也是它的弱点。在激烈的市场竞争中，不少印刷企业本已是超低利润运营，而网络印刷的价格更低。上面已说到，网络印刷商难走差异化路线，但在这个领域力图分一杯羹的人却越来越多，为了在竞争中脱颖而出，价格战似乎已成为必然。如今物价连年上涨，而网络印刷的报价却一年比一年便宜，作为网络印刷商只能有苦自己知。为了一己私利挑起价格战，向来是损人不利己的做法，这样的恶性竞争恐怕只会让市场越来越混乱，终究会让网络印刷凋零下去。

当然，网络印刷远不止合版印刷，它能为我们提供的是多渠道的网络服务。印刷企业实现生产流程网络化，印前、印刷、印后、管理实现数据共享，借助网络，实现远程数据传输和监控，大批量订单任务可让遍布各处的生产基地共同分担执行。合版印刷商也不应仅止步于提供平价的印刷服务，而应透过门户网站收集的各种用户信息，建成数据库，实现数字资产管理，为客户提供一个在线的资源中心，帮助客户组织和保护文件，这或是合版印刷商进一步发展转型的方向。

六、网络印刷发展前景与对策

（一）网络印刷的发展前景

1. 网络印刷发展前景广阔

在现代商业和生活中，数字化、网络化和无线移动化已成为大趋势。和数字化进程以技术变革为主不同，网络化进程主要以商业模式变革为主，这使得网络印刷之战成为企业商业竞争中营销大战的升级版。印刷数字化历时多年，传统印刷和数字印刷都得到了长足发展。随着数字技术的发展，如何利用网络印刷来获得更强的市场竞争力，谋局中国市场，成为很多印刷企业的发展瓶颈和重大课题。

2. 网络印刷竞争的无序是有序的基础

由于印刷品以纸媒形式存在，中国幅员辽阔，个性化印刷品全国运输分发等流程的物流费用较高，因此商业印刷企业和图文快印企业很难建立全国布局的生产基地，所以目前印刷企业多以区域性服务为主。为了满足一部分客户，如期刊客户，商业印刷企业如中华商务、当纳利和利丰雅高等都曾在北京、上海、广州和深圳等地建立了生产基地。目前，一些实力雄厚的包装印刷企业、商业印刷企业、传媒出版集团和邮政商函印刷企业也正在力求全国布局，而在生产基地布局的基础上，如何借助网络印刷实现业务布局成为现实问题。虽然目前网络印刷市场的竞争稍显无序，但随着时间的推移，最终能够领悟网络印刷真谛、驾驭网上客户资源的印刷企业会成为各细分领域的佼佼者，网络印刷市场的竞争也会逐渐走向有序。

3. 网络印刷电商会比大众消费品慢半拍

任何新技术取代旧技术都有一个过程，就如 20 世纪的邮政信函逐渐被电子邮件取代，虽然一段时间内两者会共存，但两者的市场占有率会逐渐出现有升有降的局面，直到达到一个新的动态平衡。同样，网络印刷的线上业务和线下业务也存在此消彼长的过程，从量变到质变，再到最终的水到渠成，也不会一帆风顺。改变行业业态的不是某家企业，而是趋势。相对大众消费品市场的电商发展历程，网络印刷电商至少会慢半拍，这是因为大众消费品是非个性化、统一标准、大批量生产的，其品牌已被大多数客户所认可，而网络印刷的订单信息和文件信息都是客户个性化定制的，很难实现标准化，这就使得网络印刷品很难实现批量化生产。同时，这也意味着网络印刷在印刷业的潜力巨大，静待突破。

网络印刷，看上去很美，实际上知易行难，其中蕴含着商业模式赚钱和数字绿色流程省钱两条主线，开源节流，缺一不可。

商业模式的确立，意味着印企真正了解了用户的需求，完成了印企对细分市场的客户定位，形成企业对应的长期战略和日常套路，需要精确把握每个时间节点，不断变化适应市场竞争环境和用户需求的变化。印企不会简简单单靠建网站，成为电商就能赚钱，而是靠对用户的理解和把握赚钱。印厂最关心的事情是订单，获得订单需要内外兼修：对外赚钱，对内省钱，两者相辅相成。对内省钱降低运营成本可以转化为产品价格竞争力，对外赚钱业务量使得设备产能饱和达到，内部成本达到最低。

数字绿色流程则是为印企内部运营生产省钱而生的。其中客户关系管理（Customer Relationship Management，CRM）是指通过顾客细分、应用先进的技术系统、针对性地配置企业资源来满足客户需求，实现企业利润、客户满意度和忠诚度的最大化的技术实施和管理过程。以往 CRM 逐渐成为企业 ERP 的一个子模块的趋势，而电商模式使得 CRM 的定位得到了极大提高，从内部营销管理层级逐渐升级到有凌驾于企业 ERP 之上之势。电商企业内部 ERP 的人流，财务资金流，物流管理，都为 CRM 的客户需求过程来服务。如同数码印刷一张起因，张张不同，立等可取的特点一样，网络印刷 24 小时接单，透明流程，48 小时交货的特点，使得电商网店和企业内部运营紧密结合成透明的 CRM 体系。印刷电商网店由店铺装修，下单，支付，生产，物流，运维等模块组成，为客户提供网络业务窗口。如果印企在一天几十几百订单时还能游刃有余，但到成千上万订单时，就会发现错误百出，因为后台系统跟不上，这就是数字绿色流程的价值。通过印刷管理平台和一体化流程，通用色彩管理工具等来减少人工干预，实现生产运营自动化运作，降低内部生产运营成本。最终体现在印企价格竞争力上，数字绿色流程要解决的问题就是：价格战不是问题，问题是有没有打价格战的底气！成本低才有资格谈价格战，内部省下来钱成本自然就低了。

（二）采用网络印刷之策

为了更好地开展网络印刷，印刷企业应采有效的网络印刷之策。

1. 审时度势

综合考虑细分领域、企业自身优势等多种因素印刷企业开展网络印刷，需要综合考虑自身适合哪个细分领域、这个领域的发展前景、企业自身优势和能创造的新价值等多种因素，不要被“画饼”所迷惑。以影像印刷为例，中国人口众多，每人做一本相册的话，就有十几亿本相册，印刷企业不要被这个庞大的数据所迷惑，而是需要考虑自身企业能在这个市场中占据多少份额，能有多少客户，他们为什么选择我们，又能通过哪些渠道成为我们的客户，如何进行业务布局才能达成预期投资回报率。网络印刷电商选好主营项目后，往往和普通电商一样，会从最初的细分市场，成功拓展至更多的细分领域。

2. 资源的积累必不可少

大多数印刷企业试水网络印刷都抱着试试看的心态，但毕竟网络印刷需要耗时多年，如果企业没有底蕴和积累，贸然进入是相当危险的。影像印刷是客户资源的积累，合版印刷是持续订单需求的积累，按需出版印刷是图书资源和销售渠道资源的积累，所以无论进入哪一个细分领域，资源积累都必不可少。

3. 入乡随俗

中国的商业模式要入乡随俗。比如合版印刷中的小订单发票的问题，很多客户不但要求开发票而且要降低价格，上市的印刷企业和规范经营型印刷企业肯定会开发票，一些私营性质的印刷企业则往往会逃避开发票，这就使得经营成本的税点问题成为影响合版印刷企业竞争力的因素，这也是中国商业环境复杂的一个体现。此外，数字印刷设备的成本差异也非常大，水货和行货的设备报价、按张收费的单价等都会有区别。所以，对于国外成功的网络印刷模式，国内印刷企业切不可完全照搬，入乡随俗很重要。

相对数字媒体的强劲崛起，印刷业的前景被看淡是大趋势，但不管“饼”大还是小，“饼”总会长期存在，大道理人人都懂，可吃到自己嘴里的“饼”才是最实在的。目前印刷市场两极分化，几家欢喜几家忧愁的背后，是顺势而为。很多印刷企业现在很迷茫，未来如何能基业长青，在增速变缓的行业里逆境生长，唯一的选择就是强大自身，这也是印刷企业引进数字印刷设备、从出版和商业印刷转向包装印刷、所有细分印刷市场都在关注网络印刷的原因，其中不乏睿智者在实践、在思考，也有不少人虽清楚趋势，但还没有想好如何做，仍在观望。当他们想清楚怎么做的时候，网络印刷将裂变中国印业版图！

做网络印刷，建立良好的内部运营生产流程是基础，比较好的方法是四步走。

首先，从 B2C 做起，练就一套内部网络业务流程，熟悉 IT 互联网营销方式。从比较容易的个性化业务着手，经营风险很小，就可熟悉网络营销的基本知识和手段。借用第三方合作伙伴，最小成本熟悉网络印刷，同时积累了数码印刷的应用经验。由于个别小客户的体验不佳，不会影响到印企整体业务起伏，而企业可以从中完善自身网络营销技能和经验。

其次，如果比较顺利，半年后可以升级到 B2B 合版业务，从名片和宣传单业务着手，实现能为印企提供持续业务的网络商业印刷客户开发及拓展，为印企现有业务做补充。通用的生产管理工具，可以为印企合版业务提供良好的内部生产运营支持。

第三，当再经过一年的积累后，已经有能力为印企大客户提供网络印刷服务，此时通过为客户提供云服务来达到进一步的客户黏性，达到 24 小时接单，24 小时生产的目的，白天做商业印刷，晚上做合版印刷，通过提高订单量来达到印企固定成本和可变成本分摊同业最低，达到行业竞争力最强的能力，掌握行业区域定价话语权，当然，这需要一套强大的全自动网络印刷平台支撑，完善的混合工作流程，将为印企高效内部运营提供保障。

第四，包装是未来印刷业机会最多的领域，普通模切烫金设备的价格也不是很高，关键在于大的包装业务都要靠实力为基础的信任和关系，所以进入包装领域会有壁垒。大部分印企都有简单的模切烫金设备和业务，如果通过网络凝聚小的包装业务和做个性化包装，实现星星之火可以燎原，再经过一两年积累后拓展包装业务，也是印企通过网络印刷来进入大型包装领域较好的途径。

目前，因为网络印刷刚刚兴起，还有足够的利润可以让印企积累投资网络的资金和经验，价格战还未白热化，区域布局还未成型，还是进入的好时候，大家还没有亲身感受到网络印刷颠覆性的价格和运营压力。时代进步在悄悄改变我们的生活，网络印刷将改变印刷业的面貌。成功把握网络印刷需要身心投入，印企经营者需要真正懂得 O2O（Online to Offline 线上交易，线下服务），在实践中触类旁通，做到极致。

作者单位：中国印刷技术协会数字印刷分会

中国印刷用纸报告

新闻出版广电总局印刷发行司
中国造纸协会
中国新闻出版研究院
中国印刷技术协会
芬欧汇川（中国）有限公司

造纸业是印刷业发展的重要前提，印刷业是造纸业发展的重要动力，两大产业休戚与共，相互交融，与国民经济发展和社会文明建设息息相关。历史的经验表明，一个国家的纸及纸板的生产和消费水平，是衡量现代化水平和文明程度的重要标志之一。

印刷用纸在纸及纸板的生产和消费中占有重要比重，在一定程度上反映了印刷业和造纸业的发展水平。印刷用纸一般包括印刷书写纸和印刷用包装纸板。近年来，中国印刷用纸呈现以下几个特点。

一、中国印刷用纸产消平衡，继续保持稳步增长

据中国造纸协会统计调查测算，2003 年至 2013 年间，中国印刷用纸生产总量由约 2700 万吨增加到约 5000 万吨，占全国纸及纸板生产总量 50%；中国印刷用纸消费总量由约 2900 万吨增加到约 4800 万吨，占全国纸及纸板消费总量 49%。相比较生活用纸和其他纸种而言，印刷用纸占据了全国半壁江山，市场供需基本平衡。2003 年至 2013 年间，中国印刷用纸生产量和消费量的年均增长速度分别约为 8.2% 和 6.6%，满足了书报刊和包装等印刷产品的用纸需求。同时，中国印刷用纸产品结构有所优化，高档印刷品和新功能印刷品的用纸比

例不断增加，更好地满足了市场多元化的需求。

二、书报刊印刷用纸开始分化调整

印刷书写纸主要用于书报刊等出版物印刷，一般包括用于印刷书刊的未涂布印刷书写纸和涂布印刷纸（含铜版纸），以及用于印刷报纸的新闻纸。据统计，2003 年至 2013 年间，未涂布印刷书写纸产量由 960 万吨增至 1720 万吨，年均增长 6%；涂布印刷纸产量由 240 万吨增至 770 万吨，年均增长 12.4%；新闻纸产量由 207 万吨增至 360 万吨，年均增长 5.7%。未涂布印刷书写纸年均增速略低于印刷用纸整体水平，涂布印刷纸年均增速远高于印刷用纸整体水平，以上两类所对应的书刊印刷用纸总量增长基本保持稳定。新闻纸年均增速低于印刷用纸整体水平，显示报纸的用纸量呈现下降趋势。书刊印刷用纸和报纸印刷用纸开始分化调整。

涂布印刷纸产量在印刷用纸中所占比例从 2003 年的 8.9% 提高到 2013 年的 15.4%，表明高档书刊印刷用纸量在不断提升。近年来，中国印刷企业屡获全球各类著名印制大奖，其产品采用的各种胶版纸、铜版纸、凸版纸和书皮纸等大都在国内生产。为进一步降低成本、节约资源，保护青少年的健康，低克重低定量铜版纸和用于印刷图书的纯质纸及轻型纸的用量呈上升趋势，这使得书刊印刷用纸生产向低克重、轻量化、高松厚度和加入高得率纸浆的方向发展，读者对书刊的环保要求明显提高。

三、包装类印刷用纸持续大幅增长

包装类印刷用纸品种较多，以白纸板和箱纸板为主。据统计，2003 年至 2013 年间，白纸板生产量由 550 万吨增至 1360 万吨，年均增长 9.5%；箱纸板生产量由 680 万吨增至 2040 万吨，年均增长 11.6%。其中，按市场上主要的三层瓦楞纸箱和五层瓦楞纸箱的面层印刷折算，箱纸板印刷用纸板量约 900 万吨。白纸板和箱纸板年均增长速度远高于印刷用纸整体水平，包装类印刷用纸持续大幅增长，到 2013 年，白纸板和箱纸板印刷用纸板量已经占到全部印刷用纸产量的近 50%。

2003 年至 2013 年间，虽然白纸板产量占全国纸及纸板总产量的比例维持在 13%–14% 左右，但其占印刷用纸产量的比例却从 2003 年的 20% 逐步增长到 2013 年的 27.2%，说明了高档商品包装印刷的持续增长。箱纸板是目前国际上用量最大的纸板品种，也是这几年中国造纸业产量最大、增量最多的产品。2003 年至 2013 年间，箱纸板的消费量年均增速最高，达到了 10.2%。箱纸板的迅猛发展，满足了以美化、识别、宣传、运输保护为主要目的的商品包装印刷需求。随着电子商务、现代物流等新兴业态的发展，包装类印刷用纸未来还将有更加广阔的发展空间。

四、绿色环保引领印刷用纸换代升级

绿色发展已经成为全人类的共识。在纸张生产中采用经过可持续森林认证的纤维原料，使用环保工艺生产的非木材纤维，增加再生纤维的使用比例，提升纤维资源的使用效率，另外在纸浆漂白过程中使用无元素氯漂白，实行产品全生命周期管理，环保各项指标均达到或优于国家排放标准，充分发挥现代造纸工业的优势，最大限度地降低造纸的环境负载，这既是中国造纸业的发展方向，也是中国造纸业肩负的推动中国印刷业实现绿色发展的责任。采用环保印刷用纸，已经成为绿色印刷系列标准的重要内容。

五、谋求合作共赢，实现创新发展

从全球范围看，2002 年以前，北美、欧洲是纸及纸板的主要产地。2002 年，亚洲开始超过北美和欧洲成为全球最大的纸及纸板产地。到 2012 年，亚洲纸及纸板产量达到 1.82 亿吨，占全球比重为 45.27%，已经接近北美和欧洲之和。随着生产格局的演变，全球纸及纸板的消费重心也逐步由欧洲和北美转移到亚洲。

亚洲造纸业的发展，中国起着重要作用。2012 年，中国纸及纸板产量占亚洲总产量的 56.32%，中国纸及纸板的生产量和消费量分别约占全球总量的 1/4，均居全球第一，中国成为世界造纸大国和用纸大国，在世界纸业格局中拥有举足轻重的地位。同时，发达国家特别是欧洲和北美在世界纸业中先发优势明显，2012 年全球 100 强公司中，欧洲和北美共占 64 个席位。美国造纸业尽管不断下滑，但其造纸量和用纸量稳居世界第二。可见，在世界纸业格局变化中，中国与世界各国必须充分发挥各自优势，合作共赢，创新发展。

目前，中国印刷业实现总产值已超过 1 万亿元，总体规模居全球第二位，并已成为全球重要的印刷加工基地。中国既是造纸和印刷的大国，又是全球造纸和印刷最重要的成长型市场。伴随中国经济的持续增长和主动开放，中国的造纸和印刷市场将持续稳步发展，这不仅是中国造纸业和印刷业的重大机遇，也是世界造纸业和印刷业的重大机遇，要抓住机遇，促进共同发展。

同时也应看到，中国造纸业、印刷业与世界造纸业、印刷业一样，面临着诸多重大挑战，肩负着转型升级的艰巨任务。比如，如何满足高端印刷市场对高档纸张在印刷适性、不透明度、图文色彩还原度、可阅读性等方面的需求，如何满足商业印刷市场对低定量、高松厚度、多功能纸张及降低物流成本的需求，如何满足数字印刷市场终端客户对按需打印、高附加值特种纸的需求，这些都需要世界各国造纸业和印刷业围绕资源节约、节能降耗的目标，打破传统的行业界限，整合产业链上下游环节，共同创新，加快技术进步，不断研发升级换代产品，开拓跨界服务空间，实现可持续发展。

印刷术和造纸术是中国古代的两项重大发明，让世界了解中国，让中国走向世界。由印刷造纸大国向印刷造纸强国转变，中国还需要做出更多的努力。我们将积极推动产业链上下游和国内外的交流与合作，充分发挥中国（上海）国际印刷周服务平台的作用，展示对接中国印刷业的质量和成本两大比较优势，实现共赢发展。

产业政策

文化产业振兴规划

（国务院常务会议 2009 年 7 月 22 日审议通过）

党的十七大明确提出，要积极发展公益性文化事业，大力发展文化产业，激发全民族文化创造活力，更加自觉、更加主动地推动文化大发展大繁荣。为贯彻落实中央精神，在重视发展公益性文化事业的同时，加快振兴文化产业，充分发挥文化产业在调整结构、扩大内需、增加就业、推动发展中的重要作用，结合当前应对国际金融危机的新形势和文化领域改革发展的迫切需要，特制定本规划。

一、加快文化产业振兴的重要性紧迫性

文化产业是市场经济条件下繁荣发展社会主义文化的重要载体，是满足人民群众多样化、多层次、多方面精神文化需求的重要途径，也是推动经济结构调整、转变经济发展方式的重要着力点。党的十六大以来，党中央、国务院高度重视发展文化产业，采取了一系列政策措施，深入推进文化体制改革，加快推动文化产业发展。国有经营性文化单位转企改制取得重要进展，涌现出一批具有较强实力和竞争力的文化企业和企业集团，文化产业规模逐步壮大，以公有制为主体、多种所有制共同发展的文化产业格局初步形成。文化“走出去”步伐加快，文化进出口贸易逆差逐步缩小，我国文化产业的国际竞争力不断增强。总的看，我国文化产业呈现出健康向上、蓬勃发展的良好态势，正在成为推动社会主义文化大发展大繁荣的重要引擎和经济发展新的增长点。

同时要看到，我国文化产业的发展水平还不高、活力还不强，与人民群众日益增长的精神文化需求还不相适应，与日趋完善的社会主义市场经济体制还不相适应，与现代科学技术迅猛发展及广泛应用还不相适应，与我国对外开放不断扩大的新形势还不相适应。当前，国际金融危机仍未见底，并对文化产业发展产生诸多影响，但困难和挑战中蕴含着新的机遇和有利条件，文化具有反

向调节功能，面对经济下滑，文化产业有逆势而上的特点，这为创新文化体制机制、做大做强文化产业带来了契机。要抓住机遇，大力振兴文化产业，为“保增长、扩内需、调结构、促改革、惠民生”作出贡献。

二、指导思想、基本原则和规划目标

（一）指导思想。全面贯彻党的十七大精神，坚持以邓小平理论和“三个代表”重要思想为指导，深入贯彻落实科学发展观，紧紧围绕《国家“十一五”时期文化发展规划纲要》确定的文化产业发展的各项目标任务和当前文化体制改革的重点，大力培育市场主体，加快转变文化产业发展方式，进一步解放和发展文化生产力，切实维护我国文化安全，推动文化产业又好又快发展，将文化产业培育成国民经济新的增长点。

（二）基本原则。坚持把社会效益放在首位，努力实现社会效益和经济效益的统一；坚持以体制改革和科技进步为动力，增强文化产业发展活力，提升文化创新能力；坚持走中国特色文化产业发展道路，学习借鉴世界优秀文化，积极推动中华民族文化繁荣发展；坚持以结构调整为主线，加快推进重大工程项目，扩大产业规模，增强文化产业整体实力和竞争力；坚持内外并举，积极开拓国内国际文化市场，增强中华文化在国际上的影响力。

（三）规划目标。完成经营性文化单位转企改制，文化市场主体进一步完善，活力进一步增强，文化产业规模不断扩大，推动经济社会发展的功能和作用得到较好发挥。

1. 文化市场主体进一步完善。按照创新体制、转换机制、面向市场、增强活力的原则，基本完成经营性文化单位转企改制，文化市场主体进一步完善，活力进一步增强。

2. 文化产业结构进一步优化。重点行业和项目对文化的拉动作用明显增强，文化创意、影视制作、出版发行、印刷复制、广告、演艺娱乐、文化会展、数字内容和动漫等产业得到较快发展，以资本为纽带推进文化企业兼并重组取得重要进展，力争形成一批跨地区跨行业经营、有较强市场竞争力、产值超百亿的骨干文化企业和企业集团。

3. 文化创新能力进一步提升。文化体制机制创新取得实质性进展，文化产业发展活力明显增强，以企业为主体、市场为导向、产学研相结合的文化创新体系初步形成，文化原创能力进一步提高，数字化、网络化技术广泛运用，文化企业装备水平和科技含量显著提高。

4. 现代文化市场体系进一步完善。市场在文化资源配置中的基础性作用得到更好的发挥，文化产品和生产要素合理流动，城乡文化市场进一步发展，现代流通组织和流通形式逐步成为文化流通领域的主要力量，文化消费领域不断拓展，在城乡居民消费结构中的比重明显增加。

5. 文化产品和服务出口进一步扩大。一批外向型骨干文化企业和国际知名品牌初步形成，对外文化贸易渠道和网络进一步拓展，文化产品和服务出口大幅增长，文化贸易逆差明显缩小，成为我国服务贸易出口的重要增长点。

三、重点任务

当前和今后一个时期，要着力做好以下八个方面工作：

（一）发展重点文化产业。以文化创意、影视制作、出版发行、印刷复制、广告、演艺娱乐、文化会展、数字内容和动漫等产业为重点，加大扶持力度，完善产业政策体系，实现跨越式发展。文化创意产业要着重发展文化科技、音乐制作、艺术创作、动漫游戏等企业，增强影响力和带动力，拉动相关服务业和制造业的发展。影视制作业要提升影片、电视剧和电视节目的生产能力，扩大影视制作、发行、播映和后产品开发，满足多种媒体、多种终端对影视数字内容的需求。出版业要推动产业结构调整和升级，加快从主要依赖传统纸介质出版物向多种介质形态出版物的数字出版产业转型。出版物发行业要积极开展跨地区、跨行业、跨所有制经营，形成若干大型发行集团，提高整体实力和竞争力。印刷复制业要发展高新技术印刷、特色印刷，建成若干各具特色、技术先进的印刷复制基地。演艺业要加快形成一批大型演艺集团，加强演出网络建设。动漫产业要着力打造深受观众喜爱的国际化动漫形象和品牌，成为文化产业的重要增长点。

（二）实施重大项目带动战略。以文化企业为主体，加大政策扶持力度，充分调动社会各方面的力量，加快建设一批具有重大示范效应和产业拉动作用的重大文化产业项目。继续推进国产动漫振兴工程、国家数字电影制作基地建设工程、多媒体数据库和经济信息平台、“中华字库”工程、国家“知识资源数据库”出版工程等重大文化建设项目。选择一批具备实施条件的重点项目给予支持。

（三）培育骨干文化企业。着力培育一批有实力、有竞争力的骨干文化企业，增强我国文化产业的整体实力和国际竞争力。坚持政府引导、市场运作，科学规划、合理布局，在重点文化产业中选择一批成长性好、竞争力强的文化企业或企业集团，加大政策扶持力度，推动跨地区、跨行业联合或重组，尽快壮大企业规模，提高集约化经营水平，促进文化领域资源整合和结构调整。鼓励和引导有条件的文化企业面向资本市场融资，培育一批文化领域战略投资者，实现低成本扩张，进一步做大做强。

（四）加快文化产业园区和基地建设。加强对文化产业园区和基地布局的统筹规划，坚持标准、突出特色、提高水平，促进各种资源合理配置和产业分工。对符合规划的产业园区和基地，在基础设施建设、土地使用、税收政策等方面给予支持。建设若干辐射全国的区域文化产品物流中心，建设一批文化创意、影视制作、出版发行、印刷复制、演艺娱乐和动漫等产业示范基地，支持和加快发展具有地域和民族特色的文化产业群。

（五）扩大文化消费。不断适应当前城乡居民消费结构的新变化和审美的新需求，创新文化产品和服务，提高文化消费意识，培育新的消费热点。加强原创性作品的创作，打造一批具有核心竞争力的知名文化品牌。努力降低成本，提供价格合理、丰富多样的精神文化产品和服务。加快建设具有自主知识产权、科技含量高、富有中国文化特色的主题公园。开发与文化结合的教育培训、健身、旅游、休闲等服务性消费，带动相关产业发展。

（六）建设现代文化市场体系。建立健全门类齐全的文化产品市场和文化要素市场，促进文化产品和生产要素的合理流动。重点建设传输快捷、覆盖广泛的文化传播渠道。发展文艺演出院线，推动主要城市演出场所连锁经营。支持全国文化票务网络建设。推进有线电视网络整合，鼓励通过并购、重组等方式，进行广电网络的区域整合和跨地区经营。推进电影院线、数字电影院线的跨地区整合以及数字影院的建设和改造。支持国有出版发行企业以资本为纽带实行跨地区兼并重组。鼓励非公有资本进入文化创意、影视制作、演艺娱乐、动漫等领域。支持优先选用拥有自主知识产权、产品质量水平高的文化设备及产品。

（七）发展新兴文化业态。采用数字、网络等高新技术，大力推动文化产业升级。支持发展移动多媒体广播电视、网络广播影视、数字多媒体广播、手机广播电视，开发移动文化信息服务、数字娱乐产品等增值业务，为各种便携显示终端提供内容服务。加快广播电视传播和电影放映数字化进程。积极推进下一代广播电视网建设，发挥第三代移动通信网络、宽带光纤接入网络等网络基础设施的作用，制定和完善网络标准，促进互联互通和资源共享，推进三网融合。积极发展纸质有声读物、电子书、手机报和网络出版物等新兴出版发行业态。发展高新技术印刷。运用高新技术改造传统娱乐设施和舞台技术，鼓励文化设备提供商研发新型电影院、数字电影娱乐设备、便携式音响系统、流动演出系统及多功能集成化音响产品。加强数字技术、数字内容、网络技术等核心技术的研发，加快关键技术设备改造更新。

（八）扩大对外文化贸易。落实国家鼓励和支持文化产品和服务出口的优惠政策，在市场开拓、技术创新、海关通关等方面给予支持。制定《2009－2010年度国家文化出口重点企业和项目目录》，形成鼓励、支持文化产品和服务出口的长效机制。重点扶持具有民族特色的文化艺术、展览、电影、电视剧、动画片、网络游戏、出版物、民族音乐舞蹈和杂技等产品和服务的出口，抓好国际营销网络建设。支持动漫、网络游戏、电子出版物等文化产品进入国际市场。鼓励文化企业通过独资、合资、控股、参股等多种形式，在国外兴办文化实体，建立文化产品营销网点，实现落地经营。办好国家重点支持的文化会展，通过中国（深圳）国际文化产业博览会、中国国际广播影视博览会、北京国际图书博览会等推动文化产品和服务出口。支持文化企业参加境外图书展、影视展、艺术节等国际大型展会和文化活动。

四、政策措施

（一）降低准入门槛。落实国家关于非公有资本、外资进入文化产业的有关规定，根据文化产业不同类别，通过独资、合资、合作等多种途径，积极吸收社会资本和外资进入政策允许的文化产业领域，参与国有文化企业的股份制改造，形成以公有制为主体、多种所有制共同发展的文化产业格局。

（二）加大政府投入。中央和地方各级人民政府要加大对文化产业的投入，通过贷款贴息、项目补贴、补充资本金等方式，支持国家级文化产业基地建设，支持文化产业重点项目及跨区域整合，支持国有控股文化企业股份制改造，支持文化领域新产品、新技术的研发。支持大宗文化产品和服务的出口。大幅增加中央财政“扶持文化产业发展专项资金”和文化体制改革专项资金规模，不断加大对文化产业发展和文化体制改革的支持力度。

（三）落实税收政策。贯彻落实《国务院办公厅关于印发文化体制改革中经营性文化事业单位转制为企业和支持文化企业发展两个规定的通知》中的相关税收优惠政策，研究确定文化产业支撑技术的具体范围，加大税收扶持力度，支持文化产业发展。

（四）加大金融支持。鼓励银行业金融机构加大对文化企业的金融支持力度。积极倡导鼓励担保和再担保机构大力开发支持文化产业发展、文化企业“走出去”的贷款担保业务品种。支持有条件的文化企业进入主板、创业板上市融资，鼓励已上市文化企业通过公开增发、定向增发等再融资方式进行并购和重组，迅速做大做强。支持符合条件的文化企业发行企业债券。

（五）设立中国文化产业投资基金。按照有关管理办法，由中央财政注资引导，吸收国有骨干文化企业、大型国有企业和金融机构认购。基金由专门机构进行管理，实行市场化运作，通过股权投资等方式，推动资源重组和结构调整，促进国家文化发展战略目标的实现。

五、保障条件

（一）加强组织领导。地方各级人民政府要按照科学发展观的要求，切实将《规划》的实施列入重要议事日程，把《规划》提出的目标任务纳入经济社会发展总体规划，建立相关的考核、评价和责任制度，作为评价地区发展水平、衡量发展质量和领导干部工作实绩的重要内容。文化行政主管部门在党委宣传部门协调指导下，具体组织实施，相关部门密切配合，确保《规划》提出的各项任务落到实处。

（二）深化文化体制改革。通过深化文化体制改革，进一步解放和发展文化生产力，激发全社会的文化创造活力。要紧紧抓住转企改制、重塑市场主体这个中心环节，加快推进出版发行单位转企改制和兼并重组，加快电影制片、发行、放映单位和文艺院团转企改制，抓好党报党刊发行体制和广播电视节目制播分离改革。大力推动行政管理体制改革和政府职能转变，建立统一高效的文化市场综合执法机构。

（三）培养文化产业人才。继续抓好全国宣传文化系统“四个一批”人才培养工程，着力加强领军人物和各类专门人才的培养。继续办好经营管理人才培训班，培养一批熟悉市场经济规律，懂经营、善管理的人才。吸引财经、金融、科技等领域的优秀人才进入文化产业领域。注重海外文化创意、研发、管理等高端人才的引进，为我国文化产业发展提供强有力的人才保障。

（四）加强立法工作。进一步完善法律体系，依法加强对文化产业发展的规范管理。完善国家知识产权保护体系，严厉打击各类盗版侵权行为，促进国家文化创新能力建设。

新闻出版总署关于进一步推进新闻出版体制改革的指导意见

新出产业〔2009〕298号

为深入贯彻党的十七大和十七届三中全会精神，全面贯彻落实科学发展观，落实党中央、国务院关于进一步扩大内需，妥善应对全球金融危机，全力保持经济平稳较快发展的决策部署，根据中央关于深化文化体制改革的要求，现就进一步推进新闻出版体制改革，推动新闻出版业大发展大繁荣，提出如下意见。

一、新闻出版体制改革的积极探索和成功经验

1. 党的十一届三中全会以来，特别是党的十三届四中全会以来，党中央、国务院高度重视新闻出版工作，作出了一系列重大决策，为做好新闻出版工作指明了方向。党的十六大提出了深化文化体制改革、发展文化产业的战略任务，党的十七大进一步对深化文化体制改革、推动社会主义文化大发展大繁荣作出了战略部署。新闻出版系统认真贯彻落实中央关于文化体制改革的重大决策和部署，积极实践，大胆探索，开创了新闻出版体制改革的新局面。

2. 2003年，党中央、国务院启动文化体制改革试点工作。新闻出版系统21家试点单位全面完成了改革试点任务，为新闻出版体制改革提供了有益经验。2006年以来，新闻出版系统切实贯彻全国文化体制改革工作会议精神，进一步明确了新闻出版体制改革总体思路，创造性地解决了改革的一系列难题，取得了突破性进展。目前，新闻出版体制改革正处于全面推开的关键时期，进入破解深层次矛盾和问题的关键阶段，改革的任务仍然艰巨繁重。

3. 新闻出版体制改革的实践证明，解放思想、转变观念是改革的前提，哪里的思想解放，那里就有改革的新思路、发展的新成效；体制创新是改革的重点，必须围绕重塑市场主体、完善市场体系、改善宏观管理、健全政策法规、

转变政府职能等关键环节，革除体制性障碍，解决主要矛盾，破解难点问题；发展是第一要务，必须围绕发展制定改革的政策措施，以发展的成果检验改革的成效；政策是保障，必须充分考虑新闻出版行业的特殊性、复杂性，制定和落实相关配套政策，加强统筹协调，加强政策扶持，加强资金投入，加强督促检查，积极稳妥地推进改革。

二、进一步推进新闻出版体制改革的重要性和紧迫性

4. 推进新闻出版体制改革，加快新闻出版事业和产业发展，是建设中国特色社会主义的重要组成部分，是贯彻落实科学发展观的必然要求，是构建社会主义和谐社会的重要内容，是提升我国综合国力和文化软实力的迫切需要。推进新闻出版体制改革，关乎文化产业整体实力和水平，关乎国家文化发展繁荣，关乎国家文化安全和意识形态安全，关乎中华文化的国际影响力和竞争力。

5. 当前，面对党和国家事业发展提出的新要求，人民群众对更加美好生活的新期待，新闻出版系统在思想观念、创新意识、体制机制、行政管理能力以及队伍素质等方面还存在着突出问题。特别是出版单位没有成为真正意义上的市场主体，计划经济体制下出版资源行政化配置造成的出版资源过于分散，结构趋同和地区封锁，出版产业集中度低、规模小、实力弱、竞争力不强等问题十分突出。上述问题导致新闻出版业发展与人民群众日益增长的精神文化需求不相适应，与日趋完善的社会主义市场经济体制不相适应，与对外开放不断扩大的新要求不相适应，与现代科学技术和传播手段迅猛发展及广泛应用的新形势不相适应。这就迫切要求我们进一步推动新闻出版体制改革，努力构建新闻出版业科学发展的体制机制，进一步解放和发展新闻出版生产力。

6. 站在新的历史起点上，新闻出版业面临着历史性的发展机遇与挑战。当前，我国社会主义现代化建设事业正处于重要战略机遇期，新闻出版业发展的经济基础、体制环境、社会条件、传播技术都在发生深刻变化，尤其是面对全球金融危机和世界经济衰退给新闻出版业带来的挑战和机遇，加快新闻出版体制改革显得更为重要和紧迫。

三、新闻出版体制改革的指导思想、原则要求和目标任务

7. 推进新闻出版体制改革的指导思想是：高举中国特色社会主义伟大旗帜，以邓小平理论和“三个代表”重要思想为指导，全面贯彻落实科学发展观，按照高举旗帜、围绕大局、服务人民、改革创新的总要求，围绕解放和发展新闻出版生产力，重塑市场主体，充分发挥市场在资源配置中的基础性作用，全面推进体制机制创新，调动广大新闻出版工作者的积极性和创造性，大力推动新闻出版业大发展大繁荣，不断满足人民群众日益增长的精神文化需求，提高全民族的文明素质，促进人的全面发展。

8. 推进新闻出版体制改革的原则要求是：全面推进新闻出版体制改革，必须坚持解放思想，实事求是，与时俱进，牢牢把握先进文化的前进方向；必须坚持一手抓公益性新闻出版事业，一手抓经营性新闻出版产业，促进新闻出版业全面协调可持续发展；必须把握新闻出版工作的正确导向，坚持把社会效益放在首位，努力实现社会效益和经济效益的统一；必须坚持以体制机制创新为重点，在重塑市场主体、完善市场体系、改善宏观管理等方面实现新突破；必须坚持突出重点、区别对待、分类指导、稳步推开；必须坚持党对新闻出版工作的领导，加强干部队伍建设，确保改革的顺利推进。

9. 推进新闻出版体制改革的目标任务是：全面完成经营性新闻出版单位转制任务，建立现代企业制度，在企业内形成有效率、有活力、有竞争力的微观运行机制；推动跨媒体、跨地区、跨行业、跨所有制的战略重组，开拓融资渠道，培育一批大型骨干出版传媒企业，打造新型市场主体和战略投资者；通过增加投入、转换机制、增强活力、改善服务，建立以政府为主导、以公益性单位为主体的新闻出版公共服务体系，使人民群众基本文化权益得到更好保障；加快新闻出版传播渠道建设，推进连锁经营、物流配送、电子商务，规范出版产品物流基地建设，形成统一开放、竞争有序、健康繁荣的现代出版物市场体系；实现政府职能的根本转变，形成调控有力、监管到位、依法行政、服务人民的宏观管理体制。

四、进一步推进新闻出版体制改革的主要任务

10. 推进公益性新闻出版单位体制改革，构建新闻出版公共服务体系。继续深化公益性新闻出版单位内部管理机制、人事制度、劳动制度、分配制度改革，健全激励和约束机制，增强活力，提高新闻出版公共服务能力和水平。研究制定公益性报刊基本标准，适时公布公益性报刊名单。推进民族语言文字出版单位的改革工作，实施民汉语言文字出版分开，确保少数民族语言文字出版优惠政策落到实处。

11. 推动经营性新闻出版单位转制，重塑市场主体。除明确为公益性的图书、音像制品和电子出版物出版单位外，所有地方和高等院校经营性图书、音像制品和电子出版物出版单位2009年底前完成转制，所有中央各部门各单位经营性图书、音像制品和电子出版物出版单位2010年底前完成转制。制定经营性报刊转制方案，推动经营性报刊出版单位逐步实行转制。按照中央有关要求，党政机关所属新闻出版单位转制为企业后原则上逐步与原主办主管的党政机关脱钩。已经完成转制的新闻出版单位要按照《公司法》的要求，加快产权制度改革，完善法人治理结构，建立现代企业制度，尽快成为真正的市场主体。

12. 推进联合重组，加快培育出版传媒骨干企业和战略投资者。鼓励和支持拥有多家新闻出版单位的地方、中央部门和单位整合出版资源，组建出版传媒集团公司。鼓励和支持业务相近、资源相通的新闻出版单位，按照优势互补、自愿结合的原则，跨地区、跨部门组建出版传媒集团公司。鼓励和支持中央部门和单位的新闻出版单位在财经、教育、科技、文化、卫生等领域牵头组建专业性出版传媒集团公司。鼓励和支持中央和地方国有出版企业对中央各部门各单位所属出版单位进行联合重组。鼓励和支持社会资本特别是国有大型企业参与出版传媒企业的股份制改造。同时大力培育一批走内涵式发展道路的“专、精、特、新”的现代出版传媒企业。积极支持条件成熟的出版传媒企业，特别是跨地区的出版传媒企业上市融资。在三到五年内，培育出六七家资产超过百亿、销售超过百亿的国内一流、国际知名的大型出版传媒企业，培育一批导向正确、主业突出、实力雄厚、影响力大、核心竞争力强的专业出版传媒企业。继续深化发行体制改革，推动发行渠道资源整合，使国有出版物发行企业真正成为出版物发行主渠道。巩固印刷复制业改革成果，大力提升科技含量，促进珠三角、长三角和环渤海等特色印刷产业带建设，振兴东部印刷产业，扶持中西部印刷产业的开发与崛起。

13. 大力推进新闻出版产业升级和结构调整。高度重视用高新技术改造传统产业，制定和完善出版发行标准，推动新闻出版产业升级和结构调整。大力发展数字出版、网络出版、手机出版等新业态，努力占领新闻出版业发展的制高点。加快实现由传统媒体为主向传统媒体与新兴媒体融合发展的转变，打造主流媒体在新闻出版多元传播格局中的强势地位。积极鼓励和支持新闻出版单位运用高新技术和先进适用技术改造传统生产方式和基础设施，有计划有步骤地构建覆盖广泛、技术先进的新闻出版传播渠道。

14. 引导非公有出版工作室健康发展，发展新兴出版生产力。按照《国务院关于非公有资本进入文化产业的若干决定》（国发〔2005〕10号），鼓励和支持非公有资本以多种形式进入政策许可的领域。按照积极引导，择优整合，加强管理，规范运作的原则，将非公有出版工作室作为新闻出版产业的重要组成部分，纳入行业规划和管理，引导和规范非公有出版工作室的经营行为。积极探索非公有出版工作室参与出版的通道问题，开展国有民营联合运作的试点工作，逐步做到在特定的出版资源配置平台上，为非公有出版工作室在图书策划、组稿、编辑等方面提供服务。鼓励国有出版企业在确保导向正确和国有资本主导地位的前提下，与非公有出版工作室进行资本、项目等多种方式的合作，为非公有出版工作室搭建发展平台。

15. 加快推进现代出版物市场体系建设。打破按部门、按行政区划和行政级次分配新闻出版资源和产品的传统体制，打破条块分割、地区封锁、城乡分离的市场格局，加强资本、产权、信息、技术、人才等新闻出版生产要素市场建设，实现生产要素合理流动和资源优化配置。在充分利用系统内国有资本的同时，开辟安全有效的新闻出版业融资渠道，有效地吸纳系统外社会资本和境外资本，实现以资本扩张带动业务扩张、规模扩张和效益扩张。加快建立信用监管制度和失信惩戒制度，运用行政的、经济的等多种手段，形成以道德为支撑、以产权为基础、以法律为保障的诚信体系。

16. 扩大对外交流，积极实施“走出去”战略。充分利用国际国内两种资源、两个市场，努力推动新闻出版产品通过各种渠道进入国外主流市场、国际汉文化圈和港澳台地区。抓好“走出去”重大工程项目的组织实施工作，着力打造一批具有国际竞争力的外向型出版传媒企业，打造具有重要影响力的国际出版版权交易平台。加强出版物内容和形式的创新，采取多种措施鼓励版权输出和实物出口。鼓励以政府资助方式进行优秀作品和著作的相互翻译出版。鼓励有条件的出版传媒企业采取独资、合资、合作等形式，到境外兴办报纸、期刊、出版社、印刷厂等实体，拓展国外和港澳台地区市场，进一步扩大中华文化的国际影响力和传播力。

17. 加大行政体制改革力度，转变政府职能。加快建立党委领导、政府管理、行业自律、企事业单位依法运营的新闻出版管理体制和富有活力的新闻出版产品生产经营机制。按照建设服务政府、责任政府、法治政府和廉洁政府的要求，继续推进政企分开、政事分开、政府与市场中介组织分开，使政府真正履行好政策调节、市场监管、社会管理、公共服务的职能。改革行政审批制度，减少审批事项，下放审批权限，简化审批程序，提高行政效能。推行政府信息公开，规范程序，减少环节，增强透明度，提高公信力。按照中央部署，继续推进文化综合执法改革，确保“扫黄打非”和知识产权保护工作落到实处。发展和完善新闻出版和版权经纪、代理、评估、鉴定、会展等中介机构，提高新闻出版产品和服务的市场化程度。加强行业组织建设，使其依照有关法规和章程履行市场协调、监督、服务和维权等职责。

五、进一步推进新闻出版体制改革的政策保障

18. 落实新闻出版体制改革相关配套政策。落实《国务院办公厅关于印发文化体制改革中经营性文化事业单位转制为企业和支持文化企业发展两个规定的通知》（国办发〔2008〕114 号）规定的优惠政策，会同有关部门制定支持新闻出版体制改革的相关配套政策。充分利用国家重点出版工程建设、设立专项出版资金等契机，采取政府采购、招投标、定向资助等手段，支持公益性出版单位出版优质公共文化产品，提高新闻出版公共服务能力和水平。

19. 制定和实施出版资源向出版传媒企业倾斜的政策。对大型跨地区骨干出版传媒企业，在报纸、期刊、图书、音像制品、电子出版、数字出版等出版资源配置上予以倾斜，鼓励其做大做强。支持大型出版传媒企业在异地建立有出版权的分支机构，鼓励其实现跨地区经营。对真正转制到位的出版单位放开出版范围、书号、版号等，支持其发展。

20. 保护合法的跨地区经营活动。各级新闻出版行政部门要严格执行《中华人民共和国反不正当竞争法》和《关于禁止在市场经济活动中实行地区封锁的规定》（国务院令第 303 号）等法律法规，积极支持出版传媒企业跨地区合法开展经营活动，为公平竞争创造良好环境，提供优质服务。对于出版传媒企业合法的跨地区经营活动，不得以任何形式进行地区封锁，不得滥用行政权力，限制其进入本地市场经营。

21. 确保国有资产保值增值。经营性新闻出版单位数量多、分布广，资产情况复杂，在转制和改制过程中要注意学习和借鉴经济领域国有企业的成功经验，严格执行国家相关法律法规，防止国有资产流失，并在此基础上通过深化改革盘活存量，扩大增量，提升国有资产的质量。允许条件成熟的出版传媒企业经过批准，探索实行股权激励机制的试点。

22. 坚持把推进新闻出版体制改革与建立健全惩治和预防腐败体系结合起来。紧紧围绕新闻出版体制改革中容易滋生腐败问题的重点部位和关键环节，建立健全监督制约机制，把反腐倡廉建设寓于改革的重大措施中，贯穿于改革的全过程。坚持一手抓新闻出版体制改革，一手抓反腐倡廉建设，特别是要严格执行国有企业领导人员廉洁自律的有关规定，大力营造风清气正的思想环境和氛围，确保新闻出版体制改革健康有序进行。

六、加强对新闻出版体制改革工作的组织领导

23. 健全和完善新闻出版体制改革领导体制和工作机制。各级新闻出版行政部门要充分认识推进新闻出版体制改革的重要性和紧迫性，把推进新闻出版体制改革作为重要工作职责，纳入重要议事日程，按照中央要求，建立健全党委统一领导、政府大力支持、党委宣传部门协调指导、行政主管部门具体实施、有关部门密切配合的新闻出版体制改革领导体制和工作机制。要成立新闻出版体制改革领导机构和工作班子，负责指导、协调、实施新闻出版体制改革工作，确保改革的各项任务、措施和政策落到实处。

24. 充分调动广大新闻出版工作者的积极性、主动性和创造性。新闻出版体制改革政治性、政策性强，涉及面广，是一项社会系统工程，既要大胆探索、勇于创新，又要细致稳妥、有序推进。要把深化改革与加快发展、维护稳定统一起来，把加强思想政治工作与解决实际问题结合起来，坚持以人为本，充分尊重人民群众的主体地位和首创精神，切实维护广大职工的切身利益，动员和激励广大新闻出版工作者积极支持改革，主动参与改革。

25. 加强领导班子和人才队伍建设。要以领导班子建设、提高新闻出版队伍素质和整体能力为重点，在新闻出版领域培养一批既懂经营又懂业务的复合型人才，造就一批名编辑、名记者和出版家、企业家、技术专家，打造一支政治过硬、业务精通、作风优良、廉洁自律、文明和谐的新闻出版干部队伍，为进一步推进新闻出版体制改革提供组织和人才保障。

新闻出版总署关于进一步推动新闻出版产业发展的指导意见

新出政发〔2010〕1号

各省、自治区、直辖市新闻出版局，新疆生产建设兵团新闻出版局，解放军总政治部宣传部新闻出版局，总署机关各部门、署直各单位，署管各社会团体：

为深入贯彻落实科学发展观，落实国家《文化产业振兴规划》，按照中央提出的转变经济发展方式和调整经济结构，提高经济发展质量和效益的要求，充分发挥新闻出版业在巩固舆论阵地、传承中华文明、培育民族精神、提高公民素质、促进经济增长、推动社会进步、增强综合国力等方面的重要作用，现就进一步推动新闻出版产业发展，提出如下意见。

一、新闻出版产业发展的态势和机遇

（一）改革开放以来，新闻出版产业得到快速发展。特别是党的十六大以来，新闻出版体制改革取得实质性突破和重大进展，市场主体逐步形成，产业规模迅速壮大，产业结构日趋合理，国际竞争力不断增强，新闻出版产业作为科技含量高，资源消耗低，环境污染少，涉及领域广，产业链条长，投入少，产出大，发展潜力好的朝阳产业，已成为国民经济的重要组成部分，成为经济发展新的增长点和经济结构调整的着力点，在中国特色社会主义事业总体布局和全面建设小康社会战略全局中凸显出越来越重要的地位和作用。

（二）当前，我国新闻出版产业仍处于发展的初级阶段，基础较差，规模较小，实力较弱，竞争力不强。突出表现在：产业结构趋同，产业集中度低，资源配置不尽合理，市场条块分割、资源分散和地区封锁依然严重，传统业态向新兴业态转型迟缓，企业创新能力不足，对外贸易逆差仍然较大，人才队伍建设和经营管理水平等还不适应新闻出版产业发展的需要。要通过抓发展，努力走出一条符合文化建设规律和社会主义精神文明建设要求，适应社会主义市场经济体制，结构优化，速度较快，社会效益和经济效益俱佳，产业整体质量不断提升的可持续发展道路。

（三）新闻出版产业发展正处于重要的战略机遇期，具备了在新的历史起点上实现大发展的良好条件。党的十七大关于推动社会主义文化大发展大繁荣的战略部署，对新闻出版产业发展提出了新的更高的要求；中国特色社会主义事业“四位一体”发展的整体布局，凸显了新闻出版产业的重要地位；人民生活水平不断提高，文化消费快速增长，社会主义新农村文化建设，拓展了新闻出版产业发展的空间；新闻出版体制改革的顺利推进，《文化产业振兴规划》的实施，为新闻出版产业发展提供了内在动力；高新技术特别是信息技术的迅猛发展，为新闻出版产业创新业态、实现产业战略转型提供了有利条件和广阔前景；资本市场的不断完善，为新闻出版企业融资提供了机会；中国日益提高的国际地位以及不断扩大的中华文化影响力，为新闻出版产业“走出去”创造了条件；各级党委、政府的高度重视，为新闻出版产业发展提供了坚强的思想保证和组织保证。

二、推动新闻出版产业发展的指导思想、原则要求和主要目标

（四）推动新闻出版产业发展的指导思想是：以邓小平理论和“三个代表”重要思想为指导，深入贯彻落实科学发展观，高举旗帜、围绕大局、服务人民、改革创新，继续解放思想，坚持改革开放，推动科学发展，促进社会和谐，始终把发展作为第一要务，树立新的新闻出版发展观，突出战略重点，明确主攻方向，兼顾当前和长远，着力转变发展方式，着力优化产业结构，着力推进产业创新，做大主体，做强主业，切实解放和发展新闻出版生产力，大力推动新闻出版产业又好又快发展。

（五）推动新闻出版产业发展的原则要求是：必须坚持以社会效益为最高准则，牢牢把握社会主义先进文化的前进方向；必须坚持以人为本，充分尊重群众的主体地位和首创精神，不断满足人民群众日益增长的多层次、多样性、多方面精神文化需求；必须坚持转变发展方式，优化产业结构，进一步降低新闻出版企业生产能耗和污染物排放，提高新闻出版发展的质量和效益；必须坚持以体制机制创新和科技进步为动力，继续深化新闻出版体制改革，推动新闻出

版内容创新与战略性新兴产业发展；必须坚持优化所有制结构，实现以公有制为主体、多种所有制共同发展；必须坚持打破条块分割、地区封锁、城乡分离的封闭格局，努力建设统一开放、竞争有序、健康繁荣的大市场；必须坚持对外开放，加大“走出去”力度，不断提高中华文化的国际传播力和影响力；必须坚持一手抓发展，一手抓管理，为新闻出版产业发展营造健康有序的市场环境；必须坚持以党的领导为根本保证，确保党管舆论、党管干部、党管人才，做到尊重劳动、尊重知识、尊重人才、尊重创造，最大限度地发挥新闻出版工作者的积极性、主动性和创造性。

（六）推动新闻出版产业发展的主要目标是：努力完成全面建设小康社会赋予新闻出版产业发展的各项任务。新闻出版生产力明显提升，新闻出版产业发展速度高于同期国内生产总值发展速度，在国民经济中所占比重逐步提高，力争到“十二五”末，实现新闻出版产业增加值比2006年翻两番。新闻出版产业结构调整基本到位，产业、产品和企业结构更趋合理，产业区域布局与地区经济社会发展协调一致，新闻出版产品和服务更加丰富，企业自主创新能力与高科技应用水平大幅度提高，形成一批拥有自主知识产权、知名品牌以及有较强国际竞争力的骨干新闻出版企业。新兴产业蓬勃发展，数字出版、网络出版、手机出版等战略性新兴产业领域的发展水平和速度达到世界先进水平。基本建立起统一开放、竞争有序、健康繁荣的现代出版物市场体系和技术先进、覆盖全面、传输快捷的现代传播体系。基本扭转新闻出版产品和服务的出口逆差状况，大幅度提升中华文化的国际传播力和影响力。

三、推动新闻出版产业发展的重点任务

（七）发展图书、报纸、期刊等纸介质传统出版产业。支持新闻出版企业组织策划和出版更多贴近实际、贴近生活、贴近群众的优秀精神文化产品，生产出更多思想性、艺术性、可读性俱佳的原创精品力作。鼓励新闻出版企业创新纸介质读物形式，积极发展纸介质立体、有声读物，提升传统纸介质出版物的吸引力。打破出版载体界限，在多个出版平台上对出版内容进行深度开发和加工，实现一次性生产、多媒体发布。支持新闻出版企业积极采用数字、网络等高新技术和现代生产方式，改造传统的创作、生产和传播方式。加快从主要依赖传统纸介质出版产品向多种介质出版产品共存的现代出版产业转变。

（八）发展数字出版等非纸介质战略性新兴出版产业。积极推动音像制品、电子出版企业向数字化、网络化转型。积极发展数字出版、网络出版、手机出版等以数字化内容、数字化生产和数字化传输为主要特征的战略性新兴新闻出版业态。支持新闻出版企业以互联网为平台，以图文、音频、视频等形式，对出版内容资源进行全方位、立体式、深层次开发利用。支持电子纸、阅读器等新闻出版新载体的技术开发、应用和产业化，提高数字阅读设备的质量、方便性以及版权保护水平。

（九）发展动漫、游戏出版产业。加快发展民族动漫出版产业，特别是鼓励网络和电子游戏等产品的出版，提高民族动漫、游戏的数量和质量。对优秀原创动漫、游戏作品及其相关人员、单位进行奖励和支持，大力扶持民族原创动漫、游戏精品，培养民族原创动漫、游戏领军人物。鼓励开展优秀原创动漫、游戏产品的少数民族语言译制出版工作。推动对动漫、游戏出版资源的深度开发利用，不断提升其出版产品附加值。

（十）发展印刷、复制产业。巩固和壮大出版物印刷、包装装潢印刷品印刷、其他印刷品印刷和只读类光盘复制、可录类光盘生产等印刷、复制产业。加大印刷、复制产业结构调整力度，促进印刷、复制产业升级换代。鼓励印刷、复制企业积极采用数字和网络技术改造生产流程和现有设备。实施数字印刷和印刷数字化工程，推动发展快速、按需、高效、个性化数码印刷。推动印刷产业从单纯加工服务型向以提高信息增值的现代服务型转变。支持新一代大容量高清光盘的研发和产业化。鼓励印刷企业上下游共同探索循环用纸等新材料新工艺的研发和应用，大力发展绿色印刷。对高耗能、高排放的落后产能，要运用环保、技术标准、产业和融资政策等手段，坚决予以淘汰。

（十一）发展新闻出版流通、物流产业。加强以跨地区连锁经营、信息化管理和现代物流为特征的大型现代新闻出版流通组织建设，重点培育一批主业突出、辐射力强的全国性和区域性新闻出版现代流通企业和企业集团，建设一批辐射全国的区域新闻出版物流中心，并推动有条件的企业跨地区、跨国连锁经营。积极扶持农村出版物市场和连锁网点建设，建立以大城市为中心、中小城市相配套、贯通城乡的新闻出版产业流通网络。建设出版物流通信息平台，统一信息标准，打通新闻出版产业之间的流通渠道，整合发行渠道，提高流通效率。推广网络结算新技术，打造全国统一的网上结算平台。鼓励新闻出版流通和物流企业发展电子商务，推进物联网与互联网相结合。鼓励新闻出版物流企业提供第三方物流服务。

四、推动新闻出版产业发展的主要措施

（十二）深化新闻出版体制改革，打造合格市场主体和骨干企业。按照中央关于深化文化体制改革的要求和部署及《新闻出版总署关于进一步推进新闻出版体制改革的指导意见》，大力推动经营性新闻出版单位转制和改制，建立和完善法人治理结构，实行股份制改造，培育合格的市场主体。把深化改革同调整结构结合起来，加快企业兼并重组和资源整合，鼓励教育、科技、卫生、财经、文化等领域的新闻出版资源先行整合，鼓励实力较强的地方新闻出版企业先行整合资源，形成一批导向正确、主业突出、实力雄厚、管理规范、运行高效、核心竞争力强的区域性综合集团和行业性专业集团。鼓励和支持新闻出版骨干企业跨媒体、跨行业、跨地区、跨国界和跨所有制重组，在三到五年内，重点培育六七家资产超过百亿、销售超过百亿的国内一流、国际知名的大型新闻出版企业，努力打造具有国际竞争力的跨国出版传媒集团。与此同时，大力培育一批走内涵式发展道路的“专、精、特、新”现代新闻出版企业。鼓励条件成熟的新闻出版企业上市融资。

（十三）运用高新技术，促进新闻出版产业发展方式转变和结构调整。加快推广应用信息技术、数字技术等高新技术，建立以政策为先导、投入为保障、企业为主体、创新平台为支撑、市场需求为导向、产学研相结合的新闻出版科技创新体系。要通过科技创新提高新闻出版内容创新能力与水平，丰富新闻出版产业的生产方式和新闻出版产品的表现形式，拓展新闻出版传播渠道。重点支持语言文字技术、声音技术、图形图像技术、内容采集与处理技术、知识组织管理技术、协同编辑管理技术等新闻出版产业支撑技术的发展和应用。不断提高新闻出版领域的科技含量和装备水平，鼓励和支持新闻出版企业运用高新技术和先进适用技术改造传统生产方式和基础设施。

（十四）实施重大项目建设，带动新闻出版产业发展。通过实施一批具有战略性、引导性和带动性的重大新闻出版项目，加速推进产业和产品升级，提高企业和产品的市场竞争力。抓住国家增加对新闻出版事业投入的契机，加大组织实施国家重大出版工程、少数民族新闻出版“东风工程”、农家书屋工程、全民阅读工程及文化环保工程等公共服务重大工程的力度，推动基本公共服务均等化，推动新闻出版产业有序快速发展。加快组织实施国家知识资源数据库、国家数字复合出版系统、数字版权保护技术研发工程、中华字库工程、国产动漫振兴工程、数字报业、国家重点学术期刊建设工程等重大项目，提升新闻出版产业的整体水平。着力在重点领域尽快形成一批进入海外市场的重点项目，增强新闻出版企业国际竞争力。

（十五）建设新闻出版产业带、产业园区和产业基地，发挥产业集群优势。鼓励各地结合区域经济社会发展规划，优化产业集聚环境，利用优势新闻出版资源，突出产业特色，提高产业集中度和专业化协作水平，有计划地建设新闻出版产业带、产业园区和产业基地，实现产业合理布局，促进产业区域协调发展。重点发展少数民族语言文字出版、数字出版、版权创意等产业园区和基地，大力推进国家级产业园区和基地建设。鼓励西南、西北等地区发展具有鲜明地域和民族特色的出版产业群。支持珠三角、长三角和环渤海等特色印刷复制产业带建设，振兴东北印刷产业，促进中西部印刷产业的开发与崛起。

（十六）建设现代市场体系，发挥市场在资源配置中的基础性作用。打破条块分割、地区封锁和城乡分离的市场格局，加快形成统一开放的新闻出版市场体系。充分利用全国性和区域性产权交易机构，为新闻出版资本、产权、人才、信息、技术等要素的有序、有效流动搭建交易平台。培育发展版权代理、出版经纪等市场中介机构，提高新闻出版产品和服务的市场化程度。积极打造新闻出版产业发展交流平台，支持办好全国图书交易博览会等展会。在国家政策允许的条件下，充分利用发行企业债券、引进境内外战略投资、上市融资等多种渠道为企业融资。开展与国有银行及相关金融机构的战略合作，加快建立和发展中小新闻出版企业信用担保机制，允许投资人以知识产权等无形资产评估作价出资组建新闻出版企业，为产业发展争取良好的融资环境。

（十七）引导和规范非公有资本有序进入新闻出版产业，解放和发展新兴文化生产力。根据《中共中央、国务院关于深化文化体制改革的若干意见》和国家《文化产业振兴规划》等文件精神，鼓励、支持和引导非公有资本以多种形式进入政策许可的领域。鼓励和支持非公有制文化企业从事印刷、发行等新闻出版产业的有关经营活动。引导和规范个体、私营资本投资组建的非公有制文化企业以内容提供、项目合作、作为国有出版企业一个部门等方式，有序参与科技、财经、教辅、音乐艺术、少儿读物等专业图书出版活动。鼓励和支持非公有制文化企业开拓境外新闻出版市场。加强和改进服务，努力为非公有制文化企业持续快速健康发展创造良好的政策环境和平等竞争机会。

五、推动新闻出版产业“走出去”

（十八）加大支持新闻出版产品对外贸易、版权输出、合作出版的力度。支持新闻出版企业结合自身优势和特点，生产更多适合境外市场的新闻出版产品，并以多种方式进入海外市场。支持新闻出版企业利用先进科技成果创新产品形态，拓展传播渠道，增强中华文化影响力。支持新闻出版企业利用金融机构提供的出口信贷和金融产品，积极开展出口外贸业务。抓好国家文化重点出口企业和项目相关工作的落实。继续实施“经典中国”国际出版工程、中外图书互译计划、中国音像制品“走出去”工程、中国图书对外推广计划。

（十九）支持各种所有制的新闻出版企业到境外投资兴办实体。支持有条件的新闻出版企业，通过新设、收购、合作等方式，到境外建社、办厂、开店，实现新闻出版企业在境外的落地和本土化。对符合国家出口指导目录规定的境外投资，在政策、资源、信息、服务等方面予以支持。

（二十）充分发挥国际合作网络和平台的作用。鼓励新闻出版企业与国际著名文化制作、经纪、营销机构合作，建设以欧美、周边国家和港澳台地区为重点的市场营销网络和营销队伍，创新市场营销方式和手段。支持新闻出版企业参加法兰克福国际书展等国际大型展会和文化活动，打造北京国际图书博览会等具有重要影响力的国际出版、版权交易平台，发挥其在对外推广文化产品和服务方面的积极作用。

（二十一）为新闻出版产业“走出去”提供服务。制定“走出去”总体规划和战略目标，在出版物和版权“走出去”的基础上，实现新闻出版企业“走出去”、品牌“走出去”、资本“走出去”。设立出版物海外推广中心、实施翻译人才库工程。加强信息平台建设，完善出版物进出口统计制度，做好新闻出版产品、服务贸易和重点企业的统计分析，向新闻出版企业及时提供国际出版市场信息。加强对有关国家文化市场和政策环境的研究，帮助新闻出版企业开拓海外市场。

六、推动新闻出版产业发展的政策和组织保障

（二十二）加强新闻出版产业发展规划工作，提高宏观调控水平。全面把握国内外经济形势变化，统筹把握新闻出版业的意识形态属性和产业属性，在确保完成《新闻出版业“十一五”发展规划》各项目标任务的同时，科学编制新闻出版业“十二五”发展规划，将新闻出版产业发展纳入国家经济社会发展规划之中。加强对产业重大项目的指导，建立新闻出版产业项目库。制定和公布新闻出版产业发展和投资指导目录。

（二十三）落实推动新闻出版产业发展的各项优惠政策。用好用足国家支持文化单位转制和文化企业发展的一系列优惠政策，会同有关部门制定和落实支持新闻出版产业发展的相关配套政策，充分发挥政策对新闻出版产业发展的引导、激励和保障作用。

（二十四）加大对新闻出版产业发展的投入。积极争取各级财政支持，采取贴息、补助、奖励等方式，支持新闻出版产业发展。用好宣传文化发展专项资金、国家出版基金、民文出版专项资金、农家书屋工程专项资金、扶持动漫产业发展专项资金、“走出去”专项资金等财政专项资金。加强财政资金的管理和使用，提高资金的使用效率。

（二十五）科学配置新闻出版资源。对跨地区发展的新闻出版企业，对优势新闻出版产业，对改革力度大、发展速度快的地区，在出版资源上给予优先配置和政策倾斜。依据新闻出版产业发展需要，综合配置图书、报纸、期刊、音像制品、电子出版、网络出版及手机出版等出版资源，解决因出版权分割所带来的制约产业发展的问题。

（二十六）做好新闻出版产业发展的基础性工作。加强新闻出版标准化工作，抓紧新闻出版标准体系建设，特别是抓好数字出版等新兴业态的标准体系的研究制定。加强出版信息化建设工作，构建有利于书号、条码、在版编目和统计、年检数据等行业信息资源集中管理、有效整合的运行平台和工作机制。进一步加强和改进新闻出版统计工作，及时发布新闻出版统计报告。

（二十七）完善保障新闻出版产业发展的法规体系和法律制度。根据当前新闻出版体制改革和产业发展的实际情况，继续推动《出版管理条例》《音像制品管理条例》的修订，加快制定《中国标准书号使用管理办法》《互联网游戏出版服务管理办法》《国家出版产业基地管理办法》等规章和规范性文件。围绕保障和促进新闻出版产业发展，认真研究完善出版单位法人制度、准入和退出制度、主管主办制度、新媒体出版服务制度等相关法律制度。

（二十八）改善和优化新闻出版市场环境。贯彻落实《国家知识产权战略纲要》，加大版权保护力度，探索建立在新技术条件下科学合理的数字出版授权和使用机制。深入持久开展“扫黄打非”斗争，加大执法力度，着力改善和优化新闻出版市场秩序。加强行业信用体系建设，在全行业开展诚信宣传教育和职业道德教育，切实推动行业自律。加强党风廉政建设和反腐倡廉工作，把行风建设贯穿于新闻出版产业发展的全过程，营造“依法经营、违法必究、公平交易、诚实守信”的产业发展环境。

（二十九）强化新闻出版产业发展的人才保障。以培养新闻出版各类领军人物为目标，统筹抓好领导人才、经营管理人才、专业技术人才特别是复合型人才队伍建设，造就一批名作者、名编辑、名记者、行业技术专家和出版家、企业家。加快人才培养和队伍培训，设立人才培养专项资金，以定向培养、公开招聘、业外引进等方式，培养、吸引和凝聚优秀人才。完善新闻出版专业技术人员职业资格制度，以职业准入和岗位准入为抓手，不断提高基层人才队伍素质。把非公有文化机构的人才队伍纳入行业人才建设体系，积极培养和充分发挥其作用。创新人才激励机制，健全人才选拔机制，完善人才流动机制，形成有利于各类人才脱颖而出的体制环境。

（三十）健全和完善各级新闻出版产业发展领导体制和工作机制。各级新闻出版行政部门要增强推动新闻出版产业发展的责任意识，明确新闻出版产业发展领导机构和工作班子，负责指导、协调、实施新闻出版产业发展工作，确保各项目标、措施和政策落到实处。积极争取地方党委、政府对当地新闻出版产业的重视和支持，继续开展“省部战略合作”，共同推动新闻出版产业发展。

新闻出版总署

二〇一〇年一月一日

新闻出版总署关于加快我国数字出版产业发展的若干意见

新出政发〔2010〕7号

各省、自治区、直辖市新闻出版局，新疆生产建设兵团新闻出版局，解放军总政治部宣传部新闻出版局，中央和国家机关各部委、各民主党派、各人民团体新闻出版主管部门，中国出版集团公司：

数字出版是指利用数字技术进行内容编辑加工，并通过网络传播数字内容产品的一种新型出版方式，其主要特征为内容生产数字化、管理过程数字化、产品形态数字化和传播渠道网络化。目前数字出版产品形态主要包括电子图书、数字报纸、数字期刊、网络原创文学、网络教育出版物、网络地图、数字音乐、网络动漫、网络游戏、数据库出版物、手机出版物（彩信、彩铃、手机报纸、手机期刊、手机小说、手机游戏）等。数字出版产品的传播途径主要包括有线互联网、无线通讯网和卫星网络等。由于其海量存储、搜索便捷、传输快速、成本低廉、互动性强、环保低碳等特点，已经成为新闻出版业的战略性新兴产业和出版业发展的主要方向。

发展数字出版产业，对于提升我国文化软实力，推动文化产业乃至国民经济的可持续发展，转变出版业发展方式具有重要意义。进入新世纪以来，我国数字出版产业取得了较快进展。与此同时，由于存在投入成本高，盈利模式不成熟，相关标准不统一等问题，制约了数字出版产业的进一步发展，其生产力尚未得以充分释放。为贯彻落实中央关于调整产业结构和转变发展方式的战略部署，贯彻落实《文化产业振兴规划》和新闻出版总署《关于进一步推动新闻出版产业发展的指导意见》，推进出版业升级，现就加快我国数字出版产业发展提出如下意见。

一、加快数字出版产业发展的总体目标

1. 战略目标。要以数字化带动新闻出版业现代化，鼓励自主创新，研发数字出版核心技术，推动出版传播技术升级换代，构建传输快捷、覆盖广泛的现代新闻出版传播体系；要形成一批发展思路清晰、内容资源充沛、立足自主创新、出版方式多样、营销模式成熟、市场竞争力强、产品影响广泛的数字出版龙头企业；要切实从社会需求出发，将优质内容与数字技术紧密结合，打造弘扬中华优秀文化、反映科学技术进步、体现时代精神、为大众喜闻乐见、具有国际影响力的数字出版产品和品牌；要构建要素完整、结构合理、水平先进、效益良好、多方共赢的数字出版产业发展新格局，把数字出版产业打造成新闻出版支柱产业。

2. 发展指标。到“十二五”末，我国数字出版总产值力争达到新闻出版产业总产值25%，整体规模居于世界领先水平。在全国形成8–10家各具特色、年产值超百亿的国家数字出版基地或国家数字出版产业园区，形成20家左右年主营业务收入超过10亿元的具有国际竞争力的数字出版骨干企业。到2020年，传统出版单位基本完成数字化转型，其数字化产品和服务的运营份额在总份额中占有明显优势。

二、加快数字出版产业发展的主要任务

3. 加快推动传统出版单位数字化转型。加快书报刊出版单位采用新技术和现代生产方式改造传统出版流程；高度重视出版资源数字化工作，加快存量资源整理，按统一标准进行分类、存储；积极探索出版资源数字版权授权解决方案；鼓励传统出版单位开展网络出版业务；支持传统出版单位设立完全市场化的数字出版公司，尽快做大做强，成为数字出版龙头企业。

4. 加快推动音像电子出版单位数字化升级。积极运用新媒体、新技术加速产业升级；鼓励音像电子出版单位与通信运营商、网络运营商及硬件制造商进行全方位合作，拓展新业态。

5. 加快推动传统印刷复制企业数字化改造。推动传统印刷复制企业积极采用数字和网络技术，改造印刷生产流程和设备，大力发展数字印刷，提高对消费者多样化、个性化需求的服务供给能力。

6. 大力增强网游动漫出版产品的创作和研发能力。鼓励企业通过自主创新，充分挖掘中华优秀文化，研发网游动漫精品，提高国产网游动漫产品的质量和市场占有率，提升产品附加值；打造网游动漫知名品牌，提高市场运作能力；组织实施民族网游动漫海外推广计划，大力支持国产原创网游动漫产品开发海外市场。

7. 切实加强新闻出版公共服务项目的数字化建设。对新闻出版公共服务工程中的数字化项目予以资金、政策、技术等方面的扶持；支持和鼓励出版单位、数字化公司承担和拓展数字出版公共服务项目；积极支持“农家书屋”向数字化方向发展；高度重视数字阅读，拓展全民阅读的空间；加快全民阅读工程指导性网站建设；积极开发盲文有声教材和读物；充分利用互联网，扩大民文出版物传播范围。

8. 加快国家数字出版重点科技工程和重大项目建设。加快国家数字复合出版工程、数字版权保护技术研发工程、中华字库工程和国家知识资源数据库工程等数字出版重大科技工程项目的建设进度；建设国家重点数字出版工程项目库，扶持企业建设以公共服务平台建设、内容资源数据库建设、数字出版软件产品开发以及相关技术研发为主的数字出版工程项目；加快数字出版领域科技推广和成果转化；扶持以动漫出版、网络游戏出版、数据库出版等为主的数字出版项目；扶持具有自主知识产权的电子纸、终端阅读器等新产品、新载体的研发和应用。

9. 加快推进数字出版相关标准研制工作。坚持“基础、急用”标准先行的原则，尽快制定各种数字出版相关的内容标准、格式标准、技术标准、产品标准、管理和服务标准，完成数字出版、移动出版等相关数字出版标准体系的制定，在生产、交换、流通、版权保护等过程中形成符合行业规范的数字出版业标准化体系，创造公平的市场竞争环境。

10. 推动数字出版产业聚集区建设。打破行政区划壁垒，在有条件的区域建设数字出版产业聚集区，形成一批核心数字出版产业集群和特色产业基地；吸引国内国际知名的相关企业落户，逐步形成产业集群效应；支持进入国家级数字出版基地的企业开展互联网出版业务。

11. 支持非公有制企业从事数字出版活动。支持民营新技术公司研发基于不同传输平台和阅读终端的游戏、动漫、音乐等数字出版产品和具有自主知识产权的移动终端等硬件设备；建立数字出版企业评估体系，对长期从事数字出版活动且出版导向正确、技术实力雄厚、竞争优势明显、发展前景广阔、经营业绩突出的非公有制企业予以重点扶持；建立健全互联网出版准入退出机制，完善准入退出评估标准。

12. 推动数字出版“走出去”。鼓励企业充分利用国际国内两种资源和两个市场，借助网络传输快捷、覆盖广泛和无国界特性，加快推动优秀出版物通过数字出版方式进入国际市场，参与国际竞争，不断增强中国新闻出版的传播能力，提高中华文化的国际影响力；重点扶持和培育在“走出去”方面措施得力、成效显著的数字出版骨干企业和示范单位，对切实跨出国门并取得显著成绩的重大项目和重点企业予以资金资助、税收减免和其他奖励。

三、加快数字出版产业发展的保障措施

13. 加强组织领导。各级新闻出版行政部门要充分认识加强数字出版工作的重要性和紧迫性，把推进数字出版产业发展作为本地区新闻出版业繁荣发展的重要工作内容；要加强组织领导，完善组织机构，积极创造条件，设立专职数字出版管理部门；要加强对本地区数字出版产业发展的统计、规划、协调和引导，做好对本地区从事数字出版内容生产、加工、复制和数字出版产品销售、进出口等活动的数字出版企业的监管与服务工作；要采取有效措施，切实解决数字出版管理工作中存在的突出问题，为数字出版产业发展创造良好的环境和条件。

14. 发挥部门合力。地方各级新闻出版行政部门要主动加强与当地党委、政府相关部门的沟通合作，争取本地发展和改革、财政、税务、工信、科技等综合职能部门对数字出版工作的支持，将数字出版发展规划纳入本地经济社会发展规划之中，为本地数字出版产业发展创造条件、提供保障；要结合本地实际，深入研究针对数字出版产业的财税政策，充分发挥政策的推动引导作用，促进数字出版产业健康发展，把国家以及各地支持推进数字化进程、文化体制改革和文化产业发展的优惠政策落到实处，为数字出版产业发展争取更多的政策支持。

15. 优化资源配置。对内容资源丰富、具备技术和其他条件的传统出版单位优先赋予互联网出版权；鼓励条件成熟的传统出版单位开发基于互联网、无线通讯网、有线电视网、卫星传输等各类移动终端的数字出版产品；鼓励传统出版企业与新媒体公司进行深层次合作，探索新型业务模式和营销模式，拓展和延伸出版产业链；倡导联合重组，鼓励非公有制企业与拥有内容资源优势的国有出版企业嫁接重组，拓展发展领域，形成新的市场主体。

16. 加大投入力度。要逐步完善数字出版投入机制，积极争取各级财政对数字出版产业发展的扶持，加大对重点数字出版工程项目的资金投入；充分发挥文化产业发展专项资金、宣传文化发展专项资金、科技创新资金和现代信息服务业专项资金的扶持导向作用，面向全社会，推动设立扶持数字出版专项资金，重点用于数字出版公共服务平台和骨干项目建设；鼓励社会各界参与数字出版产业发展，用足用好金融领域支持文化产业振兴和繁荣发展的优惠政策，拓宽投融资渠道，引入战略投资者，实现投资主体多元化。

17. 搭建交流平台。继续支持和扶持办好中国数字出版博览会、中国数字出版年会、中国国际数码互动娱乐展览会、中国国际动漫创意产业交易会、中国国际漫画节等数字出版产业方面的重要会展；积极组织参与全国图书博览会、全国图书订货交易会、北京国际图书博览会、深圳文博会、海峡两岸图书交易会，搭建展示和交流平台，推动数字出版新技术、新经验、新模式的深度交流，展示数字出版新产品和新技术。

18. 加强版权保护。要加大版权保护宣传力度，强化版权保护意识；加大对数字版权侵权盗版行为的打击力度，切实保障著作权人合法权益；加快技术创新和标准制定，为版权保护提供有效的技术手段；积极建立以司法、行政、技术和标准相结合的版权保护体系。

19. 强化网络监管。要建立属地内出版、外宣、公安、通信、“扫黄打非”等部门的协调、沟通和信息共享机制；增强网络出版突发事件的应对能力，提高监管工作的预见性、针对性和时效性，全面提升主动监管能力和技术保障水平；要加大对互联网低俗之风和手机网站传播淫秽色情信息的打击力度，同时切实加强对网络游戏出版审批把关和网络游戏动态出版、非法出版的监管，全面净化互联网和手机出版环境；各地要加快网络出版监管系统建设，积极探索网络出版监管的有效方式，强化长效动态监管机制。

20. 完善法规体系。加快修订《出版管理条例》《互联网出版管理暂行规定》等法律法规，制定发布《手机媒体出版服务管理办法》《数据库出版服务管理办法》《互联网文学出版服务管理办法》和《互联网游戏审批管理细则》等部门规章，加快规范数字出版产业发展的法规体系建设。

21. 健全考评体系。要建立健全数字出版工作考评体系，加大对出版单位数字出版业绩考核的指标权重，重点评估其数字出版总体规划、新兴媒体和服务建设、内容资源数字化加工水平、出版流程再造、数字出版企业的市场表现、数字出版人才队伍建设、数字出版创新成果等具体指标和数据；充分调动企业经营管理者和数字出版从业人员的积极性和主动性，激发文化创造力，把推动数字出版的实际效果和发展水平纳入年度考评指标。

22. 加快人才培养。要不断完善数字出版人才培养体系，加大数字出版人才培养力度，特别是传统出版单位数字出版高级管理人才、高级营销人才、高级策划人才及数字出版编辑人才的培养，加快解决数字出版产业高层次、复合型人才的短缺问题；积极开展形式多样的数字出版产业经营管理人才培训，鼓励数字出版企业与高等院校及科研机构合作，建立人才培养和实训基地，逐步建立起教育培训和岗位实践相结合的数字出版产业人才培养机制；进一步健全人才引进、使用和考核机制。

新闻出版总署

二〇一〇年八月十六日

国务院关于促进企业兼并重组的意见

国发〔2010〕27号

各省、自治区、直辖市人民政府，国务院各部委、各直属机构：

为深入贯彻落实科学发展观，切实加快经济发展方式转变和结构调整，提高发展质量和效益，现就加快调整优化产业结构、促进企业兼并重组提出以下意见：

一、充分认识企业兼并重组的重要意义

近年来，各行业、各领域企业通过合并和股权、资产收购等多种形式积极进行整合，兼并重组步伐加快，产业组织结构不断优化，取得了明显成效。但一些行业重复建设严重、产业集中度低、自主创新能力不强、市场竞争力较弱的问题仍很突出。在资源环境约束日益严重、国际间产业竞争更加激烈、贸易保护主义明显抬头的新形势下，必须切实推进企业兼并重组，深化企业改革，促进产业结构优化升级，加快转变发展方式，提高发展质量和效益，增强抵御国际市场风险能力，实现可持续发展。各地区、各有关部门要把促进企业兼并重组作为贯彻落实科学发展观，保持经济平稳较快发展的重要任务，进一步统一思想，正确处理局部与整体、当前与长远的关系，切实抓好促进企业兼并重组各项工作部署的贯彻落实。

二、主要目标和基本原则

（一）主要目标。

通过促进企业兼并重组，深化体制机制改革，完善以公有制为主体、多种所有制经济共同发展的基本经济制度。加快国有经济布局和结构的战略性调整，健全国有资本有进有退的合理流动机制，鼓励和支持民营企业参与竞争性领域国有企业改革、改制和改组，促进非公有制经济和中小企业发展。兼并重组企业要转换经营机制，完善公司治理结构，建立现代企业制度，加强和改善内部

管理，加强技术改造，推进技术进步和自主创新，淘汰落后产能，压缩过剩产能，促进节能减排，提高市场竞争力。

进一步贯彻落实重点产业调整和振兴规划，做强做大优势企业。以汽车、钢铁、水泥、机械制造、电解铝、稀土等行业为重点，推动优势企业实施强强联合、跨地区兼并重组、境外并购和投资合作，提高产业集中度，促进规模化、集约化经营，加快发展具有自主知识产权和知名品牌的骨干企业，培养一批具有国际竞争力的大型企业集团，推动产业结构优化升级。

（二）基本原则。

1. 发挥企业的主体作用。充分尊重企业意愿，充分调动企业积极性，通过完善相关行业规划和政策措施，引导和激励企业自愿、自主参与兼并重组。

2. 坚持市场化运作。遵循市场经济规则，充分发挥市场机制的基础性作用，规范行政行为，由企业通过平等协商、依法合规开展兼并重组，防止“拉郎配”。

3. 促进市场有效竞争。统筹协调，分类指导，促进提高产业集中度，促进大中小企业协调发展，促进各种所有制企业公平竞争和优胜劣汰，形成结构合理、竞争有效、规范有序的市场格局。

4. 维护企业与社会和谐稳定。严格执行相关法律法规和规章制度，妥善解决企业兼并重组中资产债务处置、职工安置等问题，依法维护债权人、债务人以及企业职工等利益主体的合法权益，促进企业、社会的和谐稳定。

三、消除企业兼并重组的制度障碍

（一）清理限制跨地区兼并重组的规定。

为优化产业布局、进一步破除市场分割和地区封锁，要认真清理废止各种不利于企业兼并重组和妨碍公平竞争的规定，尤其要坚决取消各地区自行出台的限制外地企业对本地企业实施兼并重组的规定。

（二）理顺地区间利益分配关系。

在不违背国家有关政策规定的前提下，地区间可根据企业资产规模和盈利能力，签订企业兼并重组后的财税利益分成协议，妥善解决企业兼并重组后工业增加值等统计数据的归属问题，实现企业兼并重组成果共享。

（三）放宽民营资本的市场准入。

切实向民营资本开放法律法规未禁入的行业和领域，并放宽在股权比例等方面的限制。加快垄断行业改革，鼓励民营资本通过兼并重组等方式进入垄断行业的竞争性业务领域，支持民营资本进入基础设施、公共事业、金融服务和社会事业相关领域。

四、加强对企业兼并重组的引导和政策扶持

（一）落实税收优惠政策。

研究完善支持企业兼并重组的财税政策。对企业兼并重组涉及的资产评估增值、债务重组收益、土地房屋权属转移等给予税收优惠，具体按照财政部、税务总局《关于企业兼并重组业务企业所得税处理若干问题的通知》（财税〔2009〕59号）、《关于企业改制重组若干契税政策的通知》（财税〔2008〕175号）等规定执行。

（二）加强财政资金投入。

在中央国有资本经营预算中设立专项资金，通过技改贴息、职工安置补助等方式，支持中央企业兼并重组。鼓励地方人民政府通过财政贴息、信贷奖励补助等方式，激励商业银行加大对企业兼并重组的信贷支持力度。有条件的地方可设立企业兼并重组专项资金，支持本地区企业兼并重组，财政资金投入要优先支持重点产业调整和振兴规划确定的企业兼并重组。

（三）加大金融支持力度。

商业银行要积极稳妥开展并购贷款业务，扩大贷款规模，合理确定贷款期限。鼓励商业银行对兼并重组后的企业实行综合授信。鼓励证券公司、资产管理公司、股权投资基金以及产业投资基金等参与企业兼并重组，并向企业提供直接投资、委托贷款、过桥贷款等融资支持。积极探索设立专门的并购基金等兼并重组融资新模式，完善股权投资退出机制，吸引社会资金参与企业兼并重组。通过并购贷款、境内外银团贷款、贷款贴息等方式支持企业跨国并购。

（四）支持企业自主创新和技术进步。

支持有条件的企业建立企业技术中心，提高研发水平和自主创新能力，加快科技成果向现实生产力转化。大力支持兼并重组企业技术改造和产品结构调整，优先安排技术改造资金，对符合国家产业政策的技术改造项目优先立项。鼓励和引导企业通过兼并重组淘汰落后产能，切实防止以兼并重组为名盲目扩张产能和低水平重复建设。

（五）充分发挥资本市场推动企业重组的作用。

进一步推进资本市场企业并购重组的市场化改革，健全市场化定价机制，完善相关规章及配套政策，支持企业利用资本市场开展兼并重组，促进行业整合和产业升级。支持符合条件的企业通过发行股票、债券、可转换债等方式为兼并重组融资。鼓励上市公司以股权、现金及其他金融创新方式作为兼并重组的支付手段，拓宽兼并重组融资渠道，提高资本市场兼并重组效率。

（六）完善相关土地管理政策。

兼并重组涉及的划拨土地符合划拨用地条件的，经所在地县级以上人民政府批准可继续以划拨方式使用；不符合划拨用地条件的，依法实行有偿使用，划拨土地使用权价格可依法作为土地使用权人的权益。重点产业调整和振兴规划确定的企业兼并重组项目涉及的原生产经营性划拨土地，经省级以上人民政府国土资源部门批准，可以国家作价出资（入股）方式处置。

（七）妥善解决债权债务和职工安置问题。

兼并重组要严格依照有关法律规定和政策妥善分类处置债权债务关系，落实清偿责任，确保债权人、债务人的合法利益。研究债务重组政策措施，支持资产管理公司、创业投资企业、股权投资基金、产业投资基金等机构参与被兼并企业的债务处置。切实落实相关政策规定，积极稳妥解决职工劳动关系、社会保险关系接续、拖欠职工工资等问题。制定完善相关政策措施，继续支持国有企业实施主辅分离、辅业改制和分流安置富余人员。认真落实积极的就业政策，促进下岗失业人员再就业，所需资金从就业专项资金中列支。

（八）深化企业体制改革和管理创新。

鼓励兼并重组企业进行公司制、股份制改革，建立健全规范的法人治理结构，转换企业经营机制，创新管理理念、管理机制和管理手段，加强和改善生产经营管理，促进自主创新，提高企业市场竞争力。

五、改进对兼并重组的管理和服务

（一）做好信息咨询服务。

加快引进和培养熟悉企业并购业务特别是跨国并购业务的专门人才，建立促进境内外并购活动的公共服务平台，拓宽企业兼并重组信息交流渠道，加强市场信息、战略咨询、法律顾问、财务顾问、资产评估、产权交易、融资中介、独立审计和企业管理等咨询服务，推动企业兼并重组中介服务加快专业化、规范化发展。

（二）加强风险监控。

督促企业严格执行兼并重组的有关法律法规和政策，规范操作程序，加强信息披露，防范道德风险，确保兼并重组操作规范、公开、透明。深入研究企业兼并重组中可能出现的各种矛盾和问题，加强风险评估，妥善制定相应的应对预案和措施，切实维护企业、社会和谐稳定。有效防范和打击内幕交易和市场操纵行为，防止恶意收购，防止以企业兼并重组之名甩包袱、偷逃税款、逃废债务，防止国有资产流失。充分发挥境内银行、证券公司等金融机构在跨国并购中的咨询服务作用，指导和帮助企业制定境外并购风险防范和应对方案，保护企业利益。

（三）维护公平竞争和国家安全。

完善相关管理办法，加强和完善对重大的企业兼并重组交易的管理，对达到经营者集中法定申报标准的企业兼并重组，依法进行经营者集中审查。进一步完善外资并购管理规定，建立健全外资并购国内企业国家安全审查制度，鼓励和规范外资以参股、并购方式参与国内企业改组改造和兼并重组，维护国家安全。

六、加强对企业兼并重组工作的领导

建立健全组织协调机制，加强对企业兼并重组工作的领导。由工业和信息化部牵头，发展改革委、财政部、人力资源社会保障部、国土资源部、商务部、人民银行、国资委、税务总局、工商总局、银监会、证监会等部门参加，成立企业兼并重组工作协调小组，统筹协调企业兼并重组工作，研究解决推进企业兼并重组工作中的重大问题，细化有关政策和配套措施，落实重点产业调整和振兴规划的相关要求，协调有关地区和企业做好组织实施。各地区要努力营造企业跨地区、跨行业、跨所有制兼并重组的良好环境，指导督促企业切实做好兼并重组有关工作。

附件：促进企业兼并重组任务分工表

国务院

二〇一〇年八月二十八日

附件：

促进企业兼并重组任务分工表

序号	工 作 任 务	牵头单位	参加单位
1	清理取消阻碍企业兼并重组的规定。	工业和信息化部	各省、自治区、直辖市人民政府
2	放宽民营资本的市场准入。	工业和信息化部	发展改革委、国土资源部、工商总局、银监会等
3	完善和落实企业兼并重组的税收优惠政策。	财政部	税务总局
4	鼓励商业银行开展并购贷款业务，扩大贷款规模。鼓励商业银行对兼并重组后的企业实行综合授信。通过并购贷款、境内外银团贷款、贷款贴息等方式支持企业跨国并购。	银监会、人民银行	发展改革委、工业和信息化部、财政部
5	积极探索设立专门并购基金等兼并重组融资新模式，完善股权投资退出机制。支持符合条件的企业通过发行股票、债券、可转换债等为兼并重组融资。	证监会、发展改革委	工业和信息化部、财政部
6	在中央国有资本经营预算中设立专项资金，支持中央企业兼并重组。	财政部	国资委、发展改革委、工业和信息化部、商务部
7	鼓励地方人民政府通过财政贴息、信贷奖励补助等方式，激励商业银行加大对企业兼并重组的信贷支持力度。有条件的地方可设立企业兼并重组专项资金。	各省、自治区、直辖市人民政府	

续表

序号	工 作 任 务	牵头单位	参加单位
8	进一步推进资本市场企业并购重组的市场化改革，健全市场化定价机制，完善相关规章及配套政策，支持企业利用资本市场开展兼并重组。鼓励上市公司以股权、现金及其他金融创新方式作为兼并重组的支付手段。	证监会	发展改革委、财政部、商务部、人民银行、银监会
9	完善土地使用优惠政策。	国土资源部	财政部
10	加大对兼并重组企业技术改造支持力度。支持有条件的企业建立企业技术中心。鼓励和引导企业通过兼并重组淘汰落后产能，切实防止以兼并重组为名盲目扩张产能和低水平重复建设。	发展改革委、工业和信息化部	财政部
11	研究债务重组政策措施，支持资产管理公司、创业投资企业、股权投资基金、产业投资基金等机构参与被兼并企业的债务处置。	财政部	发展改革委、人民银行、国资委、银监会
12	制订完善相关政策措施，继续支持国有企业实施主辅分离、辅业改制和分流安置富余人员。	财政部、国资委	人力资源社会保障部
13	落实积极的就业政策，促进下岗失业人员再就业。	人力资源社会保障部、财政部，各省、自治区、直辖市人民政府	国资委
14	建立促进境内外并购活动的公共服务平台	工业和信息化部	发展改革委、商务部、证监会
15	发挥境内银行、证券公司等金融机构在跨国并购中的咨询服务作用，指导和帮助企业制定境外并购风险防范和应对方案。	商务部	银监会、证监会、工业和信息化部、发展改革委等

续表

序号	工　作　任　务	牵头单位	参加单位
16	督促企业严格执行有关法律法规和政策，规范操作程序，加强信息披露。有效防范和打击内幕交易和市场操纵行为，防止恶意收购，防止以企业兼并重组之名甩包袱、偷逃税款、逃废债务，防止国有资产流失。	工业和信息化部	发展改革委、财政部、商务部、国资委、人民银行、税务总局、工商总局、银监会、证监会
17	深入研究企业兼并重组中可能出现的各种矛盾和问题，加强风险评估，制定相应的应对预案。	工业和信息化部	发展改革委、财政部、人力资源社会保障部、商务部、人民银行、国资委、银监会、证监会
18	对达到经营者集中法定申报标准的企业兼并重组，依法进行经营者集中审查。	商务部	发展改革委、工业和信息化部、国资委等
19	完善相关管理办法，加强和完善对重大的企业兼并重组交易的管理。	工业和信息化部	发展改革委、财政部、商务部、国资委、证监会
20	建立企业兼并重组工作部际协调机制。	工业和信息化部	发展改革委、财政部、人力资源社会保障部、国土资源部、商务部、人民银行、国资委、税务总局、工商总局、银监会、证监会等

新闻出版业“十二五”时期发展规划

（新闻出版总署办公厅2011年4月20日发布）

“十二五”时期，是全面建设小康社会的关键时期，是深化新闻出版体制改革、加快转变发展方式的重要时期。为实现新闻出版业又好又快发展，推动我国向新闻出版强国迈进，根据《中华人民共和国国民经济和社会发展第十二个五年规划纲要》和《国家“十二五”时期文化体制改革和发展规划纲要》，编制本规划。

一、“十一五”时期新闻出版业取得巨大成绩

“十一五”时期，新闻出版业以科学发展观为统领，始终坚持正确的政治方向和舆论导向，解放思想，开拓进取，深化改革，加快发展，探索走出了一条中国特色新闻出版发展的新路，开创了新闻出版业改革发展的新局面。

（一）服务能力显著增强

坚持围绕中心、服务大局，牢牢把握社会主义先进文化的前进方向，把建设社会主义核心价值体系贯穿到新闻出版工作各个方面，组织出版马克思主义中国化最新理论成果和弘扬主旋律的精品力作，加强主流媒体和舆论引导能力建设，坚守意识形态阵地，传播党的创新理论，传承中华优秀文化，引领时代思想潮流，为经济社会发展提供了重要的思想保证、精神动力和舆论支持。围绕服务群众、改善民生，组织实施了打造传世经典的重点出版工程、服务农民的农家书屋工程、扶持新疆少数民族地区发展的东风工程、提升国民素质的全民阅读工程、净化市场的文化环保工程，新闻出版公共服务体系框架基本建立，为满足人民群众精神文化需求、保障人民群众基本文化权益，作出了历史性贡献。

（二）产业规模快速提升

图书、报纸、期刊、音像、电子出版物等传统出版持续发展，印刷复制增

长势头强劲，出版物发行呈现多元化趋势。新闻出版业与现代科学技术加速融合，数字出版、数字印刷、数字发行等新业态发展迅猛，新闻出版业发展空间逐步拓展，产业规模迅速扩大，产业结构不断优化，产业链日趋完善，基本形成以图书、报纸、期刊、音像、电子、网络、手机等媒体的出版、印刷、复制、传播、外贸等为主，包括教育、科研、版权代理、物资供应、国际合作等在内的完整产业体系。2010 年，全国共出版图书 32.8 万种，71.7 亿册（张）；出版期刊 9884 种，35.4 亿册；出版报纸 1939 种，500.2 亿份；全国出版物进出口经营单位出口图书、报纸、期刊、音像制品、电子出版物 1047.5 万册（份、盒、张）、出口金额达 3758.2 万美元，出版物已进入世界 190 多个国家和地区，报刊发行覆盖 80 多个国家和地区，对重点发达国家的版权输出总量比 2005 年增长近 14 倍。目前，我国日报出版规模、图书出版品种与出版总量居世界第一，电子出版、网络学术出版总量居世界第二，印刷业总产值居世界第三。2010 年，新闻出版业总产出达到 1.22 万亿元，增加值达到 3500 亿元。生产能力和产出总量都表明，我国已经成为名副其实的出版大国，新闻出版业不仅是文化的主阵地，还成为文化产业的主力军，国民经济增长的新亮点。

（三）改革开放全面推进

“十一五”时期，是新闻出版体制改革取得重大突破的一个历史新阶段。经营性图书、音像、电子出版社转制工作基本完成，组建了一批出版传媒集团和报业、期刊、印刷、发行集团。转制后的企业成为市场主体，竞争能力显著增强，投融资渠道不断拓宽，跨媒体、跨行业、跨地区、跨国界和跨所有制的并购重组取得突破性进展。社会资本进入新闻出版的领域和规模不断扩大，以公有制为主体、多种所有制共同发展的格局正在形成。“走出去”模式不断创新，渠道日渐宽广，对外贸易结构逐年改善，实现了出版物出口和版权输出双增长。

新闻出版行政机构更加健全，实现了政事分开、政企分开、政资分开和管办分离，政府职能得到切实转变。进一步完善新闻出版法规，制定和修订了一批法规规章，废止了一大批不再适用的规章和文件。积极完善版权管理工作体系，深入开展“扫黄打非”，严厉打击侵权盗版，保护知识产权力度进一步加大。

与此同时，新闻出版业发展还存在问题和不足。新闻出版产品和服务还不能充分满足人民群众的需求，产业集中度和产品差别化程度较低，产业及产品的结构性矛盾和科技创新滞后问题较为突出，重塑市场主体的任务仍很艰巨，统一的市场体系尚未完全形成，我国出版传媒业在国际上的传播力和影响力还有待于进一步提高。

专栏 1 “十一五”规划主要指标实现情况

指　标	单　位	2005 年	规划目标 2010 年	规划目标 平均增长（%）	实现情况 2010 年	实现情况 平均增长（%）
增加值	亿元	1900	2660	7	3500	13
图书出版品种数	万种	22.2	25.5	2.8	32.8	8.1
图书出版总印数	亿册（张）	64.7	70	1.6	71.7	2.1
图书出版总印张数	亿印张	493.3	600	4	606.1	4.2
报纸出版总印数	亿份	412.6	500	3.9	500.2	3.9
报纸出版总印张数	亿印张	1613.1	2030	4.7	2153.8	6
期刊出版总印数	亿册	27.6	30	1.7	35.4	5.1
期刊出版总印张数	亿印张	125.3	140	2.2	200.1	9.8
出版物出口数量	万册、份、盒、张	807.6	1011.3	4.6	1047.5	5.3
版权输出品种	种	1517	3000	14.6	5691	30.3
发行网点数量	万个	16	18	2.4	16.8	1
百万人均年拥有图书种数	种	170.1	192	2.4	244.6	7.5
年均人拥有图书数量	册 / 人	4.9	5.3	1.4	5.35	1.6
年均人拥有期刊数量	册 / 人	2.1	2.4	2.6	2.6	4.6
每千人拥有报纸份数	份 / 千人	86.5	90	0.8	102.2	3.4
报纸普及率	份 / 户	0.27	0.3	2.1	0.37	6.8

二、“十二五”时期新闻出版业面临的发展环境

从国际看，世界经济政治格局的变化，使得新闻出版业面临前所未有的历史性机遇与挑战。

——国家间文化软实力的博弈使新闻出版业的地位作用日益凸显。文化软实力已成为国家间竞争战略中的重要因素。新闻出版业作为国家文化软实力的重要方面，在巩固舆论阵地、传播中华文明、增强综合国力等方面的重要作用更加突出。

——世界经济格局的新变化使全球新闻出版业格局面临重构。“十二五”时期，文化产业在西方发达国家经济社会发展中的地位、作用和所占比重仍将继续提高，全球范围的并购重组势头仍将继续加强，市场竞争必将进一步加剧，我国新闻出版业做大做强、参与国际市场竞争的环境更加复杂。

——全球化产业竞争的新特征要求新闻出版业抢占科技创新和新兴产业的制高点。当前，全球新闻出版业正经历新一轮技术革命。随着数字技术、信息技术、网络技术全面普及，以数字出版为代表的新业态已成为新闻出版业发展的新的战略制高点，各国在新闻出版技术创新、标准制定、新业态培育领域的竞争将更加激烈。

从国内看，新闻出版产业已成为国家经济发展新的增长点和加快转变经济发展方式的重要着力点，发展将面临新的更高要求。

——社会主义现代化建设赋予新闻出版业新的历史使命。新闻出版业是中国特色社会主义事业总体布局的重要组成部分，在全面建设小康社会的关键时期，新闻出版业肩负着建设社会主义核心价值体系，增强社会主义意识形态的吸引力和凝聚力，推进马克思主义中国化、时代化、大众化，巩固舆论阵地，传承中华文明，普及科学知识的重要使命。

——加快转变经济发展方式，推动文化产业成为国民经济支柱性产业的大局，要求新闻出版产业加快发展。新闻出版产业是文化产业的基础产业和核心产业。加快转变经济发展方式，一方面要求新闻出版产业为国家经济发展方式转变作出贡献；另一方面要求新闻出版产业不断扩大产业规模，加快产业结构调整和升级，提高新闻出版产业在国民经济中的比重。

——人民群众日益增长的精神文化需求对新闻出版业发展提出了更高要求。随着经济社会不断发展和人民生活水平不断提高，人民群众的精神文化需求呈现出多样化、多层次、多方面的新特点，人民群众对知识的渴求比任何时候都更加迫切，人民群众参与文化创造的愿望比任何时候都更加强烈，这就要求新闻出版业顺应人民群众新期待，加速发展新闻出版事业和产业。

从行业自身看，“十二五”时期，是新闻出版业深化改革、加快发展和产业格局调整与升级的关键时期。

——新闻出版体制改革进入攻坚期。新闻出版体制改革进一步面临创新体制、转换机制、面向市场、增强活力的任务，将触及深层次的矛盾和问题，需要在重点领域和关键环节有突破性进展。

——新闻出版产业格局进入战略调整期。随着市场体系日趋完善，企业并购日渐活跃，高新技术日新月异，必将导致人才、资本和资源等市场要素更大范围的流动和重组，必将带来新闻出版产业格局的深入调整。

——新闻出版业转型升级进入加速期。随着新闻出版企业自主创新能力和高科技应用水平不断提高，产品形态不断创新，产业融合不断深化，数字出版、数字印刷、数字发行等新业态将进一步加快发展，必将推动新闻出版业转型及技术升级步伐进一步加快。

“十二五”时期，新闻出版业发展仍处于可以大有作为的重要战略机遇期，具备许多有利条件。中央提出推动文化产业成为国民经济支柱性产业，使文化产业发展上升为国家战略，为新闻出版业发展提供了难得的历史机遇；人民群众快速增长的精神文化需求，十三亿人口的文化消费潜力，为新闻出版业发展提供了巨大的市场空间；新闻出版体制改革的强力推进，为新闻出版业发展提供了强大动力；科技进步特别是信息网络技术的迅猛发展，为新闻出版业发展提供了重要支撑；国家政策支持力度的不断加大，为新闻出版业发展提供了有力保障；金融支持和资本市场的不断完善，为新闻出版业发展提供了有利条件；中国国际地位的日益提高和中华文化不断“走出去”，为新闻出版业发展提供了新的契机；各级党委、政府的高度重视，为新闻出版业发展提供了坚强的思想保证和组织保证。

三、“十二五”时期新闻出版业发展的指导思想和基本要求

（一）指导思想

以邓小平理论和“三个代表”重要思想为指导，深入贯彻落实科学发展观，高举旗帜，围绕大局，服务人民，改革创新，以科学发展为主题，以转变经济发展方式为主线，以深化改革为动力，着力保障人民群众基本文化权益，着力激发市场主体活力，着力调整产业结构，着力提升行业自主创新能力，着力增强中华文化的传播力和影响力，大力弘扬中华文化优良传统，为实现新闻出版

强国目标打下坚实的基础。

（二）基本要求

——坚持社会主义先进文化的前进方向。牢牢把握正确的舆论导向，弘扬主旋律，坚持三贴近，始终把建设社会主义核心价值体系贯穿到新闻出版工作各个方面，把社会效益放在首位，实现社会效益与经济效益的有机统一，充分发挥新闻出版引导社会、教育人民、推动发展的功能，增强民族凝聚力和创造力。

——坚持加快发展。以科学发展为主题，深化新闻出版体制改革，用改革的办法解决发展中的问题，用发展的成果检验改革的成效，切实解放和发展新闻出版生产力，推动新闻出版业又好又快发展。

——坚持以人为本。以服务人民为根本宗旨，以满足人民群众精神文化需求、促进人的全面发展为根本目的，在满足人民群众精神文化需求、尊重人民群众主体地位、实现人民群众基本利益诉求中推动发展。

——坚持全面协调。将全面协调可持续作为推动新闻出版业发展的基本要求，一手抓公益性新闻出版事业，一手抓经营性新闻出版产业，公益性事业和经营性产业共同发展，强化协作，促进联合，推动新闻出版业结构和布局更加优化，速度与质量、效益更加协调，可持续发展能力进一步增强。

——坚持统筹兼顾。将统筹兼顾作为推动新闻出版业发展的根本方法，正确处理新闻出版建设与经济社会发展、社会效益与经济效益、弘扬主旋律与提倡多样化、民族文化与外来文化、促进繁荣与加强管理、发挥政府作用与调动全社会力量、公有制为主体与多种所有制共同发展等重大关系。

——坚持科技创新。将科技创新作为推动新闻出版业发展的主要支撑，提高自主创新能力，推动产业技术革新，推动传播手段创新，推动新兴业态发展，推动传统出版业的现代化转型。

四、“十二五”时期新闻出版业发展的主要目标

到“十二五”期末，新闻出版业发展方式转变基本到位，新兴业态蓬勃发展，数字出版等战略性新兴产业领域的发展达到世界先进水平。新闻出版产品和服务更加丰富，公共服务能力和水平进一步提高。基本扭转新闻出版产品和服务的出口逆差状况，大幅度提升中华文化的国际传播力和影响力。基本形成以公有制为主体、多种所有制共同发展的产业格局，以民族文化为主导、吸收外来有益文化共同繁荣的开放格局。基本建立起统一开放、竞争有序、健康繁荣的现代出版物市场体系，以人为本、面向基层、惠及大众的新闻出版公共服务体系，技术先进、传输快捷、覆盖广泛的现代传播体系。

——经济总量。“十二五”时期，新闻出版产业增长速度达到19.2%，到“十二五”期末实现全行业总产出29400亿元，实现增加值8440亿元。

——产品规模。到“十二五”期末，年图书出版总印数达到79.2亿册（张）；报纸出版总印数达到552.3亿份；期刊出版总印数达到42.2亿册。出版物实物出口数量超过1150万册（份、盒、张），版权输出品种数达到7000种。

——社会贡献。到“十二五”期末，实现人均年拥有图书5.8册、期刊3.1册，每千人拥有日报达到100份，国民综合阅读率达到80%，人均书报刊用纸量达到240印张，千人拥有出版物发行网点数0.13个，版权登记数量70万件。

——节能降耗。“十二五”时期，科技投入在行业增加值中所占比重逐年增加，单位能源消耗逐年降低，绿色印刷企业在全部印刷企业数量中所占比重超过30%。

专栏2 “十一五”规划主要指标实现情况

指　标	单　位	2010年	2015年	年均增长（%）
经济指标				
增加值	万亿元	0.35	0.84	19.2
总产出	万亿元	1.22	2.94	19.2
品种数量指标				
图书出版品种数	万种	32.8	41.9	5
图书出版总印数	亿册	71.7	79.2	2
报纸出版总印数	亿份	500.2	552.3	2
期刊出版总印数	亿册	35.4	42.2	3.6
出版物出口数量	万册、份、盒、张	1047.5	1156.5	2
版权输出和合作出版品种	种	5691	7000	4.2
社会服务指标				
人均年拥有图书数量	册/人	5.3	5.8	1.5
人均年拥有期刊数量	册/人	2.6	3.1	3.1
每千人拥有日报份数	份/千人	91.7	100.6	1.9

续表

专栏 2 “十一五”规划主要指标实现情况				
指　标	单　位	2010 年	2015 年	年均增长（%）
人均书报刊用纸量	印张 / 人	220.7	240.1	1.7
千人拥有出版物发行网点数量	个	0.125	0.132	1
国民综合阅读率	%	77.1	80	0.7
版权登记数量	件	506700	700766	6.7

五、“十二五”时期新闻出版业发展的重点任务

（一）传播社会主义先进文化，弘扬社会主义核心价值体系

组织出版马克思主义中国化最新理论成果，紧密联系改革开放和现代化建设实际，以重大现实问题为着眼点，以深入研究关系党和国家事业发展的全局性、战略性、前瞻性问题为主攻方向，推出一批有深度、有价值的出版项目；围绕深层次思想理论问题和社会热点难点问题，组织出版反映中国特色社会主义理论体系，特别是科学发展观和社会主义核心价值体系的精品力作和更多更好的通俗理论读物，用社会主义核心价值体系引领社会思潮，提升经济发展和经济产品的文化含量、精神品格，推动马克思主义中国化、时代化、大众化。提高报刊的传播能力和舆论引导能力。

专栏 3　社会主义核心价值体系建设工程

01　中国共产党思想理论资源数据库与传播工程（二期）

围绕“有序保管、永续保存、高效传播”的目标，整合党的思想理论类图书、报刊文章资料，重点完成对党的思想理论类图书 20 万种、报刊文章 200 万篇，以及相关图片、音视频作品入库及数字化。开发“中国共产党思想理论词库”，完成马列著作、领袖著作、党和国家文件文献的语义标注。开发建设手持阅读器、卫星传播系统和短版印刷业务，开设外文网页，开发服务新功能，开拓服务新领域，扩大理论传播的覆盖面。推动全国乡镇以上党政机关和相关单位网站与中国共产党思想理论数据库网站建立链接，努力建成内容系统、编校规范、功能先进的具有广泛影响力的党的思想理论传播平台。

（二）加强精品力作的生产，传承和弘扬中华文明

大力推动内容创新，重点抓好国家重大出版工程、重点学术期刊等精品工程，组织出版更多具有时代精神与特点的精品力作，推出更多代表中华民族永久记忆乃至世界永久记忆的各类出版物，创造出影响世界文明的中国故事、中

国形象、中国风格和中国精神。推动廉政文化出版工作。充分发挥中国出版政府奖、国家出版基金的导向作用，不断提升新闻出版产品的质量和水平。加强对新闻出版精品力作的宣传推广，深入开展书评等活动。

专栏4　新闻出版精品生产工程

01　国家重大出版工程

重点抓好马列经典、经济社会发展、哲学社会科学等领域100种国家重大出版项目，推动弘扬民族精神和时代精神的出版物和倡导社会主义荣辱观、树立正确世界观人生观价值观出版物的出版，推动廉政文化建设出版物的出版，推出一批传承历史、服务当代、惠及后人的精品出版物。

02　国家古籍整理出版工程

推出300种国家重点古籍整理出版项目，系统整理散失海外的中华古籍珍本，甄选精品进行翻译，促进出版“走出去”。加强对数学、天文历法、农医、少数民族等科技典籍的整理出版，增加珍贵、稀有社会文献档案、出土文献等的整理出版，加强古籍数字化成果的出版，提高古籍整理出版成果的使用和应用能力。

03　国家重点学术期刊建设工程

建立学术期刊科学遴选和培育机制，重点支持代表我国学术水平、具备国际办刊能力、具有良好发展前景的学术期刊发展。培育20种国际一流学术水平的国家重点学术期刊，培育一批有影响力的优秀学术期刊，推动我国学术期刊整体学术水平和国际影响力的提升。

04　国家学术论文数字化发布平台

建立覆盖主要学科领域数字学术期刊，打造基于“云计算”技术的学术论文发布平台，建立多学术期刊单位的在线投稿、同行评议、出版与发布系统，鼓励传统学术期刊与数字学术期刊互动，推动学术期刊出版数字化转型，带动原创学术文献数字出版的产业化、规范化、规模化发展。

（三）完善新闻出版公共服务体系，保障人民群众基本文化权益

按照公益性、基本性、均等性、便利性要求，通过增加投入、转换机制、增强活力、改善服务，加快健全以政府为主导、以公共财政为支撑、以公益性单位为骨干、以新闻出版公共服务重大工程项目为载体，社会力量广泛参与的新闻出版公共服务体系，使人民群众基本文化权益得到有效保障。充分发挥公益性新闻出版单位的骨干作用，积极调动新闻出版企业的积极性，提高新闻出版产品和服务的生产能力与传播能力，完善新闻出版公共服务生产供给体系，提高供给总量与质量，重点支持民文出版、“三农”出版、盲文出版和面向未成年人、进城务工人员等特殊群体的出版，构建新闻出版公共服务产品体系。以中西部农村和民族边疆地区为重点，全面加强农牧区、学校、社区、工厂、

连队等基层新闻出版服务设施的建设，构建覆盖城乡的新闻出版公共服务网络体系。努力提高新闻出版公共服务的数字化、网络化水平。大力开展全民阅读活动，倡导全社会形成读书风尚，提高全民文化素质。

专栏 5　新闻出版公共服务建设工程

01　农家书屋工程

到 2012 年基本完成农家书屋覆盖全国所有行政村的任务。逐步扩大农家书屋工程实施范围，建设社区书屋、职工书屋、农林牧场书屋、寺庙书屋、部队书屋等，并逐步向自然村和家庭延伸。建立出版物更新机制，通过多种渠道、多种方式，争取每年为已建成书屋更新一定数量的出版物，逐步提高农家书屋音像制品和电子出版物供应比例。完善配送系统，开展数字农家书屋试点。

02　城乡阅报栏（屏）工程

“十二五”期间，采取政府支持、报社（集团）实施、社会力量参与、市场化运作模式，在城市和乡镇车站、集贸市场、商场、广场等人流密集地点建设 10 万个阅报栏和电子阅报屏。上架和传输的报纸以党报、“三农”类报纸、科普类报纸、文化生活类报纸、健康文摘类报纸为主。

03　新闻出版东风工程

在新疆、西藏等地建设民文出版基地。为一批民族语言文字出版单位、民族地区党报党刊、重点民文期刊和主要承担民文印刷任务的单位配置必要的业务用房和编辑印刷生产设备。在民族地区新建和改扩建一批县级新华书店营业网点，配备一批流动售（送）书车。实施出版物免费赠阅、民文新媒体建设、民文出版物“走出去”、民族地区新闻出版人才队伍建设和出版物市场监管等方面的项目。

04　重点民文出版译制工程

资助民族宗教政策法规解读、科技致富、民族职业教育、青少年教育、优秀传统民族文化、医疗卫生保健、文学艺术等出版物的出版，每年资助重点民文（含民汉双语）图书 1000 种，重点民文音像制品 500 种。资助优秀汉文、外文出版物的民文翻译，每年翻译图书 800 种、音像制品 500 种。

05　盲文出版工程

加强盲文出版基地建设，配置盲文刻印机和盲文制版印刷生产线，实现年生产盲文书刊 1600 种、70 万册的规模。开发符合盲人认知的盲文乐谱、工具书、期刊、数字有声读物，出版《盲人百科全书》等重点图书。建设中国盲文图书馆（中国视障文化资讯服务中心）。设立盲用信息化辅助技术研究和产品研发专项。

06　全民阅读工程

以推动儿童阅读与青少年阅读、满足特殊群体阅读需求为重点，大力推广数字阅读，传播阅读理念，培养全民阅读习惯，提高全民阅读能力。重点开展儿童“阅读起跑线”和阅读援助活动，推动全民阅读示范基地建设。加强阅读研究与指导，逐步整合各地区各部门的阅读活动资源，建立健全全民阅读活动组织机构。积极争取建立国家阅读基金，设立国家读书节，逐步建立全民阅读工程建设长效机制。

续表

专栏5　新闻出版公共服务建设工程
07　中国出版博物馆建设项目 汇集和展示中国出版业历史资料、典藏文物，展现中国出版业的悠久历史、辉煌成就和发展历程；开设互动体验区，使参观者亲身体验中国出版文化的悠久魅力和技术水平；开展学术交流，促进中国出版文化研究，发挥博物馆的教育启蒙和历史传承作用。

（四）做优做大做强新闻出版产业，提高新闻出版业整体实力和竞争力

大力发展“五大产业”：以内容创新和数字化转型为重点，加快资源整合，继续发展图书、报纸、期刊等纸介质传统出版产业；以业态创新和服务创新为重点，加快新技术应用，大力发展数字出版等战略性新兴出版产业；以原创创意为重点，快速提高国产动漫出版产品的数量和质量，加速发展动漫游戏出版产业；以技术升级和绿色环保为重点，加快数字化技术推广，坚持发展印刷复制产业；以区域整合为重点，创新出版物传播手段和渠道，积极发展新闻出版流通和物流产业。打造一批大型出版传媒“航空母舰”、重组一批大型印刷复制企业、组建一批大型发行物流集团。鼓励新闻出版产业与其他产业的融合与对接。

专栏6　新闻出版产业发展重点
01　传统出版产业发展重点 构建国家、省级和出版单位三级重点出版物出版规划网络体系，形成精品生产的长效机制，组织实施《“十二五”国家重点图书、音像电子出版物出版规划》（2000种）。组织开展“三个一百”优秀原创作品评选活动，加快国家音乐产业基地建设，培育20家特色鲜明、核心竞争力强、有原创能力的音像品牌企业，带动音像出版业发展。增强中央主要报刊和学术期刊的持续发展能力、传播能力。形成10个左右具有较强辐射能力的报刊出版产业集聚中心。打造10家左右跨地区、跨行业、跨媒体经营的大型国有报刊传媒集团。建设专业学科领域内具有国际影响力的品牌学术期刊群。实现期发行量超过百万份的综合性日报20种，期发行量超过百万册的大众服务类期刊30种。全国报刊出版单位数量减半，降至5000家以下。非独立法人报刊编辑部占报刊出版单位总数的比例减半，下降到30%以下。 02　新兴新闻出版产业发展重点 到“十二五”期末，力争实现数字出版总产值达到新闻出版产业总产值的25%，整体规模居于世界领先水平。在全国形成10家左右各具特色、年产值超百亿的国家数字出版基地或国家数字出版产业园区，建成5—8家集书报刊和音像电子出版物于一体的海量数字内容投送平台，形成20家左右年主营业务收入超过10亿元的具有国际竞争力的数字出版骨干企业。

续表

专栏 6　新闻出版产业发展重点
03　动漫游戏出版产业发展重点 加快发展民族动漫产业，大幅度提高国产动漫产品的数量和质量；大力扶持以手机为主要传播渠道和载体的动漫游戏出版产品的开发；积极发展民族网络游戏产业，鼓励扶持民族原创网络动漫产品的创作和研发，拓展民族网络文化发展的空间。 04　印刷复制产业发展重点 以中小学教科书、政府采购产品和食品药品包装为重点，大力推动绿色印刷发展，以数字印刷、数字化工作流程、CTP 和数字化管理系统为重点，在全行业推广数字化技术，推动我国从印刷大国向印刷强国的转变取得重大进展，争取在新闻出版业中提前实现强国目标。到“十二五”期末，争取成为全球第二印刷大国；培育一批具有国际竞争力的优势印刷企业；力争绿色印刷企业数量占到我国印刷企业总数的 30%；数字印刷产值占我国印刷总产值的比重超过 20%。在保持光盘复制业平稳发展的基础上，大容量高端光盘产品产能增长 500%，小容量低端光盘产品产能淘汰 40%—50%。到“十二五”期末，我国光盘复制产量占全球的 50%，成为全球重要的复制基地。 05　出版物发行产业发展重点 基本形成以连锁经营、物流配送、电子商务为主要特征，以大城市为中心、中小城市相配套、贯通城乡的出版物发行流通网络。跨地区发展取得重大突破，基本形成以南方、北方全国性新华发行集团和邮政报刊发行集团为主导的发展格局。建成 3—4 家辐射全国的现代新闻出版流通企业，有效降低新闻出版业物流成本。形成 4—5 家科技含量高、具有自主知识产权、销售额超亿元的数字发行和互联网发行企业。到“十二五”期末，力争实现出版物发行网点覆盖到全部乡镇。

专栏 7　新闻出版产业振兴工程
01　中央国有大型出版传媒集团公司扶持工程 整合中央各部门各单位优质出版资源，建设三四个中央国有大型出版传媒集团公司。 02　“原动力”原创动漫及民族网游出版工程 每年重点鼓励 100 种原创漫画图书、40 种原创漫画期刊、60 种原创数字动漫、100 种原创游戏作品的创作出版，扶持 100 个优秀原创动漫、游戏人才（团队），支持 50 个国产动漫游戏技术研发重点项目。重点培育一批月发行量超过 100 万册的原创漫画期刊，推出一批具有较强影响力的国产大型网游精品和一定数量的网页游戏、手机游戏精品，鼓励手机动漫报、手机动漫杂志的出版，以及手机动漫 WAP 网站建设。 03　绿色印刷和数字化印刷工程 实施数字印刷与印刷数字化工程、绿色环保印刷体系建设工程两个子项目，加快印刷技术、工艺、管理的创新和产业化步伐，实现喷墨数字印刷技术自主开发和应用，逐步建立和完善绿色印刷环保质量体系，发挥绿色印刷和数字技术对整个印刷产业实施创新驱动、内生增长的引导作用，带动产业转型和升级。 04　全国性出版物物流体系建设项目（含新华书店“一网通”）

续表

专栏 7　新闻出版产业振兴工程
以各省级新华书店为基础，加快全国性国有大型发行集团建设。实施出版物现代供应链系统示范工程，建立健全出版物物流标准体系，实现产业链上下游信息系统互联互通；构建开放式、综合性、多功能集成的出版物流通信息平台，推动出版领域物联网建设。推动全国新华书店信息平台、卖场平台、物流平台以及服务支持平台等有机链接，实现新华书店“一网通”。 05　农村出版物销售网点建设项目 推广新华书店农村出版物连锁模式，鼓励新华书店依托农家书屋、各类便民店以及个体工商户，建立各种形式的出版物发行网点或代销点，不断壮大农村出版物发行主渠道，培育农村出版物消费市场。到 2015 年，努力实现“市市有书城、县县有书店、乡乡有网点、村村有书屋”。

（五）顺应数字化、信息化、网络化趋势，推进新闻出版业转型和升级

建立以政策为先导、投入为保障、企业为主体、创新平台为支撑、市场需求为导向、产学研相结合的新闻出版科技创新体系。鼓励和支持新闻出版企业开发拥有自主知识产权的关键技术，发展以内容生产数字化、管理过程数字化、产品形态数字化、传播渠道网络化为主要特征，以网络出版、手机出版为主要代表的数字出版等新兴业态，推动数字内容加工、存储、传输、阅读等技术和装备的研发与制造，发展电子阅读及有声阅读，改造提升传统新闻出版产业，提高新闻出版企业装备水平和新闻出版产品的科技含量，实现新闻出版内容资源深度整合。加强新闻出版公共服务项目的数字化建设，加快国家数字出版重大工程建设和国家数字出版基地建设。进一步完善新闻出版电子政务系统。

专栏 8　新闻出版科技创新工程
01　中华字库工程 到“十二五”期末，完成中华字库工程。收集现有文献资料中的汉字形体和少数民族文字形体，建立主要文字的编码和全部字体字符库。重点研发文字的编码体系、输入输出、存储传输以及相互兼容等关键技术。实现收录汉字及少数民族文字字符数在 50 万个以上，并完成字符编码，实现字体格式适合于数字出版印刷和网络化、数字化。 02　国家知识资源数据库工程（一期） 建设国家知识资源数据库架构和应用示范平台，系统整合各个行业领域现存的各种类型的知识资源，建立起结构科学、层次清晰、覆盖全面、高度关联的分布式知识库群。一期工程是项目的建设阶段，目标是整体规划数据库架构，制定相关标准，建设应用示范平台。建设国家出版资源数字样本库，完成中国大百科全书、中华老唱片等出版物的数字化整理。

续表

专栏 8　新闻出版科技创新工程
03　国家数字复合出版工程 制定一系列数字复合出版标准规范，研制协同采集编审平台、综合加工制作平台、全媒体资源管理平台、多渠道发布平台、互动服务与支撑平台及相关公共技术。在工具书出版、教育出版、科技出版、报业新闻出版、医学期刊出版以及大众出版等不同类型的出版领域开展应用示范，并进行全行业推广。 04　数字版权保护技术研发工程 开展适用于数字出版、具有自主知识产权的数字版权保护技术研发，实现关键技术和核心突破，形成数字出版版权保护技术整体解决方案和数字版权公共管理技术体系并推广应用。构建应用示范环境，搭建数字版权保护综合监管服务平台。 05　电子书包研发工程 研究开发以网络环境为依托，由移动终端设备、电子教学服务平台、资源加工出版支撑体系以及教育教学数字内容共同构建，参与者通过使用终端设备来进行教学活动的电子书包工程。工程一期启动电子书包研发工作并展开小范围试点；二期进行优化调整并在部分地区推广；三期进行全国范围推广工作。 06　国家数字出版服务管理平台建设项目（包括全国党报新媒体信息发布平台项目） 借助复合出版、数字版权保护、数据海量处理、语义分析等高新技术，开发建设开放的数字出版资源集成服务平台，实现数字内容资源共享，逐步成为数字出版生产与加工服务中心、数字内容投送交易中心、数字出版内容监管中心。

（六）统筹国际国内两个大局，推动新闻出版业“走出去”

积极利用国际国内两个市场、两种资源，大力推动新闻出版业“走出去”。有计划地布局布点，着力打造一批具有国际竞争力的大型传媒集团和物流企业，打造具有重要影响力的国际版权交易平台，打造具有核心竞争力的知名出版传媒品牌，使新闻出版产品、服务、企业、资本“走出去”步伐明显加快。资助优秀出版物对外翻译，扩展版权输出与对外合作出版的区域和范围，提高版权输出质量。“十二五”时期实现版权引进与输出比例降至 2∶1。鼓励企业生产更多的外向型新闻出版产品，保持出版物出口持续增长，到 2015 年实现出版物出口金额 4200 万美元。重点支持企业以动漫、网络游戏、期刊数据库、电子书等数字出版产品和服务开拓海外市场，进入国际主流市场，到 2015 年数字出版产品和服务出口金额超过 10 亿美元。大力推动印刷服务出口，鼓励企业承接国际高端印刷加工业务，到 2015 年实现印刷服务出口收入达到 1000 亿人民币。支持有能力的企业扩大对外投资，通过多种方式在境外兴办新闻出版实体，拓展新闻出版业务。办好北京国际图书博览会等重要国际性展会，继续开展重要国际书展中国主宾国活动。积极开展同港澳台的出版交流合作，充分利用香港、澳门区位优势，推动新闻出版产品和服务出口。

专栏 9　新闻出版“走出去”工程

01　“经典中国”国际出版工程：

采用项目管理方式资助外向型优秀图书选题的翻译、出版、推广，以版权输出和出版合作等方式，实现对外出版发行，进入国外主流发行渠道，提高中国出版物出版水平和国际竞争力；鼓励向发达国家输出，以主流社会读者为对象，向国际市场推广我国优秀思想文化、精神文明以及历史成就。

02　中国出版物国际营销渠道拓展工程

积极实施“借船出海”战略，加强与全球性和区域性大型连锁书店的合作，拓展国际主流营销渠道；整合和巩固现有海外华文出版物营销渠道；积极开拓重要国际网络书店等新型出版物销售渠道；从而构建国际立体营销网络，推动更多的中国优秀出版物走向世界。

03　重点新闻出版企业海外发展扶持工程

加快我国新闻出版企业海外发展步伐，为我国重点新闻出版企业在产品输出、境外机构设立、境外资本运营等方面提供支持。

重点扶持 20 家外向型骨干企业，通过独资、合资、合作等方式，到境外建社建站、办报办刊、开厂开店，通过参股、控股等多种方式，扩大境外投资，参与国际资本运营和国际企业管理；营造良好环境和服务平台，鼓励和支持各种所有制企业拓展新闻出版产品和服务出口业务。

04　两岸出版交流合作工程

大力推进海峡两岸新闻出版交流合作，重点支持挖掘和整合两岸出版资源、文化资源，完善两岸业界交流机制，加强项目合作，共同开拓海外华文市场，弘扬中华文化。

05　中国国际图书展销中心建设项目

以服务国际出版物贸易、版权贸易为重点，建造国际一流的大型综合性交流平台，为各国参展商提供各项服务，为世界各地的出版商寻找到新的接触机会。

（七）加强市场体系建设，创造良好的市场秩序

加快出版物市场和资本市场、技术市场、信息市场等要素市场建设，形成统一开放、竞争有序、健康繁荣的现代新闻出版市场体系。加快推进新闻出版诚信体系建设，建立新闻出版业社会信用体系的基本框架和运行机制，完善新闻出版企业评价体系，规范市场竞争行为。加大版权保护力度，保护原创作品，保护权利人的权益，保护文化创新精神。深入开展“扫黄打非”、打击侵权盗版和非法出版活动，整治市场环境。充分发挥政府的管理职能、行业的自律功能、社会的监督作用，形成良好的市场环境秩序。

专栏 10　新闻出版市场监管工程

01　全国“扫黄打非”能力提升项目

建立通达全国各省（区、市）“扫黄打非”办公室以及全国“扫黄打非”工作小组各成员单位的保密信息专网和“扫黄打非”内部工作管理平台等系统；建立非法出版物数据库、非法出版物网上鉴定平台、互联网违禁内容监测管理平台、出版物市场实时监控平台；加强“扫黄打非”队伍建设；加强“扫黄打非”的装备保障，全面提高“扫黄打非”工作水平和工作效率。

02　国家版权监管平台建设项目（二期）

整合现有的各种版权登记资源，完善版权公共服务体系，建立便捷、高效、畅通的日常行政管理渠道，向社会和执法部门提供作品登记、版权许可和转让登记、版权认证登记、版权质押登记等相关信息，为发展版权产业和加强版权执法提供服务。为打击各类侵权盗版行为提供技术支持，营造良好版权秩序。

03　新闻报刊出版监测系统建设项目

整合报刊内容资源，建立覆盖全国报刊出版单位的内容传输网络，形成实时更新的全国报刊内容数据库系统，全面建成全国报刊电子样本库，通过信息技术手段实现对报刊出版内容的分级监测，依法实现对全国报刊出版情况的统计、分析、评价和引导，为我国新闻报刊出版行政管理提供科学有效的基础平台。

六、推动“十二五”时期新闻出版业发展的主要措施

（一）坚持改革开放

进一步深化新闻出版体制改革，在重点领域和关键环节取得突破。全面完成非时政类报刊出版单位转制工作。加快推进党报党刊发行体制改革，建立健全市场发行体系。推动新闻出版企业建立现代企业制度，完善法人治理结构，打造大型新闻出版传媒集团，提升企业核心竞争力。扩大对内开放，鼓励、引导和规范社会资本以多种形式进入政策许可的领域，为非公有制文化企业持续快速健康发展，创造良好的政策环境和平等竞争机会。扩大对外开放，引进战略投资者，加大印刷、分销等对外开放力度，加强版权合作和合作出版。进一步深化公益性新闻出版单位体制改革，完善事业单位法人治理结构，提高新闻出版公共服务能力和水平。进一步深化新闻出版行政管理体制改革，加快政府职能转变，创新政府管理的体制、机制、方式、方法，提高行政效能。

（二）加快结构调整

进一步加快新闻出版产品结构、产业结构、企业组织结构、所有制结构、区域布局结构、技术结构的调整，建立和完善新闻出版产业体系，全面提升产业水平和国际竞争力。进一步加快推进传统新闻出版业数字化转型，加快发展

数字出版等战略性新兴新闻出版产业。进一步培育新闻出版骨干企业，鼓励有条件的新闻出版企业跨区域跨行业跨所有制经营和重组，推动新闻出版资源适度向优势企业集中。支持“专”、“精”、“特”、“新”的现代新闻出版企业发展。进一步加快建设新闻出版产业带、产业园区和产业基地，继续推动长三角、珠三角、环渤海等新闻出版产业集群、产业带建设，重点发展数字出版、版权创意、印刷复制产业等产业园区和基地，鼓励差异化、特色化发展，促进产业区域协调发展，提升新闻出版产业集中度。进一步利用多种渠道融资，推动有条件的企业上市，吸收社会资本有序参与新闻出版活动。

（三）加快转变发展方式

进一步加快新闻出版业发展由主要依靠资源扩张向主要依靠科技进步、文化创新和提高劳动者素质转变，真正实现新闻出版业发展方式由粗放型向效益型转变，由数量型向质量型转变，由扩张型向科技型转变。加快思想观念创新、体制机制创新、内容形式创新、出版形态创新、传播手段创新、产业体系创新、商业模式创新、版权服务体系创新。建立创意激励机制，以鼓励内容创新为核心，对各类创意作品、创意人才、创意机构、创意产业园区进行国家奖励与扶持，着力培育创新主体。

（四）加快科技进步

推动科技创新和科技成果转化，研发一批拥有自主知识产权，具有战略性、引导性和带动性的前沿技术，掌握一批具有支撑作用、保障作用的基础技术，重点支持内容采集与处理技术、声音与图形图像技术、云出版技术、语义分析技术、数字显示技术、数字印刷技术、下一代彩色阅读设备的研发，加强知识组织管理与协同编辑管理技术、新型印刷、油墨、材料技术的开发与应用。鼓励和支持企业技术研发与改造。加快新闻出版行业标准化建设步伐，推进数字出版相关标准制定与推广工作，编制完成行业基础性标准，研究编制新业态核心标准。推行绿色出版战略，倡导低碳环保生产模式。在全行业推行“绿色出版”的环保理念，推广高效节能技术和产品的应用。打造“绿色”印刷产业。

（五）加强人才队伍建设

确立人才优先发展战略，以培养新闻出版各类领军人物为目标，统筹抓好领导人才、经营管理人才、专业技术人才特别是复合型人才与行业紧缺和急需人才队伍建设，造就一批名作者、名编辑、名记者、行业技术专家和出版家、企业家。重点开展新闻出版名家工程、领军人才工程、专门人才培养与开发计划。以职业准入和岗位准入为抓手，不断提高基层人才队伍素质。完善新闻出版专业技术人员职业资格制度，建立多种形式的人才培训机制。把非公有文化机构的人才队伍纳入行业人才建设体系。创新人才激励机制，健全人才选拔机制，完善人才流动机制，形成有利于各类人才脱颖而出的体制环境。

（六）加强政策支持与引导

加大政府投入，争取国家财政加大对国家出版基金、农家书屋工程可持续发展资金、民族文字出版专项资金、“走出去”专项资金等的支持力度。争取延续并扩大国家对新闻出版业的税收优惠、贸易促进等政策，抓好政策落实。积极争取中央和地方政府对新闻出版领域重大项目的资金支持，加大新闻出版重点项目的实施力度，加快新闻出版改革发展项目库建设步伐，引导和带动新闻出版业发展。制定和公布产业发展和投资指导目录，完善、落实投融资政策。制定和实施出版资源向重点出版传媒企业和基地倾斜的政策，对大型跨地区骨干出版传媒企业和国家级出版产业基地，在出版资源配置上予以倾斜，鼓励其做大做强。完善版权相关法律、法规和政策制度，扶持版权代理、评估、质押、投资、融资等活动，支持建设版权服务平台。研究转制后新闻出版企业资产管理、劳动分配等新问题，激发企业发展活力。

（七）加强依法行政

健全保障新闻出版业发展的法制体系，推动新闻出版法规、规章的制定和修订，完善出版单位法人制度、主管主办制度、新媒体出版管理等法律制度。提高依法行政水平，推进服务政府、法治政府、责任政府、廉洁政府建设。建立完善新闻出版企业准入、评估、考核、奖惩、退出等机制和资产、经营、收益分配等监管制度，改进事业单位管理办法和业绩评价、考核办法，规范企事业单位的行为，加强行风建设。制订新的书号核发管理办法。完善审读、舆情监测、信息沟通和应急管理机制，进一步规范新闻采编秩序和报刊经营秩序。依法加强和改进新闻出版统计工作。

（八）加强组织领导

从全局高度出发，充分认识新闻出版业的战略性地位，切实加强对规划实施工作的组织领导。新闻出版总署负责本规划的统筹协调和宏观指导，制定各项目标任务的分解落实方案和重大工程实施方案，建立规划实施情况的监测、评估、考核机制，并加强督促检查。各级新闻出版行政部门要增强推动新闻出版业发展的责任意识，积极争取党委、政府对新闻出版产业的领导和支持，健全和完善领导体制和工作机制，根据规划的目标、任务和措施，确定“路线图”，制订“时间表”，选定责任人，签订责任状，并实行严格的问责制，确保新闻出版业“十二五”规划保质保量如期落实。

新闻出版业“十二五”时期重大项目建设规划

项目带动战略是“十二五”期间新闻出版业发展的重大战略。实施项目带动战略，是“十二五”期间新闻出版业发展的新要求。“十二五”时期，新闻出版业重大项目建设的目标是，加快推进在建的重大项目，启动一批行业发展急需的重大项目，逐年加大对新闻出版业重大项目建设的投入，加强对新闻出版业重大项目建设的指导和监督，重大项目对新闻出版业发展的拉动作用明显提升，基本形成以重大项目带动产业发展的新格局。

一、社会主义核心价值体系建设工程

中国共产党思想理论资源数据库与传播工程（二期）

围绕“有序保管、永续保存、高效传播”的目标，整合党的思想理论类图书、报刊文章资料，重点完成对党的思想理论类图书20万种、报刊文章200万篇，以及相关图片、音视频作品入库及数字化。开发“中国共产党思想理论词库”，完成马列著作、领袖著作、党和国家文件文献的语义标注。开发建设手持阅读器、卫星传播系统和短版印刷业务，开设外文网页，开发服务新功能，开拓服务新领域，扩大理论传播的覆盖面。推动全国乡镇以上党政机关和相关单位网站与中国共产党思想理论数据库网站建立链接，努力建成内容系统、编校规范、功能先进的具有广泛影响力的党的思想理论传播平台。

二、新闻出版精品生产工程

（一）国家重大出版工程

重点抓好马列经典、经济社会发展、哲学社会科学等领域100种国家重大出版项目，推动弘扬民族精神和时代精神的出版物和倡导社会主义荣辱观、树立正确世界观人生观价值观出版物的出版，推动廉政文化建设出版物的出版，推出一批传承历史、服务当代、惠及后人的精品出版物。

（二）国家古籍整理出版工程

推出300种国家重点古籍整理出版项目，系统整理散失海外的中华古籍珍本，甄选精品进行翻译，促进出版“走出去”。加强对数学、天文历法、农医、少数民族等科技典籍的整理出版，增加珍贵、稀有社会文献档案、出土文献等的整理出版，加强古籍数字化成果的出版，提高古籍整理出版成果的使用和应用能力。

（三）国家重点学术期刊建设工程

建立学术期刊科学遴选和培育机制，重点支持代表我国学术水平、具备国际办刊能力、具有良好发展前景的学术期刊发展。培育20种国际一流学术水平的国家重点学术期刊，培育一批有影响力的优秀学术期刊，推动我国学术期刊整体学术水平和国际影响力的提升。

（四）学术论文发布平台项目

建立覆盖主要学科领域数字学术期刊，打造基于“云计算”技术的学术论文发布平台，建立多学术期刊单位的在线投稿、同行评议、出版与发布系统，鼓励传统学术期刊与数字学术期刊互动，推动学术期刊出版数字化转型，带动原创学术文献数字出版的产业化、规范化、规模化发展。

三、新闻出版公共服务建设工程

（一）农家书屋工程

到2012年基本完成农家书屋覆盖全国所有行政村的任务。逐步扩大农家书屋工程实施范围，建设社区书屋、职工书屋、农林牧场书屋、寺庙书屋、部队书屋等，并逐步向自然村和家庭延伸。建立出版物更新机制，通过多种渠道、多种方式，争取每年为已建成书屋更新一定数量的出版物，逐步提高农家书屋音像制品和电子出版物配置比例。完善配送系统，开展数字农家书屋试点。

（二）城乡阅报栏（屏）工程

“十二五”期间，采取政府支持、报社（集团）实施、社会力量参与、市场化运作模式，在城市和乡镇车站、集贸市场、商场、广场等人流密集地点建设10万个阅报栏和电子阅报屏。上架和传输的报纸以党报、三农类报纸、科普类报纸、文化生活类报纸、健康文摘类报纸为主。

（三）新闻出版东风工程

在新疆、西藏等地建设民文出版基地。为一批民族语言文字出版单位、民族地区党报党刊、重点民文期刊和主要承担民文印刷任务的单位配置必要的业务用房和编辑印刷生产设备。在民族地区新建和改扩建一批县级新华书店营业网点，配备一批流动售（送）书车。实施出版物免费赠阅、民文新媒体建设、民文出版物“走出去”、民族地区新闻出版人才队伍建设和出版物市场监管等方面的项目。

（四）重点民文出版译制工程

资助民族宗教政策法规解读、科技致富、民族职业教育、青少年教育、优秀传统民族文化、医疗卫生保健、文学艺术等出版物的出版，每年资助重点民文（含民汉双语）图书1000种，重点民文音像制品500种。资助优秀汉文、外文出版物的民文翻译，每年翻译图书800种、音像制品500种。

（五）盲文出版工程

加强盲文出版基地建设，配置盲文刻印机和盲文制版印刷生产线，实现年生产盲文书刊1600种、70万册的规模。开发符合盲人认知的盲文乐谱、工具书、期刊、数字有声读物，出版《盲人百科全书》等重点图书。建设中国盲文图书馆（中国视障文化资讯服务中心）。设立盲用信息化辅助技术研究和产品研发专项。

（六）全民阅读工程

以推动儿童阅读与青少年阅读、满足特殊群体阅读需求为重点，大力推广数字阅读，传播阅读理念，培养全民阅读习惯，提高全民阅读能力。重点开展儿童“阅读起跑线”和阅读援助活动，推动全民阅读示范基地建设。加强阅读研究与指导，逐步整合各地区各部门的阅读活动资源，建立健全全民阅读活动组织机构。积极争取建立国家阅读基金，设立国家读书节，逐步建立全民阅读工程建设长效机制。

（七）中国出版博物馆建设项目

汇集和展示中国出版业历史资料、典藏文物，展现中国出版业的悠久历史、辉煌成就和发展历程；开设互动体验区，使参观者亲身体验中国出版文化的悠久魅力和技术水平；开展学术交流，促进中国出版文化研究，发挥博物馆的教育启蒙和历史传承作用。

四、新闻出版产业振兴工程

（一）中央国有大型出版传媒集团公司扶持工程

整合中央各部门各单位的优质出版资源，建设三四家中央国有大型出版传媒集团公司。

（二）“原动力”原创动漫及民族网游出版工程

每年重点鼓励100种原创漫画图书、40种原创漫画期刊、60种原创数字动漫、100种原创游戏作品的创作出版，扶持100个优秀原创动漫、游戏人才（团队），支持50个国产动漫游戏技术研发重点项目。重点培育一批月发行量超过100万册的原创漫画期刊，推出一批具有较强影响力的国产大型网游精品和一定数量的网页游戏、手机游戏精品，鼓励手机动漫报、手机动漫杂志的出版，以及手机动漫WAP网站建设。

（三）绿色印刷和数字化印刷工程

实施数字印刷与印刷数字化工程、绿色环保印刷体系建设工程两个子项目，加快印刷技术、工艺、管理的创新和产业化步伐，实现喷墨数字印刷技术自主开发和应用，逐步建立和完善绿色印刷环保质量体系，发挥绿色印刷和数字技术对整个印刷产业实施创新驱动、内生增长的引导作用，带动产业转型和升级。

（四）全国性出版物物流体系建设项目（含新华书店“一网通”）

以各省级新华书店为基础，加快全国性国有大型发行集团建设。实施出版物现代供应链系统示范工程，建立健全出版物物流标准体系，实现产业链上下游信息系统互联互通；构建开放式、综合性、多功能集成的出版物流通信息平台，推动出版领域物联网建设。推动全国新华书店信息平台、卖场平台、物流平台以及服务支持平台等有机链接，实现新华书店“一网通”。

（五）农村出版物销售网点建设项目

推广新华书店农村出版物连锁模式，鼓励新华书店依托农家书屋、各类便民店以及个体工商户，建立各种形式的出版物发行网点或代销点，不断壮大农村出版物发行主渠道，培育农村出版物消费市场。到2015年，努力实现“市市有书城、县县有书店、乡乡有网点、村村有书屋”。

五、新闻出版科技创新工程

（一）中华字库工程

到“十二五”期末，完成中华字库工程。收集现有文献资料中的汉字形体和少数民族文字形体，建立主要文字的编码和全部字体字符库。重点研发文字的编码体系、输入输出、存储传输以及相互兼容等关键技术。实现收录汉字及少数民族文字字符数在50万个以上，并完成字符编码，实现字体格式适合于数字出版印刷和网络化、数字化。

（二）国家知识资源数据库工程（一期）

建设国家知识资源数据库架构和应用示范平台，系统整合各个行业领域现存的各种类型的知识资源，建立起结构科学、层次清晰、覆盖全面、高度关联的分布式知识库群。一期工程是项目的建设阶段，目标是整体规划数据库架构，制定相关标准，建设应用示范平台。建设国家出版资源数字样本库，完成中国大百科全书、中华老唱片等出版物的数字化整理。

（三）国家数字复合出版工程

制定一系列数字复合出版标准规范，研制协同采集编审平台、综合加工制作平台、全媒体资源管理平台、多渠道发布平台、互动服务与支撑平台及相关公共技术。在工具书出版、教育出版、科技出版、报业新闻出版、医学期刊出版以及大众出版等不同类型的出版领域开展应用示范，并进行全行业推广。

（四）数字版权保护技术研发工程

开展适用于数字出版、具有自主知识产权的数字版权保护技术研发，实现关键技术和核心突破，形成数字出版版权保护技术整体解决方案和数字版权公共管理技术体系并推广应用。构建应用示范环境，搭建数字版权保护综合监管服务平台。

（五）电子书包研发工程

研究开发以网络环境为依托，由移动终端设备、电子教学服务平台、资源加工出版支撑体系以及教育教学数字内容共同构建，参与者通过使用终端设备来进行教学活动的电子书包工程。工程一期启动电子书包研发工作并展开小范围试点；二期进行优化调整并在部分地区推广；三期进行全国范围推广工作。

（六）国家数字出版服务管理平台建设项目（包括全国党报新媒体信息发布平台项目）

借助复合出版、数字版权保护、数据海量处理、语义分析等高新技术，开发建设开放的数字出版资源集成服务平台，实现数字内容资源共享，逐步成为数字出版生产与加工服务中心、数字内容投送交易中心、数字出版内容监管中心。

六、新闻出版“走出去”工程

（一）“经典中国”国际出版工程

采用项目管理方式资助外向型优秀图书选题的翻译、出版、推广，以版权输出和出版合作等方式，实现对外出版发行，进入国外主流发行渠道，提高中国出版物出版水平和国际竞争力；鼓励向发达国家输出，以主流社会读者为对象，向国际市场推广我国优秀思想文化、精神文明以及历史成就。

（二）中国出版物国际营销渠道拓展工程

积极实施“借船出海”战略，加强与全球性和区域性大型连锁书店的合作，拓展国际主流营销渠道；整合和巩固现有海外华文出版物营销渠道；积极开拓重要国际网络书店等新型出版物销售渠道；从而构建国际立体营销网络，推动更多的中国优秀出版物走向世界。

（三）重点新闻出版企业海外发展扶持工程

加快我国新闻出版企业海外发展步伐，为我国重点新闻出版企业在产品输出、境外机构设立、境外资本运营等方面提供支持。重点扶持20家外向型骨干企业，通过独资、合资、合作等方式，到境外建社建站、办报办刊、开厂开店，通过参股、控股等多种方式，扩大境外投资，参与国际资本运营和国际企业管理；营造良好环境和服务平台，鼓励和支持各种所有制企业拓展新闻出版产品和服务出口业务。

（四）两岸出版交流合作工程

大力推进海峡两岸新闻出版交流合作，重点支持挖掘和整合两岸出版资源、文化资源，完善两岸业界交流机制，加强项目合作，共同开拓海外华文市场，弘扬中华文化。

（五）中国国际图书展销中心建设项目

以服务国际出版物、版权贸易为重点，建造国际一流的大型综合性交流平台，为各国参展商提供各项服务，为世界各地的出版商寻找到新的接触机会。

七、新闻出版市场监管工程

（一）全国“扫黄打非”能力提升项目

建立通达全国各省（区、市）“扫黄打非”办公室以及全国“扫黄打非”工作小组各成员单位的保密信息专网和“扫黄打非”内部工作管理平台等系统；建立非法出版物数据库、非法出版物网上鉴定平台、互联网违禁内容监测管理平台、出版物市场实时监控平台；加强“扫黄打非”队伍建设；加强“扫黄打非”的装备保障，全面提高“扫黄打非”工作水平和工作效率。

（二）国家版权监管平台建设项目（二期）

整合现有各种版权登记资源，完善版权公共服务体系，建立便捷、高效、畅通的日常行政管理渠道，向社会和执法部门提供作品登记、版权许可和转让登记、版权认证登记、版权质押登记等相关信息，为发展版权产业和加强版权执法提供服务。为打击各类侵权盗版行为提供技术支持，营造良好版权秩序。

（三）新闻报刊出版监测系统建设项目

新闻报刊出版监测系统建设项目：整合报刊内容资源，建立覆盖全国报刊出版单位的内容传输网络，形成实时更新的全国报刊内容数据库系统，全面建成全国报刊电子样本库，通过信息技术手段实现对报刊出版内容的分级监测，依法实现对全国报刊出版情况的统计、分析、评价和引导，为我国新闻报刊出版行政管理提供科学有效的基础平台。

为切实有效地实施项目带动战略，建立健全新闻出版业宏观调控机制，在"十二五"期间，将重点建设和完善新闻出版改革发展项目库。建立健全管理体制、专家评审机制、监督考评机制，全面、及时、准确地了解和掌握全国新闻出版项目建设情况，指导重大项目的合理布局和有序开发，实现重大项目动态跟踪和常态化管理，为政府确定实施国家重大新闻出版项目、确定国家政策和资金支持提供决策依据和信息支撑。

国家科技支撑计划管理办法

国科发计〔2011〕430号

第一章　总　则

第一条　依据《中华人民共和国科学技术进步法》，为贯彻落实《国家中长期科学和技术发展规划纲要（2006—2020年）》（以下简称《纲要》），加强国家科技支撑计划（以下简称“支撑计划”）的规范化、科学化管理，特制定本办法。

第二条　支撑计划面向国民经济和社会发展的重大科技需求，落实《纲要》重点领域及优先主题的任务部署，坚持自主创新，突破关键技术，加强技术集成应用和产业化示范，重点解决战略性、综合性、跨行业、跨地区的重大科技问题，培养和造就一批高水平的科技创新人才和团队，培育和形成一批具有国际水平的技术创新基地，为加快推进经济结构调整、发展方式转变和民生改善提供强有力的科技支撑。

第三条　支撑计划重点支持能源、资源、环境、农业、材料、制造业、交通运输、信息产业与现代服务业、人口与健康、城镇化与城市发展、公共安全及其他社会事业等领域的研发与应用示范。

第四条　支撑计划按照“竞争、公开、择优、问责”的原则组织实施，坚持需求牵引，突出重点；统筹协调，联合推进；权责明确，规范管理。在实施机制中突出企业技术创新的主体地位，促进产学研用紧密结合。

第五条　支撑计划实行保密制度、回避制度、信用管理制度和公示制度，课题任务的组织实施强化法人管理责任制；逐步建立支撑计划绩效评价体系，对计划参与主体加强监督，实行责任追究制度。

第六条　科学技术部（以下简称“科技部”）建立国家科技计划管理信息

系统，加强国家科技计划的信息化管理，推动科技资源的合理配置和共享。

第七条 科技部会同财政部制定支撑计划管理办法。科技部负责支撑计划的组织实施，设项目和课题两个层次。项目采取有限目标、分类指导、滚动立项、分年度实施的管理方式，实施周期为三至五年。

第二章 组 织

第八条 科技部负责支撑计划总体实施的组织、管理和监督，其主要职责是：

（一）负责支撑计划的总体设计和发展战略研究；

（二）制定有关管理办法；

（三）建立国家科技计划备选项目库，汇总提出、审定项目立项建议，确定项目组织单位，组织项目可行性论证，批复立项；

（四）编制年度计划；

（五）指导并督促支撑计划的实施，协调并处理项目执行中的重大问题；

（六）组织项目验收；

（七）汇总登记项目产生的科技成果，按规定加强管理；

（八）建立国家科技计划管理信息系统。

第九条 项目组织单位为国务院有关部门（单位）、有关地方科技厅（委、局）和其他具备组织协调能力的单位或组织，对项目目标的完成及实施效果负责，其主要职责是：

（一）按要求组织编制项目可行性研究报告；

（二）负责项目的任务分解，组织课题可行性论证，按照“公开、公平、公正”的原则，择优确定课题承担单位和项目最终技术或产品集成的负责单位，组织签订课题任务书；

（三）落实项目约定支付的除财政资金以外的其他渠道经费及相关保障条件；

（四）组织项目（课题）的实施，监督、检查课题的执行情况和经费使用情况，按要求汇总、报告项目年度执行情况及有关信息报表，协调并处理项目（课题）执行过程中出现的有关问题；

（五）按要求准备项目验收的有关文件资料，进行成果登记并对项目所形成的成果资料（包括技术报告、论文、数据、评价报告等）进行汇交和归档。按照有关政策法规加强管理，推动支撑计划成果的知识产权保护和转化应用。

第十条 课题承担单位为具有较强科研能力和条件、运行管理规范、在中国大陆境内注册的、具有独立法人资格的企业、科研院所、高等院校等，按法人管理责任制要求对课题任务的完成及实施效果负责，主要职责是：

（一）按照项目可行性论证报告编写课题任务书；

（二）按照签订的课题任务书所确定的各项任务，组织研究队伍，落实自筹投入及有关保障条件，完成课题预定的目标；

（三）按规定管理使用课题经费；

（四）按要求编报课题年度执行情况和有关信息报表，及时报告课题执行中出现的重大问题，提交课题验收的全部文件资料；

（五）在课题实施前与各参与单位签订协议，明确课题执行中产生的知识产权及成果归属，按照有关政策法规，保护各方权益。

第十一条 充分发挥专家在支撑计划的项目立项、实施监督、验收、经费预算等环节中的咨询作用；参与支撑计划的专家从国家科技计划专家库中随机抽取，专家对咨询结果的公正性、科学性负责；建立和完善专家遴选、使用、回避和信用制度。

第十二条 科技服务机构接受委托，开展专利查新、评估、过程管理等工作，对工作结果的科学性、公正性负责。

第三章 立 项

第十三条 支撑计划立项的基本要求：

（一）符合支撑计划的定位及支持重点；

（二）项目目标任务明确具体，技术指标可考核，三到五年能够完成，并能形成具有自主知识产权的成果或相关技术标准；

（三）项目前期研究基础较好，组织实施机制和配套条件有保障，实施方案和经费配置合理、科学、可操作；

（四）能够带动人才、基地发展，项目完成后成果能够转化应用。

第十四条 科技部根据国家目标及战略重点，加强顶层设计和统筹布局，确定年度支持重点并发布备选项目征集指南，结合国务院各有关部门、地方科技厅（委、局）、国家级行业协会、产业技术创新战略联盟等科技需求，建立健全国家科技计划备选项目库。备选项目库是年度计划编制的主要来源。

第十五条 科技部组织专家通过网络视频方式对备选项目进行评审，对于研究内容重要、研究目标明确、技术路线可行、研究队伍强、研究基础和条件好的备选项目择优入库。

第十六条 科技部根据《纲要》确定的重点领域和优先主题，结合国家五年科技规划、五年科技专项规划、部际合作、部省会商等确定的重点任务，会同部门、地方及有关方面，从备选项目库中凝练、整合，提出符合年度支持重点的备选项目建议。

第十七条 科技部组织专家，对提出的备选项目建议进行综合咨询，确定立项项目、项目组织单位等。

第十八条 项目组织单位组织编写项目可行性研究报告，提出项目具体目标、任务分解、项目实施运行机制等。

第十九条 项目组织单位根据论证意见，从科技部备选项目库中择优确定课题承担单位；对于目标任务明确、课题承担单位优势特别明显的项目，可以采取定向委托的方式确定课题承担单位。项目组织单位系统外的单位承担项目的财政资金所占比例，原则上不低于40%。

第二十条 对于具有明确产品导向和产业化前景的项目（课题），企业应作为实施主体，以企业投入为主。企业承担或参与项目（课题）的条件：

（一）符合课题承担单位要求的基本条件；

（二）产学研联合实施的项目（课题），企业应与其他机构事先签署具有法律约束力的协议，明确任务分工及知识产权归属和利益分配机制；

（三）通过项目（课题）实施获取的共性技术成果，企业有义务通过多种方式向本行业进行扩散；

（四）其自筹经费应不低于国拨经费。

第二十一条 鼓励产业技术创新战略联盟申报、组织和承担支撑计划项目。

第二十二条 科技部按照财政预算管理要求，形成项目（课题）预算安排建议报财政部批复。

第二十三条 科技部批复项目立项。项目组织单位根据批复意见，与课题承担单位签订课题任务书，经科技部审核后实施。

第二十四条 建立支撑计划应急反应机制。对影响国民经济与社会发展的突发性事件，如果具有紧迫的、重大的科技需求，科技部可商有关部门、地方直接论证立项，组织实施。

第二十五条 项目（课题）的可行性研究应将知识产权分析作为重要内容，并提交本技术领域的知识产权分布、发展趋势和本项目（课题）研究与产业化的知识产权对策等分析报告，把自主知识产权的获取作为项目（课题）的重要考核目标之一。

第二十六条 支撑计划把形成技术标准作为组织实施项目（课题）的重要目标之一。优先支持有助于形成国家经济社会发展急需的、可显著提高产业国际竞争力的、形成我国重要技术性贸易措施的技术标准项目（课题）。

第二十七条 支撑计划落实《国家中长期人才发展规划纲要（2010–2020年）》精神，把创新人才培养作为重要目标，加强与创新人才推进计划的衔接，统筹项目实施、人才团队培养和研究开发基地建设工作。

第二十八条 建立公示制度。在遵守国家保密规定的前提下，对项目（课题）的立项等信息及时向社会公开。

第二十九条 严禁同一项目（课题）在不同的国家科技计划、公益行业科研专项等中重复申报立项。对于重复申报和课题申请单位弄虚作假、伪造申请材料或证明材料的，一经发现，将按照信用管理的有关规定执行。

第四章 实施与监督检查

第三十条 项目组织单位负责项目的具体组织实施工作。按照项目批复要求和课题任务书，检查、督促并落实项目（课题）的相关保障条件，确保项目（课题）按计划执行。

第三十一条 支撑计划项目实行年度报告制度。课题承担单位按要求编制年度计划执行情况报告并上报有关信息报表，项目组织单位汇总后于每年 11 月 15 日前上报科技部；执行期在当年度不足三个月的项目可在下一年度一并上报。年度报告是项目（课题）下一年度调整、撤销和拨款的重要依据。

第三十二条 加强对项目（课题）实施的管理、监督和评估。科技部委托相关事业单位或第三方科技服务机构对项目（课题）执行情况、组织管理、保障条件落实、经费管理、预期前景等进行独立的评估监督。项目过程管理实行项目专员制。对于围绕国家重大任务实施的项目，可采取设立项目专员或专家总体组等方式加强项目实施过程管理。具体按照有关规定执行。

第三十三条　项目（课题）在实施过程中出现下列情况的，应及时调整或撤销：

（一）市场、技术等情况发生重大变化，造成项目（课题）原定目标及技术路线需要修改；

（二）自筹资金或其他条件不能落实，影响项目（课题）正常实施；

（三）项目（课题）所依托的工程建设或装备开发已不能继续实施；

（四）技术引进、国际合作等发生重大变化导致研究工作无法进行；

（五）项目（课题）的技术骨干发生重大变化，致使研究工作无法正常进行；

（六）由于其他不可抗拒的因素，致使研究工作不能正常进行。

第三十四条　需要调整或撤销的项目（课题），由项目组织单位提出书面意见，报科技部核准后执行。必要时，科技部可根据实施情况、评估意见等直接进行调整。

第三十五条　支撑计划撤销的项目（课题），项目组织单位应当对已开展工作、经费使用、已购置设备仪器、阶段性成果、知识产权等情况做出书面报告，同时报科技部核查备案。

第三十六条　项目（课题）接受组织管理或实施部门、第三方科技服务机构、项目专员等的指导、检查和监督。

第三十七条　支撑计划实行责任追究制度，对参与计划管理和实施的人员、单位发生的违规违纪行为，追究其相应责任。

（一）对于出现玩忽职守、以权谋私、弄虚作假等行为的管理人员，一经查实，视情节轻重给予批评教育，或由纪检监察部门依照有关规定对其给予行政（纪律）处分。

（二）对于在项目（课题）申请、评审、执行和验收过程中发现的弄虚作假、徇私舞弊、剽窃他人科技成果等科研不端行为，以及违规操作或因主观原因未能完成课题任务并造成损失的科研单位或个人，一经查实，视情节轻重给予通报批评、终止项目（课题）任务并追回专项经费、取消其一定时期内申请国家科技计划任务的资格等处理；构成违纪的，由纪检监察部门依照有关规定对其给予行政（纪律）处分。

（三）对不按时上报年度报告材料或信息，以及不按规定接受监督检查的项目（课题），科技部可采取缓拨、减拨、停拨经费等措施，要求项目组织单位和课题承担单位限期整改。整改不力的项目（课题），视情节分别给予通报批评、追回已拨付经费、取消其一定时期内参与支撑计划活动资格等处理。

第三十八条 加强信用管理，对项目组织单位、课题承担单位及课题责任人、专家、科技服务机构等在实施支撑计划中的信用情况进行客观记录，并作为其参与国家科技计划活动的重要依据。

第五章 项目验收

第三十九条 科技部组织支撑计划项目验收。项目验收以项目批复确定的任务考核指标为依据；项目验收工作应在规定执行期结束后半年内完成。

第四十条 对项目在执行期结束后半年仍不能接受验收的，科技部将对有关单位或责任人进行通报。项目因故不能按期完成的，项目组织单位应提前三个月申请延期，经科技部批准后按新方案执行；如未能批准，项目仍需按原定期限进行验收。

第四十一条 验收工作可采取组织专家组或委托具有相应资质的科技服务机构进行。根据项目特点，可采取会议审查验收、网络评审验收、实地考核验收等多种方式进行，并形成验收结论意见。

第四十二条 支撑计划项目验收结论分为通过验收、不通过验收。

（一）项目目标和任务已按照考核指标要求完成，经费使用合理，为通过验收。

（二）凡具有下列情况之一，为不通过验收：

1. 项目目标任务完成不到85%；

2. 所提供的验收文件、资料、数据不真实，存在弄虚作假；

3. 未经申请或批准，课题承担单位、课题负责人、考核指标、研究内容、技术路线等发生变更；

4. 超过项目批复规定的执行期半年以上未完成，并且事先未做出说明；

5. 经费使用存在严重问题。

第四十三条 因提供的验收文件资料不翔实、不准确等原因导致验收意见争议较大，或项目的成果资料未按要求进行归档和整理，或研究过程及结果等存在纠纷尚未解决，需要复议。需要复议的项目，应在首次验收后的半年内，针对存在的问题做出改进或补充材料后，再次组织验收。若未按规定时限要求进行改进或补充材料，视同不通过验收。

第四十四条 项目验收结论由科技部书面通知项目组织单位。除有保密要求外，项目验收结论及成果应向社会公示。

第四十五条 未通过验收的项目，科技部将对有关单位或责任人进行通报。其中，因违反有关政策法规和科技计划管理制度未通过验收的，取消其五年内承担支撑计划项目的资格。

第六章 知识产权、技术标准与成果

第四十六条 加强支撑计划成果和知识产权的管理与保护，鼓励支撑计划成果的转让和转化。支撑计划取得的成果要按照《科技成果登记办法》等有关规定进行登记和管理。支撑计划的知识产权管理及其产生的知识产权归属和利益分配，按照《中华人民共和国科学技术进步法》、国务院办公厅《关于国家科研计划项目研究成果知识产权管理的若干规定》和科技部《关于加强国家科技计划知识产权管理工作规定》等执行。

第四十七条 支撑计划根据《科技计划支持重要技术标准研究与应用的实施细则》的要求，鼓励、引导对形成技术标准的成果集成示范和转化应用。

第四十八条 对于涉及国家秘密的项目及取得的成果，按照《科学技术保密规定》执行。

第四十九条 项目组织单位和课题承担单位，在项目和课题启动实施前，应与各参与单位通过正式协议约定成果和知识产权的权益分配，不得有恶意垄断成果和知识产权等行为。如项目组织单位和课题承担单位违反成果和知识产权权益分配约定，在五年内不得参与支撑计划。

第五十条 加强支撑计划的宣传。支撑计划形成的技术、产品、专利和标准等成果的宣传推广，应标注“国家科技支撑计划资助”字样及项目编号，并作为评估或验收时确认依据。

第五十一条 建立规范、健全的项目科学数据和科技报告档案，建立项目科技资源的汇交和共享机制。项目组织单位和课题承担单位按照国家有关科学数据共享的规定，按时上报项目（课题）有关数据和成果。建立健全支撑计划项目数据和成果库，实现信息公开、资源共享。

第七章　附　则

第五十二条　支撑计划经费管理办法另行制定。

第五十三条　本办法自发布之日起施行，原《国家科技支撑计划暂行管理办法》（国科发计字〔2006〕331 号文件）同时废止。

第五十四条　本办法由科技部、财政部负责解释。

新闻出版总署、环境保护部关于实施绿色印刷的公告

（新闻出版总署公告 2011 年第 2 号）

为推动我国生态文明、环境友好型社会建设，促进印刷行业可持续发展，根据《中华人民共和国环境保护法》和《印刷业管理条例》的有关规定，新闻出版总署和环境保护部决定共同开展实施绿色印刷工作。现将有关事项公告如下：

一、实施绿色印刷的指导思想

认真贯彻党的十七大、十七届五中全会精神，深入学习实践科学发展观，坚持“以人为本”的宗旨，本着“全面推进、重点突破、创新机制、加强监管”的原则，通过在印刷行业实施绿色印刷战略，促进印刷行业发展方式的转变，加快建设印刷强国，推动生态文明、环境友好型社会建设。

二、实施绿色印刷的范围和目标

（一）实施绿色印刷的范围

绿色印刷是指对生态环境影响小、污染少、节约资源和能源的印刷方式。实施绿色印刷的范围包括印刷的生产设备、原辅材料、生产过程以及出版物、包装装潢等印刷品，涉及印刷产品生产全过程。

（二）实施绿色印刷的目标

通过在印刷行业实施绿色印刷战略，到“十二五”期末，基本建立绿色印刷环保体系，力争使绿色印刷企业数量占到我国印刷企业总数的 30%，印刷产品的环保指标达到国际先进水平，淘汰一批落后的印刷工艺、技术和产能，促进印刷行业实现节能减排，引导我国印刷产业加快转型和升级。

三、实施绿色印刷的组织管理

为加强对实施绿色印刷工作的组织领导，新闻出版总署和环境保护部决定共同成立实施绿色印刷工作领导小组，负责统一领导实施工作，统筹协调有关部门，督促检查工作进展。

领导小组组长由两部门主管副部级领导担任，日常工作由新闻出版总署印刷发行管理司和环境保护部科技标准司承担。

四、绿色印刷标准

绿色印刷标准是实施绿色印刷、评价绿色印刷成果的技术依据，绿色印刷标准由环境保护部和新闻出版总署共同组织制定，由环境保护部以国家环境保护标准《环境标志产品技术要求　印刷》的形式发布。绿色印刷标准对印前、印刷和印后过程的资源节约、能耗降低、污染物排放、回收利用等方面以及使用的原辅材料提出相关要求，特别是针对印刷产品中的重金属和挥发性有机化合物等危害人体健康的有毒有害物质提出控制要求。

环境保护部已于 2011 年 3 月 2 日发布了国家环境保护标准《环境标志产品技术要求　印刷　第一部分　平版印刷》（HJ 2503-2011）。今后根据工作进展情况，将陆续制定发布相关标准。各级新闻出版和环境保护行政主管部门应做好标准的宣传贯彻工作。

五、绿色印刷认证

实施绿色印刷工作的重要途径是在印刷行业开展绿色印刷环境标志产品认证（以下简称绿色印刷认证）。绿色印刷认证按照"公平、公正和公开"原则进行，在自愿的原则下，鼓励具备条件的印刷企业申请绿色印刷认证。国家对获得绿色印刷认证的企业给予项目发展资金、产业政策和管理措施等的扶持和倾斜。

六、实施绿色印刷的工作安排

（一）启动试点阶段

2011 年，在印刷全行业动员和部署实施绿色印刷工作。各地要深入学习和宣传国家环境保护标准《环境标志产品技术要求　印刷　第一部分　平版印刷》；有条件的地区和企业要针对青少年儿童紧密接触的印刷品特别是在中小学教科书上率先进行绿色印刷试点；鼓励骨干印刷企业积极申请绿色印刷认证。

（二）深化拓展阶段

2012 年至 2013 年，在印刷全行业构筑绿色印刷框架。陆续制定和发布相关绿色印刷标准，逐步在票据票证、食品药品包装等领域推广绿色印刷；建立绿色印刷示范企业，出台绿色印刷的相关扶持政策；基本实现中小学教科书绿色印刷全覆盖，加快推进绿色印刷政府采购。

（三）全面推进阶段

2014 年至 2015 年，在印刷全行业建立绿色印刷体系。完善绿色印刷标准；绿色印刷基本覆盖印刷产品类别，力争使绿色印刷企业数量占到我国印刷企业总数的 30%；淘汰一批落后的印刷工艺、技术和产能，促进印刷行业实现节能减排，引导我国印刷产业加快转型和升级。

七、实施绿色印刷的配套保障

（一）宣传引导

新闻出版总署和环境保护部决定每年 11 月第一周为“绿色印刷宣传周”。各地要结合自身实际，大力宣传我国实施绿色印刷战略、推进绿色印刷的措施和成效，开展多种形式的宣传教育活动，普及绿色印刷知识，提高全社会的绿色印刷意识。引导印刷企业及印刷设备、原辅材料生产企业积极履行社会责任，大力推动节能环保体系建设。统筹协调组织好“绿色印刷在中国”等系列活动。

（二）教育培训

结合绿色印刷标准实施，对相关行政主管部门、行业协会和企业人员开展多层次、多形式的教育培训工作，提高政府行政管理人员的监督管理能力，提高行业协会工作人员的指导协调能力，提高检测机构和企业内部人员的技术保障能力，增强全行业从业人员的绿色印刷意识。

（三）政策扶持

新闻出版总署和环境保护部将与有关部门和地区研究出台绿色印刷的扶持政策，鼓励有关企业、科研机构和高等院校建立产学研相结合的实施绿色印刷的新模式，对实施绿色印刷取得突出业绩的部门和企业进行奖励。各地要结合自身实际，研究出台对绿色印刷的扶持政策。

（四）监督检查

各级新闻出版和环境保护行政主管部门要高度重视实施绿色印刷工作，抓好工作落实；相关检测机构要根据有关标准做好绿色印刷质量检测工作。新闻出版总署和环境保护部将对各地实施绿色印刷工作的情况进行督促检查，建立健全责任制和责任追究制，逐步完善绿色印刷管理的长效机制。

特此公告。

新闻出版总署

环境保护部

二○一一年十月八日

国家印刷复制示范企业管理办法

新出政发〔2011〕18号

第一条 为贯彻落实国务院印发的《文化产业振兴规划》提出的建设一批印刷复制产业示范基地的要求，对印刷复制企业分类实施综合评估，规范国家印刷复制示范企业的建立和管理，充分发挥国家印刷复制示范企业在转变发展方式、调整产业结构、提升行业素质等方面的引导和辐射作用，将我国建设成为世界印刷强国，特制定本办法。

第二条 国家印刷复制示范企业，是指资质合格、遵纪守法、管理规范、技术先进、产品优质、业绩突出、创新节能、人才聚集、诚信经营，在全国具有示范作用的骨干印刷复制企业或者企业集团。

第三条 建立国家印刷复制示范企业的宗旨，是通过对具有示范作用的骨干印刷复制企业或者企业集团的认定、挂牌、扶持和宣传，进一步优化产业结构、培育优势企业，加快自主创新和技术进步，鼓励节能减排，倡导绿色印刷，引导整个产业实现转型和升级。

第四条 新闻出版总署负责制定国家印刷复制示范企业总量、结构、布局的全国规划，对国家印刷复制示范企业进行审核、认定和管理。各省、自治区、直辖市新闻出版行政主管部门负责对国家印刷复制示范企业进行初审、申报和日常管理。

第五条 国家印刷复制示范企业的规划目标，是从2012年开始，到“十二五”期末，在全国范围内建立100家左右“国家印刷示范企业”和10家左右“国家光盘复制示范企业”，国家印刷复制示范企业的引导作用和辐射效应明显显现，骨干印刷复制企业国际竞争力明显增强，产业分工合理，区域协调发展，形成相对完善的现代化印刷复制产业体系。

第六条 国家印刷复制示范企业必须具备的条件：

（一）合法经营方面

印刷复制企业模范遵守《出版管理条例》《印刷业管理条例》《音像制品管理条例》以及《复制管理办法》等法规和规章，没有盗版盗印等不良记录，近三年内未被新闻出版行政主管部门给予过行政处罚。

（二）规模效益方面

印刷复制企业主要经济效益指标及全员劳动生产率居国内同行业前列，在最近三个财务审计年度实现盈利。其中，印刷企业资产总额 3 亿元以上（主营出版物印刷企业或者数字印刷企业 1 亿元以上），年度销售收入 5 亿元以上（主营出版物印刷企业或者数字印刷企业 2 亿元以上），或者近三年销售总收入 10 亿元以上（主营出版物印刷企业或者数字印刷企业 5 亿元以上）且其间年度增长率均值超过 20%，年度上缴税收 1000 万元以上；只读类光盘复制企业年度产量 1 亿片以上，销售收入 1.2 亿元以上，年度上缴税收 500 万元以上；可录类光盘生产企业年度产量 2.5 亿片以上，销售收入 2.8 亿元以上，年度上缴税收 1000 万元以上。

（三）技术装备方面

印刷复制企业关键生产设备居行业先进水平。其中，印刷企业拥有多色高速、自动、联动等先进技术设备，或者在数字印刷、柔印、印刷设备数字化自动控制、数字资产管理、数字直接制版、数字化工作流程等方面具备较强实力；光盘复制企业拥有 DVD、DVDR 或者高清光盘生产线以及配套的检测设备。

（四）创新研发方面

印刷复制企业研发投入达到销售收入的一定比重。其中，印刷企业研发投入占销售收入比重不低于 1%，光盘复制企业研发投入占销售收入比重不低于 4%。印刷复制企业建有国家级或省级企业技术中心或者研发机构，企业持有授权专利，且持有数量居国内同行业前列。印刷复制企业在新产品拓展、产业链延伸、商业模式探索等方面有实质性创新和相对成熟的创新成果。

（五）管理体系方面

印刷复制企业建立了规范的现代产权制度和科学的管理机制；通过了质量管理体系认证，按照国际与国内先进标准组织生产，产品质量经检测符合有关标准；建立了基于网络的企业管理信息化系统；企业安全生产管理体系完善，责任制健全，近三年内未发生重大安全生产事故。

（六）绿色环保方面

印刷复制企业积极开展绿色生产，通过环境管理体系及相关国际绿色认证；推行清洁生产审核；使用的各种原辅材料符合国际标准，应用节能减排、清洁生产的设备、材料与工艺；排放、节能等指标符合国家环保标准。其中，印刷企业能够达到国家绿色环保印刷标准的要求。

（七）人才队伍方面

印刷复制企业具有较强的经营管理和技术研发队伍。其中，印刷企业大专以上学历或者中级以上（含中级技工以上）职称人员人数比例不低于 70%，高级技术人员（含技师以上）比例不低于 20%；光盘复制企业大专以上学历或者中级以上职称人员人数比例不低于 90%，技术人员比例不低于 20%。

（八）地方扶持方面

印刷复制企业所在地省、自治区、直辖市对建立国家印刷复制示范企业给予了切实可行的扶持政策和措施。

第七条 为鼓励印刷企业“走出去”，对具备以下条件的印刷企业可以认定为国家印刷示范企业：印刷企业年度承接境外印刷加工业务占企业全面主营业务量的 30% 以上，且年度对外加工业务营业额达到 2000 万美元；企业的总资产报酬率应高于同期银行贷款利率；企业应不欠税、不欠工资，不欠社会保险金，企业资产负债率一般应低于 60%，企业银行信用等级在 AA 级以上（含 AA 级）。在同行业中企业的产品质量、产品科技含量、新产品开发能力居领先水平，原料综合利用率高，主营业务符合国家产业政策、环保政策和质量管理标准体系。

第八条 国家印刷复制示范企业实行自愿申请、初审、终审和认定的程序。凡符合本办法第六条或者第七条要求的印刷复制企业，均可申请建立成为国家印刷复制示范企业。

第九条 印刷复制企业应当向所在地县、市新闻出版行政主管部门提交《国家印刷复制示范企业申请表》（见附表），经所在地县、市新闻出版行政主管部门核实确认后，报送所在地省、自治区、直辖市新闻出版行政主管部门初审。审核同意后，由各省、自治区、直辖市新闻出版行政主管部门向新闻出版总署报送书面报告以及有关申请材料。报告要同时载明地方给予的扶持政策和措施。

第十条 新闻出版总署组织评审专家组，对各省、自治区、直辖市新闻出版行政主管部门申报的国家印刷复制示范企业进行考核和终审。

通过考核和终审的印刷复制企业在新闻出版总署门户网站上进行公示，公示期为7天。

通过公示的印刷复制企业，由新闻出版总署认定为国家印刷复制示范企业，授予“国家印刷示范企业”或者“国家光盘复制示范企业”的称号，颁发牌匾和证书，并通过媒体向社会公告。

第十一条 经过认定的国家印刷复制示范企业，新闻出版总署建议其所在地人民政府给予扶持和奖励。国家印刷复制示范企业享有以下方面的优惠扶持：

（一）项目资金方面

新闻出版总署对认定成为国家印刷复制示范企业的印刷复制企业优先给予产业发展项目和发展资金的支持。

（二）产业政策方面

认定成为国家印刷复制示范企业的中外合资、中外合作出版物印刷企业、其他印刷品印刷企业或者只读类光盘复制企业，外方可以控股或者占主导地位，但中方比例或者权益不得低于30%。

（三）管理措施方面

认定成为国家印刷复制示范企业的印刷复制企业，在接受委托印刷复制境外的印刷复制产品时，各省、自治区、直辖市新闻出版行政主管部门在保证文化安全的基础上，可以根据管理实际，适当简化审批程序，提高审批效率。

（四）评选奖励方面

中国出版政府奖（印刷复制奖）、全国文化重点出口企业、全国文化高新技术企业等的评定，在同等条件下，优先考虑被认定成为国家印刷复制示范企业的印刷复制企业。

（五）进口设备方面

认定成为国家印刷复制示范企业的光盘复制企业，可以进口境外性价比高且使用年限不足3年的光盘复制生产设备，但进口各种类型设备的总数量不得超过企业原有设备总数量的30%，而且进口设备只限于企业自身使用。

第十二条 新闻出版总署和各省、自治区、直辖市新闻出版行政主管部门对国家印刷复制示范企业进行跟踪管理。根据“目标考核、动态管理、能进能退”的原则，建立并完善国家印刷复制示范企业的年度考核机制。年度考核采取书面考核和现场考评相结合的方式。具体程序为：

（一）国家印刷复制示范企业应当于每年 1 月底前向所在地省、自治区、直辖市新闻出版行政主管部门提交上年度总结。

（二）各省、自治区、直辖市新闻出版行政主管部门对年度总结材料进行审核后，每年 2 月底前将本地区国家印刷复制示范企业发展情况、审核意见和有关审核材料报送新闻出版总署。

（三）新闻出版总署组织评审专家组对国家印刷复制示范企业进行考核，确定年度考核结果。对考核结果不合格的，撤销国家印刷复制示范企业称号。

第十三条 新闻出版总署对国家印刷复制示范企业年度考核情况予以通报，通过媒体向社会公告，并发布国家印刷复制示范企业年度发展报告。

第十四条 有下列情形之一的，由新闻出版总署直接撤销国家印刷复制示范企业称号并通过媒体向社会公告：

（一）严重违反《出版管理条例》、《印刷业管理条例》和《音像制品管理条例》有关规定且情节严重的；

（二）发生重大生产安全和质量事故，造成严重后果的；

（三）有其他严重违法违规行为的。

第十五条 本办法由新闻出版总署负责解释。

第十六条 本办法自 2012 年 1 月 1 日起施行。

国家“十二五”时期
文化改革发展规划纲要

（中共中央办公厅、国务院办公厅2012年2月15日发布）

“十二五”时期是全面建设小康社会的关键时期，也是促进文化又好又快发展的关键阶段。为深入贯彻落实党的十七届六中全会精神，深化文化体制改革、推动社会主义文化大发展大繁荣，进一步兴起社会主义文化建设新高潮，努力建设社会主义文化强国，根据《中共中央关于深化文化体制改革、推动社会主义文化大发展大繁荣若干重大问题的决定》和《中华人民共和国国民经济和社会发展第十二个五年规划纲要》，编制本纲要。

序 言

文化是民族的血脉，是人民的精神家园。当今世界，文化地位和作用更加凸显，越来越成为民族凝聚力和创造力的重要源泉、越来越成为综合国力竞争的重要因素、越来越成为经济社会发展的重要支撑，丰富精神文化生活越来越成为我国人民的热切愿望。在新的历史起点上深化文化体制改革、推动社会主义文化大发展大繁荣，关系实现全面建设小康社会奋斗目标，关系坚持和发展中国特色社会主义，关系实现中华民族伟大复兴。

“十一五”时期是我国文化建设的创新发展期。各地区各部门认真贯彻中央决策部署，解放思想、实事求是、与时俱进、改革创新，推动文化建设不断取得新成就，走出了中国特色社会主义文化发展道路。中国特色社会主义理论体系广泛普及，全党全国各族人民团结奋斗的共同思想基础不断巩固。社会主义核心价值体系建设扎实推进，全社会思想道德水平进一步提升。文化体制改革取得实质性进展，有利于文化科学发展的体制机制初步形成。公共文化服务体系框架基本建立，服务能力和水平显著提高。文化产业蓬勃发展，整体规模和实力快速提升。文化产品创作生产十分活跃，精品不断涌现、市场日益繁荣。文化遗产保护力度不断加大，优秀民族传统文化进一步弘扬。文化走出去步伐加快，中华文化的国际竞争力和影响力明显增强。

当前和今后一段时期，我国发展仍处于可以大有作为的重要战略机遇期。文化领域正在发生广泛而深刻的变革，推动文化大发展大繁荣既具备许多有利条件，也面临一系列新情况新问题。我国经济持续快速发展、综合国力日益增强，为文化建设奠定了坚实的物质基础；中国特色社会主义理论和实践的丰硕成果，为文化建设提供了宝贵的精神文化资源；全社会重视、参与文化建设的热情日益高涨，为文化建设营造了良好的社会氛围；人民群众快速增长的精神文化需求，为文化发展拓展了巨大空间；我国的国际地位和影响力显著提高，为中华文化走出去提供了重要契机。文化改革发展面临难得的历史机遇。同时，我国文化发展的质量和水平还不高，文化建设的布局和结构不尽合理，制约文化科学发展的体制机制障碍尚未完全破除。面对人民群众精神文化需求快速增长的新形势，我国文化产品无论是数量还是质量，都还不能很好满足人民群众多方面、多层次、多样化的精神文化需求，进一步解放和发展文化生产力、提高文化产品和服务供给能力的任务更加紧迫。面对经济发展方式加快转变、社会结构深刻调整的新形势，推动全民族文明素质提高，发挥文化引领风尚、教育人民、服务社会、推动发展的任务更加紧迫。面对现代信息科技和传播手段快速发展的新形势，加快建立文化创新体系、推进文化创新的任务更加紧迫。面对世界范围内各种思想文化交流交融交锋更加明显、斗争尖锐复杂的新形势，增强我国文化整体实力和国际竞争力，抵御国际敌对势力的文化渗透，维护国家文化安全的任务更加紧迫。我们要准确把握我国经济社会发展新要求，准确把握当今时代文化发展新趋势，准确把握各族人民精神文化生活新期待，牢牢抓住发展的重要战略机遇期，顺应时代发展要求，遵循文化发展规律，加快文化改革创新，在全面建设小康社会进程中、在科学发展道路上奋力开创社会主义文化建设新局面。

一、指导思想、重要方针和主要目标

（一）指导思想

高举中国特色社会主义伟大旗帜，以马克思列宁主义、毛泽东思想、邓小平理论和“三个代表”重要思想为指导，深入贯彻落实科学发展观，坚持社会主义先进文化前进方向，以科学发展为主题，以建设社会主义核心价值体系为根本任务，以满足人民精神文化需求为出发点和落脚点，以改革创新为动力，发展面向现代化、面向世界、面向未来的，民族的科学的大众的社会主义文化，培养高度的文化自觉和文化自信，提高全民族文明素质，增强国家文化软实力，弘扬中华文化，坚持中国特色社会主义文化发展道路，努力建设社会主义文化强国。

（二）重要方针

——坚持以马克思主义为指导，推进马克思主义中国化、时代化、大众化，用中国特色社会主义理论体系武装头脑、指导实践、推动工作，确保文化改革发展沿着正确道路前进。

——坚持社会主义先进文化前进方向，坚持为人民服务、为社会主义服务，坚持百花齐放、百家争鸣，坚持继承和创新相统一，弘扬主旋律、提倡多样化，以科学的理论武装人，以正确的舆论引导人，以高尚的精神塑造人，以优秀的作品鼓舞人，在全社会形成积极向上的精神追求和健康文明的生活方式。

——坚持以人为本，贴近实际、贴近生活、贴近群众，发挥人民在文化建设中的主体作用，坚持文化发展为了人民、文化发展依靠人民、文化发展成果由人民共享，促进人的全面发展，培育有理想、有道德、有文化、有纪律的社会主义公民。

——坚持把社会效益放在首位，坚持社会效益和经济效益有机统一，遵循文化发展规律，适应社会主义市场经济发展要求，加强文化法制建设，一手抓繁荣、一手抓管理，推动文化事业和文化产业全面协调可持续发展。

——坚持改革开放，着力推进文化体制机制创新，以改革促发展、促繁荣，不断解放和发展文化生产力，提高文化开放水平，推动中华文化走向世界，积极吸收各国优秀文明成果，切实维护国家文化安全。

（三）主要目标

围绕建设社会主义文化强国的宏伟目标，全面落实到2020年文化改革发展的总体部署，到2015年，我国文化改革发展的主要目标是：社会主义核心价值体系建设不断推进，全党全国各族人民团结奋斗的共同思想道德基础进一步巩固；文化体制改革重点任务基本完成，文化体制机制充满活力、富有效率，有力促进文化科学发展；覆盖全社会的公共文化服务体系基本建立，城乡居民能够较为便捷地享受公共文化服务，基本文化权益得到更好保障；现代文化产业体系和文化市场体系基本建立，文化产业增加值占国民经济比重显著提升，文化产业推动经济发展方式转变的作用明显增强，逐步成长为国民经济支柱性产业；文化产品创作生产体系不断完善，高素质文化人才队伍发展壮大，内容创新和传播能力大大增强，精神文化产品和社会文化生活丰富多彩，更好地满足人民群众的精神文化需求；公有制为主体、多种所有制共同发展的文化产业格局逐步形成；技术先进、传输快捷、覆盖广泛的文化传播体系更加完善，以大城市为中心、中小城市相配套、贯通城乡的现代文化产品流通网络逐渐形成；重点媒体国际传播能力不断增强，与我国经济社会发展水平和国际地位相匹配的媒体国际传播能力逐步形成；主要文化产品进出口严重逆差的局面逐步改善，形成以民族文化为主体、吸收外来有益文化、推动中华文化走向世界的文化开放格局；全民族文明素质明显提高，国家文化软实力和国际竞争力显著提升。

二、加强社会主义核心价值体系建设

（一）深入推进中国特色社会主义理论体系的学习研究宣传。

坚持不懈用中国特色社会主义理论体系武装全党、教育人民，推动学习实践科学发展观向深度和广度拓展。建立健全党员干部理论学习制度，丰富拓展面向群众的理论学习途径，扎实推进学习型党组织和学习型社会建设。紧密联系改革开放和社会主义现代化建设实际，坚持以重大现实问题为主攻方向，深入研究关系党和国家事业发展的全局性、战略性、前瞻性问题，推出一批有深度、有价值的理论研究成果，进一步推动马克思主义中国化、时代化、大众化。围绕深层次思想理论问题和社会热点难点问题，推出更多更好的通俗理论作品，深入开展面向基层的党的理论创新成果宣讲活动。深入实施马克思主义理论研究和建设工程，实施中国特色社会主义理论体系普及计划，抓好研究成果的转化应用，推动中国特色社会主义理论体系进教材、进课堂、进头脑，增强科学理论教育引导群众作用。

（二）繁荣发展哲学社会科学。

巩固和发展马克思主义理论学科，坚持基础研究和应用研究并重，传统学科和新兴学科、交叉学科并重，大力推进学科体系、学术观点、科研方法创新，建设具有中国特色、中国风格、中国气派的哲学社会科学，实施哲学社会科学创新工程，推进哲学社会科学创新体系建设，充分发挥哲学社会科学认识世界、传承文明、创新理论、咨政育人、服务社会的重要功能。加强学科和教材建设，全面完成高校哲学社会科学重点教材编写规划，推动社会科学和自然科学的交叉融合，不断提高理论研究整体水平。发挥国家哲学社会科学基金示范引导作用，推出一批有价值、有广泛社会影响的研究成果。有计划地组织对外翻译一批优秀哲学社会科学成果。整合哲学社会科学研究力量，建设一批社会科学研究基地和国家重点实验室，建设一批具有专业优势的思想库，加强哲学社会科学信息化建设。

（三）加强思想道德建设。

扎实推进社会主义核心价值体系建设，深入开展走中国特色社会主义道路和实现中华民族伟大复兴的理想信念教育，大力弘扬以爱国主义为核心的民族精神和以改革创新为核心的时代精神，深入开展社会主义荣辱观宣传教育，积极探索用社会主义核心价值体系引领社会思潮的有效途径，形成扶正祛邪、惩恶扬善的社会风气。制定社会主义核心价值体系建设实施纲要。推进公民道德建设工程，拓展各类道德实践活动，加强社会公德、职业道德、家庭美德、个人品德教育，构建传承中华传统美德、符合社会主义精神文明要求、适应社会主义市场经济的道德和行为规范。深入开展学雷锋活动，采取措施推动学习活动常态化。做好深入细致的思想政治工作，在全社会弘扬和践行劳动最光荣、劳动者最伟大的思想观念，在各行各业着力构建和谐劳动关系。深化政风、行风建设，开展道德领域突出问题专项教育和治理。广泛开展形势政策和民族团结进步宣传教育。加强人文关怀，注重心理疏导，培育自尊自信、理性平和、积极向上的社会心态。提倡修身律己、尊老爱幼、勤勉做事、平实做人，推动形成我为人人、人人为我的社会氛围。加强未成年人思想道德建设和大学生思想政治教育，净化社会文化环境，促进青少年身心健康，为青少年营造健康成长的空间。加强青少年文化活动场所建设，创造出更多青少年喜闻乐见、益智益德的文化作品，广泛开展面向青少年的各类文化体育活动。大力弘扬中华民族优秀传统文化，深入挖掘中华传统节日、重大纪念日思想内涵，进行思想道德教育。加强爱国主义教育基地建设，积极发展红色旅游。深化文明城市、文明村镇、文明单位创建，整合现有城市评选项目。广泛开展军民警民共建精神文明活动，推进“讲文明、树新风”活动。把诚信建设摆在突出位置，加强诚信教育，大力推进政务诚信、商务诚信、社会诚信和司法公信建设，抓紧建立健全覆盖全社会的征信系统。认真实施“六五”普法规划，加强法制宣传教育，弘扬社会主义法治精神。深入开展反腐倡廉教育，大力加强廉政文化建设，形成以廉为荣、以贪为耻的良好社会风尚。广泛开展志愿服务活动，建立完善社会志愿服务体系。大力发展社会慈善事业。继续深入研究提炼社会主义核心价值观。

三、加快构建公共文化服务体系

（一）构建公共文化服务体系。

按照公益性、基本性、均等性、便利性的要求，以公共财政为支撑，以公益性文化单位为骨干，以全体人民为服务对象，以保障人民群众看电视、听广播、读书看报、进行公共文化鉴赏、参与公共文化活动等基本文化权益为主要内容，完善覆盖城乡、结构合理、功能健全、实用高效的公共文化服务体系。推动跨部门项目合作，统筹规划和建设基层公共文化服务设施，坚持项目建设和运行管理并重，实现资源整合、共建共享。加强社区公共文化设施建设，把社区文化中心建设纳入城乡规划和设计，拓展投资渠道。完善面向妇女、未成年人、老年人、残疾人的公共文化服务设施。推进国家公共文化服务体系示范区创建。制定公共文化服务指标体系和绩效考核办法，明确服务标准和服务规范，加强评估考核。

（二）加强公共文化产品和服务供给。

加强文化馆、博物馆、图书馆、美术馆、科技馆、纪念馆、工人文化宫、青少年宫等公共文化服务设施和爱国主义教育示范基地建设并完善向社会免费开放服务。鼓励其他国有文化单位、教育机构等开展公益性文化活动，各类公共场所要为群众性文化活动提供便利。加快现代科技应用步伐，提高公共文化服务的数字化、网络化水平。以公共图书馆、学校电子阅览室、社区文化中心为依托，建立和完善未成年人公益性上网场所。鼓励扶持少数民族文化产品的创作生产，提高优秀汉语广播影视节目、出版物等的民族语言译制量，开展少数民族文字书报刊赠送活动。扩大盲人读物出版规模，有条件的地区可以公共图书馆为依托，建立盲人电子阅览室。把主要公共文化产品和服务项目、公益性文化活动纳入公共财政经常性支出预算。采取政府采购、项目补贴、定向资助、贷款贴息、税收减免等政策措施鼓励各类文化企业参与公共文化服务。鼓励国家投资、资助或拥有版权的文化产品无偿用于公共文化服务。

（三）加快城乡文化一体化发展。

增加农村文化服务总量，缩小城乡文化发展差距，以农村和中西部地区为重点，加强县级文化馆和图书馆、乡镇综合文化站、村文化室建设，深入实施广播电视村村通、文化信息资源共享、农村电影放映和农家书屋等重点文化惠民工程，扩大覆盖、消除盲点、提高标准、完善服务、改进管理。大力推进农民体育健身工程。加大对革命老区、民族地区、边疆地区、贫困地区文化服务网络建设支持和帮扶力度。引导企业、社区积极开展面向农民工的公益性文化活动，尽快把农民工纳入城市公共文化服务体系，努力丰富农民工精神文化生活。建立以城带乡联动机制，合理配置城乡文化资源，鼓励城市对农村进行文化帮扶，把支持农村文化建设作为创建文明城市基本指标。鼓励文化单位面向农村提供流动服务、网点服务，推动媒体办好农村版和农村频率频道，做好主要党报党刊在农村基层发行和赠阅工作。扶持文化企业以连锁方式加强基层和农村文化网点建设，推动电影院线、演出院线向市县延伸，支持演艺团体深入基层和农村演出。

（四）广泛开展群众性文化活动。

以社区文化、企业文化、村镇文化、校园文化建设为载体，积极搭建公益性文化活动平台，依托重大节庆活动和民族民间文化资源，组织开展群众乐于参与、便于参与的文化活动。深入开展全民阅读、全民健身活动，推动文化科技卫生“三下乡”、科教文体法律卫生“四进社区”、“送欢乐下基层”等活动经常化。支持群众依法兴办文化团体，精心培育植根群众、服务群众的文化载体和文化样式。鼓励文艺工作者、艺术院校学生和热心文化公益事业的各界人士开展文化志愿服务。

四、加快发展文化产业

（一）构建现代文化产业体系。

构建结构合理、门类齐全、科技含量高、富有创意、竞争力强的现代文化产业体系，推动文化产业跨越式发展，使之成为新的经济增长点、经济结构战略性调整的重要支点、转变经济发展方式的重要着力点，为推动科学发展提供重要支撑。加快转变文化产业发展方式，促进从粗放型向集约型、质量效益型转变，增强文化产业整体实力和竞争力。实施一批重大项目，推进文化产业结构调整，发展壮大出版发行、影视制作、印刷、广告、演艺、娱乐、会展等传统文化产业，加快发展文化创意、数字出版、移动多媒体、动漫游戏等新兴文化产业。培育骨干企业，扶持中小企业，完善文化产业分工协作体系。鼓励有实力的文化企业跨地区、跨行业、跨所有制兼并重组，推动文化资源和生产要素向优势企业适度集中，培育文化产业领域战略投资者。规划建设各具特色的文化创业创意园区，支持中小文化企业发展。优化文化产业布局，发挥东中西部地区各自优势，加强文化产业基地规划和建设，规范建设一批全国文化产业示范区，发展文化产业集群，提高文化产业规模化、集约化、专业化水平。加大对拥有自主知识产权、弘扬民族优秀文化的产业支持力度，打造知名品牌。发掘城市文化资源，发展特色文化产业，建设特色文化城市。发挥首都全国文化中心示范作用。推动文化产业与旅游、体育、信息、物流、建筑等产业融合发展，提升品牌价值，增加物质产品和现代服务业的附加值和文化含量。

（二）形成公有制为主体、多种所有制共同发展的文化产业格局。

培育一批核心竞争力强的国有或国有控股大型文化企业或企业集团，在发展产业和繁荣市场方面发挥主导作用。在国家许可范围内，引导社会资本以多种形式投资文化产业，参与国有经营性文化单位转企改制，参与重大文化产业项目实施和文化产业园区建设，在投资核准、信用贷款、土地使用、税收优惠、上市融资、发行债券、对外贸易和申请专项资金等方面给予支持，营造公平参与市场竞争、同等受到法律保护的体制和法制环境。加强和改进对非公有制文化企业的服务和管理，引导他们自觉履行社会责任。建立健全文化产业投融资体系，鼓励和引导文化企业面向资本市场融资，促进金融资本、社会资本和文化资源的对接。推动条件成熟的文化企业上市融资，鼓励已上市公司通过并购重组做大做强。

（三）推进文化科技创新。

发挥文化和科技相互促进的作用，深入实施科技带动战略，增强自主创新能力。抓住一批全局性、战略性重大科技课题，研发一批具有自主知识产权的核心技术、关键技术、共性技术，加快发展文化装备制造业，以先进技术支撑文化装备、软件、系统研制和自主发展，加快科技创新成果转化，提高我国出版、印刷、传媒、影视、演艺、网络、动漫游戏等领域技术装备水平，增强文化产业核心竞争力。依托国家高新技术园区、国家可持续发展实验区等建立国家级文化和科技融合示范基地，把重大文化科技项目纳入国家相关科技发展规划和计划。健全以企业为主体、市场为导向、产学研相结合的文化技术创新体系，培育一批特色鲜明、创新能力强的文化科技企业，支持产学研战略联盟和公共服务平台建设。研发制定文化产业技术标准，加快建立文化产品和服务质量管理体系。实施文化数字化建设工程，改造提升传统文化产业，培育发展新兴文化产业。支持电子信息产业研究开发内容制作、传输和使用的各类电子装备、软件和终端产品，支撑文化产业发展。

（四）扩大文化消费。

增加文化消费总量，提高文化消费水平。创新商业模式，拓展大众文化消费市场，开发特色文化消费，扩大文化服务消费，提供个性化、分众化的文化产品和服务，培育新的文化消费增长点。提高基层文化消费水平，引导文化企业投资兴建更多适合群众需求的文化消费场所，鼓励出版适应群众购买能力的图书报刊，鼓励在商业演出和电影放映中安排一定数量的低价场次或门票，鼓励网络文化运营商开发更多低收费业务，有条件的地方要为困难群众和农民工文化消费提供适当补贴。积极发展文化旅游，促进非物质文化遗产保护传承与旅游相结合，提升旅游的文化内涵，发挥旅游对文化消费的促进作用，支持海南等重点旅游区建设。

五、加快文化体制机制改革创新

（一）培育文化市场主体。

以建立现代企业制度为重点，加快推进经营性文化单位改革，培育合格市场主体。完成一般国有文艺院团、非时政类报刊社、新闻网站转企改制，拓展出版、发行、影视企业改革成果，加快公司制股份制改造，完善法人治理结构，形成符合现代企业制度要求、体现文化企业特点的资产组织形式和经营管理模式。推动国有文化企业积极参与市场竞争、自觉承担社会责任。把改革、改组、改造与创新管理结合起来，把深化改革与调整结构、整合资源结合起来，把建立现代企业制度与推进政企分开、转变政府职能结合起来，在政府引导下发挥市场机制的积极作用，充分发挥国有文化资本的控制力、影响力和带动力。

（二）深化文化事业单位改革。

按照国家分类推进事业单位改革的总体要求，科学界定文化事业单位的性质和功能，突出公益属性、强化服务功能、增强发展活力，全面推进人事、收入分配和社会保障制度改革，明确服务规范，加强绩效评估考核。国家兴办的图书馆、博物馆、文化馆（站）、群众艺术馆、美术馆等公益性文化事业单位，要创新公共文化服务设施运行机制，探索建立事业单位法人治理结构，吸纳有代表性的社会人士、专业人士、基层群众参与管理。深入推进党报党刊发行体制改革和电台电视台制播分离改革，进一步完善管理和运行机制，不断扩大主流媒体的覆盖面和影响力。推动一般时政类报刊社、公益性出版社、代表民族特色和国家水准的文艺院团等事业单位实行企业化管理，增强面向市场、面向群众提供服务能力。

（三）健全现代文化市场体系。

加快发展各类文化产品和要素市场，打破条块分割、地区封锁、城乡分离的市场格局，构建统一开放竞争有序的现代文化市场体系，促进文化产品和要素在全国范围内合理流动。重点发展图书报刊、电子音像制品、演出娱乐、影视剧、动漫游戏等产品市场，进一步完善中国国际文化产业博览交易会等综合交易平台。发展连锁经营、物流配送、电子商务等现代流通组织和流通形式，加快建设大型文化流通企业和文化产品物流基地，构建以大城市为中心、中小城市相配套、贯通城乡的文化产品流通网络。加快培育产权、版权、技术、信息等要素市场，办好重点文化产权交易所，规范文化资产和艺术品交易。健全文化经纪代理、评估鉴定、投资、保险、担保、拍卖等中介服务机构，引导行业组织更好地履行协调、监督、服务、维权等职能。

（四）创新文化管理体制。

深化文化行政管理体制改革，加快政府职能转变，强化政策调节、市场监管、社会管理、公共服务职能，推动政企分开、政事分开，理顺政府和文化企事业单位关系。完善管人管事管资产管导向相结合的国有文化资产管理体制，坚持社会效益优先，努力实现社会效益和经济效益的统一，建立和完善国有文化企业评估、监测、考核体系，加强国有文化资产监管，确保国有资产保值增值。探索建立适应三网融合业务发展的管理体制和工作机制。

健全文化市场综合行政执法机构，推动副省级以下城市完善综合文化行政责任主体。坚持主管主办制度，落实谁主管谁负责和属地管理原则，严格执行文化资本、文化企业、文化产品市场准入和退出政策，综合运用法律、行政、经济、科技等手段提高管理效能。深入开展“扫黄打非”，完善文化市场管理，坚决扫除毒害人们心灵的腐朽文化垃圾，切实营造确保国家文化安全的市场秩序。加强文化及相关产业统计工作，完善分类标准和统计指标，规范统计方法，增强统计数据的科学性和可比性。

六、加强文化产品创作生产的引导

（一）坚持正确创作方向。

坚持以人民为中心的创作导向，热情讴歌改革开放和社会主义现代化建设伟大实践，生动展示我国人民奋发有为的精神风貌和创造历史的辉煌业绩。要引导文化工作者牢记为人民服务、为社会主义服务的神圣职责，坚持正确文化立场，认真对待和积极追求文化产品社会效果，弘扬真善美，贬斥假恶丑，把学术探索和艺术创作融入实现中华民族伟大复兴的事业之中。坚持发扬学术民主、艺术民主，营造积极健康、宽松和谐的氛围，提倡不同观点和学派充分讨论，提倡体裁、题材、形式、手段充分发展，推动观念、内容、风格、流派积极创新。把创新精神贯穿文化创作生产全过程，弘扬民族优秀文化传统和五四运动以来形成的革命文化传统，学习借鉴国外文化创新有益成果，兼收并蓄、博采众长，增强文化产品时代感和吸引力。

（二）推出更多优秀文艺作品。

文学、戏剧、电影、电视、音乐、舞蹈、美术、摄影、书法、曲艺、杂技以及民间文艺、群众文艺等各领域文艺工作者都要积极投身到讴歌时代和人民的文艺创造活动之中，在社会生活中汲取素材、提炼主题，以充沛的激情、生动的笔触、优美的旋律、感人的形象，创作生产出思想性艺术性观赏性相统一、人民喜闻乐见的优秀文艺作品。实施精品战略，组织好“五个一工程”、重大革命和历史题材创作工程、重点文学艺术作品扶持工程、优秀少儿作品创作工程，鼓励原创和现实题材创作，不断推出文艺精品。扶持代表国家水准、具有民族特色和地方特色的优秀艺术品种，积极发展新的艺术样式。鼓励一切有利于陶冶情操、愉悦身心、寓教于乐的文艺创作，坚决抵制低俗之风。

（三）建立健全文化创新机制。

建立健全有利于文化工作者深入实际、深入生活、深入群众的体制机制，充分调动文化工作者的积极性和创造性，努力营造有利于文化创新的良好环境。建立以文化生产单位和个人为主体、以优秀文艺作品的市场化开发为重点、以完备的产业链和完整的价值链为依托、以版权保护为保障的文化创新机制。敏锐反映社会实践的新领域、表现主体的新变化和受众的新要求，积极运用高新技术手段推动形式创新，催生新的文艺品种，增强文化产品的表现力、感染力和传播力。

（四）完善文化产品评价体系和激励机制。

坚持把遵循社会主义先进文化前进方向、人民群众满意作为评价作品最高标准，把群众评价、专家评价和市场检验统一起来，形成科学的评价标准。建立公开、公平、公正评奖机制，精简评奖种类，改进评奖办法，提高权威性和公信度。加强文艺理论建设，培养高素质文艺评论队伍，开展积极健康的文艺批评，深入开展形式多样的影评、戏评、书评、乐评等活动，倡导主流价值取向，引导群众审美鉴赏，坚决抵制低俗之风，着力净化文化市场，努力营造文化发展良好环境。加强文艺评论阵地建设，扶持重点文艺评论媒体。加大优秀文化产品推广力度，运用主流媒体、公共文化场所等资源，在资金、频道、版面、场地等方面为展演展映展播展览弘扬主流价值的精品力作提供条件。设立专项艺术基金，支持收藏和推介优秀文化作品。加大知识产权保护力度，积极开展版权保护及相关服务，维护著作权人合法权益。

七、加强传播体系建设

（一）加强重要新闻媒体建设。

坚持马克思主义新闻观，牢牢把握正确导向。以党报党刊、通讯社、电台电视台为主，整合都市类媒体、网络媒体等宣传资源，调整和完善媒体的布局和结构，构建统筹协调、责任明确、功能互补、覆盖广泛、富有效率的舆论引导格局，不断壮大主流舆论，提高舆论引导的及时性、权威性和公信力、影响力。建立健全自律和他律机制，引导新闻媒体和新闻工作者秉持社会责任和职业道德，真实准确传播新闻信息，自觉抵制错误观点，坚决杜绝虚假新闻。深入推进“走基层、转作风、改文风”活动，形成长效机制。推进重点媒体扩大信息采集和产品营销网络。

（二）加强新兴媒体建设。

认真贯彻积极利用、科学发展、依法管理、确保安全的方针，加强互联网等新兴媒体建设，鼓励支持国有资本进入新兴媒体，做强重点新闻网站，形成一批在国内外有较强影响力的综合性网站和特色网站，发挥主要商业网站建设性作用，培育一批网络内容生产和服务骨干企业。打造一批具有中国气派、体现时代精神的网络文化品牌。引导网络文化发展，实施网络内容建设工程，推动优秀传统文化瑰宝和当代文化精品网络传播，制作适合互联网和手机等新兴媒体传播的精品佳作，鼓励网民创作格调健康的网络文化作品。广泛开展文明网站创建，推动文明办网、文明上网，督促网络运营服务企业履行法律义务和社会责任。加强对社交网络和即时通信工具等的引导和管理，规范网上信息传播秩序，培育文明理性的网络环境。依法惩处传播有害信息行为，深入推进整治网络淫秽色情和低俗信息专项行动，严厉打击网络违法犯罪。加大网上个人信息保护力度，建立网络安全评估机制，维护公共利益和国家信息安全。加强外文网站及海外本土化网站建设，增强对外展示传播中华文化的能力。推动下一代互联网建设，积极发展与三网融合相关的新技术新业务。

（三）加强文化传播渠道建设。

积极推进下一代广播电视网、新一代移动通信网络、宽带光纤接入网络等网络基础设施建设，推进三网融合，创新业务形态，发挥各类信息网络设施的文化传播作用，实现互联互通、有序运行。在确保播出安全的前提下，广播电视播出机构与电信企业可探索多种合资、合作经营模式。整合全国有线电视网络，基本实现全程全网，跨部门集成文化资源、产品和服务。加快电影院线建设，大力发展跨区域规模院线、特色院线和数字院线。加快文艺演出院线建设，推动大中城市演出场所连锁经营。加快大型骨干企业出版物发行跨地区整合和农村销售网点建设，建设以大城市为基础、中小城市相配套、贯通城乡的出版物发行网络。

八、加强文化遗产保护传承与利用

（一）提高物质文化遗产保护水平。

健全文物普查、登记、建档、认定制度，开展可移动文物普查，编制国家珍贵文物名录。加强世界文化遗产、大遗址和文物保护单位的保护维修、巡察养护及管理机构建设，开展工业遗产、元代以前木构建筑、乡土建筑、文化线路、文化景观等文化遗产的调查与保护，加强基本建设中的考古和文物保护，加大馆藏文物、水下文物的保护力度，提升科技创新能力。加强中华文明起源研究和成果宣传，在考古研究中积极应用高新技术。加强历史文化名城名镇名村保护建设，编制保护规划，完善基础设施，改善群众的居住条件和居住环境。加强文物市场法规体系建设，建立文物鉴定准入和资格管理制度，引导规范民间收藏。强化文物安全防范设施，提高文物安全防范能力。

（二）加强非物质文化遗产保护传承。

健全非物质文化遗产普查、建档制度和代表性传承人认定制度，编制非物质文化遗产分布图集，完善非物质文化遗产名录保护体系，制定非物质文化遗产项目分类保护标准和规划。对濒危项目和年老体弱的代表性传承人实施抢救性保护，对具有一定市场前景的非物质文化遗产项目实施生产性保护，对非物质文化遗产集聚区实施整体性保护。加大西部地区和少数民族非物质文化遗产保护力度。统筹国家级文化生态保护区建设。建设非物质文化遗产保护利用设施，不断提高非物质文化遗产保护的科学化水平。

（三）拓展文化遗产传承利用途径。

正确处理保护与利用、传承与发展的关系，促进文化遗产资源在与产业和市场的结合中实现传承和可持续发展。鼓励各地积极发展依托文化遗产的旅游及相关产业，发展特色文化服务，打造特色民族文化活动品牌。推动文化遗产信息资源、数字资源开发利用，提升中华文明展示水平和传播能力。鼓励对工业遗产、文化景观、考古遗址公园进行综合开发利用。加强文化遗产保护宣传，深入实施国家通用语言文字法，大力推广和规范使用国家通用语言文字，依法保护各民族语言文字，推动文化遗产教育与国民教育紧密结合。深入挖掘民族传统节日的文化内涵，广泛开展优秀传统文化教育普及活动，传承中华民族优秀传统文化。

九、加强对外文化交流与合作

（一）加强对外文化交流。

整合社会科学、文学艺术、新闻、广播电视、电影、出版、版权、民族、侨务、体育、旅游等资源，充分利用多边和双边机制，开展国家文化年、中国文化节、“感知中国”等品牌活动，推广中华春节文化，打造“欢乐春节”等文化交流新品牌。实施对外文化合作及援助，扶持和加强边疆地区与周边国家和区域的文化交流与合作。加快推进海外中国文化中心和孔子学院建设，形成展示、体验并举的综合平台。制定我国哲学社会科学优秀成果和优秀人才走出去规划。鼓励代表国家水平的各类学术团体、艺术机构在相应国际组织中发挥建设性作用，组织对外翻译优秀学术成果和文化精品。构建人文交流机制，把政府交流和民间交流结合起来，发挥非公有制文化企业、文化非营利机构在对外文化交流中的作用，支持海外侨胞积极开展中外人文交流。建立面向外国青年的文化交流机制，设立中华文化国际传播贡献奖和国际性文化奖项。积极吸收借鉴国外优秀文化成果，坚持以我为主、为我所用，学习借鉴一切有利于加强我国社会主义文化建设的有益经验、一切有利于丰富我国人民文化生活的积极成果、一切有利于发展我国文化事业和文化产业的经营管理理念和机制。

（二）推动文化产品和服务出口。

实施文化走出去工程，完善支持文化产品和服务走出去政策措施，进一步扶持文化出口重点企业和重点项目，完善《文化产品和服务出口指导目录》，培育一批具有国际竞争力的外向型文化企业和中介机构，形成一批有实力的文化跨国企业和著名品牌。扶持文化企业开展跨境服务和国际服务外包，生产制作以外需为取向的文化产品。扩大版权贸易，保持图书、报纸、期刊、音像制品、电子出版物等出口持续快速增长，支持电影、电视剧、纪录片、动画片等出口，扩大印刷外贸加工规模。扶持优秀国产影片进入国外主流院线，国产游戏进入国际主流市场，数字出版拓展海外市场，开发一批在境外长期驻场或巡回演出的演艺产品，逐步改变主要文化产品进出口严重逆差的局面。积极扩大文化产品和服务出口规模，推动开拓国际市场。深入挖掘民族文化资源，充分运用高新技术手段提升我国文化产品的表现形式和质量，开发国外受众易于接受的文化产品和服务。加强国际文化产品和服务交易平台及国际营销网络建设，办好重点国际性展会。发展对外文化中介机构，培育专业贸易公司和代理公司，构建完整有效的投资信息平台和文化贸易统计分析体系。积极参与国际文化贸易规则的制定。充分利用香港、澳门区位优势，推动文化产品和服务出口。

（三）扩大文化企业对外投资和跨国经营。

鼓励具有竞争优势和经营管理能力的文化企业对外投资，兴办文化企业，经营影院、出版社、剧场、书店和报刊、广播电台电视台等。鼓励从事具有中国特色的影视作品、出版物、音乐舞蹈、戏曲曲艺、武术杂技和演出展览等领域的文化企业采用多种形式开拓海外市场。吸收外资进入法律法规许可的文化产业领域。鼓励文化单位同国外有实力的文化机构进行项目合作，学习先进制作技术和管理经验。

十、加强文化人才队伍建设

（一）造就高层次领军人物和高素质文化人才队伍。

遵循文化发展规律和人才成长规律，建立和完善有利于优秀人才健康成长和脱颖而出的体制机制，加快构建一支门类齐全、结构合理、梯次分明、素质优良的宣传思想文化工作者队伍。继续实施“四个一批”人才培养工程和文化名家工程，建立重大文化项目首席专家制度，造就一批人民喜爱、有国际影响的名家大师和民族文化代表人物。加强专业文化工作队伍、文化企业家队伍建设，扶持资助优秀中青年文化人才主持重大课题、领衔重点项目，抓紧培养善于开拓文化新领域的拔尖创新人才、掌握现代传媒技术的专门人才、懂经营善管理的复合型人才、适应文化走出去需要的国际化人才。完善相关政策措施，多渠道吸引海外优秀文化人才。积极支持高层次人才创办文化企业，完善实施知识产权作为资本参股的措施，实施扶持创业优惠政策。落实国家荣誉制度，抓紧设立国家级文化荣誉称号，表彰奖励成就卓著的文化工作者。

（二）加强基层文化人才队伍建设。

制定实施基层文化人才队伍建设规划，完善机构编制、学习培训、待遇保障等方面的政策措施，吸引优秀文化人才服务基层。完善基层优秀人才发现培养机制，配好配齐乡镇、街道党委宣传委员、宣传干事和乡镇综合文化站专职人员，提高队伍建设科学化水平。积极推进大学生“村官”计划，鼓励到基层从事宣传文化事业。设立城乡社区公共文化服务岗位，对服务期满高校毕业生报考文化部门公务员、相关专业研究生实行定向招录。重视发现和培养扎根基层的乡土文化能人、民族民间文化传承人特别是非物质文化遗产项目代表性传承人，鼓励和扶持群众中涌现出的各类文化人才和文化活动积极分子，促进他们健康成长、发挥积极作用。制定西部地区基层宣传文化人才队伍支持计划，对西部地区、革命老区、民族地区、边疆地区、贫困地区人才队伍建设予以重点扶持。

（三）建立完善文化人才培训机制。

建立健全分类培训的宣传思想文化人才培训体制机制，制定实施各类人才培训计划。创新人才培养模式，实施高端紧缺文化人才培养计划，搭建文化人才终身学习平台。依托党校、行政学院、干部学院、高等学校、职业院校、定点大型企业，发挥人民团体的作用，加强文化人才政治素养和道德素质教育，开展任职培训、岗位培训、业务培训、技能培训。完善人才挂职锻炼、调研采风、国情考察制度。完善人才培养开发、评价发现、选拔任用、流动配置、激励保障机制，深化职称评审改革，为优秀人才脱颖而出、施展才干创造有利制度环境。重视发现和培养社会文化人才。对非公有制文化单位人员评定职称、参与培训、申报项目、表彰奖励同等对待，纳入相应人才培养工程。建立完善文化领域职业资格制度。

（四）加强职业道德建设和作风建设。

引导广大文化工作者加强自身修养，做道德品行和人格操守的示范者，努力成为优秀文化的生产者和传播者。引导文化工作者特别是名家名人自觉践行社会主义核心价值体系，增强社会责任感，弘扬科学精神和职业道德，发扬严谨笃学、潜心钻研、淡泊名利、自尊自律的风尚，努力追求德艺双馨，坚决抵制学术不端、情趣低俗等不良风气。积极支持文化工作者特别是文化名家、中青年骨干深入实际、深入生活、深入群众，拜人民为师，增强国情了解，增加基层体验，增进群众感情。

十一、政策措施

（一）政府投入保障政策。

加大政府投入力度，建立健全同国力相匹配、同人民群众文化需求相适应的政府投入保障机制。保证公共财政对文化建设投入的增长幅度高于财政经常性收入增长幅度，提高文化支出占财政支出比例。增加公共文化服务体系建设资金和经费保障投入。以农村和基层、边疆民族地区、贫困地区为重点，优先安排涉及广大人民群众切身利益的文化项目，重点保障基层公共文化机构正常运转和开展基本公共文化服务活动所需经费，扶持公共文化机构的技术改造和设备投入。依法保障公共文化设施用地。中央、省、市三级设立农村文化建设专项资金，保证一定数量的中央转移支付资金用于乡镇和村文化建设。转变投入方式，通过政府购买服务、项目补贴、以奖代补等方式，鼓励和引导社会力量提供公共文化产品和服务，促进文化产业发展。设立国家文化发展基金，扩大有关文化基金和专项资金规模，提高各级彩票公益金用于文化事业比重。增加文化遗产保护经费投入。支持政府间文化交流和中华文化走出去。支持战略性、先导性、带动性文化产业项目建设，支持文化科技研发应用和提高文化企业技术装备水平。

（二）文化经济政策。

对已有支持文化体制改革、支持文化事业和文化产业发展的经济政策进行修订或延续。进一步落实鼓励社会组织、机构和个人捐赠以及兴办公益性文化事业的税收优惠政策，促进企业及民间对文化的投入明显增加。加大财政、税收、金融、用地等方面对文化产业的政策扶持力度，对文化内容创意生产、非物质文化遗产项目经营实行税收优惠。继续征收文化事业建设费和国家电影发展专项资金。落实和完善金融支持文化产业发展政策，加强和改善对文化企业的金融服务。发挥文化产业投资基金的引导作用，吸引金融资本和其他社会资本进入文化产业。完善文化市场准入政策，吸引社会资本投资文化产业。加强对原创性作品的政策扶持和创新型人才的培养。把文化科技研发纳入国家科技创新体系，制定文化产业支撑技术的类别和范围，运用产业政策鼓励文化企业集成应用高新技术，支持文化装备业与文化产业协调发展。继续执行文化体制改革配套政策，对转企改制国有文化单位扶持政策执行期限再延长 5 年。

（三）文化贸易促进政策。

加大已有支持对外文化贸易各项优惠政策的落实力度，进一步完善有关财税政策，支持文化企业走出去。支持文化企业在海外投资、投标、营销、参展和宣传等市场开拓活动，为文化企业走出去提供通关便利。对符合条件的文化企业发展海外业务给予账户开立、资金汇兑方面的政策便利。加强文化企业和文化产品在进出口环节的知识产权保护，维护权利人的合法权益。

（四）版权保护政策。

建设涵盖文学艺术、广播影视、新闻出版等领域的版权公共服务平台和版权交易平台，扶持版权代理、版权价值评估、版权质押登记、版权投融资活动，推动版权贸易常态化。加强版权行政执法和司法保护的有效衔接，严厉打击各类侵权盗版行为，增强全社会的版权保护意识。发展版权相关产业。

（五）法制保障。

建立健全文化法律法规体系，加快文化立法，制定和完善公共文化服务保障、文化产业振兴、文化市场管理等方面法律法规，将文化建设的重大政策措施适时上升为法律法规，加强地方文化立法，提高文化建设法制化水平。

十二、组织实施

各级党委和政府要从全局和战略高度，充分认识文化建设的重要地位和作用，切实把文化改革发展摆在全局工作的重要位置，纳入重要议事日程，纳入经济社会发展全局，纳入评价地区发展水平、发展质量和领导干部工作业绩的重要内容，推动文化建设与经济建设、政治建设、社会建设协调发展。进一步增强政治意识、大局意识、责任意识，牢牢把握文化改革发展的主动权。

坚持和完善党委统一领导、党政齐抓共管、宣传部门组织协调、有关部门分工负责、社会力量积极参与的工作体制和工作格局，形成推进文化改革发展强大合力。将文化体制改革工作领导小组调整为文化体制改革和发展工作领导小组，切实发挥统筹领导作用。党委宣传部门要加强协调指导，有关文化行政管理部门要尽快制定落实本纲要的实施方案，报中央文化体制改革和发展工作领导小组批准后组织实施；国家发展改革委、财政部、商务部、税务总局等要尽快制定落实政府投入和相关政策的实施细则，加快重点工程和项目的立项，落实资金投入、经费保障和各项政策；各有关部门要按照职责分工，发挥各自优势，为文化改革发展提供强有力的支持。将文化改革发展纳入各级党校、行政学院、干部学院教学培训的内容。各省、自治区、直辖市人民政府和新疆生产建设兵团要结合本地实际，认真贯彻落实本纲要。各地区各部门要加强对纲要实施情况的跟踪分析，做好中期评估。将纲要中确定的约束性指标纳入经济社会发展综合评价和绩效考核体系。

组织实施中要以科学发展观为指导，正确把握文化改革发展的重大关系，促进文化又好又快发展。要正确把握文化产品的意识形态属性和产业属性，正确处理社会效益和经济效益的关系，始终把社会效益放在首位，努力实现社会效益与经济效益的有机统一。要正确处理东部地区和中西部地区、城乡之间均衡发展的关系，切实加大对中西部地区和广大农村公共文化服务体系建设的支持力度，促进基本公共文化服务均等化。要正确处理繁荣市场和加强监管的关系，更加注重依法管理，综合运用法律、经济、行政、科技等手段，提高管理效能，确保文化健康有序发展。要正确处理坚持对外开放和维护文化安全的关系，在不断扩大对外开放、努力吸收世界各国优秀文明成果的同时，切实维护国家文化安全，形成以民族文化为主体、积极吸收外来有益文化的对外开放格局。要正确处理加强管理和营造良好创作环境的关系，进一步创新管理理念，强化服务意识，寓管理于服务之中，建立和完善有利于优秀人才健康成长和脱颖而出的体制机制，最大限度地调动广大文化工作者的积极性、主动性和创造性。在全社会营造鼓励文化创造的良好氛围，为广大群众成为社会主义文化建设者提供广阔舞台，让蕴藏于人民中的文化创造活力得到充分发挥。

国家文化科技创新工程纲要

国科发高〔2012〕759号

为深入贯彻党的十七届六中全会精神，落实《国家“十二五”时期文化改革发展规划纲要》部署，充分发挥科技创新对文化发展的重要引擎作用，深入实施科技带动战略，加强文化科技创新，增强文化领域自主创新能力和文化产业核心竞争力，推动文化产业成为国民经济支柱性产业，繁荣发展社会主义文化，制定本纲要。

一、形势与机遇

当今世界，随着世界多极化、经济全球化进程的加快和科学技术的飞速发展，国家和地区之间的竞争态势已发生深刻变化，文化越来越成为世界各国和地区竞争的重要力量。文化产业具有高附加值和高科技含量等新经济特征，已成为当今知识经济的重要组成部分，成为发达国家重要的支柱性产业，在经济增长中发挥着极其重要的作用。科技与文化融合态势凸显，主要由数字技术和网络信息技术掀起的高科技浪潮在改造提升传统文化产业的同时，还催生了一大批新的文化形态和文化业态。科技已交融渗透到文化产品创作、生产、传播、消费的各个层面和关键环节，成为文化产业发展的核心支撑和重要引擎。文化产业国际化竞争趋势日益明显，发达国家凭借其优越的经济和技术实力，形成了强大的文化传播体系，其文化产品覆盖全球，国际化竞争日趋激烈，由此也对发展中国家的本土民族文化和价值理念带来冲击。

中华民族具有悠久的传统文化和丰厚的民族文化底蕴。改革开放特别是党的十六大以来，我国文化科技创新能力不断加强，有力促进了文化事业和文化产业发展。然而，从全球文化竞争格局来看，我国文化科技发展仍相对滞后。一方面，文化领域的核心技术和高端系统装备国产化不足、进口依赖度高，造成文化产品制作成本昂贵、文化服务效率低下，制约了文化产业核心竞争力的提高。

另一方面，文化和科技融合不足，相关科研成果与文化领域实际需求结合不够紧密，缺乏既通晓高科技又熟谙文化的复合型人才，难以创作出民族文化与高科技手段高度融合的文化精品，影响了中华文化自身的感染力、表现力和传播力。

当前我国已进入全面建设小康社会的关键时期和深化改革开放、加快转变经济发展方式的攻坚时期，文化科技发展正面临重大的战略机遇。首先，推进文化科技创新已成为深化文化体制改革、推动社会主义文化大发展大繁荣的重要任务之一。党的十七届六中全会提出“要发挥文化和科技相互促进的作用，深入实施科技带动战略，增强自主创新能力”。其次，我国文化科技发展具有明显的比较优势：一是我国文化产业具有极大的发展潜力和市场空间。人均 GDP 已超过 4000 美元，在物质生活基本满足的条件下，文化消费将成为重要的经济增长点。巨大的人口资源为文化产业提供了广阔的发展空间，同时也为支撑文化产业发展的文化科技创新提供了发挥作用的舞台。二是我国信息网络基础设施已有相当规模和水平，三网融合步伐加快，通过国家科技计划的支持，我国在文化科技相关领域已经积累了一批技术成果，文化和科技融合的国际知名企业不断涌现，为我国文化科技全面发展奠定了良好的基础。三是全球文化产业仍处于发展阶段，相关体系与标准尚未健全，而文化技术体系具有系统性、集成性和应用性的特征。我国有可能在文化装备制造业相对落后的情况下，通过系统集成创新和应用创新，促进文化领域技术和产业体系整体的跨越发展。四是文化产业具有鲜明的区域和民族特色，外来文化难以快速扩张，这一特点非常有利于推动我国文化科技和文化产业的自主发展，并借助我国丰富的文化资源和庞大的文化消费市场，通过文化和科技的融合创新弘扬优秀传统文化，掌握中国文化发展的主导权，提升我国文化科技的国际竞争力。

党的十七届六中全会对推进文化科技创新作出战略部署，为推动社会主义文化大发展大繁荣提供了难得的历史机遇。积极把握我国新时期文化发展的良好契机，加强文化和科技的融合，全面提高文化科技创新能力，提升文化产业核心竞争力，对我国文化发展和科技进步具有十分重大的现实意义和长远的战略意义。

二、指导思想与基本原则

（一）指导思想

以邓小平理论和“三个代表”重要思想为指导，深入贯彻落实科学发展观，深入贯彻落实党的十七届六中全会精神，坚持社会主义先进文化前进方向，深化文化体制改革，推进文化科技创新，加强文化和科技融合，探索建立文化和科技融合路径，全面提升文化科技创新能力，转变文化产业发展方式，推动文化事业和文化产业更好更快发展，解放和发展文化生产力，不断满足人民群众日益增长的精神文化需求。

（二）基本原则

—创新引领、促进融合。科学技术是第一生产力，文化科技创新必须始终把提高自主创新能力摆在突出位置，促进有利于文化和科技有机融合、相互作用、相互促进、共同提高的文化科技创新体系和机制的形成。

市场牵引、应用驱动。文化科技创新要以需求为导向，应用为驱动，市场为牵引，结合文化科技发展的特点，注重对文化各重点领域重大科技需求的分析凝练，结合实际应用，开展技术创新，真正解决文化发展遇到的实际技术难点问题，实现科技创新与文化发展的有机融合。

技术集成、模式创新。科技创新已渗透到文化领域的各个方面，要充分利用已有的现代科技成果和技术积累，加强技术集成创新，提升文化领域的科技含量与技术水平，强化发展模式、服务模式、管理模式的创新，推进文化和相关产业的融合发展。

整合资源、统筹兼顾。推动文化大发展大繁荣是全社会的共同责任，必须凝聚各相关领域的系统力量，发挥整体优势，坚持开放合作，广汲各方资源，创新组织方式，以促进文化产业发展为主线，统筹推进文化事业和文化行政管理的科技进步，实现经济效益与社会效益的和谐统一。

三、总体目标与主要任务

（一）总体目标

围绕促进社会主义文化大发展大繁荣的重大科技需求，深入实施科技带动战略。突破一批共性关键技术，增强自主创新能力，以先进技术支撑文化装备、软件、系统研制和自主发展，提高重点文化领域的技术装备水平；加强文化领域技术集成创新与模式创新，推进文化和科技相互融合，促进传统文化产业的调整和优化，推动新兴文化产业的培育和发展，提高文化事业服务能力，加强科技对文化市场管理的支撑作用；开展文化科技创新发展环境建设，建设一批特色鲜明的国家级文化和科技融合示范基地，培育一批创新能力强的文化和科技融合型领军企业，加强文化领域战略性前沿技术前瞻布局，培养一大批文化科技复合型人才，培育发展以企业技术创新中心、技术创新战略联盟、专业孵化器、大学科技园、工程（技术）研究中心为核心，以科研院所和高校为重要支撑的文化科技创新体系。

到 2015 年，文化科技共性支撑技术取得重要突破，科技对文化产业的带动作用明显提高，以文化和科技融合示范基地为主体的产业化载体建设全面推进，文化事业科技服务能力和文化行政管理科技手段显著增强，文化科技创新体系初步建立，重点文化领域科技支撑水平显著提升，推动文化产业逐步成长为国民经济支柱性产业。

到 2020 年，文化和科技深度融合，科技创新成为文化发展的核心支撑和重要引擎。文化科技发展环境不断完善，文化科技创新充满活力，高素质文化科技人才队伍发展壮大，文化科技创新体系得到完善，文化和科技融合示范基地成为文化产业的重要载体，基本形成带动文化产业发展、推动文化事业进步、规范文化市场秩序的文化科技支撑体系。文化产业成为国民经济支柱性产业。

（二）主要任务

1. 加强文化领域共性关键技术研究

（1）加强文化领域共性技术研究与关键系统装备研制

加强文化领域战略性前沿技术和核心技术研究，提升我国文化科技自主创新能力和国际影响力。面向文化产业和行业发展科技需求，开展文化内容创作、生产、管理、传播与消费等文化产业发展的共性关键技术研究，增强文化领域共性技术支撑能力，提高文化产品的创造力、表现力和传播力。研究文化资源保护开发共享、知识产权保护、文化安全监管、文化诚信评价等文化管理共性技术，提高科技服务能力。开展文化艺术、广播影视、新闻出版网络文化等行业关键设备与集成系统研制，提升文化重点领域关键装备和系统软件国产化水平。

（2）加强文化领域标准规范体系建设

研究制定文化资源统一标识、核心元数据、分类编码和目录体系、数据格式和数据交换等通用技术标准规范，促进文化资源整合和共享。研究制定文化艺术、广播影视、新闻出版、网络文化等重点文化行业技术和服务标准规范，引导和规范相关产业和行业健康发展。

2. 促进传统文化产业的优化和升级

（1）文化艺术

重点围绕演艺、工艺美术等产业发展开展技术创新和应用服务示范。研究增强舞台艺术表现力的声光电综合集成应用技术、基于虚拟现实的舞美设计与舞台布景技术、移动舞台装备制造技术和演出院线网络化协同技术等演艺关键支撑技术，提升文化演出的艺术创作力、感染力、表现力和传播力，调整和优化传统文化演艺产业结构。加强高新技术与陶瓷、漆器、织造、印染、雕刻等中国传统工艺有机结合，研究建立文化艺术品知识数据库，在传承民族传统工艺特色的基础上，推陈出新，焕发生命力。

（2）广播影视

围绕下一代广播电视网、互联网电视、地面数字电视、移动多媒体广播、直播卫星、电影产业科技提升以及融合网络创新服务等广播影视文化产业布局，重点研究下一代广播电视网关键支撑技术，地面数字电视与有线和直播卫星协同覆盖与综合管理技术、影视动漫生产与集成制作技术以及新媒体集成管理与分发传播技术，促进广播电视网升级换代及新技术推广，提升影视制作质量和效率，提高影视装备国产化水平，推进网络与内容协同发展，形成网络互通、内容丰富的广播影视文化传播服务体系。

（3）新闻出版

围绕新闻出版全产业链上的内容资源集成、出版、印刷、发行、版权保护等重点环节开展技术创新与应用示范。加快全媒体资源管理与集成技术、语义分析搜索及自动分类标引技术、多介质多形态内容发布技术、彩色电子纸等新兴数字显示技术的研究，促进传统新闻出版产业的数字化转型升级，形成覆盖网络、手机以及适用于各种终端的数字出版内容生产供给体系；研究数字印刷和绿色环保印刷技术，促进传统印刷设备的升级改造和节能减排；重点支持电子图书、数字报刊、网络原创文学、网络教育出版、数据库出版、手机出版等数字出版新兴业态，提升创新能力；研究数字版权保护关键技术，推动数字出版产业健康发展。

3. 推动新兴文化产业的培育和发展

（1）创意设计

加强文化创意设计与展示自主核心技术和装备研发，形成整体技术集成解决方案。构建专业化媒体超算与协同式创意设计云服务平台，面向广告、会展、工艺品等文化创意设计开展社会化服务，提升文化创意设计的表现力和创作力，提高创意设计效率和质量。研发文化主题公园关键技术及装备，形成系统集成解决方案，提升主题公园创意设计自主创新能力和文化旅游应用服务效果。

（2）网络文化

研究网络原创文学、微博、网络剧、微电影等新兴网络文化形态、网络信息集成传播技术及前沿引导技术，研究新兴网络文化创新服务模式，繁荣民间文学、影视、音乐创作与传播。研究基于互联网群体互动的新型文化生活服务集成应用技术，建立网络文化信誉社会监督机制，突破网络社会系统安全监控监管技术，引导新兴网络社交服务业规范健康发展。

（3）推动文化科技与相关产业融合发展

研究文化科技与相关产业融合发展的集成技术，增加相关产业文化科技含量，促进创新文化建设。融合中华民族地理文化资源和旅游资源，构建中华地理风情和民族文化信息资源库，开展红色旅游和我国少数民族地区文化走廊旅游服务应用示范，繁荣文化旅游服务经济。研究新型网络娱乐化学习模式与云服务平台技术，聚合中华传统文化教育学习资源开展应用示范，弘扬中华传统文化和社会主义核心价值观。利用先进技术手段，开展形式多样和内容丰富的高质量科学普及，创新文化产品的创作、生产与传播，提高全社会文化和科学素质。研究动漫游戏与虚拟仿真技术在设计、制造、科普、教育、体育、建筑、旅游、商务等产业领域中的集成应用，加强动漫衍生品综合开发及文化娱乐装备的集成制造，促进动漫创意文化元素与相关产业的融合发展。

4. 提升文化事业服务能力

（1）文化资源传承和保护

加强文化资源数字化保护和开发利用，重点针对文物、典籍、民俗、宗教等各类物质与非物质文化遗产传承和保护的需求，研究突破文化资源数字化关键技术，研究数字文化资源公益服务与商业运营并行互惠的运行模式，整合各类文化机构传统文化资源，开展文化资源数字化公共服务与社会化运营服务示范。开展出土出水文物保存、无损检测及保护技术研究，加强高新技术与传统工艺结合的文物保护与修复方法研究，提高文物保护的安全性、可靠性和科学性。

（2）公共文化服务

结合国家公共文化服务体系建设，加强农家书屋、文化馆、图书馆、博物馆、科技馆等文化公共服务平台的网络化和数字化建设，重点针对农村、边疆少数民族地区、社区及工地等的精神文化生活实际需求，实现对公众文化产品的普惠和精准投放，推动全社会文化共享，提高国民文化消费力。充分利用官方和民间文化交流渠道，聚合国际文化交流资源，构建网络化国际文化交流服务平台，架设国际文化互通的桥梁，弘扬中国传统文化。

（3）文化市场管理

针对多种形态网络环境中各种形式文化内容的传播安全需求，研究文化安全信息监管、文化安全评价及文化传播平台安全管控技术，形成文化安全监管整体技术解决方案，强化文化执法科技手段。完善文化产品评估标准体系，建立版权公共管理与举证服务平台，保护著作权人合法权益。研究文化市场信用和诚信服务评价机制，加强监管，营造诚信经营市场秩序。

5. 加强文化科技创新发展环境建设

（1）加强文化科技创新载体建设

依托国家高新技术产业开发区、国家可持续发展实验区等，建立一批各具特色的国家级文化和科技融合示范基地。重点选择若干文化产业特色突出、条件好的国家高新技术产业开发区，加强文化科技产业集群建设，探索集群式发展、创新链和产业链互动结合的新模式。研究完善促进高技术企业和文化产业发展的相关政策，培育一批带动性强的文化科技创新型领军企业，促进文化产业的集聚发展。加强项目、基地、人才和政策的统筹，加速推进科研成果的产业化。

（2）加强文化科技创新服务体系建设

以提高文化科技创新能力为目的，建立和完善文化科技创新服务体系。充分利用和整合现有资源，依托高等院校、科研院所及文化科技企业，培育建设若干文化科技国家工程（技术）研究中心，开展文化科技发展战略和政策研究、共性技术研究和国际交流合作，提高文化领域基础科技创新能力。加强文化科技专业孵化器和国家大学科技园建设，促进文化科技成果转化和创新创业人才培养，培育和扶植文化科技类中小企业快速成长。加强产学研用的紧密结合，构建以技术创新型企业、文化综合服务运营商及骨干文化企业为主体的文化技术创新战略联盟。面向文化事业与文化产业发展，加强文化产品与设备测试服务平台建设，建立测试服务体系，提供社会化检测和咨询服务。

（3）完善文化科技工作体系和统计评价体系

以促进文化科技创新发展为目标，加强部门间的沟通协调，积极探索跨部门合作新机制，鼓励地方科技部门、文化部门建立文化科技协调工作机制，形成有利于文化科技发展的工作体系。加强文化科技工作统计制度、指标体系、调查方法的研究，逐步探索建立一套适用于评价文化科技发展速度、发展水平、发展潜力以及投入产出效益的评价指标体系。加强文化科技创新发展的宣传、知识普及和教育工作，在全社会形成支持文化科技创新发展的良好氛围。

四、保障措施

（一）建立跨部门、跨地方协调工作机制

文化科技创新工作涉及面广，既有跨部门、跨区域的共性技术研究，又有行业和区域协调的应用示范，需要各方面密切协作，整体规划推进。建立由科技部、中宣部、发改委、教育部、工业和信息化部、财政部、文化部、广电总局、新闻出版总署、国家文物局、中国科学院、中国工程院等部门参加的文化科技创新工程部际联席会议机制，建立专家咨询机制，创新组织方式，加强整体协调，跨部门、跨区域联合推动工程各项具体工作，保障工程的顺利实施。

（二）完善国家文化科技创新扶持政策

把文化科技重大项目纳入国家相关科技发展规划和计划，予以持续稳定支持，支持开展文化科技创新。文化科技类企业符合相关条件的，按规定享受高新技术企业税收优惠政策和现行有关鼓励企业技术创新和科技进步的税收优惠政策。支持科研机构和科技企业技术成果向文化企业转移，支持文化企业提升科技研发和技术集成应用能力。

（三）建立健全文化科技投融资体系

综合运用资助、贷款贴息、政府购买服务等中央和地方财政投入支持方式，通过政府资金引导，带动社会资本、金融资本参与文化科技相关领域的研发和产业化。鼓励民间创业投资机构、科技担保机构搭建文化科技投融资服务平台，为文化科技企业提供创业投资、贷款担保和银行融资服务。推动条件成熟的文化科技类企业上市融资。

（四）加强文化科技学科建设与人才培养

加强理工学科与人文、管理学科的交叉融合，支持高校设立文化科技交叉学科，支持科研院所开展文化科技专业研究生培养，培养文化科技融合人才。依托高校、科研院所，建设文化和科技融合的综合性研究中心。依托国家各类人才计划，注重对高端文化科技人才的引进，培养造就专业化、复合型的人才队伍与团队，为文化科技创新的可持续发展提供人才支撑。

（五）积极开展文化科技领域的国际交流与合作

支持文化科技相关高校、科研院所和企业开展国际交流与合作。加强文化科技的引进吸收再创新，提升我国文化科技整体水平。推动建立内地与港澳台在文化科技领域的合作机制，深化双边、多边和区域文化科技合作，提升我国文化科技影响力；支持我国文化科技企业和科研机构主导或参与制定国际标准，推动文化领域自主标准国际化。

文化产业发展专项资金管理暂行办法

财文资〔2012〕4号

第一章　总　则

第一条　为进一步规范和加强文化产业发展专项资金（以下简称“专项资金”）管理，提高资金使用效益，根据《中华人民共和国预算法》和有关法律法规，制定本办法。

第二条　专项资金由中央财政安排，专项用于提高文化产业整体实力，促进经济发展方式转变和结构战略性调整，推动文化产业跨越式发展。

第三条　专项资金的管理和使用应当体现国家文化发展战略和规划，符合国家宏观经济政策、文化产业政策、区域发展政策及公共财政基本要求，坚持公开、公正、公平的原则，确保专项资金的规范、安全和高效使用。

第四条　财政部负责专项资金预算管理、资金分配和拨付，对资金使用情况进行监督检查。

第二章　支持方向与方式

第五条　专项资金的支持方向：

（一）推进文化体制改革。对中央级经营性文化事业单位改革过程中有关费用予以补助，并对其重点文化产业项目予以支持。

（二）培育骨干文化企业。对中央确定组建的大型文化企业集团公司重点发展项目予以支持，对文化企业跨地区、跨行业、跨所有制联合兼并重组和股改等经济活动予以支持。

（三）构建现代文化产业体系。对国家文化改革发展规划所确定的重点工程和项目、国家级文化产业园区和示范基地建设、文化内容创意生产、人才培养等予以支持，并向中西部地区、特色文化产业和新兴文化业态倾斜。

（四）促进金融资本和文化资源对接。对文化企业利用银行、非银行金融机构等渠道融资发展予以支持；对文化企业上市融资、发行企业债等活动予以支持。

（五）推进文化科技创新和文化传播体系建设。对文化企业开展高新技术研发与应用、技术装备升级改造、数字化建设、传播渠道建设、公共技术服务平台建设等予以支持。

（六）推动文化企业“走出去”。对文化企业扩大出口、开拓国际市场、境外投资等予以支持。

（七）财政部确定的其他文化产业发展领域。

第六条 专项资金支持项目分为重大项目和一般项目，支持方式包括：

（一）项目补助。对符合支持条件的重点发展项目所需资金给予补助。

（二）贷款贴息。对符合支持条件的申报单位通过银行贷款实施重点发展项目所实际发生的利息给予补贴。

（三）保费补贴。对符合支持条件的申报单位通过保险公司实施重点发展项目所实际发生的保费给予补贴。

（四）绩效奖励。对符合支持条件的申报单位按照规定标准给予奖励。

（五）财政部确定的其他方式。

第三章 重大项目

第七条 本办法所称重大项目，是指财政部按照国家文化改革发展规划要求，组织实施的文化产业重点工程和项目。

第八条 财政部根据专项资金支持方向和文化产业发展需要印发年度专项资金重大项目申报通知，符合条件的申请人可按要求进行申报。

第九条 重大项目申请人应当是符合申报通知要求的部门或企事业单位。

第十条 重大项目申请人应按要求提交项目申请书及其他相关材料。申请书包括以下内容：申请人基本情况、项目背景材料、项目目标及主要内容、项目执行进度安排、申请资金额及预算安排、地方财政资金支持情况和其他相关内容。

第十一条 重大项目申请人应按以下程序进行申报：

（一）中央各部门、资产财务关系在财政部单列的中央企业，直接向财政部申报；

（二）中央各部门归口管理的申报单位，由主管部门报财政部；

（三）地方申报单位，由各省、自治区、直辖市、计划单列市财政部门报财政部。

第十二条 财政部负责对重大项目的组织、立项、评审等工作，并根据评审结果研究确定具体支持项目和金额。

第十三条 财政部负责对重大项目的实施情况进行监督检查和追踪问效。

第四章 一般项目

第十四条 本办法所称一般项目，是指申请人按照本办法所确定的支持方向自行申报的文化产业项目。

第十五条 财政部根据专项资金支持方向和文化产业发展需要印发年度专项资金一般项目申报通知，符合条件的申请人可按要求进行申报。

第十六条 一般项目申请人为在中国境内设立的企业，以及从事文化产业相关工作的部门或事业单位。

第十七条 一般项目申请人除需按要求提交资质证明和专项资金申请文件外，还应提供下列材料：

（一）申请项目补助的，需提供项目可行性研究报告以及相关合同等复印件。

（二）申请贷款贴息的，需提供银行贷款合同、贷款承诺书、付息凭证等复印件。

（三）申请保费补贴的，需提供保险合同、保险费发票等复印件。

（四）申请绩效奖励的，需提供相关证明、合同、原始凭证等复印件。

（五）财政部要求提供的其他资料。

第十八条 一般项目申请人应按以下程序进行申报：

（一）中央各部门、资产财务关系在财政部单列的中央企业，直接向财政部申报；

（二）中央各部门归口管理的申报单位，由主管部门报财政部；

（三）地方申报单位向地方财政部门申报，由各省、自治区、直辖市、计划单列市财政部门汇总后报财政部。

（四）企业集团下属单位，通过企业集团统一进行申报。

第十九条 中央各部门负责组织本部门及归口管理单位的一般项目申报工作。各省、自治区、直辖市、计划单列市财政部门负责组织本地区一般项目申报工作。

第二十条 中央各部门和各省、自治区、直辖市、计划单列市财政部门要建立规范的项目审核机制，重点是审核申请人是否具备申请资格；申报程序是否符合要求；申请项目数量是否超出有关限制条件；有关申报文件材料是否真实有效等。

第二十一条 中央各部门和各省、自治区、直辖市、计划单列市财政部门在对申报项目初步审核、遴选的基础上，按规定向财政部汇总报送本部门或本地区申报项目。

第二十二条 财政部组织成立专项资金专家评审委员会，负责审核有关申请材料，重点是项目是否符合国家文化产业政策；项目可行性、实施计划及准备情况；项目投资概算、自筹资金情况、地方财政投入情况等，在此基础上提出扶持项目预算安排建议。

第二十三条 财政部根据专项资金专家评审委员会建议，结合预算管理要求及专项资金规模研究确定具体支持项目和金额。

第五章 资金使用

第二十四条 财政部确定资金分配方案后，按照预算和国库管理规定，及时下达并拨付资金。

第二十五条 专项资金预算一经批复，应严格执行。资金使用单位应按规定报告资金使用情况。

第二十六条 资金使用单位应当按照“专款专用、单独核算、注重绩效”的原则，及时制定内部管理办法，建立健全内部控制制度，加强对专项资金的管理。

第二十七条 财政部建立重点文化产业项目库，对获得补助资金的项目实施跟踪管理。

第二十八条 专项资金结转和结余按照财政部门有关规定执行。

第六章　监督管理

第二十九条　中央各部门和各省、自治区、直辖市、计划单列市财政部门应当建立专项资金监督检查制度，督促资金使用单位及时报告资金使用情况，并于每年 3 月 31 日前将有关材料汇总后报财政部备案。资产财务关系在财政部单列的中央企业，按上述要求直接报财政部备案。

第三十条　资金使用单位应遵守国家财政、财务规章制度和财经纪律，自觉接受财政、审计等部门的监督检查。

第三十一条　财政部驻各地财政监察专员办事处，对专项资金的拨付使用情况及项目实施情况进行监督检查。

第三十二条　财政部对专项资金使用情况进行跟踪检查，根据需要组织或委托有关机构对项目开展绩效评价，检查和评价结果作为以后年度安排资金的重要依据。

第三十三条　项目申请人存在下列情况之一的，不予支持：

（一）申报项目存在重大法律纠纷的；

（二）未按规定报告以往年度专项资金使用情况的；

（三）受补助项目经绩效评价不合格未按要求整改的；

（四）因违法行为被执法部门处罚未满 2 年的；

（五）违反本办法规定，正在接受有关部门调查的。

第三十四条　任何单位和个人不得滞留、截留、挤占、挪用专项资金。对以虚报、冒领等手段骗取专项资金的，一经查实，财政部将收回专项资金，并按《财政违法行为处罚处分条例》（国务院令第 427 号）的相关规定进行处理。

第七章　附　则

第三十五条　本办法由财政部负责解释。

第三十六条　本办法自发布之日起施行，《财政部关于印发〈文化产业发展专项资金管理暂行办法〉的通知》（财教〔2010〕81 号）同时废止。

新闻出版总署关于支持民间资本参与出版经营活动的实施细则

（新闻出版总署2012年6月28日发布）

为推动社会主义文化大发展大繁荣，充分调动民间资本参与文化建设，促进出版行业科学发展，根据《国务院办公厅关于鼓励和引导民间投资健康发展的若干意见》（国发〔2010〕13号），结合出版行业特点，现就支持民间资本参与出版经营活动，提出如下实施细则：

一、继续支持民间资本投资设立印刷复制企业，从事出版物、包装装潢印刷品及其他印刷品、可录类光盘生产和只读类光盘印刷复制经营活动。

二、继续支持民间资本投资设立出版物总发、批发、零售、连锁经营企业，从事图书、报纸、期刊、音像制品、电子出版物等出版产品发行经营活动。

三、继续支持民间资本投资设立网络出版包括网络游戏出版、手机出版、电子书出版和内容软件开发等数字出版企业，从事数字出版经营活动。

四、支持民间资本在党报党刊出版单位实行采编与经营“两分开”后，在报刊出版单位国有资本控股51%以上的前提下，投资参股报刊出版单位的发行、广告等业务，提高市场占有率。

五、支持民间资本投资设立的文化企业，以选题策划、内容提供、项目合作、作为国有出版企业一个部门等方式，参与科技、财经、教辅、音乐艺术、少儿读物等专业图书出版经营活动。

六、支持民间资本通过国有出版传媒上市企业在证券市场融资参与出版经营活动，支持国有出版传媒企业通过上市融资的方式吸收民间资本，实现对民间资本的有序开放。

七、支持民间资本参与“走出去”出版经营，从事图书、报纸、期刊、音像制品、电子出版物等出版产品的出口业务，到境外建社建站、办报办刊、开厂开店等出版发行业务。经批准，对面向境外市场生产销售外语出版物的，可以配置专项出版权。

八、支持民间资本投资成立版权代理等中介机构，开展版权贸易业务。

九、支持民间资本投资设立的文化企业通过所在地区新闻出版行政管理部门申报新闻出版改革和发展项目，申请国家文化产业发展专项资金。

十、支持民间资本参与出版产业园区和产业基地建设，在项目安排、资金支持、税收优惠等方面予以国有资本同等待遇。

支持民间资本参与出版经营活动，对于出版行业持续健康发展具有十分重要的意义。各级新闻出版行政管理部门要认真贯彻落实国发〔2010〕13 号文件精神，继续深化改革，规范市场准入，为民间资本从事出版经营活动提供良好环境和制度保障。要切实加强指导和管理，引导民间投资主体按照国家的法律法规要求，认真履行审批备案程序，依法经营，诚实守信，履行社会责任。要不断提高管理水平，做到依法管理、科学管理、有效管理，确保民间资本参与出版经营活动健康发展。

新闻出版总署关于推进绿色印刷产业发展的通知

新出政发〔2013〕96号

各省、自治区、直辖市新闻出版局，新疆生产建设兵团新闻出版局，解放军总政治部宣传部新闻出版局：

为贯彻落实党的十八大精神，实现印刷业“十二五”规划目标，发挥绿色印刷对印刷业发展增长的引领作用，在做好绿色印刷推进实施的基础上，现就绿色印刷产业发展有关工作安排通知如下：

一、加快营造绿色印刷发展环境

修改完善《印刷业管理条例》及有关规章，增加推进绿色印刷发展的内容。坚持各部门各地协同配合，尽快出台推进绿色印刷产业发展的政策措施，积极探索绿色印刷发展统计评估制度，建立完善推进绿色印刷发展的有效机制。加强社会宣传，培育绿色印刷发展理念。

二、加大拓展绿色印刷市场力度

今年中小学教科书实施绿色印刷的比例由去年的30%提高到60%以上，有条件的地区争取提前实现全覆盖；鼓励引导更多畅销图书采用绿色印刷。加快推进票据票证领域绿色印刷认证工作，逐步推广票据票证绿色印刷。鼓励印刷企业积极开展食品药品包装绿色印刷的试点工作。

三、重点支持绿色印刷发展项目

项目包括以下3类：1. 为达到绿色印刷认证标准购置环保型印刷设备的项目；2. 已达标绿色印刷企业扩大产能购置环保型印刷设备的项目；3. 绿色环保水性油墨的研发与推广项目。各地要将本辖区内规模以上重点印刷企业及相关企业意向实施上述3类项目的情况进行审核汇总，并按照《绿色印刷发展储备项目基本要求》（见附件 1），准确填写《绿色印刷发展储备项目一览表》（见附件 2），并于 2013 年 4 月 26 日前报送至总局。总局将向有关部门推荐支持重点项目。

四、充分发挥骨干企业示范作用

鼓励国家印刷示范企业强强联合，开展跨地区、跨所有制、跨产业链的兼并重组和资源整合，引导形成以国家印刷示范企业为核心的卫星式绿色印刷发展企业集群。组织印刷企业开展绿色印刷发展观摩学习，系统总结特色发展经验，加快培育一批优势骨干印刷企业。

五、积极鼓励绿色印刷自主创新

围绕绿色印刷发展的重点和难点，在印刷设备改造、加工工艺改进、原辅材料研发、环保环境建设等方面，加快建立以印刷企业为主体、市场需求为导向、产学研用相结合的自主创新体系。鼓励印刷企业建设数字资产管理系统。推广使用我国自主开发的绿色印刷新工艺和新材料。

六、全面加强绿色印刷人才培养

大力实施绿色印刷人才工程，发挥高等院校、科研机构在绿色印刷专业人才培养中的重要作用。加强印刷企业在职人员绿色印刷技能培训。建立健全绿色印刷人才资源管理、开发、流动机制，形成有利于绿色印刷人才培养的体制环境，逐步提高从业人员素质。

绿色印刷是拉动我国印刷业持续发展的重要引擎。要通过认真做好文化产业发展专项资金资助项目的申报工作申请财政扶持，要通过国家印刷示范企业的建设工作发挥政策引导，要通过印刷企业的年度核验工作科学评估成果，切实推动我国印刷业实现绿色发展。各地新闻出版行政主管部门要树立绿色印刷产业发展的“问题意识”，针对发展中的问题，切实履行好发展职责，有关重大情况请及时报送总局。

附件：绿色印刷发展储备项目基本要求

新闻出版总署

二〇一三年四月十日

附件

绿色印刷发展储备项目基本要求

一、项目承担单位基本条件

项目承担单位应是在中国境内依法设立、财务管理制度健全、会计信用和纳税信用良好、具备一定规模实力、成长性好的企业或相关科研机构。同时，项目承担单位还应具备以下条件：

（一）已通过绿色印刷认证的企业，应实现绿色印刷产业化应用，并计划继续扩大绿色印刷产能；正在申请绿色印刷认证的企业，已制定绿色印刷实施规划，并在绿色印刷技术装备改造方面取得显著进展。

（二）印刷企业年产值应在5000万元以上或年增长率在20%以上；绿色印刷原辅材料生产企业年产值应在1亿元以上；科研机构应具备绿色印刷科研基础设施、人才队伍，并在相关领域取得一定成果，具有良好的产学研合作经验。

二、项目主要内容

此次储备项目主要指围绕绿色印刷所实施的扩大绿色印刷产能、提高节能减排成效、开发环保原辅材料等方面的重点项目，主要包括：

（一）绿色印刷设备购置项目。包括购置具备高效率、低能耗、少排放等环保特性的高端印刷设备、数字化印刷设备以及对现有设备增加环保、节能装置，降低原辅材料和能源消耗的项目。

（二）环保综合改造项目。包括集中供墨、供水系统，废液、废气回收处理系统，废烟气余热回收利用系统，生产环境节能环保系统，数字化生产管理系统等综合型技术改造项目。

（三）环保原辅材料研发及产业化项目。包括印刷成品所涉及的环保纸张、油墨、粘接胶等原辅材料以及生产过程中所使用的各类环保型清洗溶剂等原辅材料的研发及产业化项目。

新闻出版改革发展项目库申报指南（2013）

一、总体要求

实施重大项目带动战略、抓好新闻出版改革发展项目库建设，是新闻出版业深化改革、加快发展的重大举措。新闻出版改革发展项目库项目申报应按照《新闻出版业“十二五“时期发展规划》的要求，着眼解决引领新闻出版业发展的重大问题，具备创新性的发展思路，有明确、先进的研究计划，有科学、可行的实施方案，以推动新闻出版重点领域的重大技术突破、产业集聚，推动高新技术实现产业化为目标，促进新闻出版业大发展大繁荣。

二、重点支持方向

（一）新闻出版内容创新

在促进新闻出版业内容创新、特别是在传播社会主义先进文化、弘扬社会主义核心价值体系方面具有引领和创新意义的重大出版工程。重点支持以下几方面：

1. 社会主义核心价值体系内容创新出版；
2. 新闻出版精品生产；
3. 原创动漫及民族网游开发、出版。

（二）新闻出版体制改革

符合新闻出版体制改革和产业发展方向，对全国和项目所在地新闻出版体制改革和产业发展有较大推动作用的项目。重点支持以下几方面：

1. 经营性新闻出版事业单位转企改制，建立现代企业制度；
2. 出版传媒企业跨媒体、跨地区、跨部门、跨行业联合、兼并、重组及上市；
3. 大型骨干出版传媒企业核心能力建设；

4．新闻出版专、精、特、新企业发展；

5．国有出版传媒企业与非公有文化企业开展的产品合作、项目合作。

（三）新闻出版与科技融合

对促进新闻出版业技术进步、数字出版技术研发、推广与应用等具有引领和创新意义的重大项目。重点支持以下几方面：

1．数字出版技术研发与应用；

2．数字出版产品开发与推广；

3．数字内容的生产和投送；

4．新闻出版企业数字化转型；

5．绿色印刷与数字印刷复制技术的开发与产业应用；

6．数字版权保护技术研发。

（四）产业转型升级与结构调整

对促进新闻出版业产业升级、加速新闻出版产业转型，具有基础与示范作用的项目；符合全国规划，能够发挥区域辐射带动作用的基地（园区）建设项目。重点支持以下几方面：

1．传统新闻出版企业装备改造；

2．优质出版内容资源数字化；

3．报刊品牌、传播能力建设；

4．新闻出版产业园区和基地建设；

5．现代出版物物流体系建设。

（五）新闻出版公共服务体系建设

满足全国和项目所在地人民群众基本文化权益发挥重大作用的项目。重点支持以下几方面：

1．民族新闻出版业的发展；

2．农家书屋、全民阅读、城乡阅报栏（屏）等基层新闻出版公共服务建设；

3．"三农"出版、盲文出版。

（六）新闻出版"走出去"

在推动新闻出版产品、服务、企业、资本"走出去"中具有重大影响的项目。重点支持以下几方面：

1．新闻出版海外传播渠道建设；

2．新闻出版“走出去”产品制作、生产及对外推广；

3．新闻出版企业海外收购、投资设厂；

4．重大对外出版交流、合作活动；

（七）新闻出版保障服务体系建设

在金融支持新闻出版业发展、新闻出版人才培养、版权贸易发展、新闻出版监管体系建设等方面具有重大意义的项目。重点支持以下几方面：

1．新闻出版业金融服务体系建设；

2．新闻出版教育与人才培养；

3．版权交易及监管系统开发、应用；

4．新闻出版监管体系建设。

三、申报单位条件

（一）中国大陆境内具有法人资格的单位、港澳地区在内地设立（或与内地单位联合设立）的新闻出版或相关单位均可根据申报指南提出项目申请。

（二）申报单位在申报项目时应推荐项目负责人。每个项目只能推荐一位项目负责人。项目负责人应具备以下条件：

1．必须是申报单位在职人员；

2．作为项目负责人同年度参与承担的项目申报数不得超过两项；

3．作为已入库项目的项目负责人不得因申报新项目而退出已承担的项目；

（三）以下单位不得申报项目：

1．中途退出尚在进行的入库项目的单位；

2．承担的入库项目中存在 2 年内没有启动或超过完成时限 3 年尚未结项的单位；

3．在入库项目督查中发现重大问题的单位；

4．因违规被取消申报资格和其他不能保证履行规定义务的单位。

四、申报数量要求

（一）本年度项目申报原则上每个单位申报项目数量不超过 2 个，每个集团申报项目数量不超过 4 个，作为联合申报单位（不作为项目申报主体）联合申报项目不超过 2 个。

（二）每个省、自治区、直辖市申报项目数量原则上不超过 30 个。

（三）少数民族地区项目申报根据实际情况予以适当照顾。

五、项目申报与受理

（一）2013 年度新闻出版改革发展项目库入库项目实行网络申报，并同时报送纸质申报材料（一式三份）。网络版申报材料与纸质版申报材料必须完全一致。

（二）中央新闻出版单位申报项目材料须经上级主管部门审核后报新闻出版总署。解放军系统新闻出版单位申报项目材料报解放军总政治部宣传部新闻出版局。新疆生产建设兵团所属新闻出版单位申报项目材料报新疆生产建设兵团新闻出版局。其余单位申报项目的材料，按照属地管理原则，报所在地省级新闻出版行政主管部门。

（三）各省、自治区、直辖市新闻出版局、新疆生产建设兵团新闻出版局、解放军总政治部宣传部新闻出版局，负责对本辖区、本系统新闻出版单位的申报项目进行审核并提出审核推荐意见后，报新闻出版总署。

（四）中央及各地方出版（传媒）集团公司所属单位申报项目，须由集团统一申报并加盖集团公章，各集团应当指派专人负责。

（五）各有关单位可通过新闻出版总署网站首页“申报快捷通道”栏目下的“新闻出版改革发展项目库”进入网上申报审核系统。用户注册及有关内容的填报、审核，请按照《新闻出版改革发展项目库管理系统使用手册》（附后）进行。

（六）凡涉密项目，请按有关保密管理规定办理，不得通过网络申报。

六、申报材料要求

（一）申报材料必须齐全、客观、真实

项目申报单位应提供由项目负责人签名的承诺书，并随项目申请书同时报送新闻出版总署出版产业发展司。

（二）请按规定格式和内容编写项目申请书，必须包括如下内容：

1. 数据采集表；

2. 项目简介；

3. 项目论证；

4. 项目工作量与时间进度；

5. 项目经费预算及明细（项目基础设施建设费用不得超过总经费的 30%）；

6. 预期社会效益与经济效益；

7. 专家推荐意见。

（三）申报单位必须提供的证明文件（网络版在相应区域内扫描上传）：

1. 申报单位通过2012年度年检的企业法人营业执照副本或事业单位法人登记证书；

2. 法人代表有效身份证明文件；

3. 税务登记证；

4. 申报前近两个月的缴税付款凭证（含营业税、增值税、所得税以及个人所得税等，可选择重点两份扫描上传）；

5. 2012年的年度财务报表：资产负债表、损益（利润）表、现金流量表。

（四）其他需要上传的文件（根据需要扫描上传）：

1. 项目前期如果已经进行专家评审，请申报单位提供专家评审意见（专家须分别出具意见并亲笔签字）和专家资质证明（职称证书）。

评审专家应具备以下条件：

（1）本行业内副高职称以上；

（2）非项目申报单位；

（3）非项目承担者及联合申报单位的专家意见。

2. 证明申报项目技术水平的其他相关文件。

3. 与项目相关的发明专利证书或与项目相关的发明专利申请进入实质审查阶段通知书。

（五）项目简介

为方便项目单位之间、项目单位与金融服务机构之间的合作交流，项目申报单位须填写不超过1500字的项目简介。该项目简介对所有项目申报单位公开，并用于向金融机构推介项目等。

七、申报时间要求

新闻出版改革发展项目库2013年度入库项目申报截止时间为2013年1月31日，届时将关闭网络申报系统端口和网络审核系统端口。

八、其他事项

（一）项目实施期一般为2年，最多不超过3年。

（二）申报单位对项目申请书的真实性负责，并对项目实施人员（包括项目负责人）的申报资格负责。

（三）项目申请书（包括不受理的项目申请书）不予退回。

新闻出版总署出版产业发展司

2012 年 11 月 28 日